现代办公实务

主　编　马东艳　薛荐戈
副主编　杨开华　王一涵
参　编　王春梅　刘书生
　　　　何建朝　魏　净

北京理工大学出版社
BEIJING INSTITUTE OF TECHNOLOGY PRESS

内容简介

《现代办公实务》是公共管理类各专业的必修课。本教材根据现代办公的特点和发展趋势，结合新时期高校对应用型管理人才培养的要求编写而成。本教材以办公室工作活动为导向，以办公室职业岗位为核心，对办公室工作的相关知识储备和职业技能进行了更为系统、全面的介绍，体现了现代办公的知识性、时代性与技能性。

本教材每章开篇的教学目标和教学要求指出了本章应该掌握的知识和要点，情景导入有助于激发学习者的学习兴趣，而每章结尾的阅读参考和案例分析等内容有助于拓展学习者的知识面和信息量，使其更好地理解本章的重要内容。

版权专有　侵权必究

图书在版编目（CIP）数据

现代办公实务 / 马东艳，薛荐戈主编． − −北京：北京理工大学出版社，2019.7（2024.1 重印）
ISBN 978 − 7 − 5682 − 7309 − 1

Ⅰ．①现… Ⅱ．①马… ②薛… Ⅲ．①办公室工作 − 高等学校 − 教材　Ⅳ．①C931.4

中国版本图书馆 CIP 数据核字（2019）第 150778 号

责任编辑：王晓莉　　**文案编辑**：王晓莉
责任校对：周瑞红　　**责任印制**：李志强

出版发行 / 北京理工大学出版社有限责任公司
社　　址 / 北京市丰台区四合庄路 6 号
邮　　编 / 100070
电　　话 /（010）68914026（教材售后服务热线）
　　　　　　（010）68944437（课件资源服务热线）
网　　址 / http://www.bitpress.com.cn

版 印 次 / 2024 年 1 月第 1 版第 3 次印刷
印　　刷 / 北京虎彩文化传播有限公司
开　　本 / 787 mm×1092 mm　1/16
印　　张 / 19.25
字　　数 / 453 千字
定　　价 / 54.00 元

图书出现印装质量问题，请拨打售后服务热线，负责调换

前　言

《现代办公实务》由北京理工大学出版社于2019年7月出版。本教材编写的目的是满足地方本科院校培养熟悉现代办公室管理、熟练掌握现代办公操作技能的应用型人才的硬性需要。本教材内容，在广泛征求相关专家和学者宝贵意见的基础上，结合国家教材编写规定进行编写。

本教材从现代社会对办公人员应掌握的办公技能要求出发，针对当前转型高校应用型人才培养的目标定位和培养特点，在将知识与技能相结合的基础上，精选教材内容，既考虑教材知识的新颖性和全面性，又充分考虑该门课程对学生解决和处理实际问题的能力培养。

本教材共十章，分别为绪论、办公室人际关系与公共关系、办公室工作计划及量化管理、办公室沟通技巧、办公室接待工作、办公室工作经验、办公室调研工作、办公室文献检索与文档管理、办公室常用公文写作与处理、办公室安全工作。每章开篇都列出本章的教学目标和教学要求，并且各章均以短小精练的案例进行情景导入，每章结束后均附阅读参考，以扩大读者的知识面，同时引入相关案例分析，以加深对相关知识的理解。

本教材是四川省高水平研究团队"传统文化背景下攀西地区特色文化及应用研究团队（四川省社会科学界联合会文件：川社联〔2017〕43号）"项目资助成果。

本教材既可以作为高等院校本科生教材，也可作为相关从业人员系统学习现代办公实务的参考书。

鉴于编者水平有限，难免有不足或者疏漏错误之处，恳请广大专家学者以及各位同行批评指正。

马东艳
2019.2.22

目 录

第一章 绪论 (1)
- 第一节 办公室的概念和职能 (2)
- 第二节 办公室人员的构成和基本要求 (7)
- 第三节 办公室机构设置的基本原则 (13)
- 第四节 办公室工作的主要内容和特点 (14)
- 第五节 办公室管理的概念和对象 (17)
- 第六节 办公室管理的变革和发展趋势 (20)
- 第七节 办公室管理研究的必要性和意义 (23)
- 【阅读参考】 (25)
- 【典型案例】 (26)

第二章 办公室人际关系与公共关系 (28)
- 第一节 办公室人际关系的概念和作用 (29)
- 第二节 办公室人际关系的主要内容和特点 (31)
- 第三节 办公室人际关系的影响因素 (33)
- 第四节 处理办公室人际关系的技巧及原则 (35)
- 第五节 公共关系的概念和职能 (40)
- 第六节 公共关系的基本原则 (44)
- 第七节 公共关系活动模式 (46)
- 第八节 公共关系危机处理 (53)
- 【阅读参考】 (57)
- 【典型案例】 (59)

第三章 办公室工作计划及量化管理 (61)
- 第一节 办公室工作计划的概念和种类 (62)
- 第二节 办公室工作计划的制定原理和程序 (65)

第三节　办公室工作计划的制定方法 ……………………………… (68)
　　第四节　办公室工作计划的限制条件和准备工作 ………………… (72)
　　第五节　办公室工作量化管理的概念及辨析 ……………………… (73)
　　第六节　办公室工作量化管理的基本原理和模式 ………………… (76)
　　第七节　办公室工作量化管理的控制 ……………………………… (81)
　　第八节　办公室工作的时间运用 …………………………………… (83)
　　【阅读参考】 ………………………………………………………… (87)
　　【典型案例】 ………………………………………………………… (89)

第四章　办公室沟通技巧 ……………………………………………… (91)
　　第一节　人际沟通概述 ……………………………………………… (92)
　　第二节　办公室人际沟通概述及实例 ……………………………… (99)
　　第三节　办公室沟通方法与技巧 …………………………………… (104)
　　【阅读参考】 ………………………………………………………… (114)
　　【典型案例】 ………………………………………………………… (117)

第五章　办公室接待工作 ……………………………………………… (119)
　　第一节　办公室接待工作概述 ……………………………………… (120)
　　第二节　办公室日常接待工作的方法与技巧 ……………………… (125)
　　第三节　接待工作中的基本礼仪 …………………………………… (129)
　　第四节　重要接待工作的一般程序 ………………………………… (132)
　　第五节　几种常见的接待形式及注意事项 ………………………… (137)
　　【阅读参考】 ………………………………………………………… (148)
　　【典型案例】 ………………………………………………………… (150)

第六章　办公室工作经验 ……………………………………………… (152)
　　第一节　办公室人员的仪表仪态和着装规范 ……………………… (153)
　　第二节　使用电话、手机的礼仪规范 ……………………………… (157)
　　第三节　办公室函电的使用规范 …………………………………… (163)
　　第四节　会议的组织 ………………………………………………… (169)
　　第五节　领导公务活动安排 ………………………………………… (181)
　　【阅读参考】 ………………………………………………………… (186)
　　【典型案例】 ………………………………………………………… (187)

第七章　办公室调研工作 ……………………………………………… (189)
　　第一节　调研工作概述 ……………………………………………… (190)
　　第二节　调研的基本方法 …………………………………………… (194)
　　第三节　调研的步骤 ………………………………………………… (198)
　　第四节　如何撰写调研报告 ………………………………………… (200)

第五节　调研报告的种类和构思方法 ……………………………………… (205)
   【阅读参考】 ……………………………………………………………………… (221)
   【典型案例】 ……………………………………………………………………… (225)

第八章　办公室文献检索与文档管理 ……………………………………… (227)
   第一节　文献检索与文档管理的重要性 …………………………………… (228)
   第二节　文献收集与分类 …………………………………………………… (233)
   第三节　文献存储与使用 …………………………………………………… (241)
   【阅读参考】 ……………………………………………………………………… (248)
   【典型案例】 ……………………………………………………………………… (250)

第九章　办公室常用公文写作与处理 ……………………………………… (252)
   第一节　公文的特点和作用 ………………………………………………… (253)
   第二节　公文的行文规则 …………………………………………………… (255)
   第三节　公文的种类和格式 ………………………………………………… (257)
   第四节　常用公文的写作 …………………………………………………… (258)
   第五节　公文的处理 ………………………………………………………… (274)
   【阅读参考】 ……………………………………………………………………… (278)
   【典型案例】 ……………………………………………………………………… (280)

第十章　办公室安全工作 …………………………………………………… (281)
   第一节　办公室安全工作的意义 …………………………………………… (282)
   第二节　泄密的防范和查处 ………………………………………………… (288)
   第三节　保卫工作 …………………………………………………………… (292)
   【阅读参考】 ……………………………………………………………………… (297)
   【典型案例】 ……………………………………………………………………… (298)

参考文献 ……………………………………………………………………………… (300)

第一章

绪　论

教学目标

通过本章的学习，对办公室和办公室管理有清晰的认识；掌握办公室的概念及其职能，掌握办公室人员的构成和基本要求、办公室机构设置的原则和工作内容、办公室管理的概念和职能以及办公室发展趋势等。

教学要求

主要内容	知识要点	重点难点
第一节介绍办公室的概念，并延伸介绍了与办公室相关的概念与办公室的职能	(1) 办公室的种类 (2) 办公室的概念 (3) 其他相关概念 (4) 办公室的职能	(1) 办公室的概念 (2) 办公室的职能
第二节介绍办公室人员的构成，包括办公室人员构成的变化历史，当前办公室人员的多角度分类，并介绍办公室人员的基本要求	(1) 办公室人员构成的变化 (2) 办公室人员的分类 (3) 办公室人员的个体要求 (4) 办公室人员的群体要求 (5) 办公室人员的组织要求	(1) 办公室人员的类型 (2) 办公室人员的基本要求
第三节介绍组织在设置办公室机构时应注重的原则	(1) 适应性原则 (2) 分层管理原则 (3) 精简效能原则 (4) 目标一致原则 (5) 职、权、责一致原则	办公室机构设置的原则

续表

主要内容	知识要点	重点难点
第四节 介绍办公室工作的主要内容，并介绍办公室工作的特点	(1) 办公室工作的主要内容 (2) 办公室工作的特点	(1) 办公室工作的主要内容 (2) 办公室工作的特点
第五节 介绍办公室管理的概念，包括办公室管理的对象以及对象管理的主要方式；并简要介绍中西方对办公室管理对象的认识差异	(1) 办公室管理的概念 (2) 办公室管理的对象 (3) 办公室对象管理的方式 (4) 中西方对办公室管理对象的认识差异	(1) 办公室管理的概念 (2) 办公室管理的对象 (3) 办公室对象管理的方式
第六节 介绍办公室管理中岗位、人员等的历史变化，以及未来办公室管理的发展趋势	(1) 办公室工作岗位的调整 (2) 办公室人员素质的变化 (3) 办公室地位的变化 (4) 办公室从业人员的变化 (5) 办公室管理的发展趋势	(1) 办公室工作岗位的调整 (2) 办公室人员素质的变化 (3) 办公室地位的变化 (4) 办公室从业人员的变化
第七节 介绍办公室管理在组织和社会发展中的必要性和意义	(1) 办公室管理研究的必要性 (2) 办公室管理研究的意义	(1) 办公室管理研究的必要性 (2) 办公室管理研究的意义

情景导入

某高中同学聚会，老同学们都在介绍自己的工作。小刚说："我在市信息化办公室上班。"小明说："我在市政府办公室上班。"小红说："我在办公室批改作业。"小华说："我的工作是装修办公室。"小强奇怪地问道："你们怎么都在办公室上班？"

问题：1. 案例中的同学都在办公室上班，他们所说的办公室含义相同吗？
2. 你能分清案例中不同办公室的含义吗？

第一节　办公室的概念和职能

一、办公室的概念

在我国，提到"办公室"这个词，人们就会有一种耳熟能详的感觉，如"放学后在办公室等我""市信息化办公室正在开会""你去办公室盖章"等。但是，如果仔细辨别就会发现，"办公室"一词在不同的语境中有不同的含义，在运用中人们都接受了这些特定的含义。一般来讲，对办公室的理解主要包含三种类型。

（一）办公场所

办公室作为一个办公的场所，工作人员在这个场所通过一定的工具完成某项任务以达成目标,这里的工作人员主要是脑力劳动者,包括教师、律师、会计、公务人员等。在这个场所中有不可或缺的办公工具,如办公家具、通信设备、文印设备等,它们可以供工作人员书写、联络、会谈等,以辅助其完成任务。

(二)办公机构

在我国,办公室也指党政机构、企事业单位等组织中设立的办理行政性事务的综合性办事机构,是为领导及整个组织提供辅助性或支撑性服务的机构,是沟通上下、联系左右的枢纽和桥梁的机构。由于我国政府层级设置的差异,在称呼上也存在着较大差异,有的称呼为办公厅,如"国务院办公厅",有的直接称呼为办公室,如"兰考县人民政府办公室"。

(三)行政机构

在我国的政府机构中,除了通常的部、委、行、署、厅、局之外,还有为了开展某项专门工作而设置的负责此项工作管理的办公室,如"四川省人民政府外事侨务办公室"是四川省政府的组成部门,也是四川省委外事工作领导小组的办事机构,主要处理四川省外事方面的事务。这类机构在政府部门中也是一种行政管理机构,具有具体的职能,对所管理的专项事务负有全责。

下面列举国务院港澳事务办公室的主要职能。

(1)贯彻执行"一国两制"方针和中央对香港、澳门的政策规定,执行香港特别行政区基本法、澳门特别行政区基本法。

(2)了解香港、澳门的有关情况,提出政策建议。

(3)负责与香港、澳门特别行政区政府的有关工作联系。

(4)承办国务院交办的与香港、澳门有关的法律事宜,就基本法实施涉及的相关法律问题研究提出意见。

(5)负责指导和管理内地与香港、澳门因公往来的有关事务,协同有关部门和地方推动与香港、澳门在经济、科技、文化等领域的交流与合作。

(6)参与拟定对驻香港、澳门中资机构有关管理的政策,参与内地企业和中资机构在香港、澳门的有关协调工作。

(7)对中央驻香港、澳门机构提出的有关事宜提供意见、建议和工作协助。

(8)承办国务院交办的其他事项。

从以上几种对办公室的认识可以看到,当前办公室的语义众多,是一个多义词,本教材所论述的办公室主要是第二种情景,即从办公机构的角度来认识办公室。因此,办公室可以理解为:办公室是协助领导处理组织各项事务,为领导及组织提供辅助性或协调性工作并从事相关综合性事务的专门办事机构。由于组织的性质、规模不同,办公室可以划分为不同的种类。从性质上划分,办公室可以划分为党政机关办公室、群团组织办公室、事业单位办公室、企业办公室等;从规模、级别上划分,办公室可以划分为中央办公室(厅)、地方机构办公室(厅)、基层机构办公室等。

在西方的组织机构中,一般很少存在像我国"办公室"这样的综合辅助性机构,通常是由秘书或者助理为领导提供相应的辅助支持;为整个组织提供辅助性支持的机构通常称为

"行政部"。因此，西方的组织中虽然设立了办公室，但并不是作为一个专门机构而存在，这与我国的办公室作为一个单独的组织机构并且处于中枢地位存在极大的差异。

二、相关的概念

从办公室的概念可以看出，办公室是政府、企业等组织常设的，为领导和组织提供支持性或辅助性工作的部门。由于历史、风俗等不同，办公室在不同的组织中有不同的称谓，如"行政部门""支持部门"等；而将办公室领导称为"行政主管""行政经理"等，将办公室所承担的工作称为"事务性工作""行政事务""办公事务"等。从这里可以看到，在日常工作中，"办公室"是与"事务""行政"和"行政管理"等相关联的。因此，必须对这些相关概念有清晰把握才能更好地理解办公室的概念，才能更好地完成办公室工作。

（一）事务

"事务"一词在日常生活和工作中有较广泛的使用，有时指私事，如"昨天我去处理了房子的事务"，有时指公事，如"小明经常加班以完成公司的事务"。虽然事务一词运用得很广泛，但究竟什么是"事务"则少有明确的概念分析。《现代汉语词典》（第6版）中对"事务"的解释为：①所做的或要做的事情；②总务。这是从语义的角度给出了解释，但是结合实际运用可以看出，对事务的理解有多重意义，并不能简单地解释为某一些特定的含义。具体到办公室中的事务，其在使用中通常有办公事务、事务性工作或事务活动、行政事务、机关事务等含义。

1. 办公事务

办公事务泛指人们在办公场所处理业务和办公信息时所从事的各种活动，如接打电话、收发文件、开会、接待、审核、谈话、查询资料、管理文件档案等。在整个组织的职能活动过程中，不可避免地会大量产生这类办公事务，这些活动或工作是人们完成各项使命和岗位职责必需的手段和表现方式，也是实现行政管理目标和效能的重要手段，而且随着组织机构的扩大，特别是管理活动的加强，这类工作还在不断增加。如何有效率地完成不同类型的繁杂办公事务是组织思考的重要方面，办公事务在组织中扮演着越来越重要的角色。

2. 事务性工作或事务活动

事务性工作或事务活动与办公事务的含义大致相同，只不过因为工作对象和内容的特殊性，而特意地将接打电话、收发文件、开会谈话、书写文件与信件、查询资料、管理文件档案等活动视为一类具有共同事务活动特性的工作。为了提升效率，组织组建专门的机构或派遣专门的人员承担领导的办公事务。因此这类工作往往与"办公室工作"和"秘书工作"联系得更紧密，甚至泛指办公室和秘书的工作。

与一般意义上的办公事务相比较，事务性工作或事务活动的细微不同主要表现在：办公事务是人们在履行工作职责时都会产生的一系列活动，散布在每个人的工作过程中；事务性工作或事务活动经常指组织和领导活动中规律性的或经常出现的一类办公事务，并且其主要实施者并不是产生这类活动需要的本人（领导），而是办公室或秘书这样的专门机构和人员。

通过办公实践可以发现，由专门人员或机构按照专业的方法综合承担起组织及领导的事务性工作，能够提高整个组织及领导工作的效率。

3. 行政事务

由于行政同时具有"管理"和"总后勤"之意，所以从人们平常的运用情况来看，行政事务主要有两种含义：一是泛指管理活动所派生出来的各类事务性工作；二是专指总务后勤（机关事务）工作。

4. 机关事务

由于事务可以指"总务""行政杂务"，所以在我国行政机关中，常将机关事务专指机关的后勤工作。

自成立"中央政府机关事务管理局"和"政务院机关事务管理局"以来，在我国国家机关，"机关事务管理"一直是机构后勤管理的正式称呼，并且一直沿用至今。2004年上海市人事局和上海市机关事务管理局联合制定了《上海市机关事务管理职业资格》标准，依然将机关后勤工作称为机关事务管理工作，明确指出其主要适用于"为各类机关提供后勤保障服务的机关、企事业单位中从事后勤管理工作的人员"。

（二）行政及行政管理

行政一词翻译自英文 administration，在实际使用中具有多重含义，可以泛指各种管理工作，使用非常广泛。行政管理的含义主要有三个方面。

1. 国家管理工作

马克思曾经说，行政是"国家的组织活动"，是国家政务的管理活动。因此行政管理可以专指国家行政体系以宪法和法律为依据对国家政务和社会公共事务进行的组织管理活动，包括国防、外交、民政、公安、司法、教育、卫生、科技、文化、体育及国民经济方面等大量的组织管理活动。从事行政管理的主体是国家的行政机关。

国家的管理活动与一般的管理活动的本质区别在于其"公共性"，所以现在趋向于将国家的政务活动中的公共性加以强调，称为公共行政管理或公共事务管理，以区别于一般意义上的行政管理。

2. 组织内部管理工作

行政管理又可以指各种组织的内部管理工作。法国管理学家亨利·法约尔第一个从企业的一般管理过程中区分出行政管理职能。他认为，行政管理并不局限于政府事务的管理，在企业或私人部门的管理活动中同样包含着行政管理。对企业而言，管理是指导企业朝着自己目标前进中所包含的所有工作，而行政管理则是整个管理过程中一个重要的职能，是管理者的工作中仅对人事有影响的那一部分。

所谓组织内部管理工作，是与组织为达成目标，行使职权所做的政务或业务管理相对而言的。例如，可以将国家行使权力管理国民经济、维持社会秩序、维护国家安全等看作是政务活动，而将政府部门为了维系自身运转，对其内部人事、财务、物资、信息、后勤及各种办公活动方面的管理看作是组织内部的管理。同样，一个生产性企业为了实现自身目标对从事采购、生产、运输、销售和技术研发等进行的管理可以被看作是业务管理，而对组织内的人、财、物、信息及办公活动的管理也同样可以被看作是内部管理（即行政管理）。任何一个组织都离不开内部管理，因为组织目标的实现不可能离开人、财、物、各部门工作的配合以及信息的交流与共享。

3. 后勤管理工作

由于后勤工作是办公活动的物质保证，在我国，行政管理又可以理解为行政事务管理，专指组织内部的后勤管理工作。

1949年中华人民共和国中央人民政府成立后，中央人民政府办公厅设立"行政处"（也称为"总务处"），负责总务工作。1950年又设立"中央人民政府政务院机关事务管理局"，承担中央人民政府及政务院会议招待、宴会，以及党派、团体的行政经费管理等工作。这一机构的命名，最初拟为"行政管理局"，但当时有关领导考虑到这一名称易产生误会，所以才采用了"机关事务管理局"之名。由此可见，用"行政"代指"后勤"由来已久。

现在，我国很多机关、企事业单位中也都依然有"行政科""行政处"等以"行政"为名的专门机构，负责本单位的财务管理，办公用房、办公车辆、办公物资管理，水电维修及机关公共服务生活设施的使用管理，食堂宿舍管理，消防卫生管理，绿化及接待工作等后勤服务及管理工作。

三、办公室的职能

从以上的相关概念中可以看出，在组织结构中，办公室不同于组织中的领导机构、反馈机构、职能机构和监督机构，而是一种辅助性部门（见图1-1）。作为辅助性部门的办公室虽然不开展组织的主营业务活动，更不能直接为组织创造价值，但其却是组织运营所必需的，是组织提升效能的重要机构。没有办公室为其他机构提供信息、决策等支持，组织的效能会急剧降低，甚至无法运作。因此，要注重发挥办公室的职能。

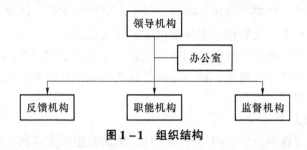

图1-1　组织结构

（一）参谋职能

决策特别是重大决策不仅关系到整个组织的发展，也关系到领导的工作。作为辅助性机构的办公室必须为领导做好参谋的角色。一方面，需要广泛地收集信息为领导提供决策的信息支撑，并保证信息的准确性和及时性；另一方面，做好备选方案工作，协调各职能部门按照组织目标制定相关的备选方案供领导选择。办公室的参谋职能可以减少领导者在处理信息和制定备选方案上所花费的时间与精力，领导者可以集中精力，以提升决策的质量。

办公室的参谋职能可以分为三种类型：一是"顺向参谋"，即紧随领导决策的方向所进行的"辅助性参谋"；二是"逆向参谋"，即领导的决策意图不符合实际情况时，办公室所进行的"劝阻性参谋"；三是"侧向参谋"，即领导集中主要精力考虑某一方面工作时，办公室为避免领导顾此失彼而进行的"提示性参谋"。

(二)服务职能

办公室不仅要服务领导还要服务整个组织,以提升组织的效能。首先,明确办公室服务的范围。虽然办公室在日常工作中与领导接触更多,但是不能把服务的范围仅限于领导层面,而需要把服务范围扩展到整个组织。其次,注重办公室服务的品质。办公室服务大多是一些常规性的事务,如信息服务、文字服务、接待服务等,虽然看上去都是"小事",但是对整个组织的运行起到非常重要的作用,在关键时刻甚至起决定性作用,因此,必须提升服务内容的品质。最后,合理选择服务手段。办公室的服务工作既要面向领导、又要面向不同的职能部门,有大量的服务对象需要面对,对待不同的对象应采取不同的手段,以便满足不同对象的需求。

(三)协调职能

办公室在组织中处于中枢地位,其重要职能是对上下级、各部门之间工作进行协调。办公室的协调在本质上就是沟通。办公室沟通不同职能部门之间的人际关系及事务,沟通上下级之间的信息。通过办公室的沟通,多个部门、多个人员减少摩擦,联合行动,使得组织的人力、物力及财力和谐运行,最大效率地实现组织目标。通过办公室沟通,领导的决策很快传达至职能部门,职能部门的反馈信息很快传达到领导处,上下级沟通顺畅,可以减少信息阻塞,提升组织效率。

(四)督促职能

组织的决策或者领导的意图需要得到迅速执行,领导或者监察机构对职能部门的落实情况需要进行监督,但是,由于领导工作繁忙,无法顾及日常政策的落实情况,而监察机构又主要是对违规情况进行处置的,因此,对日常工作的督促工作就由办公室开展。办公室督促各项政策的落实,需要对工作进度、工作难度、执行问题等进行追踪并报请领导批示。

第二节 办公室人员的构成和基本要求

办公室作为组织的辅助性机构,对领导以及整个组织服务,其人员构成具有多样性和复杂性,同时必须满足相应的要求才能完成相关工作以提升组织效能。随着办公技术的快速发展,办公室人员在组成上发生了相应的变化,办公室人员的构成上也呈现出更为复杂的状态,办公室人员的素质、结构等的巨大变化,对办公室人员的要求也逐步提升。对办公室人员的要求从个体与群体两个层面着眼——既充分发挥个人的知识能力,又能在整体上发挥整个办公室的功能,从而为领导和组织提供良好的服务。

一、办公室人员的构成

(一)办公室人员构成的变化

办公室从无到有,办公室承担的职能也随着组织的发展而改变,相应的办公室工作也会发生变化。因此,为了适应办公室职能和工作内容的变化,办公室人员的构成也处于不断变化中。在过去很长的一段时间内,秘书是办公室中最主要的工作人员,他们为组织和领导提供了应有的行政支持。但随着科学技术在办公室的运用日益广泛,同时全球各地频繁发生的机构重组、职能调整以及组织外部环境的极大变化，这些都导致仅靠秘书已经不能适应变化了的工作，必须有新的办公室人员承担这些工作。因此，随着科技和组织的发展，需要对办公室人员配置进行相应的调整以促进组织效率的提升。

1. 助理岗位的出现

20世纪的重大技术发明被很快地应用到办公室中，如计算机、复印机、传真机等办公设备。这些自动化设备极大地减少了秘书简单的手工劳动，从而使秘书有更多的精力和时间给领导者及管理工作以支持；企业为了提升效率，适应管理工作的复杂化、科学化，也要求秘书对组织活动及领导者提供更高的支持。因此自20世纪中期以后，先从西方国家的大型企业开始，随后在政府组织、第三部门等其他组织中，秘书工作分化出一个助理岗位，他们主要是在行政工作中提供辅助支持作用。

2. 办公室人员规模增大

组织规模的普遍扩大，使得办公室事务工作成倍增加，这直接导致了办公室人员总量的增加。在很多办公室中，办公室工作人员和办公室管理人员的数量有了很大增长。

3. 出现了更多的专门化人员

各种办公自动化设备被运用到办公室工作中。各种办公设备的操作对从业人员有着更高要求，与此同时，文档管理、信息处理等一些工作得到了专业化的发展，这些都使得一些工作从秘书职责中分化出去，由一些更具备专业技术的人承担。因此，办公室人员中除了秘书和助理以外，又有了数据录入人员、打字员、设备操作员、档案管理员、信息专员等。

（二）办公室人员构成的分类

办公室工作内容繁杂，组成人员必须胜任各种行政工作，甚至是专业工作。办公室人员的构成具有多样性。为了掌握办公室人员的构成状况，就必须对其进行合理的分类，一般来说主要有三类划分方法。

1. 按照发挥功能的通用程度划分

按照办公室各类人员在工作中发挥功能的通用程度划分，办公室人员一般可以分为通用型人才和专门型人才两类。

通用型人才是指能够基本胜任办公室工作广泛职责的人才，能够从事多种办公室事务甚至胜任多个岗位的人才，如行政秘书、办公室秘书、行政助理等，他们具有多方面的知识和才干，在多方面给管理工作及领导提供支持。

专门型人才是指具备某些专门知识和技能，深入掌握了某一领域的知识或技术，在办公室工作中某一专门领域发挥重要作用的人才，如各种专门助理、专员以及速记员、设备操作员等。

目前，这两种人员都是组织不可或缺的人才。特别是在规模较大的组织或特别需要某些专门活动支持的组织中，其往往需要同时配备这两类人员。

2. 按照工作职能划分

按照在工作中的工作职能划分，办公室人员可以分为办公室管理人员和办公室一般工作人员。

办公室管理人员是负责整个办公室或内部细分机构管理工作的人员，如办公室主任、办公室主管、文秘科科长、信息科科长等。

办公室一般工作人员是在办公室管理人员的统筹管理下从事职责范围内工作的各类人员。

3. 按照服务对象分类

按照在工作中的服务对象分类，办公室人员可以分为专门服务于组织中某一高层领导的工作人员以及通过某些方面的工作服务于整个组织（部门、团队）的工作人员。

专门服务于组织中某一高层领导的工作人员，如董事长秘书（助理）、总裁秘书（助理）、总经理秘书（助理）、局长秘书（助理）等。

通过某些方面的工作服务于整个组织（部门、团队）的工作人员，如部门秘书、办公室秘书、行政助理、各类专员、设备操作员、图文处理员等。

二、办公室人员的基本要求

（一）个体要求

1. 知识要求

办公室工作繁杂，涉及方方面面，要求工作人员有尽可能广博的知识，做一个"通才"和"杂家"。但是现代社会科学技术突飞猛进，知识更新速度加快，一个人所学习到的知识也极为有限。因此，具有什么样的知识结构，或者说具有什么样的知识层次和内容，才能适应办公室实际工作的需要，就成为重要的问题。

（1）要有足够的基础知识。基础知识是办公室人员知识结构中最基本的，在日常办公活动中也是运用最为广泛的。具体可以分为以下三大部分。

①科学文化基础知识。这类知识包括语文、数学、管理、经济及外语等各方面的常识。办公室工作自身的特点要求工作人员具有很宽的知识面，而只有具备良好的知识基础，才谈得上学习和掌握其他的知识。同时，在学习专业知识的过程当中，基础知识有助于增强办公室工作人员的理解能力和接受能力。

②基本政治理论知识。这类知识在国内的政府部门、企事业单位显得尤为重要。具体来讲主要有马克思主义哲学、中国共产党党史、党的建设理论、毛泽东思想、邓小平理论以及有关的国际国内时事政治方面的知识。办公室人员学习和了解基本政治理论知识后，要树立正确的世界观和方法论，在工作中表现出正确的政治方向和较高的理论水平。

③政策法规基础知识。这主要指中国共产党现行的路线、方针、政策，国家的宪法和法律，各种行政法规和部门的规章制度等。作为辅助机构，办公室有义务为领导及决策人员提供建议，精通政策法规是办公室工作人员发挥参谋作用的前提。只有熟练掌握这些知识，办公室工作人员才能在工作中有章可循，不至于在庞杂的事务中迷失方向，提出的建议才更具有合理性和可操作性。

（2）需要相关专业知识。专业知识是办公室人员知识结构中的核心内容，也是有别于其他人才知识结构的主要方面。通常来说，专业知识主要分为两个部分。

①秘书专业知识。秘书在很长一段时间是办公室的主要构成人员，即使办公室人员结构发生了极大改变，秘书仍然是办公室人员的重要组成部分。在工作上，办公室工作与秘书工作紧密相关，因此，在办公室人员的知识结构中，秘书专业知识占有重要地位。秘书专业知识包括秘书学、文书学、逻辑学、应用文写作、行政管理学、领导学、信息学、调研学、速

记学等，只有掌握了这些知识，才能胜任办公室为领导和组织服务的工作。

②办公专门知识。这主要是指除秘书工作外的针对不同行业和部门的其他事务管理的知识和技能。以政府工作部门为例，办公专门知识有统计学、财务管理、物业管理、办公物品管理等内容，还要求掌握计算机知识、演讲与口才方面的一些技能，以适应无纸化办公和接待的要求。此外，针对不同的行业和部门，又有其他具体的知识要求。例如，在企业中办公室人员应当掌握一些生产、经营方面的经济知识；在军事部门工作，就应当具有军事科学方面的知识；在学校和文化团体工作，则要注重教育学、文化艺术等方面的知识储备。

(3) 其他相关知识。其他相关知识是指与专业知识密切相关而又有区别的知识。这些知识并不会直接运用到具体工作中，但是学习这些知识对于提高办公室人员的工作效率和水平具有重要的意义。其他相关知识主要分为三个部分。

①方法论知识。方法论知识主要是在方法上提升办公室人员的视野，包括系统论、信息论、控制论、科学哲学等。这些方法论知识有助于办公室管理者从崭新的视角来分析和解决问题，从而达到更好的管理效果。

②心理学知识。办公室工作是为领导和组织服务的，需要在一定程度上掌握领导和其他人员的心理动向，因此，学习必要的心理学知识很重要。例如，在办公室管理中，人是管理的主体，人力资源是管理的对象，如何管好人是办公室管理面对的重要问题。因此，掌握相应的心理学知识无疑是十分必要的，包括普通心理学、领导心理学、管理心理学、社会心理学、秘书心理学等。

③社交知识。办公室工作的服务对象是领导和整个组织，有时需要接待外界来宾，办公室人员接触大量的人员，人际沟通能力显得十分重要，这就需要学习相关的社交知识，如人际关系学、公共关系学、礼仪学等。在办公室工作中，如何使自己的言谈举止恰当、得体，与同周围的人建立和谐的关系，这些都直接影响着整个组织的工作质量。

(4) 其他科学知识。这包括咨询学、伦理学、新闻学、编辑学、传播学、人才学、文学艺术及书法等。只有具备了丰富的知识，才能使办公室人员头脑充实、工作有效。可以发现，随着知识结构的不断完善，办公室人员的学识层次也不断提高。这要求办公室人员自觉地在实际工作中努力学习、更新知识。

2. 能力要求

能力对于办公室人员而言，是指完成其承担工作的本领。能力可分为基础能力、一般技巧和特殊技能三个层次。这是办公室人员知识结构和良好素质在工作中的综合体现。

(1) 基础能力。办公室人员作为领导的助手为领导提供服务，应具有基本的写作和办事能力。对日常会议和领导指示的记录，要能领会精神，把握实质；起草文件凸出重点，观点鲜明，逻辑层次清晰；公文处理要言简意赅，快速及时。同时，办事要有序、有效，对于领导交办的其他事务也能在规定的时间之内高效完成。

(2) 一般技巧。办公室人员除了必须具备基础能力外，还要掌握许多工作的技巧。

首先，发挥参谋作用。在领导决策民主化和科学化的今天，尤其要求办公室人员改变以往办事即是称职的旧观念，要提高参谋意识和能力，明确不能出谋划策就不是好的办公人员的新观念。发挥参谋作用要讲求胆略，敢于直陈己见，据理力谏。

其次，要讲求技巧。看问题、想办法要多方面、多角度收集信息，深思熟虑。

再次，要讲求艺术。选择最佳的时机和场合，向领导提出建议，便于其采纳，提高参谋效率。

最后，学会调查研究。当好参谋助手、办好行政事务，离不开对情况的熟悉掌握，而认识事物最有效的办法就是调查研究。

另外还应注意，办公室处于各个职能部门的中枢，办公室人员要学会良好的组织协调技巧。明白对什么事情应当运用什么政策、法令和规章制度强制执行；对什么事情如何使矛盾各方彼此了解情况，从而消除误解，团结协作。对一些事情既要着眼全局，又要为各方面着想，使全局和局部利益有机统一；对另一些事情要求顾全大局，发扬风格，互谅互让，达到步调一致的目的。这些对办公室人员提出了较高的要求，要求办公室人员不断地学习并吸收经验。

(3) 特殊技能。办公室人员除了日常的工作之外，还需要根据自身分工的不同和形势发展的需要，掌握一些特殊的技能，如电脑应用、复印缩微技术、录音录像和摄影技术、速记和书法艺术、图文编辑技能、维修和保养设备的技能等。

3. 道德要求

道德要求是指与办公室人员自身工作和职业活动密切相关的行为规范，主要是服从领导、埋头苦干、公道正派、严守机密等。

(1) 服从领导。这是由办公室人员职业性质所决定的，离开领导自行其是，胡乱发挥，都是职业道德所不允许的。个人的积极性和创造性也只能在服从领导的前提下发挥，而且更多地限于建议献策等方面。

(2) 埋头苦干。办公室工作的性质决定其人员的工作主要是实干，而不是夸夸其谈。要紧密围绕领导的工作来开展活动，要求招之即来、来之即干；但不听召唤或者背地里干一套，都是职业的大忌。相反，只有在具体而又繁忙的工作中，脚踏实地、吃苦耐劳才能称为合格和优秀的办公室人员。

(3) 公道正派。办公室人员在工作中经常接触领导，不能将为领导服务理解为主仆关系而献媚领导，这种做法是把工作中的服务关系庸俗化。同时，也不应利用接近领导的机会，进谗言，泄私愤。在沟通工作中，要注意化解矛盾，消除分歧，促进团结。接待来宾，不论其资历、职务如何，都要一视同仁、平等相待。只有公道正派的办公室人员，才能做到胸襟宽阔，在工作中充满朝气和活力。

(4) 严守机密。办公室工作人员掌握和知道的机密较多，并容易成为打探消息的渠道和获取情况的对象。因此，办公室人员必须具备严守机密的职业道德，自觉加强保密观念。

(二) 群体要求

一般情况下，办公室是由群体构成的。办公室发挥职能、提升效能在很大程度上依赖整个办公室群体的协同作用。办公室人员由不同的个体构成，个体的组合结构以及文化氛围在某种意义上决定了群体效能的发挥。从群体的角度看，对办公室人员的基本要求主要包括年龄结构、专业知识结构和集体的文化氛围三方面的要求。

1. 年龄结构

老中青结合的办公室群体结构是种常见的结构。不同年龄段的人有各自的长处和短处，在工作中互补，有助于发挥集体的能量。例如，一般来说年轻人有活力，精力充沛，对新事物敏感，富有创新精神，但是易偏激，做事不稳重；老年人则稳重，富有经验，深谋远虑，善于处理应付复杂局面，但易保守，不易变通；中年人年富力强，兼有青、老年的长处，但缺乏激情，易守成。老、中、青三者的结合是一个变量，理想的状态是取长补短。

2. 专业知识结构

可以把"知"看成是学问，把"识"看成是见识，学问和见识在某种程度上成正比，但并非绝对的。在当代社会，知识一般是专门化的，学历越高，专门化的程度就越深。由于不同的专门知识在办公室工作过程中有其限制。因此，这些知识的互相补充和合理搭配是构筑办公室群体知识结构需要考虑的一个重要因素。

3. 集体的文化氛围

在组织中，工作人员通常是被安排到一个既存的办公室群体中去（也有新建立的情况），这一既存的办公室群体存在着固有的文化氛围。这一文化氛围是该群体的历史、传统、习惯、风气、承担的任务特点等因素的综合结果。所有工作人员都在不同程度上受到这一文化氛围的影响。工作人员逐步改变文化氛围的情况很少会发生。所以，要在办公室中建立良好的文化氛围，如积极向上、遵守规则等，形成良好的文化氛围以影响工作人员的态度，从而发挥办公室的最高效率。

（三）组织的要求

办公室是为领导和组织开展工作而设置的辅助性组织。因此，在办公室人员的要求上，要从组织的角度考量，必须具备精兵简政、照章办事、优质服务等要求。

1. 精兵简政

一个办公室中如果人员过多，势必造成工作相互推诿的现象，不可避免地带来许多问题。只有人员组合恰当，才能有效地提高办公室工作效率，使上情下达和下情上达，并使前后左右的联系渠道畅通无阻。通常一个较小的组织中，办公室人员应当限制在五人以内，稍大一点的组织也不宜超过十人。同时，也要求这些人的个人能力达到办公室要求。

2. 照章办事

办公室承办各种行政事务，涉及面非常广泛，包括许多有关组织和个人的利益和荣誉的具体问题。组织在建立健全、严格、细致、明确的规章和制度后，办公室人员应当照章办事。倘若规章中有不尽合情合理的内容，在执行中发现问题，应当及时向领导提供合理化建议，而不应借口拖延甚至放弃工作，更不能凭主观情绪和旧有经验对规章制度视若无睹。如果组织的规章制度不健全，办公室人员应该在请示领导之后再完成相关工作，而不是凭借已有经验或者从自我利益出发完成工作。

3. 优质服务

办公室作为领导工作的辅助机构，主要目标是服务，即为领导、为组织、为员工提供服务。怎样提供优质服务应当成为办公室人员明确的指导思想和信念，不能做到这一点，则坚决不应让其进入办公室人员队伍。优质服务应主要把握三点。

(1) 平等。办公室人员对领导和普通员工要一视同仁，确立对上负责和对下负责实质上是一致的观念。

(2) 及时。办公室承办的行政事务大多具有时效性、临时性等特点，这就要求办公室人员具有时效意识，努力提高工作效率，使办公室工作正常运转并取得成效。

(3) 严格。办公室工作事务庞杂，容易导致"跟着感觉走"，办公室人员应当严格按照规章办事，防止出现不讲原则、亲疏有别的现象。遇到问题应多请示汇报，主动向其他部门请教和协调。

第三节　办公室机构设置的基本原则

领导和组织的工作离不开办公室的辅助，办公室的工作直接关系到领导决策的正确程度和意识的贯彻程度，也关系到各职能部门落实政策和领导意图的程度以及各职能部门的协调程度。因此，办公室的设置、组织形式和人员配备对领导和组织有重大影响，必须重视办公室的组织建设。通过理论和实践的总结，办公室机构设置的原则主要包括适应性原则、分层管理原则、精简高效原则、目标一致原则和职权责一致原则。

一、适应性原则

适应性原则是指组织中办公室的设置必须适应整个组织的实际需要。这是办公室机构设置的总原则，主要体现在两方面。一方面，组织根据需要来决定是否设置办公室，若组织太小，领导和职能部门能够解决沟通性和日常问题则不需要设置办公室；若组织机构庞大，需要为领导提供各种服务、需要协调职能部门，则需要设置办公室。另一方面，组织根据需要设置办公室的规模。办公室的规模是由组织需要决定的，当领导和组织需要的服务较少时，办公室的规模就较小，甚至与人力资源、后勤等部门组成综合办公室；反之，领导和组织需要较多的服务和协调，单独的办公室机构就要有与之匹配的规模。

二、分层管理原则

办公室是为领导和组织提供服务的组织，这里的领导是指本级领导，组织是指本层组织。因此，办公室设置要遵循分层管理原则，主要体现在以下三方面。

首先，办公室只对本级领导负责，本级领导直接管理办公室。上一级机关不能指挥办公室，也不能决定办公室的人事、制度等规定。

其次，上级办公室无权命令下级办公室，各层级办公室是独立的，并非上下级关系。

最后，在本级组织中，办公室无权越过各部门负责人直接向部门人员发出命令和指示。

三、精简高效原则

办公室机构设置要注重精简高效，不要追求规模大、机构全面的错误目标。办公室内部机构设置要因事制宜以提升效能。一方面，办公室内部设置中不同科室要根据组织的需要来设定，有的组织规模较大，需要设定不同的科室，如秘书科、政策科等，有的组织规模较小，并不需要设置任何科室。另一方面，办公室根据临时任务组建临时组织以完成某项特定的任务,如做接待任务时临时成立接待组,任务完成后即解散接待组。

四、目标一致原则

组织的关键问题是确定目标,它是提高效能的前提条件,也是团结和鼓舞全体人员同心协力完成预定目标的动力。目标一致原则,要求办公室从整个系统来权衡利弊得失,小局服从大局,具有目的性、全面性。办公室作为组织的中枢机构,对于组织的整合性具有重要作用。办公室越有效地实现组织各部门的整合程度,目标成果就越大。为此,办公室机构设置要考虑是否有利于实现组织目标。

五、职权责一致原则

职权责一致是指办公室设置以工作任务为依据,因事设岗,权责匹配,以完成工作任务为目标。办公室人员都有以完成具体任务为目标的职责,具备相应的权利,同时承担相应的义务。办公室人员因事设岗、分工明确、职责清楚,不能造成有事无人干、有人无事干的局面。同时,还应当考虑在特殊情况或者领导交办的特定任务处置的情景,对办公室人员的权利、职责和任务加以规定。

第四节 办公室工作的主要内容和特点

一、办公室工作的主要内容

办公室的工作由办公室的性质和职能决定,主要是提供服务性和协调性工作。在不同的组织中,由于组织的性质和业务方向不同,办公室的工作内容有很大的差异性。但是,办公室的基本任务大体上相似,主要包括十二项内容。

(一)信息管理工作

作为组织的中枢机构,随时为领导和组织提供大量的信息是办公室的第一要务。办公室需要综合收集本组织领导和各职能部门所需要的信息,开展整理、保管、传递信息等工作,随时为领导和其他部门提供准确信息。

(二)文书工作

办公室根据领导意图或者会议精神起草领导的指令,以及本组织发布的各种命令;负责对外部门的来信登记、拟办、转送、催办及归档等;负责本组织的各职能部门、员工向领导的请示、报告等的登记、审计、批办等。在文书处理过程中,强调公文格式、行文风格;在起草领导讲话稿中,强调领导讲话风格、讲话场景等。

(三)辅助决策工作

组织中的重大决策由领导完成,但是领导不可能对所有决策都清晰掌握。办公室需要为领导提供决策信息,进行前期调研以掌握充分的决策信息,做出适当的计划、论证等工作;同时,拟做出相关的决策方案供领导选择。办公室辅助领导决策节省领导的时间和精力,减少决策成本。

(四) 档案工作

办公室的一项重要职责就是对档案进行有效管理，监督各职能部门的执行情况，对各种档案、重要的文书、信件等归档保存。

在日常工作中，整理相关档案并保存是办公室的重要工作内容。办公室需要有针对性地对各种文书、信件、图像以及声音等重要资料进行收集和保存。

(五) 协调工作

办公室在组织分工中就是为整个组织提供服务和协调的部门，处于中枢的位置。虽然不创造价值，却是联系上下、沟通左右的桥梁部门，在组织的协调中发挥着重要作用。办公室的协调主要包括内部协调和外部协调，内部协调主要是协调组织中各部门之间的横向关系，也包括领导与各部门之间的纵向关系，外部协调则主要是负责组织与外部组织的交流活动。

(六) 接待工作

办公室一般直接承担或者与相关部门共同承担接待上级、同级及其他组织的工作。接待过程中，主要是提供迎送、食宿、交通和相关活动的工作。

(七) 会议及重要活动的安排工作

会议是组织重要的活动内容，办公室是会议工作的主要承担者，如承担领导办公会、高层人员管理工作会、部门联谊会等。办公室需要对会议的前期准备、召开及善后工作提供全程服务；同时，还需要单独承担或与其他部门共同承担重大活动的举办，如领导出席的重要会议、对外活动等。

(八) 印信管理工作

印信是一个组织合法存在的标志和职权的象征，作为印信的管理部门，办公室需做到谨慎保管、合理使用，避免出现违法使用的情况。

(九) 办公设备管理工作

现代办公设备由电脑、传真机、复印机等构成，这些设备为办公室人员提供方便，同时也是组织的重要资产。办公室需要合理地使用和维护这些办公设备，尽最大可能延长这些设备的使用寿命。

(十) 后勤服务工作

组织的运行离不开相关的后勤保障工作，虽然有的组织成立专门的后勤部门，但是办公室在后勤管理中也扮演着重要的角色。办公室主要对组织活动和运转提供物资和环境支持，对本组织的食堂、车辆、环境卫生等负责；办公室对领导人员的后勤服务，也是重要的工作内容。

(十一) 保密工作

组织发布的文件，特别是组织高层发布的文件，大部分都具有不同程度的秘密性，有许多涉及政府和企业的重大决策，办公室协助领导做好有关保密的制度、人员、措施等方面的工作。办公室在接触机密时就要做好保密工作，一是在工作中采取措施保证文件、资料的安全；在包装、运转、拆封、知密范围和传达中制定安全措施。二是办公室人员要保证自己知密不泄密。

（十二）领导交办的其他工作

除了常规性的工作，办公室还需要处理领导交办的临时事务，需要具备处置突发事件的能力。这些工作没有规律可循，需要认真对待、按时按质按量完成。

二、办公室工作的特点

（一）综合性

办公室是以整个组织为服务对象，需要面对从领导到各部门的广泛对象并且需要处置各种办公事务和后勤事务。因此，办公室工作具有综合性。综合性主要体现在两方面：一方面，为领导服务。领导工作都是从全局出发，以整个组织为目标，领导的目标就是办公室的目标。从领导的目标出发，办公室的工作必然包括组织的方方面面，具有很强的综合性。另一方面，办公室为整个组织提供服务，涉及组织中的所有部门甚至所有个体，办事内容包罗万象。从整个组织出发，办公室工作必然有很强的综合性。

（二）中枢性

办公室不同于其他职能部门，是领导的助手，为领导和整个组织提供服务，沟通组织上下，联系组织内外，处理组织中的大部分信息。办公室作为桥梁既联系着领导与部门，又联系着组织内外，并且还处理组织的内部事务，是整个组织的"润滑剂"，提升了组织效能，是名副其实的中枢机构。

（三）辅助性

办公室的本质功能是为领导及整个组织提供辅助支持，协助其完成工作，所以辅助性是办公室工作最基本的特点，也是办公室开展一切工作的出发点。办公室工作的辅助性主要体现在两个方面：一方面，全力支持组织的各项工作。"支持"作为动词使用时，是指要采取行动对各项组织活动进行支持配合，这种支持和配合必须是实质性的，要调动所掌握的信息、人力及物力协助有关人员及部门完成工作。"支持"作为形容词使用时，是指要对各项组织活动采取支持的态度。因此，这种支持活动不能是坐等别人的吩咐和指派，必须是在充分理解、认识组织目标的基础上结合各个时期组织活动的重点及组织状况，密切注意各项工作的进展情况，及时调整自己的活动，主动对相关人员及活动提供支持。另一方面，以协助者的角色完成各项工作。辅助意为从旁帮助，起次要作用。作为辅助机构，办公室是协助管理层工作的机构，除了个别授权事项外，一般不具有决定某项工作的权力。办公室对各职能机构和各项工作的管理没有直接的指挥和监督权力，只承担协调和服务等辅助性管理工作，其职能活动以协调及事务服务为主要体现，即要根据领导意图行事，服从指挥，不能擅作决定，自作主张。

（四）服务性

与其他职能活动相比，辅助性工作不直接创造价值，其工作价值的体现是管理工作及整个组织工作效率的提高，即通过为管理机构及整个组织提供必要的服务，帮助相应的机构及人员完成职能任务，从而实现组织目标。因此，办公室工作的另一个特点是服务性，它以整个组织为服务对象,以管理机构为服务重点,所提供的服务既有一般事务性工作,又有参谋咨询、辅佐决策等较高层次的服务。

有些人认为办公室工作琐碎而又没有价值,整天是为别人忙,自觉低人一等,工作价值不高,但事实并非如此。一方面,这些工作是任何组织活动必然的派生物,是维系组织正常运转的必要条件,所以需要有专门的部门或人员去完成,而组织分工恰恰是将这样的职能和使命赋予了办公室。另一方面,这些工作平常看似不重要,不引人注意,但实际却是基础性的工作,其价值会通过位居要职的领导人员及其他管理人员的工作折射出来。

从本质上说,办公室工作就是为领导者和组织服务,提高他人的工作效率,为组织的各项职能活动创造条件、提供保障。

第五节 办公室管理的概念和对象

一、办公室管理的概念

办公室管理一方面是行政管理学研究的重要内容,另一方面又在秘书学理论中得到极大发展。这两方面的研究成果为办公室管理的实践提供了理论支撑。作为交叉学科,办公室管理是管理学在办公室的具体运用,透过管理学的研究成果可以发现办公室管理的概念。管理学对管理的理解主要包含以下几个方面。

(1) 管理是一个过程。
(2) 管理的主体是扮演管理者角色的组织或作为个体的管理者。
(3) 管理是在特定的环境和条件下进行的。
(4) 管理是为了实现特定的目标。
(5) 管理的客体是管理所指向的对象。
(6) 管理的保障是组织资源。
(7) 管理包括计划、组织、指挥、协调、控制等职能。

基于管理学中对管理的理解以及对办公室的理解,可以发现办公室管理主要包含以下几个方面。

(1) 办公室管理是一个过程。
(2) 办公室管理的核心职能是协助领导以及组织实现特定的目标。
(3) 办公室管理需要特定的组织资源保障。
(4) 办公室管理需要在相应的组织环境和条件下进行。
(5) 办公室管理具有计划、组织和协调等职能。

从以上几个方面可以得出办公室管理的概念:办公室管理是指通过整合组织的各种资源,在特定的环境和条件下实施计划、组织和协调等职能,为领导和组织提供服务以实现组织目标的过程。

二、办公室管理的对象

同一般管理一样,办公室管理的对象也包括人、财、物、信息、技术、时间等一切资源。对人的管理主要涉及人员调配、工作评价、人力资源开发、组织模式等；对财的管理则主要涉及财务管理、预算控制、成本控制、成本效益分析等；对物的管理主要是对各种办公物资进行合理使用和调配；对信息的管理主要涉及对组织的外部、内部信息的收集、传递、反馈、处理与利用，对外部环境及发展趋势进行准确预测等；对技术的管理主要涉及工作技术和方法的研究、新技术和理论的引进利用、各种技术标准的制定与执行等，一般表现为对各项具体工作的管理。对时间的管理主要涉及长期和短期管理，常规性和临时性管理等。

在对以上对象管理的过程中，需要调动各种资源以实现管理目标。因此，办公室管理的对象实际上是对资源的调配。一般来说，办公室管理中主要涉及人力资源、有形资产资源、无形资产资源、资金资源等的管理。

（一）人力资源

人力资源是办公室完成各项工作最重要的资源，其中既包括各级办公室管理人员，也包括办公室其他各工作岗位的人员，这些人员要符合岗位素质要求，具备完成相应工作的技术和能力。

（二）有形资产资源

有形资产资源包括组织所有的房产、基建财产、车辆、办公家具及其他办公用品等物资，同时还包括办公室内的设备装置、办公物资等。

（三）无形资产资源

组织活动所必需的各类信息是办公室负责管理的最重要的无形资产，既包括文件、档案、资料、图纸、书籍等纸质载体的信息材料，也包括各种电子载体的信息材料和照片、录音、录像等。

另外，组织的形象及声誉也是办公室要负责管理的一种重要无形资产，在很大程度上影响着组织的生存环境。

（四）资金资源

出于工作需要，办公室往往会掌管一定数额的办公资金，在规定的范围内自行决定使用，如用于补充办公室消耗的物资及招待联络经费等。即便是规模较小的单位，办公室也会有一笔固定数额的小笔零用现金（备用金），供零星办公用品及其他数额不大的临时采购等活动使用，使用后可以通过财务报销继续补足原来的金额。

除了以上资源外，办公室管理通常还有时间、技术等必不可少的资源。办公室只有充分对这些资源实现管理才能有效达成目标。

三、办公室管理的方式

办公室管理的日常管理就是对以上对象，特别是相应的资源进行管理。在管理的过程中，逐渐形成了一定的管理方式。这些管理方式是办公室日常管理的具体形式，把握这些形式对于深入了解办公室管理的对象具有积极意义。大体上来说，办公室管理的方式主要包括以下几种。

（一）现场的管理方式

现场的管理方式就是管理者直接面对下属及其他人员，通过语言的传递和交流，及时、准确地将自己的意图传达给受众,并力求对其产生影响。这种管理方式的优点在于管理的直接性,可以在几乎没有中间环节的情况下实现有效管理,领导现场办公就属于这种方式。但此种方式也有一个致命的弱点,就是受管理者数量的限制。办公室管理中,对于员工数量少、资源量少的办公室,这种管理方式运用较为广泛。

(二)会议的管理方式

会议作为一种管理方式,在聚众议事时,实际上完成了这样一个过程:受众主动或被动地聚集到管理者的身边,能够当面聆听领导的指挥,交流不同意见并当场拍板决定实施细则。会议的管理方式一方面能够弥补管理者数量的不足,另一方面又可以使思想(包括决策想法等)在更大的范围内传播,便于会后统一思想、统一行动。但会议这种方式会受到召开会议的地域、时间和经费的影响,因而使受众因各种原因受阻,无法亲自到场,使有效的管理难以实施。办公室管理中,会议管理一般针对重大事项的商讨或决策,以及协调其他组织或部门时广泛采用,但在频率上较低。

(三)文件的管理方式

文件的最大优势在于突破了管理活动的地域、层次和时间等因素的限制,更加准确、规范地传递管理指令及各种信息。也就是说,文件之所以成为有效的管理工具,是因为文件可以克服现场方式和会议方式的时空限制,为管理活动营造一个广阔的空间。此外,文件还具有很强的可塑性,即可以把组织的法定地位、管理风格、办事程序等要素通过每一份文件表现出来,使管理更具权威性。正是由于文件的这些特征弥补了其他方式的不足,使得它在办公室管理活动中有着重要的地位。

办公室管理的方式对办公室管理有着至关重要的作用。从总体上看,办公室管理的方式是连接办公室管理目标和管理结果的纽带,是提高办公室管理效率、充分利用办公室资源的基本途径,是办公室管理正常运转的框架和"轴承",是办公室管理得以实施的根本保证。从内容上看,办公室管理的方式实际上所要解决的是办公室管理权力的归属,同时控制、分配、调节和使用资源的问题。

但是,随着组织、人员的变化和办公智能化的发展,办公室管理的对象也在发生相应的变化,在管理方式上也应该随之发生变化。

四、中西方办公室管理对象的差异

改革开放以后,我国的办公室管理研究中开始引进西方国家的办公室管理理论,这些理论不管是在理论上还是实践中,对我国办公室管理有极大的推动作用。但是也应该看到,由于历史因素、国情差异等,中西方对办公室管理对象有着不同理解,要注重两者的差异。

目前我国办公室管理理论的研究对象是办公室,是为领导及整个组织提供辅助支持的专门机构,而且在多年的工作实践中,我国办公室工作已形成一套相对完整的工作体系和行之有效的工作方法。

西方国家办公室管理研究的对象是办公活动,而不仅限于某个专门机构。西方国家办公室管理研究虽然也同样研究办公室人员管理、工作管理、物资管理、环境管理等,但所涉及的办公室，实际上往往泛指人们办公的场所，这是在普遍办公意义上所进行的研究；只不过由于其中的大部分工作不可避免地是那些事务性工作，办公人员中也包含了大量的秘书、助理、专员等以事务服务为主要工作内容的辅助人员。所以，西方国家与我国的办公室管理理论又有很多相通之处。但总的来说，西方国家对办公室管理的研究范围要比我国的办公室管理研究范围更大、更广。

第六节 办公室管理的变革和发展趋势

一、办公室管理的变革

作为我国组织中广泛存在的办公室，已经有几十年的发展历史。办公室在为领导和组织提供服务的同时，自身工作内容与工作职能也发生了重大变化。随着现代科技和管理理论的快速发展，组织在快速变革，办公室管理也在相应快速变革中，主要体现在以下几个方面。

（一）办公室工作岗位出现重大调整

1. 机构缩编

近些年来，企业、政府正在进行的内部机构改革也影响到了办公室。办公室的规模及编制有了很大的削减，通过梳理工作流程，简化工作程序，大大减少了用人需求。例如，某集团企业办公室原有工作人员 20 余人，经合并调整后，在工作内容基本不变的情况下，只保留了 3 人的编制，改变了从前人浮于事的现象，也大大削减了办公成本。

2. 岗位合并裁撤

办公自动化特别是计算机技术在办公领域的应用，使办公室工作中手工部分的工作大大减少，许多原来费时费力的工作可以由电脑和自动化设备轻松完成。例如，实现了信息化办公方式的办公室，文书的办理、档案的归档等工作可以在网上自动完成，原来需要通过电话、发文等方式进行督办的工作也可以在网上完成。工作强度的降低、工作方式的简便，促成了办公室中多个岗位的合并调整。原来需要由多个人分别承担的工作，现在由一个人即可完成。

3. 岗位推陈出新

办公自动化减少了手工部分的简单劳动，使办公室工作人员有了从事其他工作的时间；管理工作的科学化和复杂化也对办公室的辅助工作提出了更高、更新的要求，多种条件促成了办公室工作岗位的推陈出新。例如，在总机接线员普遍消失的同时，办公室中出现了行政助理等一些新职位。

4. 部分工作的分化独立

在传统办公室工作借助现代化办公手段变得轻松简便的同时，管理工作的科学化使得某些办公室职能得到更进一步的强化。例如，领导决策对信息工作要求不断提高，对各项工作布置的控制监督明显加强，扁平化组织结构使得组织内的沟通协调工作变得更频繁，也更重要，这时办公室的信息协调、督办等职能得到强化。这些工作从一般日常工作中分化独立出来，办公室中出现了协调专员、督办专员、信息专员等一批新职位。

不仅如此，组织结构的扁平化，使得办公室信息服务重心发生转变。在原来的组织结构下，办公室信息工作的主要服务对象是单位领导。信息在组织中主要是进行自上而下、自下而上的流动。组织结构变得扁平化之后，部分管理权力下移，组织中的团队、员工需要大量信息，信息的横向、交叉流动也大大增加。这时，信息工作成为整个组织的需求。因此，信息工作开始出现了进一步的独立化趋势，将有可能继财务、人事工作之后，成为下一个独立于办公室工作之外的专门工作。

（二）对办公室工作人员的素质提出更高的要求

以往，在不少组织中，对办公室工作人员的学历、专业、技能等方面并无明确要求，甚至在某些组织出现"业务做不好，就去办公室"的现象，似乎办公室工作随便什么人都能做。但办公室工作繁杂具体，看似专业技术性不高，实际并非如此，办公室工作恰恰要求有关工作人员具有相当高的素质。

一方面，办公室的服务对象是管理者、领导者乃至整个组织，其所从事的一切工作都是为组织活动和各项管理工作提供有力支持。即便是收发邮件、传递信息、打字复印、接待来访等看似简单且无足轻重的工作，其实质也是为了提高领导者和管理活动的工作效率，因而与管理工作及领导者的工作质量紧密相连，具有非同寻常的意义。所以，办公室人员必须对其完成各项工作的质量做高标准要求。在西方国家一直就有这样的说法：一个优秀的秘书可以使一个普通的经理看上去很不错，而一个普通的秘书却会使一个优秀的经理看起来很一般。

另一方面，随着办公室管理理论和工作方法的不断完善，办公室大量工作有了理论方法指导。办公室中的文书工作、档案工作、秘书工作等早已摆脱了摸索经验的阶段，有完善的学科知识支撑。现代化办公设备的大量应用，也对工作人员提出了计算机网络及信息技术等方面的能力要求。所以，办公室工作已经发生了重大变革，需要那些有相当的专业技巧和专业知识的人以专业化的方式完成。自从我国实行职业准入制度之后，"秘书职业资格证书""剑桥秘书证书""办公管理证书""机关事务管理资格证书"等相继推出，这些证书有力地提升了办公室人员的专业化程度和业务素质。

（三）办公室工作的垄断性受到冲击

按照管理学的有关理论，在组织内设置协助领导处理日常工作、为领导及整个组织提供辅助性或支持性工作的办公室，是适用于直线—职能制组织结构（金字塔式的等级制结构）下的产物。高层领导负责对全局进行自上而下的垂直指挥和控制，办公室作为领导机构的附属机构，是协助高层领导处理全局工作的办公部门，所开展工作大多具有垄断性。因为一切决策都是由领导做出，下级部门只负责服从和执行，对自己的直接上级负责。所以，对与决策有关的一切资源（人、财、物及信息）的控制以及产生的相关办公活动（如对外交往、开会、协调督办等）都被集中于领导身边，成为办公室专门负责处理的工作。

进入21世纪后，随着高科技的日新月异，人类又迎来了知识经济时代，面对经济全球化、信息网络技术和知识经济的挑战与冲击，率先在企业进行组织结构的变革，组织结构逐步向扁平化演进。在企业中，由于信息技术的运用改变了组织的沟通方式，以往中间层的上传下达的功能在很大程度上可以被现代技术替代，中间管理层被大幅削减。组织格局分权化，组织的管理更趋向于以分散的形式来解决。管理大师德鲁克对此做出了分析："在一个世纪以前，知识都掌握在企业最高领导手里，其他人只不过充当帮手和劳力，按照指令行事，做着重复性的工作。在信息型组织中，知识却主要体现在基层，体现在专家的脑海里，这些专家在基层从事不同的工作，自主管理、自主决策。"

在企业中，各种跨部门团队、项目小组纷纷出现。这时，让员工跨部门一起工作，充分授权，并确保他们获得所需要的信息，拥有做出决策的权力就成为实现这些灵活组织机制的重要方面。

由此，与决策有关的一切资源和活动相应地也被分解，很多原来被垄断于办公室的资源和工作不再单纯是组织高层领导机构及领导人员的特权，那些小组、团队的工作一样需要相应的办公事务支持。这时，专门的办公室工作就成为一种未来发展趋势。

（四）从业人员数量将持续上升

尽管办公自动化使机器设备承担了大量原来由秘书、文员们从事的工作，但是办公室事务工作在组织中的扩散蔓延，使得这一行业的人员需求在今后很长一段时期内仍将呈上升趋势。

西方国家在职业分类中，将从事办公室事务工作，对其他工作提供辅助支持的人员归类为"行政支持人员"。多年来，在西方发达国家，行政支持人员在各国职业群体中占据着重要位置，随着办公室中各种新工作和新职位的出现，行政支持人员的数量还在不断上升。

二、办公室管理的发展趋势

为了以更好的服务提升组织效能，办公室管理处在不断发展之中。办公室管理工作早已脱离了经验的范畴，从实践到理论，办公室管理都在快速发展，主要趋势表现为实践上的科学性和理论研究的广阔性。

（一）办公室管理实践由经验性向科学性发展

随着秘书学和行政管理学理论的快速发展，科学的理论成果引入办公室管理中。办公室管理从以往的经验管理层面向科学管理层面迈进，科学性大大增强。例如，办公室人员管理引进人力资源管理理论，从人员招聘、绩效考核以及培训等方面都变得越来越具有科学性；档案管理从以往的纯经验出发到现在运用档案管理理论对档案实体和档案信息进行科学管理等。由此可见，办公室管理从经验管理为主向科学管理发展成为重要趋势。

（二）办公室管理研究由狭窄性向广阔性发展

以往的办公室管理理论研究主要强调秘书学中的秘书性和行政管理学中的服务性，研究范围狭窄，不能指导日益变革的办公室实践。办公室管理朝广阔性发展，主要表现为两方面：

一方面，办公室管理理论研究在范围上不仅仅限制于办公室部门，而是扩张到所有的办公室领域。理论研究中，把"大办公室"理念引进办公室管理研究，所有部门的办公室均为研究对象，改变了以往单一部门的研究范围。

另一方面，引进西方的办公室管理理论，结合已有的办公室管理成果，促进理论的发展。西方的办公室管理理论主要研究的是办公活动的普遍规律、提升办公活动的效率等；我国的办公室管理理论主要研究办公室机构的规律、提升服务效能等。虽然两者的研究对象不一致，但是在办公事务、办公人员等方面有交叉。因此，在理论研究中结合两者的长处，促使理论研究具有更加广阔的空间。

第七节 办公室管理研究的必要性和意义

一、办公室管理研究的必要性

信息技术的广泛应用为办公室管理带来了深刻的变化，迎来了"办公自动化"的时代。办公自动化是一种新型的办公方式，它将计算机网络与现代化办公结合起来。在办公室业务中，需要对大量的文件进行处理、起草、发布、存档等，工作细致、程序复杂，依靠人工劳动，经常会出现失误。办公自动化产生的效果是颠覆性的，信息的收集、存储、检索、处理、分析更为迅速精确，发布、反馈更为及时，数据运算过程中的误差减少，对决策的科学制定提供了条件，提高了管理效率。在宏观上，信息技术的应用使得办公室管理的效率大幅提高。此外，在一些具体的管理活动中还采用不同的技术方法，如计划工作中的运筹学方法、规划—计划—预算系统、项目计划评审技术（Project Evaluation and Review Technique，PERT）、关键路线法、绩效管理过程中的书面描述法、绩效追踪方法、绩效指标的建立以及环境管理中采用的5S管理（整理、整顿、清扫、清洁、自律）方法等，这些技术方法解决了办公室工作中的很多问题，推动了办公室管理理论的发展。

办公室管理是基于管理学理论、融汇其他多种学科知识而形成的一门新学科，在理论研究过程中借鉴了其他很多学科的相关知识及研究成果，博采众长，不断发展和完善。作为现代行政管理学的一部分，办公室管理广泛运用了行政管理中的基本原理、方法。同时，办公室工作与秘书工作密不可分，秘书学在办公室管理理论中占据非常重要的位置。近年来，秘书学在中国兴起并逐步发展，为办公室管理理论的进步提供了强大的推动力量。此外，领导科学、公共关系学、文书学、档案学、统计学等学科的理论成果也为办公室管理所借鉴和采纳，是办公室管理这门学科的理论支撑。这些学科在研究对象、研究方法等方面都与办公室管理有着很强的相关性，很多原理、规律在这些学科之间是相通的。学科之间的交流与沟通有利于拓展研究的视角，取得新的进展与收获，这是办公室管理发展的外部推动力量。

中国的办公室管理理论研究始于20世纪80年代，此后出现了大量相关论文及学术著作，办公室管理方面的研究处于蓬勃发展时期。1985年到1994年召开的三次全国秘书长、办公厅主任会议，促进了中国办公室管理理论的形成和确立。1985年中央办公厅提出了"三个服务"和"四个转变"。其中"三个服务"是指为中央服务，为各省、自治区、直辖市服务，为人民服务；"四个转变"是指在业务工作上要从侧重办文、办事转变为既办文、办事又出谋划策，从收发传递信息转变为综合处理信息，从单凭经验办事转变为科学管理，从被动服务转变为主动服务。1990年党中央强调办公厅要担负起加强信息调研和督促检查的责任。1994年党中央提出实行"两个结合",即一般和个别相结合、领导和群众相结合;突出"三项重点工作",即抓好信息调研、督促检查和保证日常工作正常运转;搞好"四项建设",即搞好办公厅(室)队伍的思想建设、组织建设、业务建设和作风建设。至今,办公室管理理论的发展可谓是方兴未艾,未来的办公室管理将进一步强调科学化,以及与不同文化背景下的管理理论的有机结合。

二、办公室管理研究的意义

办公室管理是行政管理学以及秘书学专业的重要课程,是高校理论结合实际的重要课程。研究办公室管理,对于探索办公室工作的基本原理和方法、打下坚实的理论基础,在培养专业素养、提升实践能力都具有重要意义,概括起来主要有五点。

第一,研究办公室管理有助于拓展办公室管理理论体系,推动办公室管理理论的逐步完善。办公室管理是一门交叉学科,主要以管理学为基础,交叉其他学科如秘书学、行为科学等。在国内主要涉及两个学科:一个是作为秘书学理论,另一个是以行政管理学的分支开展研究。在研究中,借鉴不同的理论和经验,促进了办公室管理的现代化,提升了组织效率。然而,办公室管理理论研究仍然十分欠缺。一方面,目前的理论基础大多是借鉴其他学科的基础理论,缺乏自身学科的理论基石;另一方面,大多是借鉴西方研究的办公理论,而自身的办公室理论较少涉足。立足于我国办公室自身的特殊性,发展适合于办公室管理的理论,在当前办公室管理理论中仍然有很大的空间。

第二,研究办公室管理有助于指导实践提升办公室管理的效率。办公室管理是一门实践性很强的学科,在当前的实践与理论中,有太多的经验性而缺乏科学性。例如,办公室管理中更多是做常规性的工作,对于辅助决策、前期调研等很少涉足;对于信息的处置,大多数只是简单收集与传达,而对于信息的分析等工作很少涉及;对于档案工作,更多是收集图像等档案资料,而对于应该如何整理、分类等很少涉及。观察当前办公室管理活动就会发现,主要是经验性的指导导致管理活动有太多的随意性,而缺乏主动性和创新性,最终不能有效提供管理服务。因此,加强研究办公室管理理论,增强办公室管理的科学性,对于指导办公室管理的实践具有重要作用。

第三,研究办公室管理有利于解决办公室工作实践中的问题。办公室管理是一门应用性很强的学科,对理论进行发展和完善只是手段,广泛地应用于实践过程中,对办公室工作进行指导才是目的。目前的办公室工作中还存在很多问题,如绝大多数办公室只停留在简单的办文、办事工作上,没有做到真正地为领导及决策机构出谋划策;只是简单地收发信息,缺乏有效地处理信息、分析数据的能力;办公室管理过程中还没有做到科学化、规范化,人为性、随意性的现象很普遍;管理理念比较被动、落后,未能发挥主动精神、创新精神等。这些问题的解决有赖于办公室管理理论的创新与发展,更为重要的是理论基础与实践操作的匹配性。

第四,研究办公室管理有利于办公室的职能更好发挥。通过对办公室管理的研究,对办公室在组织结构中的准确定位,使办公室工作人员充分认识到办公室应发挥何种职能。一般认为,办公室管理具有以下五种职能。①指导职能。对任务的分配、政策的下达进行传递,并在需要时做出解释。这种职能可在纵向及横向两个方面实施。②参谋职能。办公室负责为领导的决策收集信息,并对信息进行加工处理,根据所掌握的信息及其他现实因素对决策提出建议,起到参谋、协助的作用。③服务职能。办公室要负责公文的起草、文件的收发。此外还有大量事务性的活动,如安排会议、接待来宾、环境管理等。④协调职能。在执行组织任务的过程中,由于各个部门业务的不同,彼此难免产生冲突或不一致,需要办公室工作人员从中协调,事先做周密的工作安排,化解部门之间产生的矛盾。⑤监督职能。办公室需要对下属机构、工作人员的工作情况进行考核、监督,保证其按时完成组织任务。办公室管理职能的发挥,不能仅仅建立在总结过去管理经验的基础之上,还需要用办公室管理理论进行指导。

第五,研究办公室管理有助于形成具有中国特色的理论体系。我国办公室与西方办公室在职能方面存在重大差别,研究办公室理论有助于形成具有特色的理论体系。一方面,立足于文化本体,积极吸收我国传统文化中的管理思想,做到古今结合;另一方面,积极吸收西方管理学的研究成果,扩大理论基础,做到中外结合。在吸收两者长处的基础之上,结合当前国内办公室管理的实践,突破现有的局限,把范围扩大到与办公活动联系的方方面面。用理论的眼光解决当前办公室管理实践中出现的各种问题,在实践的基础上逐步完善适合我国国情的办公室管理理论,再结合古今中外的管理思想以及国内的办公室管理实践,最终创建具有中国特色的办公室管理理论。

总的来说,办公室管理理论在中国发展的时间还很短,在今后的研究过程中,有待于不断地学习和探索,形成适合中国现状的办公室管理理论。在这个过程中,中国传统的管理思想发挥着很大的作用,需要继承和发扬,做到与现代管理的有机结合。实践因素的影响也是研究办公室管理理论时不能绕开的话题,因此,办公室管理需要针对具体的研究环境与实践目的,做出科学的定位。此外,办公室管理的研究范围要突破其局限性,要放眼于与办公活动相联系的各个方面,而不是仅仅把目光集中在办公室机构之上。解决办公室管理研究中的理论问题,完成理论研究的目标使之逐步走向成熟,以及通过这些理论来指导实践,这是研究办公室管理的意义所在。

【阅读参考】

办公室在我国的发展历史

办公室的出现是组织机构发展到一定阶段,为了提升组织效率而产生的辅助性机构。在我国,办公室出现的时间比较晚,直到近代才出现办公室建制。但是,与办公室职能相近的机构或者人员在我国历史上已经存在几千年了。虽然没有"办公室"的称呼,但是履行了相似的职能。

在原始社会末期,随着生产力的发展,各部落为祈求神灵的庇佑而展开的相关祭祀活动中就有类似秘书的人员存在。在当时称作"巫""贞人"等,他们协助部落首长占卜、祭祀等,对各种活动过程和结果进行记录。从这些活动内容可以看出,在原始社会末期就已经有专门的人员从事相关的辅助性活动,具备办公室机构的雏形。

国家产生以后,统治者有大量的行政事务需要处理,类似现代的办公室机构就孕育而生。在商周时期,太史寮这样的辅助性机构诞生,主要负责为君主起草文件、记录君主的言行举止等。在秦朝,中央机构设立御史大夫,其主要职责就是负责为皇帝接收官员的奏章、起草文书、传递皇帝的相关信息。御史大夫在职能上与现代办公室机构有很大程度上的相似性。在随后的朝代中,均设立有相应的机构以辅助皇帝处理政务、沟通皇帝与百官的信息,如西汉时期的尚书,东汉时期的秘书监,清朝时期设立的南书房、军机处等机构均是类似机构。

1911年的辛亥革命彻底摧毁了封建制度,当时的政府在吸收国外的制度并结合我国传统的基础上,在总统府正式成立秘书处。秘书处的成立标志着办公室建制在我国的正式实施,同时这也是第一个以"秘书"命名的秘书机构。1949年中华人民共和国成立以后,当时的政务院成立了秘书厅,后来秘书厅更名为办公厅;与此同时,各级人民政府、企事业单位、群团组织等都成立相应的办公机构。

随着各种组织理论的深入研究和组织实践的发展,为了适应组织的发展、提升服务效率,当前的办公室具有多种形态。从开放性角度出发,主要有以下几种类型:蜂巢型,即开放式办公室,一般行政办公室大多采用此类形式;密室型,即团队式办公室,律师等职业大多采用此类办公室;鸡窝型,即团队开放式办公室,设计师等职业大多采用此类型;俱乐部型,即同时具备独立和互动性的办公室,公司管理顾问大多采用此类型。

从我国办公室发展的历程来看,在任何时期都离不开具有服务性质的办公机构,任何管理者都需要这样的辅助性机构协助管理。虽然在不同时期其名称或者职能不同,但是其职能和工作内容基本相似。在社会主义建设的新时期,办公室管理已经面临了更为广阔的工作内容,为了提供高效的服务并且提升组织效率,办公室管理已经开始走向科学化、制度化和智能化道路。随着办公室管理理论的研究深入,会有更多的方法、原则被总结出来,指导办公室管理实践的持续发展。

【典型案例】

1. 某公司的张经理在星期一早上告诉办公室的小明,公司计划在星期四上午9点到11点召开人力资源部门会议,需要小明通知有关人员参会。小明刚到公司不久,对公司情况并不十分了解,甚至人力资源中心在哪里都不知道。小明在公司转了转,到人力资源中心后,发现大多数人外出招聘了,也没有遇到人力资源中心的行政人员。接下来小明忙于办公室的其他事情,几乎把通知的事忘了。

星期三下午,当张经理问小明会议通知的情况时,小明才在公司的布告栏里写了如下通知:"兹定于星期四上午在会议室召开人力资源部门会议,会议重要,请相关人员务必出席。"

星期四上午8点半左右,有2名参会人员到了办公室,但会议室里没有人招呼,以为会议不开了,坐了一会儿就走了。9点左右又有8名参会人员又来了,什么资料也没带,其中一人说,他们已经约好面试者在10点面试。到了10点,只剩下5名人员,由于与会人员没有准备会议草草结束了,张经理很不高兴。公司人力资源中心一共有20多位员工,事后得知未参会的员工根本没有看到通知。小明给张经理留下了极差的印象。

2. 年底某公司要举办公司年会,需要安排各类节目、装饰会场等并进行节目彩排。由办公室人员负责安排有关事宜,办公室工作人员一设计出会场装饰方案就直接通过电子邮件将时间安排通知各部门。可是到了要装饰会场的那天,人力资源部门却表示他们有重要的彩排活动,没有办法安排人手装饰会场。

案例思考:
1. 案例1中,小明究竟错在哪里?正确的做法应该是怎样的?
2. 案例2中,为什么办公室装饰会场的工作得不到人力资源部门的支持?
3. 办公室工作的特点是什么?在与其他部门协调中应注意什么?

第二章

办公室人际关系与公共关系

教学目标

通过本章的学习，熟悉办公室人际关系和公共关系的相关知识；掌握办公室人际关系的概念、内容、特点、影响因素以及技巧，并掌握公共关系的职能、原则、模式和危机公关等。

教学要求

主要内容	知识要点	重点难点
第一节 介绍办公室人际关系的概念和作用	(1) 办公室人际关系的概念 (2) 办公室人际关系的作用	(1) 办公室人际关系的概念 (2) 办公室人际关系的作用
第二节 介绍办公室人际关系的主要内容，并对不同人际关系的特点展开介绍	(1) 办公室人际关系的主要内容 (2) 与领导人际关系的特点 (3) 与办公室内部人员人际关系的特点 (4) 与其他部门人员人际关系的特点 (5) 与其他组织成员人际关系的特点	(1) 办公室人际关系的主要内容 (2) 办公室人际关系的特点
第三节 介绍影响办公室人际关系的因素	(1) 价值观因素 (2) 个人特质 (3) 交往的频率 (4) 需要的互补性 (5) 距离因素 (6) 组织文化因素	办公室人际关系的影响因素

续表

主要内容	知识要点	重点难点
第四节介绍处理办公室人际关系的相关技巧和原则以	(1) 处理办公室人际关系的技巧 (2) 处理办公室人际关系的原则	(1) 处理办公室人际关系的技巧 (2) 处理办公室人际关系的原则
第五节介绍公共关系的概念和职能	(1) 公共关系的概念 (2) 公共关系的职能	(1) 公共关系的概念 (2) 公共关系的职能
第六节介绍开展公共关系活动时应注意的原则和要求	(1) 实事求是原则 (2) 公开透明原则 (3) 双向沟通原则 (4) 互利互惠原则 (5) 协作原则 (6) 创新原则	公共关系的基本原则
第七节介绍公共关系活动中的战略型和战术型模式	(1) 战略型公共关系活动模式 (2) 战术型公共关系活动模式	(1) 战略型公共关系活动模式的特点 (2) 战术型公共关系活动模式的特点
第八节介绍公共关系危机的含义、处置原则和处置策略	(1) 公共关系危机的含义 (2) 处理公共关系危机的原则 (3) 处理公共关系危机的策略	(1) 处理公共关系危机的原则 (2) 处理公共关系危机的策略

情景导入

某生产妇科中成药的公司，在母亲节当天，举办免费为母亲送花、送祝福活动，为全市1 000名母亲送上节日的祝福。短短3天，市民踊跃参与，打电话参加的人数远远超过1 000人，该企业受到市民的极大赞赏。

问题：1. 该企业非营利行为的目的是什么？

2. 该企业采用的是哪种公共关系模式？

第一节　办公室人际关系的概念和作用

一、办公室人际关系的概念

人际关系被用于专门的研究对象，始于20世纪20年代，由美国哈佛大学梅奥教授在美国西部电气公司开展的霍桑实验。这个实验的最初目的是寻找是否有除"疲劳"之外会降低生产效率的因素。实验中，工人被分成两组：一组为控制组，所有工人在环境未变的条件下工作；另一组为实验组，工人在环境改变下工作并观察其效率变化情况，最后做两组比较分析。在霍桑实验中，实验组的环境处于不断变化中，但是，效率却都处于上升状态；控制组的环境未发生变化，却也提升了效率。最终，霍桑实验以近乎失败的结局收场。但是，梅奥教授等人以敏锐的嗅觉发现，工人的生产效率不仅受到环境、生理因素的影响，而且还受到认知、情感等因素影响。随后，梅奥教授出版《工业文明的社会问题》等著作，正式创建了"人际关系学说"。

对于什么是人际关系，虽然经过几十年的研究却仍没有统一的定论，但是，研究者普遍认为，人与人之间的交往是人际关系的核心内容，人际关系由三种成分构成：认知、情感和行为。任何人际关系的发生、发展都是这三种因素相互作用的结果。其中，认知成分是建立在知觉之上的，是人际关系产生、发展和演变的基础，指的是个体对人际关系状况的评价；情感是交往过程中的满意程度，是一种直觉上的体现，体现了交往双方在情感上的满意程度和亲疏关系；行为成分是建立和发展人际关系的交往手段与形式，是交往双方所表现出的各种行为，如语言、手势、举止、风度、表情等，以及所表现出的个性和传达信息的行为要素。

基于以上对人际关系的理解并结合办公室的特殊性，可以得出，办公室人际关系主要包括以下几个方面。

（1）办公室人际关系在一定的社会生活中展开。
（2）办公室人际关系是所有人际关系中的一种情况。
（3）办公室人际关系是在特定的场所即办公室发生的。
（4）办公室人际关系的核心是办公室人员之间的交往。
（5）办公室人际关系由认知、情感和行为构成。

从以上几点可以看出，办公室人际关系是指在特定的社会生活中，人们在办公室的人际交往过程中所形成的人与人之间的认知和情感联系，并表达出相适应的行为而形成的特殊关系。办公室人际关系绝不仅仅是发生在办公室狭小地域范围内的人际关系，这里的办公室更多是指作为一个机构载体，在这个载体上发生的人际关系。

一般而言，办公室人际交往主要通过信息和物质两种方式展开。一方面是信息。信息是办公室人员彼此交流的重要方式。通过信息交流，办公室人员彼此相互了解、理解、熟悉从而产生友谊等关系。信息一般由语言、姿势等构成。语言又分为口头语言和书面语言，口头语言主要是用说话的方式传递信息，如彼此之间的问候、聊天等；书面语言主要是通过文字、图像等传递信息，如文件的收发等。姿势一般是人的表情、手势或者姿态等，通过某一个动作表达信息。办公室人员通过信息交流，彼此之间可能通过一句话、一个表情、一个手势达到交流的目的。另一方面是物质。物质也是办公室人员彼此交流的重要方式。例如，同事生日赠送的小礼物，或者请客吃饭等。通过"礼尚往来"的形式，彼此的交流进一步加深，人际关系也会发生变化。

二、办公室人际关系的作用

办公室人际关系是办公室人员的重要关系之一，办公室成员之间既是同事关系又是朋友关系。在办公室人员之间建立良好的人际关系，保持良好的办公室人际关系不管是对于个体还是对于整个群体均具有重要作用，主要体现在三个方面。

首先，有助于构建良好的办公室氛围。组织氛围是组织运作的重要外部环境，组织人员期待有良好的组织氛围。良好的办公室人际关系能够使办公室形成和谐的气氛，办公室人员在这种气氛下感受到身心愉悦，不会有压抑感，能够全身心投入办公室工作中。相反，糟糕的办公室人际关系则会形成紧张的氛围，办公室人员的情绪受到极大影响，使人员产生焦虑感、紧张甚至害怕，长时间在紧张的氛围下工作甚至会导致身心健康出现问题。在这种恶劣的办公室氛围中，成员的注意力分散到其他地方，不可能全身心投入工作，极大地影响了工作效率。

其次，有助于开展办公室工作。人际关系是人开展工作的重要条件之一，有人甚至经过统计计算发现，人的工作成果只有百分之十五归功于专业技能，而其他百分之八十五则归功于人际关系。办公室工作是为领导和整个组织服务，每天需要面对大量的服务对象，良好的人际关系具有极其重要的作用。办公室人员若注意人际关系的沟通技能与原则，提升自身处理人际关系的能力，势必在处理办公室人际关系上取得成功，从而提升办公室工作效率。反之，若忽略办公室人际关系，与领导或同事交流中不注意技巧与原则，极有可能发生误会甚至错误，导致工作效率下降甚至是工作任务失败。

最后，有助于提升组织凝聚力。人们在组织中工作不仅仅是为了获取报酬，更多是获得一种归属感。归属感影响着人员的去留，如果没有归属感，员工离职的可能性就会极大提升。在办公室形成良好的人际关系，成员之间在感情上相互交流，遇到挫折能够有人伸出援手并且在精神上给予安慰，让成员彼此之间形成深厚的友谊，这样办公室人员就不仅仅是单纯的同事关系而更多是朋友，就能提升组织凝聚力。

第二节　办公室人际关系的主要内容和特点

办公室作为辅佐服务型机构，既面对组织又面对组织中所有部门和人员，其人际关系涉及面广。办公室人际关系的主要内容包括：与领导的人际关系（即办公室人员与领导之间的人际关系），与办公室内部人员的人际关系（即办公室内部同事之间的人际关系），与其他部门人员的人际关系（即办公室人员同其他部门人员之间的关系），与其他组织成员的人际关系（即办公室人员与其他组织人员的关系）等。

一、与领导人际关系的特点

（一）人际关系的首属性

在组织中，领导决定组织的方针政策，处于主导地位；办公室人员则是辅助领导工作，为领导服务。从领导和办公室在组织中的地位就能看出，办公室人员与领导的人际关系就是首属关系。首属关系是社会学观点，指在人际关系中地位最重要、影响最大、交往频次高的关系；反之，地位不那么重要、影响不那么大、交往频次不高的关系则称为次属关系。在办公室人际交往过程中，办公室人员应把与领导的关系放在首位，以服务领导为主。这种首属关系是一直存在的，办公室人员需要巩固并加强这种关系。

（二）人际关系的被动性

办公室工作具有被动性的特征，这就决定了办公室人员与领导的人际关系具有被动性的特点。领导处于主导地位，办公室处于被动地位。领导的目标就是办公室人员的工作目标，领导的任务就是办公室人员的任务。办公室人员根据领导的需求开展工作。在人际关系上，办公室人员也是处于被动地位，要根据领导的需求决定关系的发展情况。但是，这里的被动并非完全不具有主动性，办公室人员应该根据自身的实际情况与领导合理交流，努力做到维持良好的人际关系，而不仅仅是被动等待领导需求。

（三）人际关系的平等性

虽然办公室人员与领导的人际关系是被动与主动的关系，但是这种人际关系是平等的。在工作上，领导具有主导性甚至是决定性的地位，而办公室人员是辅助性的，但是仅仅限于工作上的上下级隶属关系而并不涉及人际关系的不平等。办公室人员在与领导的人际关系中应该有清醒的认识而不是简单的盲从，需要在人格上保持独立，需要有自我思考的能力。办公室人员在与领导交流中应不卑不亢，在平等的交流中遵从原则与纪律，而不仅是唯"领导"是瞻。

二、与办公室内部人员人际关系的特点

（一）人际关系的多样性

办公室内部成员是因工作原因而在同一个地域产生人际关系，这种关系在平等基础上建立并发展。在办公室的长期工作接触中，虽然主要目的是业务上的联系，但是也会产生其他关系。例如，新来人员向年长的有经验的老员工学习而形成师徒关系，同事之间的情谊发展成朋友关系甚至是恋人关系等。因此，办公室中的关系并不局限为某一种关系，而是多样化的。

（二）人际关系的矛盾性

办公室人员同在一个部门工作，都希望能够建立良好的人际关系形成良好的氛围，但是因为工作的特殊性导致常有矛盾发生。这导致办公室人员的人际关系充满矛盾。

（三）人际关系的复杂性

基于以上两种特性可以看到，办公室的人际关系是复杂的，体现的不单单是某一方面的关系，而涉及多种关系。办公室人员处于一种多样、矛盾的人际关系中，需要面对各种人际关系和处理各种矛盾。在这样一个环境中，人际关系充满了复杂性。

三、与其他部门人员人际关系的特点

一方面是人际关系的广泛性。办公室是服务领导和其他部门的，办公室人员与组织所有部门都会发生业务关系，理论上办公室人员与其他部门人员会有业务接触。组织规模越大，其他部门人员越多，在为各个部门服务的同时，办公室人员需要接触本组织大量的同事。在接触这些同事的过程中，办公室人员的人际关系就得到极大扩展。因此，体现出了与其他部门人员人际关系的广泛性。

另一方面是人际关系的偶然性。虽然办公室人员与其他部门人员在业务上接触时会开展人际关系，但是与其他部门人员不属于一个部门，不在一个办公室办公，除了有业务上的接触外其他交流的机会不多。这种关系存在着极大的偶然性，即有业务接触时才会发生相应的人际关系，一旦业务结束，这种关系也随之结束。虽然各部门之间存在着业务上的偶然关系，但是这并不妨碍各部门间人员的私人关系发展，这就体现出了人际关系的偶然性。

四、与其他组织成员人际关系的特点

组织与其他组织有竞争或者合作关系，同时组织还需与公众保持良好的关系，如同行竞争者、政府部门、新闻媒体以及客户与普通公众等均会发生关系。这就需要办公室人员具备良好的公共关系能力。组织中的办公室和对外部门就是发展公共关系的重要部门，办公室人员需要参与到这些公共关系中。

（一）公共关系的多样性

组织发展中面对大量的外部组织，伴随的是各种公共关系，包括同行之间的竞争，与供应商、政府部门、消费者、普通公众等之间的公共关系。这些公共关系为组织发展提供重要的外部环境，有时需要同时处置多种公共关系，这就需要办公室人员具备有效处置各种公共关系的能力。

（二）公共关系的变动性

办公室人员面对组织之外的各种公共关系，不仅会随着业务的变化面对不同的组织，也会因为媒体报道面对不同的群体。特别是在当前高速发展的经济和信息快速传播的时代，办公室面对的公共关系也是处于快速变化中，面对的组织和群体往往超出办公室人员的意料。因此，这种对外的公共关系具有变动性。

（三）公共关系的复杂性

办公室不仅要面对变化多样的公共关系，而且要面对更广泛的公众参与。比如360与腾讯之间著名的"3Q大战"，不仅涉及双方公司，还涉及上亿网友参与。事件中的公共关系已经远远超出两家公司的掌控范围，政府部门最后不得不出面解决。因此，组织面对的是复杂的公共关系，办公室需要在复杂的公共关系中找到最佳处理方式，以免公共关系处理失败影响组织发展。

第三节　办公室人际关系的影响因素

办公室人际关系是非常复杂而多变的，影响办公室人际关系的因素也有很多，把握这些因素有利于办公室人员恰当地处置人际关系。

一、价值观因素

价值观是人们对客观世界及行为结果的看法和评价，反映了人们的需求情况；价值观是支配人们行为的重要内容。价值观具有较强的稳定性，一旦形成就很难再改变。人际关系受到组织价值观和个体价值观的双重影响。办公室人员若不能接受办公室的价值观,就很难融入这个群体,与同事关系会很糟糕;反之,则会很好地融入办公室群体,与同事人际关系融洽。同时,若同事之间价值观差别较大,对事物的理解很难达成一致甚至相互抵触,也很难形成良好的人际关系;反之,同事之间价值观相似,对问题都有相似的看法,那么很容易在感情上产生共鸣,从而建立起良好的人际关系。

二、个人特质

个人特质是一个人相对稳定的思想和情绪方式,是在不同环境下所表现出的一些特点。影响人际关系的个人特质主要有个人品质和个人外表。

个人品质是人际关系的基础。一般而言,尊重他人、以集体为中心、谦虚等个人品质会提升对他人的吸引力,从而增进人际关系;反之,不尊重他人、以自我为中心、骄傲等品质会阻碍人际关系的发展。在群体中,一个人性格开朗、活泼、坦荡、富有同情心、关心他人,很容易受到群体的欢迎,能快速建立起良好的人际关系。反之,一个人性格孤僻、自高自大、对他人冷漠就很难融入群体,人际关系显得很糟糕。

个人外表是给他人和群体的第一印象。在办公室这种处于桥梁地位的场所,与他人的接触很多时候只是很短暂的,受到晕轮效应的影响,在某种程度上决定了是否深入交流。如果一个人邋遢、衣服不得体甚至不整洁,那么其他人会认为这个人其他方面可能也是如此,从而减少深入交流的可能性,人际关系发展受到阻碍;反之,良好的外表给人良好的印象,会促使人际关系的进一步发展。

三、交往的频率

交往的频率是指人们在单位时间内互相接触的次数。一般而言,交往的频率越高越容易形成共同的经验,从而产生共同的语言与感受,有助于人际关系的发展;反之,交往频率越低,越不利于人际关系的发展。除此之外,不仅要注重交往的频率还应该重视交往的内容,如果只是流于表面的交流,即使次数再多也不会有任何促进作用。因此,要注重交往的频率与内容相结合。

四、需要的互补性

当人们意识到自身有某种不足时,就会发自内心地羡慕具备这方面能力的人,并愿意与其接近,深入交流。互补性越强的双方,就越能满足双方的需求,彼此之间的沟通交流性就越长久,并且不容易分离,这样就越能建立和发展深层次的人际关系;反之,互补性不强的双方,则人际关系发展的可能性很低。

五、距离因素

俗话说"远亲不如近邻"。这就说明了距离的重要性。虽然办公室人员在同一个组织中,但是有可能因工作原因导致距离较远,从而影响彼此关系的发展。随着通信技术的发展,这一点影响会越来越低。

六、组织文化因素

一个组织是"工作型"还是"关系型";是强调做好工作、实现组织目标,还是强调搞好关系、形成和气的团体;是重视政绩和能力,鼓励通过扎实工作、勤劳创新来获得认可,实现自我价值,还是重视处理人际关系,靠拉票联系感情来获得认可,这些都会对人际关系产生不同的导向作用,也直接影响人们处理人际关系的方式。因此,整个组织的文化氛围也会极大影响办公室人际关系的发展。

第四节 处理办公室人际关系的技巧及原则

在办公室的人际交往中,不会出现一帆风顺的理想情况,不可避免地会发生各种冲突与矛盾,出现人际关系困境。在这种困境中,有可能是个体与个体之间,有可能是个体与群体之间,甚至会出现群体与群体之间的情况。因此,这就要求办公室人员在处理人际关系过程中掌握相关的技巧与原则,应对可能出现的各种冲突,为建立良好的人际关系做准备。

一、处理办公室人际关系的技巧

(一) 良好的第一印象

第一印象往往给人强烈的、持续时间长的影响,在很大程度上,对人际关系的发展具有决定性意义。例如,现实中的"一见钟情""良好的开端就是成功的一半"等就是在第一印象的作用下产生的。在办公室中,第一印象显得尤为重要。作为新人要特别注意给其他成员特别是领导留下良好的第一印象,这样方便在同一个办公室发展人际关系;对其他部门到办公室办事的人员也需要留下很好的第一印象,其他部门人员见面的机会很少,很多人都是凭借第一印象就会做出直接判断。一般而言,塑造第一印象可以从三个方面展开。

1. 良好的仪表

仪表反映了一个人的思想,是外在的直接表现,也是第一印象的直接感受。注重个人仪表,可以从穿衣等方面体现出来。

2. 良好的谈吐

在讲话中,一个人的涵养、魅力和才气等都会显露出来。注重谈吐,不能满口脏话、毫不顾及他人感受。

3. 恰当的言行举止

有意识甚至是无意识的动作、行为会将一个人的气质、性格等直接表现出来。从细小的动作着手,注重每一个细节,表现出恰当的言行举止。

(二) 善于倾听

善于倾听别人的讲话在很多时候比自己的讲话更重要。心理学研究表明,大多数人在讲话时若没有被倾听,会产生自己被冷落、受到讨厌、受到侮辱等感觉。在办公室人际交往中,需要耐心倾听别人的讲话,不要轻易打断他人讲话,更不能故意不听他人讲话。一般来说,善于倾听应该做到三点。

1. 正确的态度

倾听他人讲话，不是简单的一个"听"字，而是要在正确的态度指引下倾听。作为倾听者，应该做到心态谦虚、认真倾听等。

2. 良好的回应

虽然是倾听，但是也要有必要的互动，如目光与对方交流、点头，或者偶尔表达出"哦""对、对、对""是吗？"等回应性语句，而不是低头甚至是左顾右盼。

3. 不能轻易打断他人讲话

在倾听时，主要在于听并有相应的回应，而不是打断他人讲话使自己成为讲话者，要给讲话人充足的时间讲完他所要讲的内容。

（三）善于讲话

讲话是人际关系交往中最为直接的方式，也是讲话者直接、有意识地表达自我观点的方式。为了使他人能够更好地接受讲话人的观点和理解讲话的内容，并且讲话人与倾听者不会因内容发生冲突，讲话的方式技巧就显得尤为重要。一般而言，善于讲话有四个要点。

1. 良好的态度

态度是讲话人发出的第一个信息，是发展人际关系的起点。倾听者可以直接从讲话人态度上感受到对方的情绪、重视程度等。讲话中，做到态度温和、方式友善、尊重对方，注意讲话的语调、语气，使倾听者在生理和心理上都不会有抗拒感。

2. 注意情景

在不同的情景需要对讲话内容进行适当调整，把讲话融入相应的情景中。例如，在办公室日常工作中，可以适当添加幽默的元素，调节讲话氛围，增进双方的投入感；当对方情绪低落时，就不宜采用幽默的内容，应采用庄重的方式。同时，应该注意在情景中调节相应内容，应当适度而不应过度夸大等。

3. 注意语言

讲话是通过语言来实现的，应注重相应的用语。讲话时，内容上应做到语言简明、通俗易懂，逻辑上应做到条理分明、层次清楚，使他人很快明白所要讲的是什么内容。

4. 注意相应的动作

讲话时，不能只说，而忽略了其他动作。用相应的手势、眼神交流等配合讲话会取得良好效果。

（四）消除误解

人际交往过程中，不可避免地会发生误解甚至是产生矛盾。消除误解，增进彼此理解，是实现良好人际关系的重要途径。

1. 自我反省，增强修养

人际关系产生矛盾后，要做到自我反省，反思是否是自己做错了；如果是自己做错了，要敢于承认错误并向对方致歉，如果是对方做错了，就应该反思是否是自己的言行不当导致对方误解；同时不要有过激的言行激化双方矛盾，应该增强自身的修养，做到既不主动犯错也不使他人误解。

2. 采用合理的方法消除误解

误解产生以后，要使用合理的方法消除而不是持续这种误解，从而导致人际关系更加恶劣。消除误解的方法很多，如找同事或者是组织从中协调，找合适的机会与对方握手言和，主动与对方交心等。对待不同的人以及不同的环境，应该选择合理的方式解决误会与矛盾。

3. 豁达

当与人发生误解或者是误解消除以后，不管是自己被误解还是自己犯错，都应该保持开朗、豁达的心态，以良好的心态重新开始与对方发展人际关系，一如既往地与对方共事，而不是始终把误解铭记于心。

二、处理办公室人际关系的原则

处理办公室人际关系应在一定的原则上进行，而这些原则在不同的人际关系中又有不同的表现。例如，处理领导和同事之间人际关系的原则明显是有差异的，但也有一些相似之处。把握这些共同的以及特有的原则，是发展办公室人际关系的重要依据。

(一) 处理办公室人际关系的共同原则

共同原则是在任何时期、任何地点都应当遵守的原则，是人际关系发展的基础。

1. 彼此尊重

人与人之间都是平等、相互尊重的，不存在任何的不平等甚至歧视。这就要求在发展人际关系中要注重彼此之间的相互尊重。一般而言，遵循彼此尊重的原则主要有两个表现。

(1) 尊重他人。在人际关系发展中，要得到其他人尊重，首先要做到尊重他人，无论是上级、同事还是组织来访人员，都应该对他们表示尊重，而不应该考虑他们的身份、财富等方面。同时，尊重他人需要重视别人的意见与感受，能够考虑他人的想法。

(2) 要有自尊心。人际交往中，要有自尊心，要自信与自爱。发展人际关系要有充分的自信，不能有悲观的心理；尊重他人并非矮化自我，要做到彼此相互尊敬。

2. 与人友善

对待任何人应该以友善为主，而不应该敌对，要把对方看作朋友而不是敌人。对他人的友善是发展人际关系的感情基础，都应该发自内心，而不是假装甚至是虚伪的。

3. 豁达包容

人际关系发展中难免会发生冲突，此时应表现出豁达的态度，包容他人的错误或者是冒犯，而不应一味指责甚至是谩骂。能够设身处地为他人着想，多给他人一点时间和谅解，使双方能够心平气和地处理矛盾。在人际关系中营造一种宽松、愉悦的氛围，使来到办公室的人都能够感受到这种气氛，从而发展良好的人际关系。

4. 乐于助人

看到其他人需要帮助时，应主动伸出援手帮助他人。对他人关心、关爱是人际关系中最基本的感情。这种感情是发自内心的，不带有目的性，是人际关系中最真诚的表现。

5. 真诚对待

真诚对待他人是人际交往得以发展和延续的保障，只有真诚对待才能相互信任、相互理解。为了某种目的没有真诚的人际交往是不可能长久的。

（二）处理不同人际关系的原则

办公室人际关系的内容多种多样，在不同的人际关系中会有不同的原则。在处理具体的人际关系时，应注重把握这些特有的原则。

1. 处理与领导人际关系的原则

（1）有原则地服从领导。领导在组织中处于主导地位，办公室人员是领导的下级，需要按照领导的指示、命令行事。办公室人员与领导的人际关系中首先就是要明白自身的角色和地位，要自觉领会领导的意图、执行领导的命令。但是，这种领会与执行并不是毫无原则地执行，需要有一定的原则。首先，对于违反法律、法规的命令应坚决抵制。其次，领导不能冒犯人格上的平等。在职务上，领导是上级，办公室人员是下级。但是，在人格上双方是平等的。领导不能以组织权力来要求人格上的不平等。同时，办公室人员不能盲目服从，要有自己的判断。办公室人员要对领导的决策做出合理的判断，哪些能做、哪些不能做，应该采取什么方式做，什么先做、什么后做等。最后，及时提出合理的建议。虽然领导发出命令，但是作为执行者的办公室人员，更熟悉相关的政策与特殊情形，就应该对领导提出合理的建议，使领导做出更好的决策。

（2）主动地服务领导。办公室的服务具有被动性，即领导交代什么任务就做什么工作，这导致办公室人员的积极性不高，并且对领导的命令缺乏前瞻性。这需要办公室人员必须具备前瞻性，主动为领导服务。在主动了解领导在工作上的需求后，办公室人员应该注意技巧与手法，做到配合默契、自然。同时，还应该主动了解领导的个性、知识结构、办公偏好等。对于事务型领导，办公室人员应该考虑周全，向领导汇报所有细节；对于学者型领导，办公室人员则应该制定相关的方案供领导选择，为领导做好参谋等。

（3）恰当的提醒。领导主导着组织的发展，领导的决策对组织发展具有重要甚至决定性的意义。但是，领导也是人，不可能不犯错误。当发生错误时，作为辅助性部门的办公室应该及时提醒领导减少组织的损失。一般而言，办公室人员应注意提醒的场合，在有其他人在场时，要照顾领导的自尊心；办公室人员向领导提醒应该是委婉的、含蓄的，让领导能够发现错误；向领导提醒以后，需等一段时间再请示，给领导充足的时间重新思考问题以做出正确的决策。办公室人员向领导提醒是为了纠正错误，而不是向领导炫耀自身的才能，更不应该贬低领导。

2. 处理与办公室内部人员人际关系的原则

（1）相互尊重，平等交往。在同一个办公室工作，都是相同的职务、相似的工作，彼此之间是一种同事关系而不是上下级关系。办公室人员不能以领导或者是上级自居，也不能以自身专业技术好或者工作年限长等优势而自认为高出别人一级。同事之间应该相互尊重，包括尊重性别、能力大小、个人爱好等，不应该有任何取笑甚至是鄙视的态度；彼此之间平等交往，即使是协助领导向同事布置某些任务也应该做到以商量的语气而不是以领导的口吻发号命令。

（2）诚恳待人，关心他人。办公室同事之间都是长期共事，要取得同事的支持与合作就应该表现出真诚的态度。诚恳待人就是表达出自我真实的想法。当同事在工作和生活上需要帮助时应该伸出援手，根据自己的能力给予相应的帮助；在帮助过程中，应该注意把握好分寸、方法和时间，要让对方感受到是发自内心实实在在的帮助。与同事在平时工作中相互帮助，相互协商，充分沟通，彼此协调，做到相互支持而不是互相拆台。

(3) 宽容大度，维护团结。同在一个办公室工作，难免会发生各种矛盾。这就需要办公室人员做到宽容大度，对于他人的错误应该理性看待，不能一味责怪。容忍他人的缺点、减少摩擦，把主要精力放在工作上，尽量减少矛盾与纠纷，当矛盾发生时应该宽容大度，以维护办公室团结。一方面，要维护办公室整体利益，不能有损办公室整体利益的事情发生；另一方面，要维护好各方关系，避免矛盾的发生。

3. 处理与其他部门人员人际关系的原则

(1) 以诚相待，平等对待。办公室作为辅助性部门，同其他部门没有隶属关系。其他部门人员会经常到办公室处理相关事务，与办公室人员有广泛联系。在服务中，办公室与其他部门的同事应该做到真诚相待，以礼相待。不能以上级领导自居，更不能向其他部门下达命令。即使在传达组织领导的命令时，也应该语气温和。只有做到以诚相待、平等对待，才能更好地为其他部门服务，提升组织整体效率；否则，部门之间的协调很难达成，影响组织整体效率。

(2) 区分主次，广泛交往。办公室人员需要服务整个组织，要了解领导以及各部门的需求，这就要求办公室人员必须在组织中广泛与其他部门人员建立良好的人际关系。但是，并不是要和每个人都发展良好的人际关系，应该有重点地与某些对象发展良好的人际关系。办公室人员主要发展的人际关系应该是与领导之间的关系。除此之外，不同的办公室人员所服务的对象不同，要根据自己经常服务的对象来发展人际关系。例如，与人事部经常联系的办公室人员，应该经常与人事部的工作人员沟通交流。通过广泛发展关系，对组织能够有整体上的把握；而发展重点关系，则能够在相关业务上得到各个部门的支持。

4. 处理与其他组织成员人际关系的原则

(1) 不卑不亢，平等相待。办公室人员作为组织代表与其他组织的接触过程中，可能会接触政府部门、竞争性组织、合作性组织以及比自身组织强大或者是弱小的组织。在这个过程中应做到不卑不亢。办公室人员要采取正确的手段与方法与其他组织沟通交流，做到不损害组织及自身的荣誉。

(2) 广泛交往，区分主次。组织之外存在着各种类型的组织，有政府部门、同行业组织、存在合作与竞争关系的组织、不相关的组织等。面对复杂、广泛的人际关系，如果办公室人员平均使用精力那么将不可能建立良好的人际关系，甚至不可能建立成功的关系。因此，在广泛交际的基础上要有重点，确定那些对组织影响大、交往多、时间长、频率高的人际关系为首属类关系，其余则为次属关系。对于首属关系应该特别关照，经常联系相关人员，从各方面发展人际关系；对于次属关系则适当发展。

(3) 把握时机，主动交往。其他组织成员与办公室人员不在一个组织工作，能够发展人际关系的概率很低。人际关系不会自动发展，需要去创造条件与机会，然后顺势而为。因此，就需要抓住机会从各方面与其他组织人员联系。

(4) 方法多样，灵活多变。面对广泛的组织和人员，发展人际关系时应该注重采取多样化的手段和方式。既可以采用传统的面对面的方法，也可以采用即时通信的方法，还可以通过各种中间关系发展关系。各种方法应该灵活使用，不能僵化或迷信某一种方式。各种方法相互配合以达到发展对外关系的最终目的。

第五节 公共关系的概念和职能

一、公共关系的概念

"公共关系"是英文"Public Relations"翻译而来的。从辞源上看,"公共"不仅具有"公众"的含义,同时也具有"政府、企业、事业组织"的意义。公共关系与私人关系有很大的差异。然而,自从公共关系成为一个学科之后,关于什么是公共关系却没有定论。目前,对公共关系主要有四种理解。

(1) 传播说。传播说从传播角度来看待公共关系,代表性的定义是《大英百科全书》中的定义:公共关系旨在传递关于个人、企业、政府机构或者其他组织的信息,以改善公众对其态度的政策和活动。

(2) 关系说。关系说把公共关系归纳为一种特定的关系,代表性的定义是美国蔡尔兹教授的定义:公共关系是我们所从事的各种活动、所发生的各种关系的统称,这些活动与关系都是公众性的,并且都有社会意义。

(3) 形象说。形象说从组织塑造形象方面来理解公共关系,代表性定义是中国王乐夫教授的定义:公共关系是一种内求团结、外求发展的经营管理艺术,它运用合理的原则和方法,通过有计划而持久的努力,协调和改善组织机构的对内对外关系,使本组织的各项政策和活动符合广大公众的需求,在公众中树立起良好的形象,以谋求公众对本组织的了解、信任、好感和合作,并获得共同利益。

(4) 管理说。管理说把公共关系视为管理的一种功能,代表性定义是国际公共关系协会给出的定义:公共关系是一种管理功能,具有连续性和计划性。通过公共关系,公立的和私人的组织、机构试图赢得同他们有关的人们的理解、同情和支持——借助舆论的评价,以尽可能地协调他们自己的政策和做法,依靠有计划的、广泛的信息传播,赢得更有效的合作,更好地实现他们的共同利益。

除了以上几种知名的公共关系定义外,还有平衡说、咨询说、现象描述说等定义,这些定义都从某个角度对公共关系展开了详细说明,有利于全方位把握公共关系的本质。综合各种观点,公共关系的综合性定义为:公共关系是组织通过内部团结和对外宣传,运用多种手段以实现维护自身形象并且与公众保持良好关系目的所实施的政策与活动。

从以上定义中可以看到,公共关系主要由三部分构成:公共关系主体——组织、公共关系客体——公众、公共关系中介——传播。以上三部分即为公共关系的三要素,他们的关系如图2-1所示。

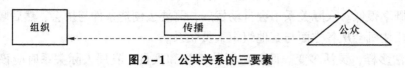

图2-1 公共关系的三要素

公共关系主体是公共关系活动的发起者、组织者和实施者,在公共关系中居于主导地位,具有主动性。一般而言,公共关系主体主要有营利性组织、非营利性组织、公益组织、政府组织、政党组织、群团组织等。

公共关系客体是公共关系的对象，只有充分了解公共关系客体的内容和特征才能制定有效的公共关系策略，从而构建良好的公共关系，使组织处于良好的公共关系生态系统中。公共关系的客体是公众而不是大众，是与组织发生一定关系的、对该组织的生存和发展具有影响作用的个人、群体或组织。根据公众与组织的所属关系，可以将公众划分为内部公众（即组织内部员工及家属）和外部公众（即除了内部公众之外的其他所有与组织发生关系的公众）。根据公众对组织的重要程度，可以将公众划分为首要公众（即对组织影响最大的公众）、次要公众（即对组织有影响但并不是有决定性影响的公众）和边缘公众（即与组织有少量联系的公众）。根据公众对组织的态度，可以将公众划分为顺意公众（即支持组织的公众）、逆意公众（即对组织有敌意的公众）和独立公众（即持中立态度或态度不明确的公众）。公众的分类随着角度不同会有很多种划分方法，应该看到公众的划分并非是单一的，如何划分公众应该根据具体的公共关系工作来决定，在必要时甚至可以多角度综合划分。

传播是连接公共关系主体与客体的手段。公共关系主体通过传播才能与公共关系客体相互联系和沟通。传播必须通过一定的媒介来展开，既有大众媒介，如广播、电视、网络等，也有人际，如具体的个人；既有符号媒介如图画、文字等，又有实体媒介如礼品等。公共关系中的传播主要有自发传播和自觉传播。自发传播是一种自由式传播，对传播内容和传播途径都未加以控制；而自觉传播则是根据传播对象的不同而调整传播内容和传播途径。

二、公共关系的职能

公共关系的职能是指公共关系在组织的运行过程中的工作范围以及承担的责任。实践中的公共关系在组织中具有明确的职责范围，发挥着特定的职能。这些职能的发挥，不仅为组织的生存和发展创造了良好的外部环境和内部条件，也是组织维系的重要关系之一，对组织的发展有积极影响。

（一）管理信息，监测环境

信息管理是公共关系的一个重要职能，从信息角度可以把公共关系看作公开的信息交流。信息是公共关系工作的必要前提，没有信息的公共关系就成"无米之炊"。信息管理主要包括信息收集、处理和沟通等多方面内容。对于信息的收集应当是通过多渠道和运用各种传播媒介，以保障信息获取的准确性、全面性；同时对信息的处置也要采取科学的方法，通过"去粗取精、去伪存真、由此及彼、由表及里"的方法实现信息处置的科学性。在信息传播上，应该运用现代传播理论和方法，采用多渠道、多手段的沟通方式，以提高组织传播的效率和准确度。从信息源看，信息主要来自组织内部以及来自组织外部。从内容上看，公共关系主要关注的信息包括组织形象信息、组织产品信息、组织状态信息、组织发展信息以及其他社会信息等。

信息管理并不是公共关系的最终目的，只有把收集起来的信息经过有效整理和分析之后才能准确分析当前组织所面临的形势并做出相应的预测，才能有助于组织的发展。在组织所处的经济社会大环境下，主要监测：①政府政策环境。组织要密切关注政府政策情况，既要准确把握当前政府政策内容，也要对政府未来政策做出合理预测，以实现紧密跟随政府政策的方向。②社会人文环境。包括风俗习惯、伦理道德、经济环境等，组织需要监测社会人文环境以掌握环境的动态变化，从而有助于组织在环境中处于主动地位。③组织竞争对手的动态。要了解竞争对手的长处和短处、发展的强项和弱项，研究在竞争中如何优势互补，以求达到打倒竞争对手的目标等。

（二）引导舆论，塑造形象

舆论是公众对组织或组织所发生的重大事件的反应，是公众对组织评价的反应。舆论对组织发展具有重要意义，甚至能够决定组织的存亡。例如，在"三聚氰胺"事件中，舆论直接决定了企业的存亡。因此，组织必须注重舆论，要更好地引导舆论。当公众缺乏对组织及其产品的了解时，组织应当通过各种渠道与手段主动宣传自己、介绍自己，促使公众了解组织及其产品。当组织及其产品被公众了解之后，组织应当强化这种舆论，让公众对组织及其产品有更深入、更好的了解，甚至产生良好的评价。当公众对组织及其产品有了认同但是却游离不定时，组织应该持续增强宣传与引导，强化公众对组织及其产品的认同。当组织形象受损时，组织应该根据不同情形采取相应措施。如果是因组织或者产品出现问题，就应该本着实事求是、有错即改的态度，坦率认错，尽快采取补救措施，将损失减少到最低，并把组织处理事故的过程以及整改措施及时告知公众，求得公众谅解，以期重获支持和信赖。如果是因为公众误解，应及时向公众澄清事实真相，消除误会；对于他人陷害则应尽快揭露其阴谋，并将本组织采取的预防措施向公众宣布，以防事态扩大，然后再逐步恢复公众对组织的信心。

组织形象是组织直接呈现在公众视野范围内的信息，是公众对组织的总体印象，是对组织的内在精神和外在形象的评价。良好的组织形象能够促使公众对组织及其产品有充分的信任感，也能为组织在市场中优化生存环境，增强其对环境的适应能力，同时对内也能增强组织的凝聚力，成为组织的精神支柱。组织开展公共关系活动，通过调查自身形象、确定自身形象定位、采取相应策略构建良好的组织形象，最终实现将良好的组织形象展现在公众面前的目的。

（三）沟通内外，协调关系

公共关系能否建立与发展，最根本的就是组织与相关公众的利益能否协调。从组织内外来划分，公众可以分为内部公众与外部公众。公共关系的发展必须与内外部公众同时沟通协调，这样才能实现公共关系的良好发展。公共关系的协调是指使组织内外部不同部门的活动能够和谐，使组织适应环境的变化，以便实现组织与公众的共同目标。公共关系的协调内容主要有三个方面。

1. 协调组织内部领导与员工的关系

领导与员工的关系在很大程度上决定了员工的积极性、主动性和创造性，影响到组织的发展。因此，要保持内部良好的关系就必须处理好这类关系，具体的方法有：一方面，组织公共关系部门要经常向员工清楚传达组织的规章制度及领导的意图，使员工能够按照规章制度和领导的指令作业；另一方面，公共关系人员需要采纳员工的意见并且准确地向领导表达，使领导充分考虑员工的感受和想法，并做出相应的反馈。

2. 协调组织内部各个部门以及各个环节的关系

随着组织职能分工的持续深入，组织中的不同部门承担着不同的作业内容，并且不同环节之间沟通不恰当的可能性增大,这就可能导致内部矛盾的增多。这些不必要的矛盾会导致极大的损失。因此,公共关系部门要做到协调各个部门的步调,实现步调一致,充分实现信息沟通,增加各部门之间的联系,实现各部门之间相互支持、相互信任,从而减少部门之间的摩擦。

3. 协调组织与外部公众之间的关系

外部公众虽然不像内部公众那样与组织有密切的关系,但是外部公众有可能是组织的客户群体、供应商等。从数量上看,外部公众数量远远超过内部公众的数量;从复杂程度来看,外部公众更为复杂、更难处理;从影响范围来看,外部公众影响更广。因此,组织必须重视与外部公众的公共关系。组织在发展过程中不可避免地会与外部公众发生矛盾与纠纷。一旦出现公共关系危机,组织应立即采取措施有效处置外部公共关系,缓解矛盾,消除影响,否则组织将受到极大的负面影响。

(四) 科学预警,处置危机

组织危机是指组织因某种原因与公众发生激烈冲突,在舆论中处于不利地位,形象受到严重损害,并且使自身的生存和发展受到极大阻碍。虽然组织危机是不可预测的,但是组织危机是可以预防的。组织危机爆发之前会出现某些征兆,科学的预警系统是捕捉这些征兆并提前制定策略的有效途径。科学的预警主要包括:①加强公共关系信息与组织管理信息的收集与分析,提前捕捉各种信息;②密切注意国家政策和市场变化;③加强与重点外部公众之间的联系;④定期与不定期相结合地同内部公众开展信息交流会,实现组织内部上下沟通顺畅;⑤经常开展调研分析,预测各种情况出现的可能性,对可能出现的危机情况进行充分的准备工作;⑥委托外部机构对组织公共关系情况进行诊断,避免陷入自我困境。

组织出现危机时,通过有效的危机公共关系不仅可以避免矛盾进一步恶化,而且还能够维护组织形象,实现自我保护的目的。一般而言,危机公共关系遵循四个步骤。

1. 立即采取紧急措施

危机的出现具有极大的偶然性,也有极大的破坏性和蔓延性。组织必须在第一时间开展危机公共关系,按照预先设计的方案布置公共关系资源。在最短的时间内采取公共关系措施;一方面,使组织的形象与声誉损失降到最低,另一方面,为组织处置危机赢得时间。

2. 真诚告知真相

组织危机发生后会引起公众的极大关注,组织可以隐瞒真相,也可以具体告知。由已有的经验来看,组织真诚地告知真相,表明诚意,对组织的声誉以及危机管理具有重要意义。相反,隐瞒真相会导致公众怀疑组织的诚意,甚至导致组织面临更为巨大的危机。

3. 收集信息,调查原因

组织危机的处置必须建立在客观真实的信息基础之上,组织通过各种渠道和方式收集危机信息,调查危机产生的原因、影响范围,为解决危机提供信息支持。

4. 对不同公众采取不同的公共关系策略

当组织发生危机后,社会大众会广泛参与,但是不同的公众关心的问题不同。因此,组织必须采取不同的策略应对不同的公众。对内部公众,除了尽快采取处置行动外还应该通过全体员工保持信心,并且对外统一口径,对危机处理中的员工实施奖惩措施。对外部公众,首先,对于危机受害者,应给予其足够的补偿和诚挚的道歉,争取他们的谅解;其次,对于媒体，应该坦诚相待，接受其各种访问和质疑；同时，对于政府部门的调查，应该积极配合；最后，对于普通公众，应该完整公开整个事件的发展和处理情况，不得对公众隐瞒甚至撒谎，以争取公众的信任。

（五）咨询建议，参与决策

公共关系部门在组织中并不直接创造价值，是服务性部门，是为领导担任参谋的部门，公共关系人员参与到组织的全程决策中。公共关系的咨询建议就是指组织公共关系人员向领导和各管理部门提供公共关系方面的情报、意见、预测和建议，使决策更加科学化、系统化，使组织内外部保持良好的公共关系。公共关系咨询建议的主要内容有四个方面。

（1）对本组织内部方针、政策和行动提供咨询意见。

（2）对本组织公共关系战略、经营销售战略和广告宣传战略、CIS 战略、组织文化战略提供咨询意见。

（3）对组织当前公共关系以及公共关系发展趋势进行咨询和建议。

（4）制定几套改善组织公共关系的措施，并提供给领导。

同时，也应该看到，公共关系的咨询建议是与信息沟通密切联系的。没有足够的信息沟通就不可能有公共关系咨询建议。公共关系部门只有向领导与组织提供咨询与建议并参与决策，才能发挥其职能，否则公共关系部门将不复存在。

第六节　公共关系的基本原则

公共关系的基本原则就是公共关系主体在开展公共关系活动时应该遵循的基本原则和要求。公共关系的基本原则具有多样性，实践证明，公共关系主体遵循这些原则不仅有助于自身的发展，还有助于社会整体的发展。

一、实事求是原则

坚持实事求是的原则就是要在公共关系活动中真实、客观、全面、公正地发布信息与公众交流。公共关系是为组织建立良好的信誉和形象的技巧艺术，但是并不是单纯的技巧艺术，而是建立在客观事实基础之上的。客观事实是公共关系建立的"原材料"，没有这种材料，公共关系是无法建立的。实事求是原则要求组织在开展公共关系活动时必须尊重客观事实，如实向组织内外部公众传递相关信息，同时向组织决策者传递内外部公众的信息。

只有以客观事实为准绳，公众才能对组织形成具体的、真实的形象。只有以客观事实为准绳，新闻媒介才愿意与组织长期合作、长期交流。虚假的消息，一方面影响到新闻媒介的公信力，另一方面新闻媒介不会与组织配合塑造良好的公共关系。客观事实为组织与新闻媒介建立长期合作关系打下坚实基础，有助于双方共同发展。只有以客观事实为准绳，组织内部公众才会共同关注组织的问题与方向，针对具体的问题集思广益、群策群力，保持员工与组织的步伐一致，共同构建组织公共关系。

二、公开透明原则

组织从事公共关系活动就是通过信息的传播与公众相互了解、相互信任，从本质上看，公共关系就是信息传播与沟通的过程。封锁相关信息会引发公众不必要的猜疑，会导致信任危机，其结果是公共关系还没有开始就注定要失败。

虽然组织中某些信息必须保密而不得公开，但是组织对那些不该保密甚至已经从其他途径散布出去的消息仍然持保密的态度，就会造成公众对组织有更深层的误解，甚至认为组织有见不得人的行为或者信息。因此，组织应该对信息进行合理分类，哪些信息能够公开，公开程度是什么，选择在什么样的时机公开等，都应该充分考量。

总之，组织开诚布公，公开透明，坦诚示人，自然会获得公众的理解。

三、双向沟通原则

双向沟通强调组织的内外信息沟通必须是双向的，即在向内部和外部公众输出信息的同时又要广泛收集来自公众的信息，向决策部门反馈公众的意见信息。

某些组织经常进入单向传播信息的误区，具体表现就是：向内部公众单向发布命令，向外部公众单向传递组织信息，却很少去了解或者倾听公众的意见和要求，组织大多根据已有的经验或者领导者喜好做事。这就导致组织很难发现公众的需求，组织的公共关系很难实现预期目标。例如，很多企业把公共关系活动等同于对外广告宣传，把公共关系活动过程归纳为介绍产品质量、产品售后服务、包装情况、经营策略等，希望通过单向的信息输出就能够得到公众的认同并支持企业的发展，这很难获得成功。

因此，组织开展公共关系活动要摒弃单向宣传或者简单的广告活动，必须在公共关系活动中建立信息沟通的双向原则。

四、互利互惠原则

组织与各种公众发生着各种关系，要使这些关系成为促进组织发展的有利环境，单靠组织一方让利是不能成功的，组织不仅要重视自身的利益，也要注重公众利益和社会利益。组织只有把自身利益与社会利益、公众利益相结合，得到社会和公众的支持，才能使自身立于不败之地。反之，组织如果一味地追求自身利益而忽略社会和公众的利益，甚至造成社会、公众的利益受到损失，那么这个组织也处于失败的边缘。公共关系活动也要追求互利互惠的目的，强调公共关系主体、客体的权利和义务，以追求双方的共同利益和独自利益，谋求公共关系主体利益与公众利益的平衡协调，促成公共关系主体运作与环境达成平衡状态。

坚持互利互惠原则要求组织的决策、计划以及管理整个过程都要服务公众、满足公众的需求、从公众利益点出发，更要从社会整体利益角度来考量。坚持互利互惠原则要求组织具有社会责任感，要充分考虑对其他组织、他人、社会环境以及后代可能造成的影响。坚持互利互惠原则要求组织经营管理者要有全局的眼光，看到社会整体的发展状况、良好的社会环境对组织发展的重要性。因此，一方面，组织要多关心社会公共事业，参与社会公共服务；另一方面，组织要遵从整体、长期利益，摒弃局部、短期的利益，特别是从社会整体利益出发，从事有利于社会的公共关系。

五、协作原则

组织开展公共关系活动，应该与公众之间保持协作关系，在组织内部应强调与员工的协调，在组织外部应强调与外部公众的协调。公共关系活动强调组织与公众的合作协调关系，而不是对立矛盾关系。

在组织内部，组织应该与员工保持协调一致的关系。组织除了要对员工严格管理之外，还要注重与员工的信息交流，更要注重员工的物质和精神需求。通过信息、物质和精神上的满足，员工能够知道组织需要什么，知道自己需要做什么。这样，员工就会自动与组织的步调保持一致，按照组织的规章制度和命令行事，朝着组织的目标前进，而不会拖组织后腿。

组织与外部公众保持协作的关系要求组织给外部公众提供良好的产品、服务，并有良好的印象，这些都是外部公众青睐组织的重要原因。因此，组织与外部公众保持协作关系就必须提供外部公众的需求，给外部公众提供良好的服务，这主要包括事先宣传产品、服务的信息，让外部公众明白组织提供的是什么；在提供产品和服务的过程中，要做到文明礼貌、细心周到；需要提供完善的售后服务等。

六、创新原则

组织开展公共关系活动是细水长流的工作，要不断迎合公众心理需求，引导公众的兴趣。公众在接触组织的引导时，最开始可能会表现出新奇感，而时间久了便索然无味，会忽略组织的公共关系活动。因此，组织必须不断创新公共关系活动，通过新颖的公共关系活动塑造组织崭新的形象、吸引公众的注意力，以保持组织公共关系活动的活力。

公共关系的创新方式主要有三种。

（1）类比创新。公共关系活动都是在以往的经验基础之上开展的，创新并非凭空而来，可以在类比以往经验的基础上创新。

（2）联想创新。公共关系活动中可以把关联性不大甚至不同的信息、媒介、公众和任务相结合，巧妙组合形成别具一格的创新公共关系活动。

（3）想象创新。想象并非凭空想象，而是基于公众需求和公共关系目的出发，以创新性的思维模式联系各种资源素材，从而创造出新的公共关系活动。

第七节　公共关系活动模式

组织开展公共关系活动维持良好的公共关系、维护良好的形象，除了专门的公共关系部门外，办公室承担了相应的职能；中小组织并没有专门的公共关系部门，办公室承担了绝大多数的公共关系职能。因此，办公室人员应熟悉和掌握公共关系在不同环境下的不同模式，这些模式提供了相应公共关系活动下的工作任务和目标，为发展公共关系提供科学的指导。公共关系模式就是围绕组织特定任务与目标，为公共关系活动提供的任务架构。根据公共关系的长期目标和短期目标、政策性和具体行动的不同，可以将公共关系活动分为战略型公共关系活动模式和战术型公共关系活动模式。公共关系活动模式并非固定的，办公室应该根据环境的变化适时做出相应的改变，同时探索出适应组织不同阶段的模式。

一、战略型公共关系活动模式

组织需要制定相应的战略以指导自身的长期发展，而战略型公共关系活动模式就是组织根据战略发展目标制定与组织环境相适应的公共活动模式，用以指导组织长期的公共关系发展。不同的组织根据发展阶段不同、内外部环境不同、需求不同，需要适当制定符合自身发展的战略型公共关系活动模式。根据组织不同的公共关系工作特点和方式，战略型公共关系模式又可细分为五种类型。

（一）建设型公共关系活动模式

组织成立初期或者新产品、服务销售初期，没有任何知名度，组织或者新产品、服务对于公众而言是陌生的。这个时候就需要有相应的公共关系活动模式指导公共关系活动。这种类型的公共关系活动模式称为建设型公共关系活动模式，旨在使组织或者新产品、服务与公众之间实现信息沟通、建立良好的沟通。建设型公共关系活动模式是组织在初创时期或者新产品、服务销售初期，为了打开市场而采用的公共关系活动模式。建设型公共关系活动模式的目的就是要打开知名度，使公众对组织或者新产品、服务有良好的第一印象，能够使公众产生兴趣甚至实际行动，从而推动组织或者新产品、服务的发展。

在建设型公共关系活动模式的实施中，组织处于主动一方，即主动向公众宣传信息、主动发展公共关系，主要形式有广告宣传、新品发布会、大型庆典活动、免费使用、免费参观、明星代言等。

建设型公共关系活动模式是指导组织把产品或服务第一次呈现给公众的公共关系，必须注重能够足够吸引公众的注意力，因此需要把握四个原则。

1. 注重影响力

新产品、服务要迅速打开市场，影响力是最重要的。因此，在设计相关广告、宣传语时要做到足够吸引公众的注意，让公众有耳目一新、过目不忘的感觉，甚至有采取实际行动的冲动。

2. 选择有利时机

时机对于新公共关系建立非常重要，把握有利的时机，抓住公众在某一时间点的需求，顺势而为发展公共关系，这对于组织的公共关系具有事半功倍的意义。

3. 注重自身品质

在给公众留下第一印象时，组织或者新产品、服务的品质很重要。组织必须注重从产品的质量、包装、设计等入手，牢牢把握公众需求，力求做到一次就抓住公众的心理。

4. 掌握分寸

建设型公共关系活动模式是组织主动出击以求建立良好的公共关系，但是也要注意掌握分寸。在通过各种渠道宣传时，不能流露出过多的宣传痕迹，要以诚相待，不能过度吹捧自我。因此，建设型公共关系活动模式要在合理的范围之内，通过合适的渠道、创新的内容与手段，以崭新的面貌出现在公众面前，给人以足够的新鲜感，从而获取公众的好感。

（二）维护型公共关系活动模式

组织与公众建立了良好的公共关系之后，就需要把这种关系维持下去，甚至发展更好的公共关系。一般来讲，把维持组织与公众之间良好公共关系的战略模式称为维护型公共关系活动模式。维护型公共关系活动模式主要是指组织在稳定阶段，为了持续和发展良好的公共关系而采纳的战略模式。这种模式，一方面，通过各种媒介持续传递组织信息，将组织信息持续不断地传递给公众，使组织良好的形象始终在公众中保留；另一方面，开展各种优惠活动，使组织和公众之间始终处于合作之中。

维护型公共关系活动模式主要是以渐进的方式，通过对公众心理深入研究，采取各种宣传手段和方式，潜移默化地在公众中产生作用，最终使公众对组织建立良好的形象。一般而言，维护的方式可分为硬维护和软维护两种。硬维护一般是建立在购买关系或者是业务往来的组织和个人之中，通过主、客双方都能理解的活动，把组织和公众的情感紧密联系在一起；通常使用的方法有打折销售、赠送购物券、做联谊活动等。软维护主要是指活动目标不明确但是活动形式又超脱的公共关系，让公众在不知不觉中与组织联系起来；软维护的方式主要有不定期的媒体曝光、定期广告宣传、组织新闻图片等。开展维护型公共关系活动，应把握两个原则。

1. 渐进性原则

维护型公共关系活动模式是要维持良好的公共关系，目的是长期保持良好的公共关系，而并非集中力量建设某种新的公共关系。因此，必须注重在公众不知不觉中保持良好的公共关系。组织把握"渐进"显得尤为重要，在公共关系活动中力量的强弱、刺激的强弱等都是组织需要把握的度。组织注重渐进性原则，就是要通过媒体不断向公众传递信息，公众不知不觉对组织形成良好印象，达到"润物细无声"的效果。

2. 超脱姿态的原则

维护型公共关系活动模式是通过传媒等手段让公众在不知不觉中对组织形成良好的印象。组织开展维护型公共关系活动应该表现出一种姿态，在形式上要表现出超脱的姿态，而不是祈求或者高傲的姿态。通过超脱的姿态，从公共关系活动中让公众乐于接受组织的信息，从而达到公共关系的目的。

（三）预防型公共关系活动模式

组织与公众之间良好的公共关系并非一直保持良好，可能会有某些意外事件导致公共关系遭到破坏。组织必须在出现公共关系危机之前就解决各种矛盾，避免公共关系危机的出现。一般而言，组织采取预防型公共关系活动模式就是要预防公共关系出现破裂的情形，及时调整相关策略和行为，解决细小矛盾，始终把公共关系维持在良好的路径上。因此，预防型公共关系活动模式就是组织为防止良好的公共关系破裂而采取的一种防御型的公共关系活动模式。

预防型公共关系活动模式一般用于组织发展过程中，用来了解组织公共关系发展状况，发现是否存在某些问题，及时对公共关系做出有效调整，消除存在的隐患，把公共关系引导向良好的方向发展。运用预防型公共关系活动模式时，强调对公共关系中的隐患做出提前判断，积极预防各种可能存在的风险；同时，重在引导，强调组织自身方法的改变，利用不利的时机开创有利的机会。开展预防型公共关系活动，应把握三个原则。

1. 建立预警系统

预警系统是组织发现公共关系存在隐患的重要工具。预警系统可以发现公共关系中存在的潜在问题，使组织有足够的时间进行调整，改变公共关系手段，维持良好公共关系的持续发展。

2. 积极调整

发现问题之后，必须积极调整，否则公共关系会朝更坏的方向发展。组织应当主动出击、积极调整，最理想的情况就是在公众尚未意识到问题时就已经做出了处理。积极调整是组织把发展公共关系的主动权掌握在自己手中的重要方式。

3. 具备全员危机意识

组织公共关系涉及所有员工，因此，要强调全员危机意识，注重全员预防，及时发现问题并处理问题，杜绝问题的扩大。

（四）矫正型公共关系活动模式

因为产品质量、服务态度等组织自身问题以及竞争对手的恶意竞争、公众误解等外部因素，组织的公共关系会遭受到危机，出现组织形象受损的情况，因此需要对受损的公共关系进行及时纠偏、矫正。矫正型公共关系活动模式就是针对公共关系已经出现的问题与危机采取公共关系活动，通过各种措施扭转公众对组织的不良印象或者出现的不利局面，最终使组织的公共关系恢复正常并朝更好的公共关系发展。一般而言，矫正型公共关系活动模式的措施主要包括道歉说明、事实说明、新闻发布会、诉诸法律等措施。开展矫正型公共关系活动，需采取三个步骤。

1. 诚恳的态度，积极面对问题

组织公共关系出现问题，不管是由内因还是外因造成的，组织都应积极面对，绝不回避，第一时间给公众表明要认真处理危机的态度。诚恳的态度是处理公共关系危机的第一环，使公众乐于接受组织矫正公共关系的措施。

2. 迅速查明原因，确定对策

矫正受损的公共关系，需要有针对问题的策略。迅速查明损害公共关系的原因，根据已有的应急策略应对。矫正型公共关系活动强调行动要快，尽快采取措施降低组织受到的损失。

3. 公开透明

组织开始矫正受损的公共关系时，应把信息公开，做到透明，让公众知晓组织正在做什么、做到何种程度等。

（五）拓展型公共关系活动模式

组织需要发展壮大时，所面对的环境、公众已经发生了重大变化，不可避免地会调整公共关系。组织需要主动调整决策和行为，积极适应外部环境与公众，减少或消除不利因素，保证组织有效面对新环境和新公众，从而树立和维护良好的公众形象。拓展型公共关系活动模式适用于组织拓展时期，主要是指组织采取主动措施来适应新的环境以持续树立和维护良好形象的公共关系活动。拓展型公共关系是基于组织与环境的矛盾已成事实，但是矛盾并未使组织形象受损，而实际条件却有利于组织进一步发展；因此，组织应该抓住有利环境，利用一切条件，合理采取策略以主动的方式拓展公共关系。一般而言，开展拓展型公共关系活动的主要措施有开新品发布会、采用新的营销理念、打价格战等。开展拓展型公共关系活动，应把握四个原则。

1. 把握"度"的原则

拓展型公共关系是组织主动采取措施拓展公共关系以促进组织良好的形象。但是，拓展的度对于组织十分重要。一般而言,这个度就是组织能够充分利用的组织环境资源和组织自身的资源,若超过了这个度,会使组织得不偿失,使组织形象受损。

2. 注重创新原则

拓展型公共关系活动是在原有公共关系活动基础之上的发展,要求组织必须有创新,这样才能吸引更多公众的注意,才能充分发挥组织的优势。创新既包括内容的创新,也包括形式的创新,最重要的是能够改变以往公共关系的内容,以发展新的公共关系内容。

3. 协调各方关系的原则

拓展型公共关系是组织原有公共关系的扩张,必定会在一定程度上打破各主体之间的格局。因此,组织应注意协调各方关系,减少冲突与矛盾的发生,争取更多的支持者和协作者以减少公共关系活动的阻力。

4. 注重环境变化

拓展型公共关系讲究的是良好的组织外部环境,而外部环境是瞬息万变的,必须时刻关注。组织要特别注意,并不是只要环境与组织有矛盾就要求采取这种模式,在缺乏实力、身处稳定的环境时不可轻易采取该模式。同时,组织还应从动态方面思考环境变量,减少环境变化带来的阻力。

二、战术型公共关系活动模式

战略目标的达成需要使用不同的战术,战术是战略的具体实施。战略型公共关系活动模式是针对组织在不同发展时期采取的公共关系活动模式,战术型公共关系活动模式就是在战略型公共关系活动模式的指导下根据公众、环境等的不同采用的具体方略。办公室及公共关系部门在确定组织采取战略型公共关系活动模式后,需要具体实施相关战术。战术型公共关系活动模式又可组分为四种类型。

(一)宣传型公共关系活动模式

宣传型公共关系活动模式是运用大众传媒的方式进行组织内、外部公众的信息沟通交流,以树立组织良好的形象,建立良好的公共关系。宣传型公共关系活动模式的主要方式是运用各种传播媒介和沟通手段,在组织内外传递信息,使内外公众充分知晓组织信息以获取内外公众的舆论支持,为组织树立良好的形象、为发展公共关系打下坚实基础。根据公众的不同,宣传可分为对内宣传和对外宣传两种类型。对内宣传主要是和内部公众的沟通交流,在方法上主要有员工手册、内部刊物、宣传栏、座谈会等,以达到增强组织凝聚力、形成统一思想的目的。对外宣传主要是运用大众媒介向外部公众宣传组织信息,表现形式有公共关系广告和新闻报道,主要包括新闻发布会、记者访谈、做广告等方式,以达到形成良好舆论的目的。

宣传型公共关系活动具有三个主要特点。

(1)时效性强。

组织信息在极短时间内得到广泛传播,公众在极短时间内接受真实有效的信息,有效消除信息鸿沟。

(2)主导性强。

组织是信息的发布主体,发布的内容、形式、时间等都由组织决定。

（3）影响范围广。

信息通过大众传媒在短时间内影响到大量的公众，引发公众的关注。

运用宣传型公共关系模式，应把握三项原则。

（1）准确性。

组织向内外部公众发布的消息必须保证准确性，不能含糊其词，甚至故意欺骗公众，否则将会受到公众的质疑，使其对组织产生不信任，导致公共关系恶化。

（2）技巧性。

组织主动宣传时一定要讲究技巧，宣传新奇、有特色，如制造新闻热点引起媒体注意等。同时，方法技巧上要采用适当的方式，注意"度"的把握。

（3）双向性。

组织对外宣传并不是单向的信息传递，而是双方的信息沟通，要积极收集公众的反馈信息。收集反馈信息要注重全面性，不管是正面，还是负面信息都应积极收集，通过对信息分析，采取相关策略，对组织相关政策适时调整以满足公众需求。

（二）服务型公共关系活动模式

良好的公共关系不能单单依靠信息沟通，更重要的是通过实际行动使公众切实感受到组织在行动而不仅仅是"耍嘴皮子"，要让公众切实感受到自身能够得到益处。组织通过提供实在、优惠的服务来开展公共关系，容易获得公众的理解、支持，从而赢得美誉。服务型公共关系活动模式即组织以提供良好的服务为公共关系手段，让公众切身感受到实实在在的得利，从而获取良好的口碑，发展良好的公共关系。在实践中，组织服务类型有多种：从服务过程看，服务类型可分为售前服务、售中服务和售后服务；从服务形式看，服务类型可分为预约服务、上门服务和走访服务；从服务内容看，服务类型可分为技术服务、产品服务和信息服务等。开展服务型公共关系活动，应把握三个原则。

1. 树立服务意识

向公众提供优质服务既不是权宜之计，也不是为了服务而服务。组织中各部门和人员必须树立强烈的服务意识，自觉、自愿为公众提供服务，通过优质的服务塑造组织良好的口碑。

2. 服务的规范性

为了确保服务的常态化，组织需要确立规范的服务。一方面确保公众便捷享有相关服务，另一方面约束组织成员，提供优质服务。组织可以制定相关的制度规定，也可以形成某些惯例，实现服务的规范化，如微笑规则、处置投诉的规则等。

3. 服务的实在性

组织的服务不能停留在宣传或者流于表面，而是要有实实在在的行动。用实际行动让公众感受到组织的诚意，向其提供看得见、摸得着、感受得到的服务。公众只有在得到实实在在的服务时，才会认可组织的服务；否则，公众会对组织的诚意表示怀疑，甚至怀疑组织是否存在欺骗。

（三）非营利型公共关系活动模式

非营利型公共关系活动是指组织通过举办各种不以直接营利为目的、具有公益性的活动,以塑造良好组织形象的公共关系活动。非营利型公共关系活动模式不以短期利益为出发点,强调公共关系活动的公益性,体现组织关爱社会、回报社会的形象,以扩大组织影响力、提升组织信誉,从而发展良好的公共关系。在形式上,非营利型公共关系活动主要包括两方面:一种是利用组织自身具备的影响力举办活动,如组织开业大典、竣工仪式、重大节庆、内部重大事件等;另一种是举办相关公益活动,组织并不是直接参与者,主要利用相关社会资源开展活动,如组织举办植树节活动倡导绿色环保、举办端午节活动倡导民族特色等。实践表明,虽然非营利型公共关系活动在短时间内不能获利,但是经过长时间的积累、潜移默化的影响,公众会加深对组织的良好印象,良好公共关系的建立更持久。开展非营利型公共关系活动,应把握三个原则。

1. 注重公益性

通过适当的方式,组织举办相关活动让公众获得相应利益是非营利型公共关系活动模式的重要内容。组织不应该对获利方提出任何条件,甚至阻碍公众获利。组织可以选择适当的受众对象,明确获利对象,合理开展活动,对特定公众开展公共活动。

2. 长期利益与短期利益相结合

非营利型公共关系活动不会给组织带来直接经济效应,反而会使组织的一定经济效益受损。从短期来看,这对于组织的发展是不利的,但也应该看到该活动能够给组织带来良好的口碑,从长期来看是能够获利的。因此,要说服组织内部人员,让他们看到长期利益而不能只注重短期利益。另外,要考虑组织的能力,想清楚举办该活动的效益有多大;组织不能只考虑公益性而忽略了自身的发展,否则非但不能带来效益反而徒增负担。

3. 注重文化性

文化性充分展示了组织对美好的追求,是传达组织精神的重要载体。非营利型公共关系活动应尽可能与文化相联系,透过文化与公众充分交流、提升员工素质,在文化交流中实现公共关系发展。

(四)征询型公共关系活动模式

当组织发布新产品、变革或者发布新的消息等行为之后,公众会对组织行动做出相关回应。这种回应表明了公众的态度,即是否接受组织的行为。公众的回应和态度对于组织的公共关系发展具有重要作用,组织需要及时了解公众的回应和态度,需要采取各种手段收集公众回应的信息,以进一步完善组织的行为。征询型公共关系活动即通过信息采集的方式掌握公众的态度,使组织了解公众的意愿、社会舆论,为组织提供决策支撑的公共关系活动。征询型公共关系活动模式不仅强调收集公众信息,也强调向公众传播或者暗示组织意图,实现双向沟通的目的。在方法上,一般有开展各种咨询会,建立信访制度和接待处,处理各种举报情况,市场调查,向员工咨询,向公众咨询和运用科学的分析方法等。

征询型公共关系活动具有长期性、复杂性的特点,需要公共关系人员长期收集公众信息,需要公共关系人员具有足够的耐心和诚意;同时,公共关系人员能够在复杂的信息中准确发现公众的真实意图,通过反复分析与调查,对信息进行科学分类和分析,分析了解真实的民意。开展征询型公共关系活动,应把握五项原则。

1. 广泛性原则

要充分了解民意,就需要掌握大量的公众信息,不应该局限于某个领域或者某个区域。

在渠道上，既要注重正式渠道（如报纸、电视等媒体渠道），也要注重非正式渠道（如网络论坛、私人关系等）。

2. 中立原则

公共关系人员广泛收集信息时，难免会受到各种影响，导致对信息收集带有主观性，从而使信息失真。因此，应该保持中立原则，在此基础上去收集各种信息，保证组织能够听到所有声音。

3. 科学分析原则

组织收集的信息用不同方法分析就会得出不同的结论，因此，必须坚持科学的分析原则，准确掌握所收集信息中传达的民意，而不能曲解民意。

4. 及时性原则

公众的信息必须及时反馈到组织中，否则不能及时了解民意，导致组织与公众出现信息鸿沟。公共关系人员应及时收集信息，为组织及时应对民意和舆论争取时间，使组织的回应有效。

5. 长期性原则

对民意的收集是一个长期的过程，必须坚持不懈，不能因为任何原因而放弃信息收集，这极有可能导致组织不能准确掌握民意，在未来公共关系中处于被动。

以上几种战略型公共关系活动模式和战术型公共关系活动模式都是理论上的划分，在实践运用中的差距并非十分显著。在实践中，不可能仅采用一种公共关系活动模式，而是多种公共关系活动模式共同使用；公共关系活动模式的运用不仅局限于上述几种，而存在着更多、更广泛的模式。因此，在公共关系实践中要注重组织目标的达成，并非局限于某一类公共关系活动模式，应选择多种公共关系活动模式交叉使用，实现取长补短、优势互补，最大可能地发展良好的公共关系。

第八节 公共关系危机处理

组织在发展过程中，由于内外部因素的影响，不可避免地会出现公共关系危机。因此，有效处理各种公共关系危机就成为公共关系的日常性工作。厘清公共关系危机变化机理，掌握公共关系危机处理的技术与艺术，树立全员公共关系的意识，对于公共关系危机预警、处理公共关系危机事件、消除公共关系危机负面影响、重塑组织形象等具有重要作用。

一、公共关系危机的含义

危机是由某种非正常因素导致组织或社会处于危险境地的一种状态，危机通常包括经济危机、军事危机、金融危机等。公共关系危机即公关危机，是危机的一种具体形式，是由组织内外部某种因素或事件引发的，使组织处于不利的舆论中，导致组织产品、形象和声誉受损，使组织处于发展危机的一种公共关系状态。

公关危机可以按照不同的标准划分为不同的类型。①从存在状态上看，公关危机可分为一般性公关危机和重大公关危机。一般公关危机是常见的能够很快处理的公关危机，重大公关危机是组织出现重大事件引发的危机，如重大生产事故、商业危机等。②从归咎对象来看，公关危机可分为内部公关危机和外部公关危机。内部公关危机是指发生在组织内部或者主要是由组织人员造成的公关危机，外部公关危机是指发生在组织外部、影响公众利益的公关危机。③从损失形态来看公关危机可分为有形公关危机和无形公关危机。有形公关危机是指给组织带来明显损失的危机，如财产损失危机等，无形公关危机指给组织带来的损失不明显的危机，如使声誉降低的危机等。

危机事件是引发公关危机的导火索，一般而言危机事件主要可分为三类。①外部力量引发的不可抗拒事件。外部力量引发的不可抗拒事件主要包括自然事件和大范围社会事件。自然事件如地震、火山爆发等，大范围社会事件如全国性的金融危机、战争等。②外部人员引发的事件。外部人员引发的事件包括不法分子的恶意攻击、外部机构误解和公众误解等。不法分子的恶意攻击包括诽谤、陷害等，外部机构误解包括大众媒体、第三方机构对组织的误解，公众误解是公众因接受不良信息或者自身认识等对组织有误解。③组织内部引发的事件。组织内部引发的事件包括管理层引发的事件和普通员工引发的事件。管理层引发的事件包括因管理混乱出现的重大安全事故、劳资纠纷等，员工引发的事件包括员工对组织政策误解、罢工等。

引发公关危机的事件也具有自身的特点。①突发性。危机事件在发生前期的征兆不容易被察觉，对于何时何地发生、怎样发生、发生的相关因素等都具有极大的随意性，很难预测。②破坏性。任何事件对组织的经济利益和形象都会造成极大的破坏甚至引发恐慌与混乱，极大地影响到组织的生存和发展。③紧迫性。危机事件一旦发生就会快速蔓延并产生极大破坏，不仅对组织，还会对社会产生不利影响。④公众性。危机事件会影响公众的利益，公众不仅关注危机事件本身，更关注组织的处理态度和采取的行动。危机事件不仅仅是组织所关注的，更受到公众的广泛关注。

当出现公关危机后，组织必须采取相关的措施以消除对组织的不利影响，这些措施称为危机公关。因此，危机公关就是组织处于公关危机状态时，为了有效处理危机事件以及预防、扭转整个不利状态，而采取的各种公共关系策略和手段。

二、公共关系危机处理的原则

随着经济社会的发展，处置公关危机是组织面临的重要议题。在这个过程中，组织的公共关系人员需要具有相应的专业知识和经验，按照一定的原则开展危机公关。一般而言，开展危机公关主要包括五项原则。

（一）预警原则

预警原则是指分析组织的内外环境，根据已有的知识、经验和方法分析出现的线索和因素，对组织面临的各种情况进行预测，并制定相应的应对措施。组织如果没有相应的预警措施，认为在公关危机初期就能有效控制事态，那么组织的公共关系将会遭受极大的伤害，以至于需要长时间恢复。在预警中，树立"凡事预则立，不预则废"的意识，不能等到公关危机已经造成重大损失时才应对，否则组织会面临极大损失。对公关危机预测的主要内容包括危机事件的性质、种类和大小，公关危机的影响范围、发展方向和发展速度；组织采取的应对战略与战术等。

(二) 快速反应原则

俗话说"好事不出门,坏事传千里",公关危机发生以后会透过媒介以极快的速度在公众间传播,组织应迅速采取行动防止对组织不利的消息的传播。组织按照预警时期制定的应对措施或者根据公关危机的特点制定的措施,当机立断、迅速执行,控制事件发展的态势,逐步解决危机事件。

(三) 双向沟通原则

当组织处于公关危机漩涡中时,其关注度大大超过了常态时期,是公众和媒介关注的焦点。组织的任何言行都受到关注,因此不要有侥幸心理以求通过"小聪明"蒙混过关。组织应该主动与内外部公众、新闻媒介联系,说明事实真相,促使双方互相沟通,减少信息误判造成的矛盾,消除疑虑与不安。双向沟通既要求组织发布准确的信息,又要求组织倾听公众和媒体的声音。沟通过程中要求组织遵循诚实、诚恳的原则。诚实是指组织把准确的信息告诉公众,不能有所欺瞒;诚恳是指组织不回避问题,认真倾听公众与媒体的意见。

(四) 勇于承担责任原则

公关危机发生以后,公众与组织处于对立面,而最有成效的解决办法就是协调双方的利益。这里的利益既有经济利益,也有非经济利益。经济利益主要是指物质层面的,公众非常关注自身利益的得失情况。因此,组织需要勇于承担责任,通过物质利益满足相关公众,如赔偿相关人员的损失。非经济利益包括精神上的、心理上的等。有的公众既要求物质赔偿还要求精神赔偿,组织就需要采取道歉等措施。在公关危机中,通常情况下大多数公众在物质、精神上并没有受到直接损失,但是不能接受组织的某些行为,而对组织有不满,导致公关危机扩大,这就需要组织承担责任,采取实际行动与公众展开沟通交流,解决深层次问题,消除这部分公众的不满情绪。如果组织表现出推卸责任、强词夺理等行为,公共关系将会进一步恶化,事件很难得到有效处理。

(五) 实事求是原则

处理公共关系危机时,不管是对内部公众还是对外部公众,都应该实事求是,不应该有所欺瞒甚至是撒谎。一方面,实事求是的原则有助于消除因错误消息带来的误解,促进公共关系的发展;另一方面,实事求是的原则展示出组织解决事件的态度,是认真解决矛盾。组织通过发布真实的信息,争取在沟通和舆论中的主动权,争取公众的了解和信任,对解决公共关系危机有巨大作用。

三、公共关系危机处理的策略

有效的危机公关策略不仅有助于避免组织不期望的事件发生,而且是组织自我保护、提升形象的客观需求,组织通过积极的公关措施以达到防止组织形象受损、发展良好公共关系的目的。另外也应该看到,有效的危机公关策略能够在公众心中树立特殊的危机形象,能够提升组织处理公关危机的能力,提升全员的危机公关能力。所以,组织必须制定、执行有效的危机公关策略,减少危机公关中的盲目性与随意性,在危机公关中握有主动权。危机公关策略可分为常态化策略和非常态化策略。常态化策略是指组织并未遭受公关危机,是在正常状态下的公关策略;非常态化策略是指组织公共关系遭到破坏,需要采取措施维护公共关系所采取的紧急措施。

(一)常态化策略

公关危机爆发通常经过一定的过程,一般分为潜伏期、爆发期、蔓延期和恢复期。就时间长短而言,潜伏期是最长的。在潜伏期,组织处于常态发展中,组织未发生公关危机事件,这时组织需要组建预警系统,开展公关危机模拟训练,为应对公关危机做好准备。

1. 组建预警系统

预警系统是目前运用较为广泛、用于监测危机的系统。组织根据所预警对象的特点,通过收集相关的资料信息,监控相关因素的变动趋势,并评价各种因素状态偏离预警线的强弱程度,向决策层发出预警信号并提前采取预控对策。组织建立预警系统,应在常态化时期对公共关系的相关者如公众、竞争对手、政府部门以及组织内部的各种可能具有的威胁信息进行收集、归纳,进行科学的分析与预测,为组织决策者提供参谋意见。

2. 开展公关危机模拟训练

组织人员应对公关危机不仅需要理论知识更需要经验知识。组织不可能通过将员工置于真实的公关危机中而提升经验,模拟训练是提升组织应对公关危机应急能力和工作水平的重要方法。模拟训练一般采用案例学习和案例分析的形式,通过相关公关案例,定期组织相关人员学习以提升经验。同时,可以运用高科技或者 VR 技术进行仿真模拟,再现情景,使员工完全融入案例中,真实感受公关危机。另外,组织可以聘请相关领域的专家学者传授危机公关的具体方法和技术,并把这些具体的方法和技术运用到模拟训练中。

(二)非常态化策略

有效的非常态化策略不仅有助于避免组织公关危机进一步恶化,而且是组织维护自身形象、减少损失的客观要求。非常态化策略是组织处理公关危机的最后一道防线,如果不能有效处理公关危机,组织将面临极大的威胁。在非常态化中,一般采取六个措施。

1. 采取紧急应对措施,防止事态发展

组织遭受到突发性的公关危机,通常是猝不及防的,公关危机会呈现出病毒式发展,使组织决策者不知所措。此时,作为决策者应当保持冷静,不可自乱阵脚,立即采取紧急应对措施,及时控制事件的发酵,极力缩小影响范围。采取紧急措施,一方面可以使组织形象和声誉的损失降到最低,另一方面可以为组织应对公关危机赢得充裕的时间。组织采用的紧急措施大多是在常态化时期制定的应对措施,少数是在紧急情况下制定的符合当前情况的策略。组织决策者应该在各种应急措施中选择最为合适的。

2. 坦诚相告,双向沟通

当发生公关危机后,公众对组织以及相关事件的关注远远超过了常态化时期,公众对真相和组织行为的期望也超过了常态化时期。组织可以有两种选择,一种是完全忽略公众的需求;另一种是坦诚相告,与相关人员以及媒体开展双向交流,释放相关消息,表达组织的诚意。事实证明,组织主动地坦诚相告、与相关公众和大众媒体充分交流,能够为组织挽回声誉、维护形象提供巨大帮助;反之,隐瞒事实真相,助长公众怀疑情绪,会导致组织形象和声誉进一步恶化。

3. 成立公关危机处理小组

处理公关危机特别是重大公关危机，不能仅靠公关部门或者办公室，需要联合组织中的相关力量。因此，在非常态下，组织应当立即成立危机公关小组，临时负责危机公关的所有事宜直到公关危机结束。一般而言，危机公关小组的成员主要包括主要领导者、公共关系部门同其他职能部门的负责人以及相应的专家等。在处理公关危机的过程中，小组制定有关策略，监督各部门执行，协同所有人员及资源应对公关危机。当公关危机结束以后，小组自动解散。

4. 调查情况，收集信息

处理突发性公关危机，需要建立在准确的信息之上，依照相关信息采取应对措施以解决公关危机。在公关危机发生后，需要对事件的原因、范围、后果以及涉及人员展开全面调查，必要时可以邀请第三方参与调查。查明事件真相以及相关信息，有助于消除组织和公众之间的误解，并且为组织快速解决事件提供信息支撑。

5. 针对不同的公众采取不同的措施

公关危机中，不同的公众有不同的公共关系要求，需要针对不同的公众采取针对性措施，从而减少公共关系阻碍。首先，针对组织内部公众，要在组织内部统一口径，形成全员公共关系的局面。其次，针对受害者，在掌握事实的基础上，对受害者表示诚挚的歉意并给予相应的补偿、提供相关服务，同时要派专人与受害者及其家属沟通。再次，针对业务往来组织，通过正式的途径或者面对面的传递信息，解释整个事件的经过以及处理结果，若有必要则需要道歉或者赔偿。最后，针对其他公众，通过大众传媒机构，向公众通报整个事件的原因、处理过程和结果，回答公众提出的其他问题等。

6. 反思总结，改善工作

组织在成功完成危机公关后，一方面，应该从经济效益、社会效益等多角度评估危机公关的效果，邀请相关专家学者参与评估，以反思整个过程的有效性。在此基础之上形成实事求是的记录，为组织员工学习和以后处理相关危机提供经验。另一方面，对相关人员如内部公众、相关业务单位以及受害者等进行调查等，收集相关信息，总结经验教训以改进组织工作。

以上几种策略都是根据已有的危机公关总结出来的有效方法。但是，在开展具体的危机公关时，组织只有从事件的原因、影响范围、不同的公众等方面做出具体的决策，选择合适的策略、方式，才能在最短时间内消除公关危机。

【阅读参考】

几种常见的公共关系类型

组织面对的是整个社会和公众。公众不是一个类型，会因不同因素的影响划分为不同的类型，不同的组织在不同的公共关系活动中面临不同的公众。对公众进行划分，对于组织开展相应的公共关系活动具有指导性，能够使组织很快找到关键性公众，从而有效发展公共关系。就目前社会的发展情况而言，主要有六种公共关系类型。

一、雇员关系

组织发展公共关系首要应发展内部公共关系，只有内部形成良好的公共关系才能发展对外公共关系。雇员关系是内部公共关系最重要的部分。雇员是组织中的职员和员工的总称，既有领导者也有被领导者。雇员关系是在管理过程中形成的人事关系，既有上下级关系，也有各部门之间的关系，还包括员工之间的关系等。组织发展雇员关系主要从协调雇员关系、培养雇员对组织的认同感和归属感、提升雇员的凝聚力等出发。在方法上，注重双向沟通、建立组织文化、创造良好的组织氛围等。

二、顾客关系

顾客不单单指购买组织产品的人，而是指一切与组织所提供服务、产品相关的人。顾客关系是组织对外服务的重要构成部分，是指一切产品、服务的供应者、生产者与使用者之间的关系。组织发展良好的顾客公共关系从以下几方面来做：提供满意的服务，让顾客感受到组织对他的作用；树立良好的服务口碑，争取顾客的支持与信任；与顾客保持良好的双向沟通，掌握顾客的喜好，并把相关消息及时提供给顾客；有效处理顾客的投诉，认真倾听并尽快处理，达成组织与顾客的和解。

三、大众媒体关系

大众媒体是组织与社会联系的重要桥梁，也是组织最为关注的公众之一。大众媒体关系是指组织与各种媒体，包括报纸、广播、电视、网络等媒体之间的关系。大众媒体关系的重要性在于：一方面，大众媒体是组织与公众的桥梁，组织需要通过媒体与公众沟通交流；另一方面，大众媒体是塑造组织形象的重要推动者，组织的形象需要大众媒体的传播，同时也受到大众媒体的监督。组织发展良好的大众媒体关系主要从以下几方面入手：加强与大众媒体的联系，主动、及时地向大众媒体传递消息；尊重大众媒体的职业特点，不能把大众媒体看作组织的宣传机构，应尊重大众媒体的独立性；对大众媒体要真诚，而不能发布虚假消息欺骗大众媒体。

四、政府关系

政府是公共权力的执行者，是公共服务的提供者。组织受到政府的极大影响，必须处理好与政府的公共关系。政府对组织的存亡和发展具有举足轻重的作用。政府关系是指组织与政府部门、政府人员之间的关系。组织处理政府关系一般从以下几方面着手：积极与政府部门沟通信息，关注政策、法令的变化；熟悉政府办事流程与方法，保持与政府人员良好的关系；提升组织在政府人员中的信誉与影响，让政府知晓组织对社会的贡献。

五、同行公众关系

同行公众是指与组织有相同职能、经营范围、公众和价值观的组织，同行公众关系就是组织与同行竞争者之间的关系。随着现代社会的发展，传统同行之间"你死我活"的竞争关系慢慢转变为共同发展的同行公众关系。组织发展同行公众关系主要从以下几方面入手：变竞争对手为合作伙伴，同行之间真诚发展、相互促进、共同发展，摒弃两败俱伤的错误做法；讲究有道德的竞争，反对采用阴谋诡计、权术等不正当竞争手段；充分沟通交流、妥善处理矛盾，竞争中的矛盾是不可避免的，同行之间应当充分沟通，通过协商解决矛盾。

六、名人关系

在资讯快速发展的今天,名人具有极大的效应,能够迅速聚焦媒体与公众的眼球。组织若能恰当处理与名人之间的关系,就能够很好地利用名人的影响作用,发展组织公共关系。组织处理与名人的公共关系一般没有特定的方法,主要是借助名人的影响力,捕捉与名人相关的信息顺势而为,扩展组织的影响。

【典型案例】

违法达2 630次!鸿茅药酒广告为何屡禁不止?

2017年年底,广东一名医生在网上发表了质疑鸿茅药酒疗效的文章,内蒙古凉城县警方以"损害商品声誉罪"跨省抓捕了这位医生。一时间,关于该医生的言论是否对鸿茅药酒构成严重损害、警方跨省追捕是否存在民事纠纷刑事化的问题成为舆论焦点。尽管后来这位医生走出了看守所,但有关鸿茅药酒的安全性、有效性和违法广告等依然受到公众的高度关注。

对于鸿茅药酒的产品属性,国家药品监督管理局新闻发言人表示,鸿茅药酒既不是酒,也不是保健食品,而是拥有"国药准字Z15020795"批准文号的药品。该批准文号由原内蒙古自治区卫生厅于1992年10月16日批准注册,后经内蒙古自治区食品药品监督管理局再次注册,现批准文号有效期至2020年3月18日。关于鸿茅药酒的药品标准收载于《中药成方制剂》第十四册,处方含有67味药,规格为每瓶装250 ml和500 ml。鸿茅药酒的说明书上也明确标注了祛风除湿、补气通络、舒筋活血、健脾温肾等主治功能。

问题在于,一般消费者对此并不了解。相反,"肾虚腰酸鸿茅酒,每天两口病喝走""中老年健康需要每天呵护"等广告词却深入人心。业内专家也表示,现实中,鸿茅药酒通过广告宣传,不断弱化药品属性、强化保健功能,一定程度上模糊了药品与保健食品的边界,对消费者产生了误导,甚至会危害公众健康。

为何鸿茅药酒的广告屡禁不止?"药品广告屡禁不止,主要在于广告管理流程存在漏洞。"广东国信信扬律师事务所律师罗爱萍认为,"监管部门不能因为企业之前的广告违规,就拒绝审查企业新的广告。鸿茅药酒正是利用了这一点,即便广告不断受到查处,仍通过修改此前的广告继续不断申请新广告。"记者了解到,近年来内蒙古自治区食品药品监督管理局为鸿茅药酒审批过1 192个广告批件。同时,鸿茅药酒广告中不乏非药品宣传词,更有超出药品说明书的"鸿茅药酒,每天两口""270余年养生上品"等广告用语。

国家食品药品监督管理总局新闻发言人表示,2003年11月25日,原国家食品药品监督管理局印发《关于公布第六批非处方药药品目录的通知》,公布鸿茅药酒为甲类非处方药。"作为一种非处方中成药,鸿茅药酒具有药品的属性,风险与获益并存,有些非处方药甚至会在少数人身上引起严重的不良反应。"国家药监局新闻发言人表示,在非处方药的使用上,必须严格按照药品说明书的规定使用,不能随便增加剂量或用药次数,不能擅自延长用药疗程,更不能擅自改变用药方法或用药途径。如在用药过程中出现不良反应,应及时停药,严重者应及时去医院就诊。

针对公众的质疑和担心,国家药监局新闻发言人表示,国家药监局已要求内蒙古自治区食品药品监督管理局落实属地监管责任,严格药品广告审批,加大监督检查力度,督促企业落实主体责任。一方面，责成企业对近5年来各地监管部门处罚其虚假广告的原因及问题向社会做出解释；对社会关注的药品安全性和有效性情况做出解释；加强不良反应监测，汇总近5年来不良反应发生情况，及时向社会公开，同时向国家药监局提交报告。另一方面，严格按照说明书（功能主治）中规定的文字表述审批药品广告，不得超出说明书（功能主治）的文字内容，不得误导消费者。

案例思考：
1. 案例中，广东医生发表言论后，鸿毛药酒公司做出的回应是否恰当？为什么？
2. 案例中，鸿毛药酒在广告中不断弱化药品属性、强化保健功能，违背了发展公共关系的什么原则？
3. 如果你是鸿毛药酒公司的负责人，如何应对广东医生发表的言论？

第三章

办公室工作计划及量化管理

教学目标

通过本章的学习,熟悉办公室工作中的计划和量化管理;掌握办公室工作计划的概念、种类、制定原理以及程序、限制条件等,掌握量化管理的原理和模式、控制方式以及时间运用等。

教学要求

主要内容	知识要点	重点难点
第一节介绍办公室工作计划的概念和计划的种类	(1) 办公室工作计划的概念 (2) 办公室工作计划的种类	(1) 办公室工作计划的概念 (2) 办公室工作计划的种类
第二节介绍制定办公室工作计划的一般原理,制定办公室工作计划的一般工序	(1) 办公室工作计划的制定原理 (2) 办公室工作计划的制定程序	(1) 办公室工作计划的制定原理 (2) 办公室工作计划的制定程序
第三节介绍办公室工作计划制定的一般方法	(1) 目标管理法 (2) 滚动式计划法 (3) 规划-计划-预算系统 (4) 甘特图 (5) 计划评审法 (6) 运筹学方法	办公室工作计划的制定方法
第四节介绍办公室工作计划制定中的限制条件,以及执行计划的准备工作	(1) 办公室工作计划的限制条件 (2) 为完成计划的准备工作	(1) 办公室工作计划的限制条件 (2) 为完成计划的准备工作

续表

主要内容	知识要点	重点难点
第五节介绍办公室工作量化管理的概念，以及其他相关概念	（1）办公室工作量化管理的概念 （2）其他相关概念的辨析	办公室量化管理的概念
第六节介绍办公室工作量化管理中的基本原理和模式	（1）办公室工作量化管理的基本原理 （2）办公室工作量化管理的模式	（1）办公室工作量化管理的基本原理 （2）办公室工作量化管理的模式
第七节介绍办公室工作量化管理中的控制内容	（1）数量控制 （2）质量控制 （3）时间控制	办公室工作量化管理的控制内容
第八节介绍办公室工作中的时间运用	（1）良好的时间观念和运用原则 （2）办公室中时间运用的常见问题 （3）办公室工作时间运用的技巧 （4）办公室工作时间的科学运筹	（1）良好的时间观念和运用原则 （2）办公室工作时间运用的技巧 （3）办公室工作时间的科学运筹

情景导入

办公室里的小明，每天很早就到办公室，忙到很晚才离开，感到很累。一会儿去给领导送文件、一会儿接待访客、一会儿处理文书、一会儿打印复印等，小明忙个不停，但是感觉工作永远没有头绪。与此同时，办公室其他人虽然也很忙碌，却很有头绪，也没感觉那么累。

问题：1. 小明为什么会感觉到工作没有头绪？
2. 办公室工作中如何充分利用时间？

第一节 办公室工作计划的概念和种类

俗话说"凡事预则立，不预则废"，这里的"预"也就是"计划"的意思。计划是管理活动的职能，常常居于首要地位，是确定管理活动目标的首要步骤。办公室工作必须通过计划来合理安排，在很大程度上，办公室计划制定得完善与否直接关系到办公室管理目标的实现。

一、办公室工作计划的概念

计划是预先决定行动方案，对事情的预先筹划和安排的一种活动。在管理活动中，计划就是明确不同主体的目标,并围绕这些目标对未来活动的具体任务、行动路线、行动方向进行规划、参谋和决策的活动。

从内容上看,计划可以划分为广义的计划和狭义的计划。广义的计划是指制定计划、执行计划和检查计划等整个计划的全过程;狭义的计划主要是强调通过某种科学的手段,为目标的实施做出具体安排。

从词性上看,计划有动词性(即动态角度)也有名词性(即静态角度)。从动态角度看,计划是制定行动方案的过程,强调如何制定方案;从静态角度看,计划是已经制成的行动方案,强调既成的方案。

计划是管理工作的重要职能,具有自身显著的特点。

(1) 目的性,计划是为了有效达成某种目的而做出的安排。

(2) 首要性,计划先于其他工作发生并贯穿于其他所有工作,在组织工作中居于首位。

(3) 普遍性,不论哪一层级、哪一部门都广泛存在着计划。

(4) 经济性,计划强调用最小的成本投入获得最大的效益产出。

结合计划的含义以及办公室管理的内涵,可以得出办公室工作计划的概念,即指办公室根据组织要求,提出在一定时期内要达到的目标以及实现目标的途径。通常来说,完整的办公室工作计划是一个整体系统,是包括目标、步骤、期限、使用方法、实施后的总结以及不断反馈的循环系统。计划实施的结果应大体上与预期结果一致;当出现明显的目标偏差时,应及时查找原因,要么修正实施方法,要么修正计划,从而使实施的结果达到最佳。

制定办公室工作计划有六个作用。

(1) 办公室工作计划指明任何一个办公室工作所应起的作用及所处的地位。通常,高一级的、宏观的目的不如低一级的、微观的目的具体,但是高一级的目的或宗旨容纳面更宽、更深刻,支配着低一级的目的或宗旨。

(2) 办公室工作计划指明办公室为实现自己的目标而确定的主攻位置,所服务的重点对象,所拥有的人力、物力、财力部署的基本依据。

(3) 办公室工作计划指明办公室的活动方针和范围,明确鼓励什么和限制什么,以保证行动同目标一致。

(4) 办公室工作计划为行动规定了程序。程序是有一定顺序的先后安排,是办公室的办事细则,是执行政策的实施方法。程序可以是一系列规则的组合,规则往往指在一定情况下采取或不采取某个行动。

(5) 办公室工作计划是办公室的一种重要控制手段,也是一种数量化的财政计划。

(6) 办公室工作计划可以派生出办公室其他的进度计划,其期限更短,内容更具体,按年、季、月、周、日确定各项任务执行的时间、执行者、保证措施。

合理的办公室工作计划极为重要。具体来说,合理的办公室工作计划的重要性体现在以下方面。

(1) 力求经济合理。实现目标有许多途径,需要选择尽可能好的方法,以最低的费用取得预期的成果,保持较高的效率,避免不必要的损失。计划强调协调,强调节约,其重大安排都经过经济和技术可行性分析,可以使付出的代价尽可能合算。

(2) 促使目标实现。未来的不确定性和环境的变化使人在行动时保持正确的航向,明确现在的位置和处境，以免在一连串的变化和繁杂的事务中迷失方向。不论情况发生了怎样的变化，都要把主要的注意力集中在目标上。计划就是使所有的行动保持同一方向，促使目标实现。

（3）发现机会与危险。未来的不肯定性不可能完全消除，但应力求把它缩小到最低限度。这样就能及时预见危险，也能及时发现机会，早做准备，以防万一。

（4）统一工作标准。所有的部分都在为一个目标工作，需要用计划保持协调，以统一的衡量尺度为目标开道。

二、办公室工作计划的种类

按照不同的标准，可以把办公室工作计划分成不同种类，主要包括五种。

（一）从形式上划分

从形式上划分，计划可分为目标、战略、政策、预算和程序等。目标规定了组织及部门在一定时期内要达到的成果，不仅规定了计划工作的重点，而且强调了组织工作、人员配置、财货配置、领导工作、时间安排和控制活动等所要达到的结果。战略是为实现组织长期目标而采取的总计划，以明确组织的发展方向、行动方针和资源分配。战略并不具体要求组织人员做什么，而是指明组织发展方向和资源分配顺序。政策是组织对成员进行决策或处理问题时所遵循的行动方针的一般性规定；组织在一般情况下应保持政策的延续性和完整性，这样能够形成一种持久作用的机制并且使政策深入员工思想。预算是以数字形式表示预期结果的一种"数字化"计划，从资金和现金收支角度使组织计划更深入、细致和精确。程序是一种工作步骤，计划出不同的工作按照什么样的时间顺序来进行；通过程序来计划不同工作岗位的职责和顺序，可以减轻工作负担，提升效率和质量。

（二）从时间上划分

从时间上划分，计划可分为长期计划、中期计划和短期计划。长期计划与组织整体发展目标相适应，属于纲领性、轮廓性计划，一般指5年以上的计划；长期计划以综合性指标和重大项目为主。中期计划与组织阶段性目标相适应，是按照长期性计划的执行情况以及预测到的具体条件变化而编制的计划；中期计划比长期计划更为详细，既有长期计划内容又指导短期计划的制定，是连接长期计划和短期计划的桥梁。短期计划是在中期计划指导下，具体规划组织年度目的、任务和措施的计划，一般是一年以内的计划；短期计划是详细的、具体的，规定了执行计划的人力、物力、财力和时间等，保证长期和中期计划的有效实施。

（三）从操作角度划分

从操作角度划分，计划可分为战略层计划、政策层计划和战术层计划。战略层计划是为了使组织与环境相协调、寻求在一定环境下协调的价值规范；战略层计划的计划周期长，涉及面广，目标具有较大弹性。政策层计划是在战略层计划指导下制定的具体目标；在充分考虑时间和资源条件下，使互有联系的目标实现最佳组合，使资源效用达到最大化。战术层计划是实施战略层计划和政策层计划的具体计划，计划各种任务以及相应的程序和时间安排，目的是解决实际操作过程中存在的问题；时间上，战术层计划是短期性的，目的也是明确性的。

三个层级的计划并不是相互割裂的，而是统一的。战略层计划控制着政策层计划和战术层计划，但是必须依靠政策层计划和战术层计划的实施；政策层计划虽然画出了业务的界限，但是必须在战略层计划的指导下，也需要战术层执行；而战术层计划则受到战略层计划和政策层计划的约束，需要在战略层计划和政策层计划的指导下执行。

（四）从方法上划分

从方法上划分，计划可分为传统计划和现代计划。传统计划是在经验积累之上进行的一系列计划，在具体方法上表现为：根据以往各项定额推算有关部门和方面发展指标（定额法）；从内在关系出发考虑各项目标间的相互制约，经过反复试求得平衡（反复平衡法）；在一定条件下对比不同部门和地区的计划水平（比较法）；从技术、经济和自然因素的影响来考量有关的经济技术计划（技术经济分析法）等。

现代计划是在科学理论的指导下对未来发展的设想，目前使用较为广泛的方法有：滚动计划法——根据执行情况和环境变化情况定期修订计划，并逐步实施计划；计划评审技术——通过类似流程图的箭线图，描述项目中活动的先后次序并标明活动的时间及成本，决策者和管理者可以直观地看到应考虑的工作以及工作关系，对不同工作做出适当的调整。

（五）从性质上划分

从性质上划分，计划可以分为确定性决策和不确定性决策，具体形式视决策的确定性或非确定性而有所不同。确定性决策所涉及的是反复多次发生、结构明确的同类问题，它是具有重复和常规性质的决策。对这种决策要做什么、怎样做、需要什么资源等问题，人们的理解是一致的。

不确定性决策所涉及的问题是没有先例的、新颖的，其结构既复杂又不明确，没有现成的方法和程序，因此每次都要把问题综合成信息加以处理，再做决策。越是高层的决策，其不确定性越多。一般情况下往往要付出相当大的代价去探索。

第二节　办公室工作计划的制定原理和程序

一、办公室工作计划的制定原理

随着社会的发展，办公室工作计划已经超越了经验层面，必须根据一定原理制定工作计划。现在广泛运用的原理主要包括四种。

（一）限定因素原理

限定因素是指妨碍目标得以实现的因素。在工作中，其他因素不变的情况下，只要抓住这些因素，就能抓住实现目标的关键性因素，就能实现预期的目标。限定因素原理是指在计划工作中，越是能够发现和找到对达到目标起限制性作用的因素，就越能准确、有效地制定方案，从而达成既定目标。办公室工作计划应牢牢抓住限定性因素，以限定性因素为突破口，尽可能找出和解决限定性因素，从而制定出满意的工作计划。

（二）灵活性原理

计划必须保持灵活性，即当出现意外情况时，有能力改变方向而引导最小的损失。灵活性原理是指计划工作中体现的灵活性越大，则由于意外事件引发的危险性就越小。在具体运用中，制定计划要有灵活性，即留有一定的余地。对于决策者而言，灵活性原理是计划工作中最重要的原理，如果没有留有余地，对于意外事件就很难处理，从而导致极大的损失。特别是组织在承担繁重、目标期限长的任务时，灵活性的重要性就更明显。在实际运用中，运用灵活性需要把握一定的限度。

1. 不能总是以推迟决策的时间来保证灵活性

对于不确定未来的把握，总是期待有更多的信息来支持决策，但是在收集、处理信息的过程中也会错失很多的机遇。因此，必须在合理的时间内做出决策，不能一直拖延。

2. 不能使效率下降

保持计划的灵活性是为了更好地应对未来不确定的变化，如果为了保持灵活性而使组织付出更大的代价，导致效率下降，这是不值得的。

3. 灵活性并不是一定存在的

在组织中存在这样的情况：派生计划的灵活性可能会导致总体计划的失败。对于派生计划所留的余地应充分考虑其是否会偏离计划的方向，防止留有的余地导致计划失败。

（三）许诺原理

许诺原理是指任何一项计划都是对完成某项工作所做出的许诺，因而就会出现许诺越大、完成许诺的时间越长、实现许诺的可能越小的情况。许诺原理涉及计划的期限问题，需要对许诺的计划内容和完成时期有明确的分析，即合理计划工作要确定一个未来的时期。这个时期的长短取决于实现决策中所许诺的任务所需要的时间。

在实际运用中，许诺原理强调必须有期限要求。对于任何计划，在一定期限内完成是最严格的要求。因此，对计划必须合理设计期限，并且在执行中不能随意添加或者缩短计划期限。同时，每项计划的许诺不能过多，因为许诺的内容越多就越得增加期限；随着期限的增加，未来不确定性就会增多，会导致任务完成的难度增大。为了有效安排时间，在计划工作中选择合理的期限，还应加强短期计划和长期计划之间的协调，即"长计划短安排"，如果短期计划实现了，那么长期计划的实现就会比较顺利。

（四）"改变航道"原理

未来情景都是可能发生改变的，制定的计划不可能一成不变。除了计划本身拥有的局限性外，外界因素发生的变化等情况都使得执行计划不可能预见所有问题。因此，就需要运用"改变航道"原理来定期检查执行情况。"改变航道"原理是指在实施计划的过程中，管理者定期对实施情况的检查和调整，以保证实现目标进程与外界因素相适应，使计划实施有应变能力。该原理与灵活性原理不同，灵活性原理是指计划本身具有适应性，而该原理强调的是计划执行过程中应该具备应变能力。

二、办公室工作计划的制定程序

制定办公室工作计划是一个连续的过程,一般由八个相互连接的步骤构成(见图3-1)。

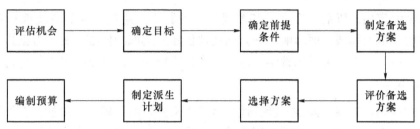

图3-1 办公室工作计划的制定程序

(一)评估机会

对机会的评估,要在制定计划之前就开展;从评估机会开始制定办公室工作计划,从机会中寻找计划。对机会的评估主要包括对未来可能出现的变化和机会进行分析,对这些变化和机会进行充分分析形成合理的判断;对组织利用机会能力的评估,包括利用机会的资源、抗风险能力等;分析组织的优势和面临的挑战,明确组织的地位;分析机会出现的可能性,利用该机会对组织可能造成的影响;对各种不确定性因素的分析,分析不确定因素出现的可能性,对组织可能存在的影响;在对各种情况反复斟酌的基础上,选择最满意的机会。

(二)确定目标

在充分评估各种机会之后,就是为组织以及各下属部门确定工作目标。组织确定目标时,要说明基本的方针、具体的目标内容、完成期限等,制定战略、规划、预算等,并指出工作重点。

(三)确定前提条件

前提条件是关于计划环境的假设条件,包括外部条件和内部条件,是关于计划制定和实施过程中所有可能出现情况的假设。在制定工作计划之前,对前提条件认识越清楚、越深刻,计划工作越有效,组织成员也能越彻底地理解和同意使用一致的计划条件,组织计划工作就越协调。因此,预测并有效地确定计划的前提条件有重要意义。

(四)制定备选方案

组织确定了目标以后,就需要制定计划来达成目标。虽然目标只有一个,但是有不同的实现路径,目标的实现涉及不同的计划。组织制定备选计划一般有三种。

1. 互斥方案
各个方案是相互排斥的,接受其中一个方案就不可能再接受其他方案。

2. 独立方案
在一系列的方案中接受其中某一项并不影响其他方案的接受。

3. 混合方案
同时具备互斥方案和独立方案的两种特征的方案。

应该注意的是,备选方案并非越多越好,而是应当把精力放在少数最有希望的方案上,进行精确分析并逐步完善。

(五) 评价备选方案

备选方案制定出来以后,在目标和前提条件限制下,通过一定的方法选择最满意的方案。方案评价一般受到两方面影响:一方面是评价者所选取的标准,另一方面是受到各标准的权数影响。在方法上,可以用数学、运筹学和计算机等方法创立模型进行评价。

(六) 选择方案

选择方案是制定方案的关键一步,代表着进入实质性的计划制定阶段。在评价方案的基础上,决策者根据自身的经验和相关理论进行选择。但是,常常会发生这样的情况:在最终选择上会发现有两个可取的方案。在这种情况下,决策者不应该犹豫不决,而应该迅速做出决定,选择其中一个作为执行方案,而另一个作为备选方案,不能因为选择方案的不确定而错失机会。

(七) 制定派生计划

组织计划制定出来以后,需要各部门执行。各部门需要根据自身情况以及相应的执行阶段制定派生计划,从而准确执行组织计划。派生计划是组织计划的分支计划,是对组织计划的细化和完善,组织计划是派生计划的保证。

(八) 编制预算

计划工作的最后一步是把计划编制成预算,用数字的形式表现计划。预算的本质是资源配置,对计划实施中所需要的资源进行优化,平衡各种资源的分配,减少资源的浪费。通过数字化的表现形式,使计划更加明确,并且能有效地对计划实施过程进行控制。

第三节 办公室工作计划的制定方法

随着相关科学的发展,计划制定摆脱了单纯依靠经验的方法,已经开始在科学理论指导下进行,主要的方法有六种。

一、目标管理法

目标管理的概念由美国管理学家德鲁克在《管理实践》一书中率先提出,并且在其以后的著作中逐渐完善。目标管理就是由组织的员工共同参与制定具体的、可行的且能够客观衡量效果的目标,员工在工作中自我控制,努力实现目标。在目标管理中,并不是有了任务才有目标,而是有了目标才有任务。因此,目标管理注重的是,一切管理行为的开始(确定目标)、执行(以目标为指针)、结束(以目标的达成度来评价优劣),都是以目标为准绳。目标管理的特点主要有:全员参与,上下级共同参与制定目标;以自我管理为重心,通过自我衡量、自我修正,从而达成既定目标;强调自我评价,经常自我检查,对工作中的成绩、不足和错误进行反思,从而不断提升效率;重视结果,对员工的评价主要放在绩效上,由实际成果来判断员工的贡献大小。目标管理法的过程有四个步骤。

(1) 制定目标。实行目标管理,首先要制定目标。组织的最高管理层首先要制定年度组织经营活动要达到的总目标，然后经过上下协商，制定下级以及个人的分目标。组织内部各自都有具体的目标，从而形成一个目标体系。目标也可由下级部门或职工自行提出，由上级批准。下级要参与上级目标的制定工作。制定目标要分步骤进行：①准备；②由组织的高层领导制定战略性目标；③各级管理人员制定试探性的策略目标；④各级管理人员提出各种建议，相互进行讨论并修改；⑤就各项目标和评价标准达成协议。

（2）组织实施。主管人员应放手把权力交给下级成员，自己去抓重点的综合性管理，使目标主要靠执行者的自主管理，上级的管理主要表现在指导、协助、提出问题、提供情报以及创造良好的工作环境。

（3）检验和评价结果。对各级目标的完成情况和取得的结果，要及时进行检查和评价。首先确定检查时间，然后在到达预定期限后，上下级一起对目标完成情况进行考核。应注意的是，本人完成后的结果要进行自我检查；对于本人的自检，上级必须同员工进行商谈，要以一定形式（如奖惩）同成绩评价结合起来。凡按期完成目标任务、成果显著的部门和个人，应给予表彰和奖励，以便进一步改进工作，鼓舞士气，为搞好下一期的目标管理而努力；对不按期完成目标任务的部门和个人，应给予必要的惩罚，甚至在职务上做降级处分。但在成果评价时，要根据目标的完成程度、目标的复杂程度以及工作的努力程度将结果分为四个等级。一般先由执行者自我评定等级，经过评议，最后由上级核定。

（4）开始新的循环。在前一项目标完成以后通过完善的反馈机制，了解该目标实现过程中的优势与不足。在此基础上，再制定新的目标，开始新的循环。

二、滚动式计划法

滚动式计划法是一种编制具有灵活性、能够适应环境变化的长期计划的方法，是一种定期修订未来计划的方法。滚动式计划法不同于静态分析法，不是在一项计划全部执行完以后再重新编制下一时期的计划，而是在每次编制或者调整计划时，均将计划向前推进一个时期，向前滚动一次。滚动式计划法，可以根据环境的变化和实际完成情况，定期修正计划，使组织始终保持一个较为切合实际的长期指导计划。滚动式计划法使用范围广泛，既可以用于制定长期计划，也可以用于制定年度、季度和月度计划。滚动式计划法能够把计划期内各阶段计划和下一时期计划有机结合起来，并且解决了计划的稳定性和实际情况的变化性之间的矛盾。

三、规划—计划—预算系统

规划—计划—预算系统（Planning - Programming - Budgeting System，简称 PPBS）源于美国兰德公司的一种计划和控制技术方法，是通过规划把编制计划和预算工作结合起来进行系统管理的一种方法，整个系统大量运用了预算技术、系统分析法、滚动式计划法等方法，极大增强了计划工作的预见性和科学性。PPBS 由规划、计划和预算三部分构成：规划是确定组织综合性的战略目标，并且制定实现这些目标的备选方案，最终用效益分析法决定资源分配的最佳方案；计划是把战略分解成不同的具体目标，并制定相关的派生方案；预算是以计划为基础制定实施计划的资金分配，以数字化的形式表现出资金分配情况。PPBS 是完全从目标出发编制预算，其过程主要是：首先，由组织最高层制定战略目标，并确定实现战略目标的项目;其次,分别对每一个项目在不同阶段实施中所需资源进行规划和预算,并进行排序;再次,在编制预算时,从目标出发按照先后顺序和项目实施所消耗资源情况分配资源,当资源不充分时应保证重要项目的资源充足;最后,根据不同部门在实施派生计划中的不同职责和需求分配预算。

四、甘特图

甘特图也称条状图(见图3-2),是由亨利·甘特在1917年发明的,即以图示的方式通过活动列表和时间刻度来表示任何特定项目的活动顺序与持续时间。正是由于甘特图具备简单、易于编制的特性,才被广泛用在项目管理、生产执行系统和资源管理系统等相关领域。甘特图的构成十分简单:横轴表示时间,纵轴表示活动(项目),线条表示在整个期间计划和实际的活动完成情况。从简单的甘特图中,可以直观看到任务计划开始和结束的时间,以及实际进展情况与计划要求的对比。管理者可以根据甘特图的表现情况了解每项任务的完成情况,并评估各项任务的进度。

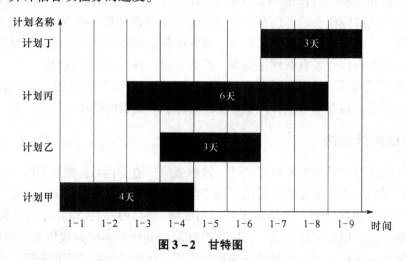

图3-2 甘特图

五、计划评审法

计划评审法(PERT)是计划(Plan)、评估(Evaluation)、核查(Review)和技术(Technique)的缩写,是网络规划中的一种方法。该方法在1957年由美国率先提出,并且在1958年宇宙飞船发射计划的实施中取得良好效果,目前已经被广泛使用。计划评审法是以时间为中心,找出计划从开始到结束所需最长时间的路线,并围绕关键路线对系统进行统筹规划,合理安排任务并严密控制任务进度,以达到用最少的时间和资源完成组织预定目标的一种计划与控制方法。PERT图是PERT分析法的重要构成部分,主要由事件、活动和关键路线构成。一般来说,该方法用于大型工程和复杂计划的设计安排。运用计划评审法的具体过程如下:

(1)绘制网络图(见图3-3)。在网络图中,由箭头表示实施顺序,箭杆表示一道工序,箭杆上的字母表示工序的名称,在箭杆下面用阿拉伯数字表示需要的时间,圆圈称作节点,表示一个事项的开始或结束。

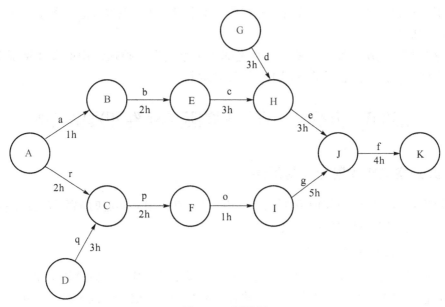

图 3-3 网络图

（2）估算各项事件的时间。在网络图的基础上，对每项工作或活动所需要的时间加以估计。

（3）计算每道工序的时差。运用公式：时差 = 下道工序最迟开始时间 - 本道工序施工时间 - 本道工序最早开始时间，计算出每道工序的时差。一般而言，时差越大，该道工序人力、物力可以调整的潜力也就越大。

（4）确定关键路线。时差是确定关键路线的关键点，时差为零的工序在开工和施工中都是不能留有任何空间的。把时差为零的工序连接起来就是关键路线，把关键路线上的时间相加的总和就是计划实施的总时间。

（5）确定最佳时间和最低成本。以关键路线为基础，综合考虑组织的各种因素，系统考察计划中人力资源、财货资源和时间等安排，降低达成目标的资源消耗，提升经济效益。

六、运筹学方法

运筹学最开始由科学管理运动发起，其在第二次世界大战中的广泛运用，证明了自己的可靠性。运筹学方法已经在各个领域广泛运用，特别是用于解决有限资源如何合理运用以实现既定的组织目标。具体而言，运筹学方法主要是把管理问题抽象成模型，然后对模型求得最优解，再依据最优解和组织的实际情况制定相应的方法。应用运筹学方法的一般有四个步骤。

（1）明确目标。提出组织要达成的具体目标或者解决的问题，再找出目标的约束性条件，并设置主要变量和参数。

（2）建立模型。根据目标的性质确定采用具体的运筹学方法，并且把目标、约束条件、变量和参数描述成一个数学模型。

（3）对模型求解。依据组织的实际状况和达成目标的情况，对模型采用各种数学及其他方法求解。求解出来可能是最优解、次优解、满意解中的一种情况。管理者需要判断模型的解属于哪种情况。

（4）运用模型的解。在确定模型的解是哪种类型之后，根据组织的具体情况对模型的解进行适当修正，并把修正后的解用于组织计划编制。

第四节　办公室工作计划的限制条件和准备工作

一、办公室工作计划的限制条件

由于组织环境、气候等各种条件限制，工作计划在制定和实施时都可能会出现或大或小的失误，具体的限制条件主要有四项。

（一）目标制定方面的限制条件

因为计划目标所要解决事务的重要性和复杂性程度不一样，所以具体工作任务会各有所异，有轻有重，有大有小，有难有易，完成任务所需的人、财、物的数量各不相等，在制定办公室工作计划时会有各种限制因素。因而在计划实施过程中涉及的组织和人员及所要完成的工作量等会有所差异。

（二）实施主体方面的限制

实施主体包括组织机构和行政工作两方面。从组织机构来看，其设置的合理与否都会影响计划的实施。从工作人员来看，其一是领导者。首要的是领导者权威的服从度。尽管领导者有法定的权威，但不可否认，良好的工作作风和方法也是领导者重要的权威基础。另外，领导者自身的素质、领导艺术、工作经验，以及所做决策的合法性程度等都对计划实施起着关键作用。其二是领导者以外的一般执行人员。执行人员的意向与工作态度、能力程度，以及由这些所决定的对决策的理解程度和对工作情况的判断水平等，都在整个实施过程中时刻发挥着作用。

（三）实施客体方面的限制

实施客体主要是指针对计划实施的相关人员及其有关部门、组织。对于被实施对象来说，相关人员的受教育的程度，组织的结构、相关人员的知识水平、政策水平、承受能力等与计划实施的目标或方式出现冲突时，就很难被接受。计划在贯彻执行的过程中就可能遭遇限制。

（四）实施环境中的限制

计划的实施环境包括自然环境、文化环境、经济技术环境、政治环境、工作环境。每项工作任务所面临的环境都不可能完全一致。在实施过程中，就必然表现出差异。这些差异是在计划中不能预见的，它们必然限制了计划的实施。

二、为完成计划的准备工作

计划实施作为贯彻执行计划目标的过程是具有阶段性的。一般认为，计划实施可以分两步进行，即实施前的准备阶段和正式实施阶段，每一个大的阶段都由若干环节所组成。在每一个工作阶段中,都要认真准备。计划实施前的准备阶段即计划实施的预备时期,准备工作具体包括五项内容。

(一) 规范化的准备

不管推行何种计划,首先都面临一个规范化的问题。在采取具体措施之前,要检查计划是否与现行的秩序冲突,保证计划符合规范。如果超出规范确属必要,则要立即向上级申报以取得上级的批准与认可,有时还要写出可行性论证报告并提请有关机构审批,不得出现"先斩后奏"情况。

(二) 组织的准备

执行计划之前,要考虑到组织机构是否完善,人力资源是否充足。这些条件具备了,就要使计划内容通过组织贯彻下去,各项指标都要通过组织机构落实下去,形成职、责、权、利有机结合的组织系统,并制定必要的规章制度,建立简便的工作程序与办事制度,以保证在计划实施过程中将组织功能发挥到最大化。

(三) 思想的准备

在某项决策付诸实施之前,领导先要心中有数,对各方面要有足够的估计,做到"知己知彼,百战不殆"。紧接着,计划必须获得所有执行人员及有关各方面的理解与接受,工作人员必须了解计划并决心努力实现计划目标。此外,思想准备还包括一个重要内容,那就是所有工作人员的思想动员工作。要利用各种手段充分动员,不仅要使工作人员能理解工作的内容和意义,而且要设法将其变为工作人员的自觉行动。

(四) 物资的准备

常言道"巧妇难为无米之炊",仅有上述组织、思想方面的准备而没有充足的物资条件,任何事情都难以办成。所以,组织要完成任何一项任务,离不开特定的物资基础。执行计划要有经费上的准备,对于所需资金必须事先筹措并制定使用计划,做到有的放矢。执行计划还必须有充足的设备条件,除去必需的设备和必备的物资以外,对工作人员的生活起居条件,也应当安排好,因为安定的生活是高效工作的必要保证。

(五) 技术的准备

技术问题既属于物资准备但又不完全是物资准备可以解决的。由于社会事务日益复杂、科学技术蓬勃发展,所以在实施某项决策之前,技术条件、技术力量也是需要考虑的。这既有技术设备的适当水平,又包括相应的技术专家。

总之,要使计划能够顺利完成,必须做好充分准备,减少实施过程中的阻力。

第五节 办公室工作量化管理的概念及辨析

一、办公室工作量化管理的概念

办公室计划制定以后,就需要实施计划。在实施办公室工作计划中,办公室承担着会议安排、档案管理、各部门协调、各种消息的汇总与发放以及一定的接待工作等。在内容复杂多样的工作中,如何有效提升工作效率,如何提升办公室管理水平,如何协调各部门之间的关系,都是办公室人员面临的一系列问题。量化管理作为一种成熟的管理方法,对于办公室工作计划的实施具有重要的辅助作用。

量化管理的理论基础主要是科学管理理论和实证主义。量化管理大量吸收了科学管理理论的重要内容,如任务定额化,即确定标准工作任务或工作目标;程序标准化,即对管理内容和管理对象制定标准的工作程序;酬金差额化,即根据工作完成的质和量确定工作人员的酬金,等等。同时,实证主义也对量化管理产生了重要影响,量化管理中渗透着大量的实证主义思想,例如,追求实用性和可操作性,强调定量管理而抛弃定性管理,追求价值中立,即管理过程要强调刚性,用规章制度办事,避免情感、意志等因素等。

广义的量化管理是指以数字为基础,用数学的方法来考察和研究事物的运动状态,对关键决策点及操作流程,对事物存在和发展规模、程度等做出精确的数字描述和科学控制,管理中实行标准化模式。狭义的量化管理是指根据已有的工作制度和工作定额对工作完成情况的考核。量化管理强调的"量化",主要包括三方面,即时量、数量和质量。时量主要是指完成具体工作所需的时间是多少,数量主要是指完成工作的量化值是多少,质量是指完成工作的标准符合度是多少。

根据量化管理的定义和办公室管理的特征,对办公室工作量化管理进行如下定义:组织在管理过程中,采用数学的方法如概率法、实测法等对任务执行中的发展规模、程序等进行精准的数字描述和控制,实现标准化的组织管理。

通过以上概念可以看到,办公室工作量化管理并非最终目的,而是办公室管理的具体手段之一。通过精确地测量办公室人员工作完成情况、绩效,以确定办公室人员的优势和弱势,并以此为基础,对办公室工作情况进行评估、改进、控制和奖励等,最终提升办公室工作效率。

二、其他相关概念的辨析

(一) 工作定额

办公室工作量化管理必须有一个衡量工具,而工作定额就起着衡量工具的作用。通过工作定额的制定,就能够实施定量考核和精细的业绩评价,使量化管理得以实现。工作定额是指在一定的生产、技术和组织条件下,按照正常的作业速度,进行某项业务工作所需的社会必要劳动消耗。在实际工作中,大多数情况使用时间定额来表示,如单位时间之(年、月、日)内完成的工作量等。

(二) 定量考核

量化管理需要对工作完成情况进行考核,而定量考核则是重要的考核手段。定量考核是指将考核评语转化成数字化的考核指标来衡量工作人员的业绩,使用数据和事实,而非依靠考评者的主观感受来评价。在实际运用中,定性考核和定量考核是不可能强制分割的。但是,必须明白,定性考核是概括考核,是一种模糊的经验判断,但并不能准确反映考核对象的具体绩效;定量考核使用量化的方法对工作人员具体行为或者工作完成情况进行考核,但会对脑力劳动、工作质量等考核不准确。因此,在量化管理中应强调将两者结合起来,充分发挥两者的优点。

（三）优化劳动组合

优化劳动组合是指充分发挥工作人员与生产资料之间的效率，通过合理的设置、分配岗位，使工作人员与生产资料更密切、更合理地结合起来而产生的一种组合形式。优化劳动组合主要是通过调整工作人员与生产资料之间的组合形式而提升生产效率的一种方式。优化劳动组合在实施中应注重以下几个方面：首先，调整后的组合形式有助于形成良好的劳动关系，避免出现劳动纠纷；其次，有助于形成科学的工作人员调解机制，把员工岗位的调整建立在科学的调节机制之上，从而实现合理、有序的岗位调节制度；再次，提高工作人员的素质，在不同岗位之间的调整要求工作人员具备多种业务素质、职业素质等；最后，调动工作人员的积极性，促进工作人员形成"竞争上岗"意识以提升工作积极性。

（四）工作效率

工作效率一般是指工作投入与工作产出之比，即单位时间内完成的工作量。通过效率可以直观表现工作人员在单位时间内完成的工作量情况，效率越高说明单位时间内产出越多，越节约时间。量化管理讲究充分利用时间，采用各种手段提升组织效率，量化管理使员工工作有了明确的定量标准，使他们能自主努力完成工作。在量化管理中要求各环节保持合理的比例，激发工作人员的最大潜能，在时间上要求有高度的连贯性，减少时间浪费。提升工作效率对于组织有重要意义，具体表现在以下四个方面。

（1）提升工作效率，为组织创造更多利润，也能够增加个人的收入。

（2）缩短工作时间，使工作人员有更多的自由时间用于学习、生活和休息。

（3）有助于克服组织臃肿、人浮于事的现象。

（4）有助于提升个人和组织的竞争力。

（五）定员、定编

定员是指按工作定额来确定人员配备的标准，它是组织劳动、编制劳动计划的依据。合理的定员可以促进组织精简机构，提升组织效率。定编是指规定各组织人员的编制，包括组织机构设置、人员定额和岗位分配。定员管理一般遵循以下原则：首先，因事设岗，即岗位与人的关系是设置与配置的关系，先有岗再有人；其次，最少岗位数原则，尽量避免职责不清和职责重复的现象发生，对工作内容相似、工作量不饱和、工作技能要求相近的岗位应采用合并和撤销的方法改进；最后，人岗相宜原则，在调配工作人员到岗位中时应充分考虑工作人员的各种情况，使其与岗位相协调，实现人尽其才、人事相宜。

三、办公室职务的分类

对办公室职务进行分类是量化管理的基础。通过职务分类掌握不同职务在量化上的指标和标准的不同，明确不同岗位的工作内容和工作量，并准确设定工作考核标准实现量化管理。

职务是指工作人员为完成某项任务必须进行的工作，这种工作行为既可能发生在人与人之间，也可能发生在人与物之间。职务分类通常是根据职务的不同性质、责任轻重和难易程度等进行分类，划分成不同的种类和层级，以便使从事不同工作的人用不同的方法和技术完成工作任务。办公室职务根据不同的标准可以有不同的划分：从层级上划分有单位领导工作、部门工作、专业性工作和辅助性工作；从性质角度划分有管理型工作、经济性工作、技术性工作、服务性工作等。职务分类是组织量化管理中重要的一环，具有极为重要的作用，主要表现在以下四个方面。

（1）有助于绩效考核。明确职务的工作内容和工作性质能够有效地对任务完成情况做出测量和评估，实现绩效考核并提升工作质量。

（2）有助于科学设置岗位。职务分类对组织岗位的数量和类别都有清晰的统计，能够有效避免不合理的岗位出现，实现科学的岗位设置。

（3）有助于人力资源的优化配置。明确岗位的工作内容和性质后就可以因岗设人而不是因人设岗，这样就有助于充分利用员工的专长，促进其发展。

（4）有助于提升员工的业务素质。职务分类以后，员工从事的工作内容是固定的，于是就可以对其采取有针对性的培训，提升业务素质。

办公室职务分类既遵循一般职务分类的原理也有办公室自身的职务特色，因此办公室职务分类主要考虑的因素有以下五个方面。

（1）工作性质，办公室工作繁杂，有不同的因素掺杂其中，在承担工作任务时应注重不同的工作性质，如不同的技术要求、能力要求、专业知识要求等性质划分。

（2）责任范围，不同领导层级以及员工的工作范围都具有很大的不同，根据不同层级划分不同的责任范围。

（3）劳动形式，办公室工作虽然大多属于脑力劳动，但是不同工作具有创造性和事务性的形式划分。

（4）隶属关系，办公室有正式和非正式的隶属关系，不同的隶属关系也是划分不同职务应考虑的重要因素。

（5）实际应用，职务划分的最终目的就是更好地利用人力资源，没有良好的实际应用效果都是失败的职务划分。

第六节　办公室工作量化管理的基本原理和模式

一、办公室工作量化管理的基本原理

办公室工作大多是脑力劳动，而脑力劳动的成果并不十分明显，甚至在短时期内看不见成果。因此，必须有相应的理论指导办公室工作量化管理，从而对办公室工作进行有效的量化管理。

（一）定性与定量相结合原理

办公室工作是以脑力劳动为主，对办公室工作的量化管理必须采用定量与定性相结合的原则。使用单一的定量或者定性的方法考核，都无法全面反映出某些工作岗位的实际工作量，可能出现"机构臃肿""缺岗少人""设虚岗"等不良现象。

定性就是指对人与事的特性进行鉴别与确定。在传统的劳动工作评价中，定性主要是根据经验和印象甚至是随机事件来确定，具有很强的主观性与偶然性。在现代的定性评价中，

运用现代科学技术法（如比较法、历史法等）就具有较高的客观性。把定性的方法用于办公室工作量化管理，主要是用于评价工作人员是否完成各项指标、是否履行各种岗位中的职责、是否遵循组织的规章制度等。

定量就是指通过一定数字符号显示人的功能特性或人的效率特性。定量目前有四种测定尺度。

（1）顺序尺度，即所使用的数值的大小，是与研究对象的特定顺序相对应的。

（2）名义尺度，即所使用的数值，用于表现相关对象是否属于同一个人或物。

（3）间距尺度，即所使用的数值，不仅表示测定对象所具有的量的多少，还表示它们大小的程度即间隔的大小。这种尺度中的原点可以任意设定，但并不意味着该事物的量为"无"。

（4）比例尺度，其意义是绝对的。长度、重量、时间等都是比例尺度测定的范围。

定性与定量相结合原理要求在办公室工作管理中将丰富的经验和数学等自然科学知识相结合，充分发挥两者的长处，发挥办公室工作量化管理的最大功效。

（二）动态与静态原理

在办公室工作量化管理中，动态概念是指影响时间以及时间消耗的结构及其变量都在不断变化之中。静态概念是指在某一特定时间之内，在标准的条件下，影响时间的因素变化与时间消耗呈现稳定状态。从哲学上分析，不存在绝对的静止状态，任何静止状态都是有条件的、暂时的、过渡性的，静止都是相对的。而从动态角度来看，静态结构随时空关系的变化而变化，但处在特定条件和特定时空关系中的人的作用、业务工作内容、工作定额又是相对稳定的。

随着时间关系和条件的不断变化，量化管理中的静态和动态关系大约有以下几种。

1. 静态关系

（1）在标准条件下，在固定的办公场所，在时间标准规定的有效期内，工作定额和数学模式都处于稳定状态。

（2）在不改变工作方法的前提下，时间是相对稳定的。

（3）制度规定的授权时间是相对稳定的。

2. 动态关系

（1）单位条件在不断变化。

（2）环境在不断变化。

（3）工作内容在不断变化。

（4）工作方法在不断变化。

（5）影响时间消耗的因素在不断变化。

（6）工作时间标准和数学模式要随时空关系和前述几项的变化而发生相应变化。

（三）测量与评定原理

办公室工作量化管理中，部分工作或者消耗是模糊的，如工作人员的素质、制定工作定额、考核测评和时间消耗等，必须采用测量与评定相结合的方法。测评包括测量和评定两个含义。人的工作时间的测量是用数学对人的功能和行为进行描述；人的业绩和贡献的评定是应用这种描述来全面确定功能和行为的价值。

办公室工作的量化管理主要是对办公室人员的业务工作管理。因此，测量的主体就是办公室人员的业务工作。业务工作测量就是根据法则，用数学方法对劳动者的动作进行描述，法则、数学和动作三要素是业务工作测量的主要构成部分，三者关系如图3-4所示。

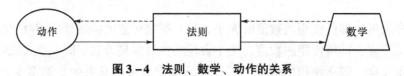

图3-4 法则、数学、动作的关系

（1）法则是关键部分，是进行测量的准则和方法。没有相应的法则就无法进行测量。

（2）数学是指运用的具体数学方法和手段，是测量的工具。目前，数学领域的模糊数学、统计知识、非参数统计等都广泛运用于测量中。

（3）动作是指工作时所表现的具体行为。工作中的动作又分为显露动作和潜在动作（思维），而一般测量的都是显露动作，潜在动作（思维）存于大脑中，若不显露出来则无法测量。

上述三要素是一个有机整体，不可分割，具体表现为：动作是前提和基础，数学是手段和工具，法则是关键。离开了人的动作行为，就无从谈法则；没有健全的法则，就不可能使作业的劳动量通过数学得以反映。

二、办公室工作量化管理的模式

办公室工作的不确定性成分多，内容上随着领导和组织的需求变化而发生变化，形式上表现出错综复杂的特征。对于办公室工作的量化需要建立完善的数学模型，在此基础上结合实践工作的不断检验与发展，才有可能准确计算出办公室工作的量。但是，也应该看到，作为脑力劳动的办公室工作是不能完全用数学计算的。只有对那些业务固定性程度大，影响因素集中，规范化、标准化、程序化的作业才宜采用数学方法计算工作量。同时，有的工作内容不适合全部采用数学计算方法，但是可以部分采用，也存在把数学计算值用作重要参考值的工作类型。

办公室工作量的计算需要用到大量的数学模型，但是都是直接运用计算的数学模型，并非用作抽象研究。因此，对工作量计算的数学模型必须有自身的特性：首先，变量（影响因素）不能太多，否则会消耗大量时间统计变量；其次，综合程度应尽可能宽广，尽可能包含工作内容的变量；再次，通用性要广，能够适用于多种工作内容测量；最后，计算方法要简单，能够使大多数人在短时间内学会操作。

经过长时间的实践检验和发展，已经出现了大量的计算方法，主要有以下几种。

（一）综合定额法

综合定额法是一种简便易操作的方法，适用范围广泛，可用于办公室各项工作的测量。经过长时间的发展，已经有多种具体的方法产生，这些方法既可以单独运用也可以综合运用。

1. 经验估算法

经验估算法是指办公室领导或者相关专家，在缺乏相关资料的情况下，根据自身多年的工作经验，以具体工作的业务内容、技术要点、工作标准和条件为基础，参照已有的数据，对工作进行分析定额。该方法简单，易于掌握，计算速度快，工作量也少。但是，由于是以经验为基础的，受到的主观影响较大，缺乏客观依据，运用技术不足，说服力弱。因此，为了提升准确性及说服力，在实际操作中大多结合其他方法共同使用，如组成多名专家小组，提升权威性；运用多种统计资料，减少经验误导；把定额对象的工作细化计算，然后汇总定额。

2. 统计分析法

统计分析法是指利用以往积累的统计资料，通过分析比较，再确定当前办公室工作定额的一种方法。这种方法以已有的统计资料为基础，再加上比较分析和数学方法，相比经验估算法有很强的说服力。统计分析法的优点很明显：简单易行，计算速度快，查找资料快，资料权威性高；在统计中，必须以客观事实为基础，否则会因为数据的失真而导致计算结果出现错误。因此，统计资料中必须剔除那些非定额时间、非定额的工作内容，去伪存真才能保证统计定额的质量。

目前，利用统计分析法制定工作定额主要包括以下方法。

（1）算术平均法。这种方法是将相同的统计资料相加求和，再除以统计资料的数量，所得值即为算术平均值。

（2）加权平均法。加权平均法将工时统计资料划分为三组，即最小工时消耗组、最大工时消耗组和最有把握的工时消耗组。首先，求得各组的平均工时消耗；其次，将所得值代入已有的数学公式，计算出工作定额的期望值，并按照公式求出平均方差；最后，得出工作定额。

（3）概率计算法。用概率学的方法制定工作定额，健全统计分析中的数学模型，提升统计分析法制定定额的质量。

3. 类推比较法

类推比较法是以同类型的工作定额、统计资料、典型定额作为参考基础，通过比较分析的方法确定工作定额的方法。运用该方法时，必须要求工作内容相同、技术要求相同、作业结构相同，否则在类比上会造成类比内容及结果的不恰当，导致工作定额出现差距。具体操作时可采用以下步骤：首先，将同类型的作业恰当地归类分组；其次，从各组中挑选出有代表性的项目，这些代表性项目定额具有典型性和代表性；最后，根据代表性项目的定额确定工作对象的定额。

目前，利用类推比较法制定工作定额主要包括以下方法。

（1）直接采用估算的方法，大概得出对比项目的工作定额。

（2）采用数学模型计算，构建合适的数学模型，采用对比资料计算出对比项目的定额。

（3）运用要素分析法原理，将经过筛选的典型项目分解成不同的工作要素，并赋予各元素定额，然后再将类似项目的工作元素与之比较，最后得出相应的系数来推算工作定额。

4. 工作抽样法

工作抽样法是指在较长时间内，以随机的方式抽取部分工作作业情况，以观测作业操作者的情况。工作抽样法的基本原理源自概率论和数量统计，即从广泛的群体中抽取适当数量的样本，如果样本抽取的方法和数量恰当，则可以根据样本推断总体的状态。这种方法大多运用于办公室作业的时间研究。随机抽取样本具有以下特征。

（1）在相同的条件下，随机取样可以重复开展。

（2）每次抽取的结果可能不止一个，并且事先可以明确抽样的所有可能结果。

（3）在抽样之前无法确定具体的抽样结果。

工作抽样法是随机抽取一定的样本来研究整体的工作状态，因此，始终不是对考量对象的全部考量，不可避免会出现误差。为了保证调查研究在误差范围之内，则必须抽取足够多的样本，同时还要采取合适的抽取方法保证抽样的科学性。

（二）打分法

在办公室工作中，有许多不确定因素影响着工作，而这些不确定因素很难用简便的方式来确定工作定额。为了解决这些工作的量化问题，引进打分制的方法。

1. 制定工作标准

工作标准是进行量化考核的基础，没有工作标准就无法进行定额。在内容上，工作标准既要符合客观的工作实际和组织要求，又要在主观上要求工作人员能够完成相关工作量。在结构上，工作标准主要有以下四类。

（1）质量标准。办公室工作必须有基本的质量保证，如果没有最基本"质"的保证，即使有再多的"量"也是不可取的。如果没有达到最基本的"质"，就应该判定为不达标；业务工作要求精益求精，对于超过了质量标准或者创造出提升质量方法的人以及组织，都应该给予奖励。

（2）通用部分工作标准。通用部分工作标准是指各类人员都必须共同遵守的标准。

（3）专业部分工作标准。专业部分工作标准是指针对每个岗位的具体业务所制定的标准，这种工作标准因岗位而异，只针对相应岗位的工作人员。

（4）目标任务标准。目标任务标准是指从组织的总体目标中分解到各个岗位必须按期完成的分目标。对于组织中的不同层级和岗位，分目标有所不同；同时，不同时期的分目标也会有所不同。

2. 工作标准中的额定分数

（1）工作标准的考核分数采用百分制，额定总分为100分。

（2）额定分数分配比例原则是：通用部分30分，专业部分70分，目标任务结合专业部分，质量标准用系数表示。超过标准的，系数增加0.1~0.3；符合标准的，系数等于1；低于标准10%的，系数为0.8；质量在90%以下，系数为0。主要项目、重点项目、难以完成的项目、工作量大的项目分配的分数宜多；反之，分数宜少。

3. 考核方法和程序

量化管理的成败，关键在于是否严格进行考核。如果考核标准制定得完善，但是没有严格考核或者考核流于形式，那么量化管理就不会起到任何提升效率的作用。

（1）考核组织。考核组织是考核标准的执行者，考核的依据是工作标准。办公室工作人员由办公室主任考核；办公室主任则由主管的行政领导考核。

（2）所有考核按规定打分，增减分数要以事实和数据为依据，以书面材料为凭据。

（3）考核工作必须由专门的考核人员开展，并建立相关的考核档案。

（4）制定打分与增减分的原则。

①凡是按质量、按进度、按要求完成的工作项目，应给予额定分数。对于提前完成任务的情况、超额完成任务的情况（对超额的工作要进行充分分析，并非所有的超额工作都是有利的），提高了工作质量、提高了工作效率，为组织增加了荣誉、声望的人员，应予以加分；反之，对完不成规定指标、达不到预定要求、与标准相比有差距的人员，应按规定扣分。

②增减分的尺度。有重大影响的项目，增减分数从多；主观因素所能决定的项目，增减分数从多；效益或者效果大的项目，增减分数从多。所有的分数增减，都要在预先的标准中规定，以免出现无法衡量现象。

(5) 考核的程序。

①由个人对照工作标准进行年度工作总结，如实反映情况，交给主考核人。

②有些项目和指标有专门人负责考核时，将考核情况用文字报告形式交给主考核人。

③主考核人以个人总结、分项考核资料，加上个人亲自考核资料，对比工作计划完成情况，给出个人年度总分数，

④以年度总分数为基础，计算最终所得。

第七节　办公室工作量化管理的控制

办公室工作控制是办公室管理的基本内容。这是一个连续发展的过程，办公室领导通过这一过程来了解办公室工作运转中的工作现状，将现在的活动与计划制定的活动相比较，寻找计划与执行之间的差异。

办公室工作量化管理的控制从量化的三个要素，即数量、质量和时间来考量，因此，涉及的内容包括工作执行的数量控制、质量控制、时间变量控制。

一、数量控制

只有对那些循环和反复的办公室工作，数量控制才十分有效。因为这可以通过确定单位时间内输出的处理数量来制定一种标准工作时间，达到数量控制。由于办公室工作的范围较广泛，很多工作都无法达到理想化的数量控制（大量工作是偶然和不重复的），所以只能有限地采用数量控制的方法。

对于那些能够量化的办公室工作，确定一个一般的工作标准量。例如，对于连续处理文件的工作，可以通过给文件编号来进行控制，工作结束后检查头尾的编号来确定一个人一天的工作量；对于打字工作，也可以根据中等水平打字员的打字数量来确定打字员的工作标准。总之，数量控制的关键在于确定数量标准，标准确定之后，才有可能检查工作的优劣，否则，数量控制就只是一句空话。

把数量控制的方法运用于个人的工作，尤其是带创造性的个人工作显然是不太合适的，但把它运用于某些部门内的某些工作，则是完全有效而且必要的。

在办公室工作中，还经常遇到这样的现象，某时刻某部门的工作突然堆积起来，以至于延误或影响办公室组织的其他工作。例如，某一工作人员一下子要处理一大堆不同于往常的工作，或者遇到了不容易解决的隐形问题，这种工作堆积引起的工作堵塞，称为"瓶颈现象"。瓶颈现象的发生，对提高办公室的工作效率是不利的，必须引起高度重视并制定相应

的措施。

防止瓶颈现象发生的必要预防措施：尽可能合理设计办公室的工作程序，使工作能流畅运行；对能够进行定量控制的工作，要做到有效控制，以防积压；对于大量重复性的工作，要尽量用办公机器代替，机器的工作效率很高，但也要注意机器可能出现故障，应该有保证机器正常工作的应急措施；避免办公室工作人员的工作过于单一化，注意培养"多面手"，使得某位员工生病或缺勤时，可以较容易地找到顶替人员；错开可能集中在一起做的工作，如月底集中制作统计报表等，应该把这些工作分开在一个月内的各个时期（如果以一年计，则分散在一年内的各个时期），以此减少月底工作的压力。

二、质量控制

办公室工作的质量控制和企业生产的质量控制在内容上有很大差别，但实质上都是为了提供优质的产品或服务。办公室人员的个人素质、工作道德以及情绪的保持是十分重要的，只有优质的员工，才能有优质的服务或优质的工作成果。

（一）办公室工作人员须知

工作中应该保持性情平和，切忌粗心或急躁，这些往往是工作出错的原因。应该给员工传授必要的工作方法，并保证员工真正理解和灵活运用。注意在公文书写和数字填报时应整洁工整，以免因看不懂或误认而造成工作失误。工作中应集中精力，但同时也要注意休息，做到有张有弛，减少身体疲劳，这样可以减少出错的可能性。在办公室工作人员中，提倡学习，不仅向周围的同事学习，还应学习必要的专业知识和理论知识。注意因病或意外事件（如亲人亡故）对个人精神造成巨大刺激而影响工作。办公室管理人员应善于及时发现这些情况，体察员工的痛苦并做出妥善安置（如暂时安排他们做一些较轻松、责任较少的工作）。严肃告诫工作人员要树立服务思想，对某些粗暴的服务一定要给予相应处分。

（二）办公室领导须知

知人善用，安排合适的人到其能胜任的岗位。广泛宣传管理方针以及质量控制的重要性，使员工明白并引起重视。对员工要有物质上和精神上的关心，保持办公室的友善关系来激发员工的工作情绪。制定工作检查制度并严格执行。

（三）文字工作的质量控制

由于办公室工作涉及大量的文字工作（如打印、抄写、拟写文稿、文字编辑等），要着重把握文字工作的质量控制问题。录入文件出现一些文字错误是不可避免的，但要力争把错误降到最低限度，而且要通过严格的校对检验避免错误。控制打字质量的通常做法是确定一个允许打字员出错的百分比。打字员每打1 000字不超过5处错误的规定是比较合适的。打字员出错可能是多种原因造成的，即使是一个优秀的打字员，也可能因为琐事而无法集中精力，或者原稿字迹太潦草难以辨别而使打字出错率上升。对于文件抄写、文字编辑等工作，也可以规定一个允许出错的范围和标准。

（四）质量检查

为了保证工作完成的质量，应该建立工作检查制度。工作质量的好坏可以用工作执行的完成程度来评定，也就是说要看在多大程度上完成了工作，所取得的结果怎样，检查工作就以这些内容为主。此外，检查工作不仅要知道工作完成的情况，更重要的是要从检查工作中了解情况和问题，再将这些情况和问题反馈到领导层，从而影响或修正决策。检查工作一般可以视工作的相对重要程度，采取逐一检查或者抽样检查两种方法。对于那些比较重要或者需要逐一了解情况的工作，一般采取逐一过关的全面检查方法。但是，如果检查量很大，如存在大量需要检查的单位以及人和事，逐一检查则是十分辛苦的工作，有时几乎不能办到，行之有效的办法是抽样检查，也就是在一大堆工作中选取样本，从样本的检查结果推算整批工作的结果。抽样检查之所以有效，是因为已从理论上证明，在整批的工作中，每一项工作的出错率和完成情况都与样本基本一致。

在抽样检查中，可以根据了解的情况，对认为是典型代表的工作进行主观决定的抽样检查。但是主观认为是典型的并不能保证就一定正确。检查人员可能因为相信好的样本而检验通过了一批质量差的工作。所以，在抽样检查中，主观抽样并非完全可靠，它的有效性有限。最好的办法是实行完全随机抽样，即撇开检查人员的主观因素，而把随机抽样的样本尽量增多，这样，可靠性的程度就较高。

三、时间控制

时间控制指事先估计在一定时间内的工作完成量，然后将实际完成的工作量与事先估计的工作量相比较，从而达到控制的目的。但是，时间的使用在很大程度上是由办公室人员自由把握的，管理者不可能随时监督员工的时间运用情况，因此，提升时间利用效率才是关键。

第八节 办公室工作的时间运用

一、良好的时间观念及运用原则

（一）良好的时间观念

通常意义上的时间是指一切具有不停止的连续性和不可逆性的物质状态的各种变化过程，有共同性质的连续事件的度量衡总称。"时"是对物质运动过程的描述，"间"是人为的划分。对于时间的认识人们更多是从时间运用上理解的，即如何节约时间、充分利用时间。人们在强调时间的重要性、要充分利用时间时，形成了良好的时间观念，如"一寸光阴一寸金，寸金难买寸光阴""一年之计在于春，一日之计在于晨""放弃时间的人，时间也放弃他"等。这些名言警句有助于人们形成良好的时间观念，不至于虚度光阴、浪费时间。

办公室工作也需要形成良好的时间观念，合理规划时间，充分利用时间，以提升工作效率。办公室工作人员形成良好的时间观念是提升工作效率的前提。

1. 要明确成果目标

办公室工作强调要有一定结果，要达成某项具体的事项。如果只是埋头苦干而不注重成果目标，就很有可能出现背离目标的情况。出现这种情况，不仅是个人工作上的损失，也给组织带来了巨大损失。

2. 根除浪费时间的习惯

在工作中，有时会不自觉出现浪费时间的行为，如工作期间干私事、拖拖拉拉做事等，还可能会以不良习惯作为借口来解释为什么不能完成既定工作任务。根除浪费时间的习惯是困难的,但也是形成良好时间观念的重要环节,对个人及组织具有重要意义。

3. 循序渐进,合理安排时间

办公室工作大多数情况都需要长时间完成,在这个过程中又夹杂着各种需临时处理的事情。因此,必须循序渐进、有条不紊地处理各项工作。

4. 注重效益

办公室工作主要是服务性的,必须注重效益,否则表面上看做了很多工作,实际上对于组织而言并没有达到预期的效益,这些工作更多是无用功,浪费了组织大量的人力和资源。

5. 劳逸结合

人是不可能一直工作的,即使在上班时间也需要适度休息,否则不仅会影响到工作质量甚至会影响到员工的健康。因此,在工作期间合理安排休息时间是很有必要的。

(二) 良好的时间运用原则

良好的时间观念对办公室工作有重要的指导作用,但是在实际的时间运用中也要强调运用原则,从而更有助于时间的运用。

1. 目标

对时间的运用一定是朝向明确的目标,而非目标不清晰甚至是漫无目的。工作中,比较有效的结果一般都是对既定目标的追求,而不是靠机会和运气。

2. 每日计划

计划是实现目标的前期安排。组织有各种计划,个人也需要有自身的计划。每天的计划对一天的工作尤为重要,可以把个人工作与近期的目标和活动联系起来,增强工作意识,提高工作效率。

3. 工作排序

不同工作的重要性、紧迫性会有所不同,应该对不同的工作进行合理排序。哪些工作是马上做的、哪些可以暂缓、哪些是非常重要的、哪些不那么重要等,通过排序可以合理安排时间,不会出现有大量的工作却不知道应该做什么的情况。

4. 实施的连续性

实施时间计划,使计划有连续性,既能减少计划中断的可能性又能增强时间意识。

5. 注重效能与效率

效率是对在单位时间内完成工作量的考核,效能则是指办事的工作能力。办公室工作中要注重把效率和效能相结合,用最少的时间和资源实现最大的效果。

6. 反馈

时间运用的效果如何、是否达到预期目标等都需要通过反馈来考察。对目标实施情况的反馈是保证计划顺利实施的重要前提。根据反馈情况,对时间安排做出合理调整是提升时间运用效益的重要方法。

二、办公室时间运用的常见问题

(一) 事必躬亲

事必躬亲是指不管什么事情都亲自去做。事必躬亲的结果是一方面办公室处理了大量不必要的工作，另一方面是办公室下属得不到锻炼，领导又有大量的工作。

办公室领导可以通过委派的方式来节约自己的时间，同时又使得办公室下属得到应有的工作锻炼。实际上，在委派以后，用于某项工作的时间总量并没有减少，因为是把工作委派给下属，下属花同样的时间来完成既定工作。在委派以后，办公室领导应该充分运用手中的权力检查工作，这样才会使上司和下属有共同的责任感和一致的目标。如果委派给办公室下属的工作是比较陌生的，那就应事先考虑完成该工作需要的技能和经验。

对于职能部门的工作应该完全交由职能部门完成，不能由办公室完成。办公室必须清楚地划分职责。办公室主要具有服务性和协调性的职能，对于具体的业务工作，应该直接由职能部门完成；即使是需要办公室服务或者协助的工作，办公室也只能是协助者而不是主导者。

（二）拖拖拉拉

拖拖拉拉是指应该立即做的事情却往后拖。拖拖拉拉是脑力工作中经常出现的问题，这导致工作效率下降甚至错过重要的机会，对组织造成损失。对于拖拖拉拉的现象，有可能是因为信息不够全面或者条件不够成熟，不得不推迟。

（三）不必要的会议

办公室中的各种会议，包括正式的和非正式的会议，在开会之前应该养成必要的习惯，以有效处置会议时间的问题。开会前，应明确以下问题。

(1) 如果我们不召开这次会议会怎么样？
(2) 我们为什么要召开这次会议？
(3) 这次会议的结果将是什么？
(4) 这次会议需要多长时间？
(5) 为什么要参加这次会议？
(6) 怎样安排此次会议？
(7) 什么时候召开这次会议是最合理的？

（四）目标不明确

对于目标不明确的人而言，想有效完成相关工作是很困难的。办公室工作有一定的分散性，很容易造成目标不明确、不知道做什么，因此可能忙忙碌碌却不知道忙什么。只有在确定了工作目标和任务以后，才能使工作有明确的目标，才能有使命感和责任感。

三、办公室工作时间运用的技巧

（一）提高工作效率

1. 提高说话效率

在说话之前，一定要仔细思考，克制内心的冲动。节约讲话的时间，尽量不要讲与主题内容无关的事项，从内容、形式和语速上都应该注意。

2. 跳出"会海"

为了有效节约会议时间，可以要求与会者在观念时间内发表意见，同时做到，没有必要不轻易开会，开一次会尽量做更多的事情等。

3. 正确处理文件

要防止办公室文件堆积的现象发生,提升文件处置效率,文件程序流程合理化。

4. 缩短交际时间

办公室作为组织的中枢部门,会有大量的交际,办公室人员要能够合理处理各种交际,同时也不花太多的时间在交际中。

（二）突出重点

办公室人员的精力都是有限的,必须集中精力,全身心投入重要事项中,才有可能提升效率,得到最大化的收益。办公室人员应注意以下几点。

（1）一件事情没有做完,就不要轻易接受另一件事情。

（2）不要随意介入对自己毫无价值或价值不大的事件中,更不要干扰别人的事甚至向别人索取报酬,也不要轻易让别人帮助自己。

（3）不要急于求成,特别是当做某件事的条件尚不成熟时,应等待条件成熟。

（4）以可控的步骤工作,不要一开始就没有规划。

（5）让能胜任工作的人去应付局面。

（三）合理安排工作日程

制定日程计划和工作表在节约时间和提升效率方面有积极作用。计划将未来带入现在,使办公室工作人员对未来的工作有清楚的认识。工作表是帮助办公室工作人员决定现在做的具体工作,以达到长期目标的逐日计划,也就是长期计划及目标已经确定,需要短期计划即工作表补充。为了实现工作目标,就应该注重对日程计划和工作表的设计,据此来确定事情的轻重缓急,科学安排时间。

（四）克服拖拉

拖拉是阻碍提升效率的重要原因,办公室人员应尽量避免这种现象的发生。经过实践经验的总结,可以遵守五个原则,以克服拖拉。

1. 不要躲避最困难的问题,要去解决困难

对于艰巨的困难,首先将其分解成不同的小问题,再对小问题逐一解决。把最困难的问题解决之后,剩下的小问题也就很轻松了。

2. 当机立断

是否做一件事情,在充分分析之后应立即做出决定。如果要做,那么在确定的时间就非做不可；如果不做,那就彻底放弃。

3. 学会确定重点工作

对于不同的工作内容,要确定哪一项工作是重要的,哪一项工作是次重要的。在重要性上,是时间重要还是工作内容重要,都需要做到足够的分析。在这些工作中,是否存在必须集中精力处理的某一件事情,如果有则集中精力处理；如果没有,是否存在可以多项工作同时开展的可能等。对工作的重要性划分是减少拖拉并提升效率的重要途径。

4. 分析利弊

对目标有意识地加以分析,看看尽快实现目标有什么好处、拖拉处理会有什么坏处。通过利弊的分析,监督自己完成工作。

5. 为自己规定期限

规定一个完成相关工作的期限,确保这个计划的期限是肯定能够完成的。同时,把这个期限公开,让办公室同事监督自己,对自身产生极大的压迫感和时间感,用外在的压力迫使自己克服拖拉。

四、办公室工作时间的科学运筹

(一) 休息与时间的科学运筹

在办公室工作过程中,难免会感到疲劳,适度的休息可以缓解疲劳。合理的休息虽然使工作时间缩短但产量并不下降,有时甚至还能提高工作效率。此时,在时间表上留空白,就有其必要性。进行短暂的休息是防止工作疲劳、提高工作效率的好办法。

办公室人员在工作中应注意做到以下两点。

(1) 每看15分钟显示器屏幕就应该将眼睛从屏幕移开,去看看远处,尽量让眼睛内侧的肌肉松弛一下,同时多眨一下眼睛,让泪水带走眼球表面的灰尘。

(2) 每工作30~60分钟就应休息一下,去做些轻微的活动,也可以喝些水,或是远望,尽量使紧绷的神经松弛下来。同时做一些手部活动,放松手臂等处的肌肉。

(二) 思考与时间的科学运筹

办公室工作人员在工作中,如果不花时间进行思考,很难做好工作。在实际操作一件事之前,花时间思考工作的目标、方法、路径能够帮助办公室工作人员少走弯路,并提高工作效率。办公室工作人员从事的虽然大多是事务性工作,但是也务必每天留给自己思考的时间与空间。

(三) 注意力与时间的科学运筹

无论干什么事情,只有排除外界干扰,集中注意力,才能做到事半功倍。但是有时候,无论如何都不能将注意力集中起来,也许这时适当的运动是不错的选择,如爬楼梯、户外行走等,许多工作人员选择工间健身也是这个道理。通常来说,运动会帮助办公室工作人员放松心情,补充脑部供氧,提升注意力,从而提高工作效率。

【阅读参考】

全面质量管理

一、全面质量管理概述

20世纪50年代末,美国通用电气公司的费根堡姆和质量管理专家朱兰提出了"全面质量管理"(Total Quality Management,TQM)的概念,认为"全面质量管理是为了能够在最经济的水平上,并考虑到充分满足客户要求的条件下进行生产和提供服务,使企业各部门在研制质量、维持质量和提高质量的活动中构成一体的一种有效体系"。20世纪60年代初,美国一些企业根据行为管理科学的理论,在企业的质量管理中开展了依靠职工"自我控制"的"无缺陷运动"(Zero Defects),日本在工业企业中开展质量管理小组(Quality Control Circle)活动,使全面质量管理活动迅速发展起来。

全面质量管理的基本方法可以概况为四句话、十八字，即"一个过程、四个阶段、八个步骤、数理统计方法"。

"一个过程"，即企业管理是一个过程。企业在不同时间内，应完成不同的工作任务。企业的每项生产经营活动，都是一个产生、形成、实施和验证的过程。

"四个阶段"，根据管理是一个过程的理论，美国的戴明博士总结出"计划（Plan）、执行（Do）、检查（Check）、处理（Act）"四阶段的循环方式，简称PDCA循环，又称"戴明循环"。

"八个步骤"，为了解决和改进质量问题，PDCA循环中的四个阶段还可以具体划分为八个步骤。

（1）计划阶段：①分析现状，找出存在的质量问题；②分析产生质量问题的各种原因或影响因素；③找出影响质量的主要因素；④针对影响质量的主要因素提出计划、制定措施。

（2）执行阶段：⑤执行计划，落实措施。

（3）检查阶段：⑥检查计划的实施情况。

（4）处理阶段：⑦总结经验，巩固成绩，工作结果标准化；⑧提出尚未解决的问题，转入下一个循环。

二、全面质量管理的内容

全面质量管理由结构、技术、人员和变革推动者四个要素组成，只有这四个方面全部齐备，才会有全面质量管理这场变革。

全面质量管理有三个核心的特征，即全员参加的质量管理、全过程的质量管理和全面的质量管理。

（1）全员参加的质量管理即要求全部员工，无论高层管理者还是普通办公职员或一线工人，都要参与质量改进活动。参与"改进工作质量管理的核心机制"，是全面质量管理的主要原则之一。

（2）全过程的质量管理必须在市场调研、产品的选型、研究试验、设计、原料采购、制造、检验、储运、销售、安装、使用和维修等各个环节中都把好质量关。其中，产品的设计过程是全面质量管理的起点，原料采购、生产、检验过程是实现产品质量的重要过程；而产品的质量最终是在市场销售、售后服务的过程中得到评判与认可。

（3）全面的质量管理是用全面的方法管理全面的质量。全面的方法包括科学的管理方法、数理统计的方法、现代电子技术方法、通信技术行方法。全面的质量包括产品质量、工作质量、工程质量和服务质量。

三、全面质量管理强调的观点

（1）用户第一的观点，并将用户的概念扩充到企业内部，即下一道工序就是上一道工序的用户，不将问题留给用户。

（2）预防的观点，即在设计和加工过程中以预防为主、为核心，变"管结果"为"管不良因素"，消除质量隐患。

（3）定量分析的观点，只有定量化才能获得质量控制的最佳效果。

（4）以工作质量为重点的观点，因为产品质量和服务均取决于工作质量。

【典型案例】

2018年某校办公室工作计划

一、指导思想：

紧紧围绕学校工作的总体要求，以"运转有序、协调有力、督促有效、服务到位"为目标，遵照上级部门的指示、决定，以为学校、为教师、为学生服务为己任，加强学习，注重细节、提高效率、落实到位。在广大教职工的支持和配合下有目的、有条理、高效率地开展工作，充分发挥办公室的职能。

二、主要任务与目标：

（一）增强责任意识，协调各职能部门积极做好学校重点工作

（1）协助学校搞好活动的组织安排工作，确保学校工作政令畅通，做到及时、全面、准确、高效。协助校长做好学校有关创建工作的文字撰写和资料收集整理工作。

（2）根据学校整体工作要求，具体协调安排好各种会议，做好会议记录。认真完成校领导交办的工作，注重调查研究，为领导决策提供科学、具体、全面的第一手资料，在求实、务实、落实上下功夫。

（3）做好"月工作报告"撰写工作，及时将工作安排发布到学校网站相关栏目，使全体教师明确个人与学校近期的工作和任务。

（二）加强办公室建设，做好协调与服务

（1）争取主动、积极配合、充分协调是学校办公室的主要工作目标。新学期开始，完善内部管理，坚持从高、从严、从全、从细要求。同时，营造健康的工作环境，自觉维护办公室的整体形象。做好办公室与各科室、年级组、工会等各部门的协调，牢固树立全局观念，强化服务意识。

（2）根据学校的实际情况，做好《校情手册》汇编，做到格式统一、行文规范。按月整理学校《大事记》并上报区教育局宣传办，做到实事求是、完整无缺。

（3）组织起草学校发展规划、工作要点、工作总结、经验材料及学校领导报告、讲话。提前做好学期结束前的工作安排，根据学校部署及时起草学校工作计划。

（三）高质量地完成办公室常规工作

1. 为打造"智慧校园"做好工作

在校领导指导和帮助下，明确任务，各负其责，做好文件的接受、传送、催办及文件管理工作，信息采集、上报的管理工作。对上级来文、领导批示的督办事务、接听电话、打印文件等日常工作，做到严谨有序，不出差错。对各项文件材料，力求及时、准确、优质、高效。与学校各部门一起，做好各项活动的宣传和报道工作。全力打造智慧校园。

2. 继续做好宣传工作，以及各种迎检及接待工作

制定科学的学校宣传工作计划，注重宣传的系统性，对学校举行的重大活动进行事先策划，统筹安排。深入报道学校办学过程中的亮点，争取在更高层次的宣传媒体上展示我校的办学特色、办学成果和广大师生的精神风貌。我校宣传工作包括校外新闻媒体宣传、区教育局网站和校园网站宣传。办公室要继续做好撰写宣传学校教育教学活动和建设发展成就的稿

件。充分发挥好校级通信员队伍的作用，围绕学校重点工作，以信息为载体，反映学校实力，展示亮点，营造氛围，提升学校的知名度和美誉度。按月填写《学校新闻报道统计表》，力争学校宣传报道成绩在全区继续名列前茅。办公室将全力以赴地继续完善学校网站的建设，把有关学校的信息及时上传学校网站，将学校网站建成向社会、家长和同行宣传的窗口，成为沟通学校与家长的桥梁，成为为教师的教学、教研提供充足信息的资源库。逐步建立班级网站，对于有兴趣的教师和学生，鼓励其利用学校网站制作个人网页，展示班级风采、学习成果以及个人才能。此项工作将作为办公室2018年的重点工作来抓。

3. 继续做好精神文明创建工作，巩固精神文明创建成果

以创建市级文明单位为目标，继续坚持不懈地抓好精神文明创建工作，不断创新精神文明建设的途径，不断丰富精神文明建设的内涵，把精神文明建设与学校教育教学工作紧密结合起来，以精神文明建设促进学校发展。

4. 做好档案管理工作

做好学校档案管理工作和保密工作，根据档案管理的要求，完善档案管理制度，规范档案管理工作，注意收集整理体现学校办学水平的教学教研材料并归档，使档案管理更科学、规范。在符合保密要求的前提下，做好档案利用工作，更好地为教育教学及各项工作服务。

5. 完成好校领导交办的其他临时工作任务

总之，在新的学期里，办公室将在学校党政的统一领导下，脚踏实地，勤奋工作，默默奉献，为学校发展做出应有的贡献！

案例思考：

综合上述该校的办公室工作计划，结合所学知识，谈谈该工作计划有哪些优点和缺点，运用相关知识进一步完善该工作计划。

第四章

办公室沟通技巧

教学目标

通过本章的学习,掌握人际沟通和交往的基本内涵、定义;能区分不同沟通媒介的特点和在交际中所起的作用,办公室工作中面临的各类沟通问题以及应对的策略等。

教学要求

主要内容	知识要点	重点难点
第一节介绍人际沟通概述	(1) 人际沟通的含义 (2) 人际沟通的工具 (3) 高效沟通能力培养	(1) 人际沟通的含义 (2) 沟通的符号系统
第二节介绍办公室人际沟通概述及实例	(1) 办公室沟通四大要素 (2) 办公室有效沟通策略 (3) 办公室人际关系建立	(1) 办公室沟通四大要素 (2) 办公室人际关系建立
第三节介绍办公室沟通方法与技巧	(1) 办公室沟通方法的基本原则 (2) 减少办公室意见分歧的技巧 (3) 办公室各类情境的沟通技巧	(1) 办公室沟通方法的基本原则 (2) 办公室各类情境的沟通技巧 (3) 谈判沟通策略

> **情景导入**
>
> 小贾是公司销售部的一名员工，为人比较随和，不喜争执，和同事的关系比较好。但是前一段时间，不知道为什么，同一部门的小李老是处处和他过不去，有时候还故意在别人面前指桑骂槐，对跟他合作的工作任务也都有意让小贾做得多，甚至还抢了小贾的好几个老客户。起初，小贾觉得都是同事，没什么大不了的，忍一忍就算了。但后来小李越来越嚣张，小贾一赌气，就告到了经理那儿。经理把小李批评了一通，从此，小贾和小李之间产生了隔阂。
>
> 问题：1. 你认为案例中小贾和小李从同事变成冤家的原因是什么？
> 　　　2. 如果你是小贾，你会如何处理这件事情？

第一节　人际沟通概述

一、人际沟通的含义

人际沟通（Interpersonal Communication）简称沟通，就是社会中人与人之间的联系过程，即人与人之间传递信息、沟通思想和交流情感的过程。假设甲和乙是进行人际沟通的双方，当甲发出一个信息给乙时，甲就是沟通的主体，乙则是沟通的客体；乙接收到甲发来的信息后也会发出一个信息（反馈信息）给甲，此时乙就变成了沟通的主体，甲就变成了沟通的客体。由此可见，在人际沟通过程中，沟通的双方互为沟通的主体和客体。有时候，乙接收到甲的信息后，并不发出反馈信息。那些有反馈信息的人际沟通，常被称为双向沟通，如两个人之间进行对话；而只有一方发出信息而另一方没有反馈信息的人际沟通，就被称为单向沟通，如播音员播报新闻。

二、人际沟通的工具

作为信息传递的过程，人际沟通必须借助于一定的符号系统才能实现，所以，符号系统是人际沟通的工具。可以把符号系统划分为两类，即语言符号系统和非语言符号系统。

（一）语言符号系统

语言符号系统（Verbal Sign System）是利用语言进行的言语沟通。语言（Verbal）是社会约定俗成的符号系统，而言语（Speech）是人们运用语言符号进行沟通的过程。语言是人类最重要的沟通工具，也是信息传递最有力的手段。

1. 语言的分类

语言可以分为口头语言（Oral Speech）和书面语言（Written Speech），即语音符号系统和文字符号系统。在面对面的沟通中，口头语言是最常用的，而且收效最快。例如，会谈、讨论、演讲及当面对话都可以直接、及时地交流信息和沟通意见。在间接沟通中，一般采用书面语言，它不受时间和空间的限制，可以长时间保存，可以远距离传递，发出信息者可以充分考虑词语的恰当性。书面语言扩大了人们认识世界的范围。

2. 语言的社会功能

语言对人们的影响是巨大的，通过语言交流，可以实现不同的目的。语言的社会功能主要包括认知功能、行为功能、情感功能、人际功能和调节功能。

（1）认知功能是语言最基本的社会功能，是指通过言语来传递某种知识、信念或观点。人们需要清晰地表达来传达具体的信息，如如何操作一台机器。

（2）行为功能是指通过语言去影响听话人的行为、态度，或改变听话人的状态等，以完成某项工作，如老师对学生说："去把作业拿来！"这样就通过语言交流影响了学生的行为。

（3）情感功能指用语言来表达情绪体验、联络情感。人们需要有力、生动的语言来表达自己的感情、感染听众、激励他人，如马丁·路德·金的《我有一个梦想》。

（4）人际功能即语言的交际被用来建立、保持和维护人际关系的功能，例如，见面时的打招呼和问候等。

（5）调节功能即用语言来调节身心状态。人们可以通过向信任的人诉说苦恼来缓解心理压力。语言的表达有宣泄情绪、促进心理健康的作用，在心理咨询中，来访者的语言宣泄本身就有治疗的功效。

3. 语言的复杂性和策略性

不同的国家有不同的语言，不同的地区有不同的方言。在我国，现代汉语共有十大方言，语言使用状况比较复杂；不同的群体有不同的语言风格，医生、律师、科学家等群体都使用各自的专门术语。鉴于语言本身的复杂性和其在沟通中的作用，语言对人际沟通的影响是广泛而深入的。因此在沟通时，语言的运用要根据不同的对象和环境而改变，否则沟通就有可能在任何一个环节出现误会。

显然，在交往中，面对复杂多变的情境，人们表达同一意图的言语形式并不唯一。大量的研究表明，人们对语言的运用，表现出明显的策略性。人们说话时依赖不同文化背景下的社会约定俗成的规则、交际礼仪和契约；还会根据特定的情境和交际对象，话语时而直接，时而委婉；人们采用的言语表达形式也体现了语言的策略性。

说话是门艺术，虽然人们每天都在说话，但要成为真正的语言高手并不容易，有赖于多年的学习和实践，作家、诗人和演讲者都是语言运用的高手，他们能用语言打开一个世界，激发人们的感情、想象和行动，如果没有这些美丽的语言，人们的生活该是多么枯燥乏味。

（二）非语言符号系统

非语言符号系统（Non Verbal Sign System），是指在人际交往和沟通过程中，凭借动作、表情、实物、环境等进行的信息传递。人们常常认为非语言符号系统是不重要的，数量也比较少，但是事实并非如此。美国传播学家艾伯特·梅拉比安（Albert Mehrabian）通过实验把人的感情表达效果量化成了一个公式：信息传递 = 7%的语言 + 38%的语音 + 55%的态势，如图4-1所示。从以上公式可以看出，非语言符号系统在沟通中具有重要的功能，它能补充、调整、代替或强调语言信息。绝大多数的非语言信息具有特定的文化形态，在传达时是习惯性和无意识的，它可能与语言信息相矛盾，以非常微妙的方式传递感情和态度。非语言符号系统一般有四种形式。

图4-1 感情表达效果的量化构成

1. 视—动符号系统

手势、面部表情、体态变化等都属于这个系统。动态无声的皱眉、微笑、抚摸或静止无声的站立、依靠、坐态等都能在沟通中发挥作用。各种身体姿势及含义的示意如图 4-2 所示。

图 4-2 各种身体姿势及含义示意

在人际交往中，视—动符号系统会给人们很多提示，通过了解一个人的行为语言，可以分析他人的状态，调整自己的谈话方向。例如，当对方双手抱在胸前和你讲话时，可能意味着对方有戒备心；微笑代表友好和赞同，但对于美国人而言，微笑更多意味着友好，对方微笑着听你说完你的提案，但并不代表同意你的意见；手叩击桌子代表不耐烦；扬眉往往意味着怀疑；双手紧紧握住对方的臂肘代表很有诚意，而攀肩搂腰的一方，则暗示着其处于支配地位。

心理学研究显示，对于早产儿，每天 3 次每次 15 分钟的抚摸可以使这些早产儿苗壮成长。抚摸是感情传达非常有力的方式，抚摸可以达到语言无法达到的效果，但有时抚摸也会带来伤害，因为它是受一系列严格的社会规则支配的。

2. 时-空组织系统

人际空间距离可以表现出人与人之间关系的密切程度。个体空间的一般距离会因文化差异而表现不同,也会因地位差异与性别有别。在社交环境里,人们都要遵守支配空间使用与运动的社交准则。有关人们在人际互动中如何使用空间和距离的研究,被称作空间关系学(Proxemics),这是由爱德华·霍尔(Edward Hull)提出的概念,他将人际空间距离分为四种:亲密距离、个人距离、社会距离和公共距离,如图4-3所示。亲密距离为0~46厘米,属于亲爱的人、家庭成员、最好的朋友,在此区域中,可以有身体接触,如拥抱、爱抚、接吻等,话语富于情感,并排斥第三者加入。个人距离为46厘米~1.2米,同学、同事、朋友、邻居等在此区域内交往,由于距离有限,在此区域内说话一般避免高声。社会距离为1.2~3.6米,在此区域人们相识但不熟悉,交往时,进退也比较容易,既可发展友谊,又可彼此寒暄。公共距离为3.6米到目光所及,是与陌生人的距离,表明不想有发展,在此区域人们难以单独交往。

人们每天随着交往环境的变化,使用不同的人际空间距离。做演讲时,和听众之间的距离最大,是公共距离;在和客户谈判时,双方的距离是社会距离;个人距离是和朋友聊天的距离;回到家,和孩子、爱人之间的亲密接触就是亲密距离。当人们违反了这些规则时,就会使对方不舒服。每个人都有自己的心理空间距离,这个距离太远或太近都会让自己不舒服。接近性的平衡理论认为,如果人际距离小到不合适的时候,人们就会减少其他途径的接近性,如减少注视、用倾斜的姿势等。典型事例是在电梯里或公交车的行为,人们为了避免眼神直接接触的尴尬,会采取读书、看报或听音乐的方式。随着人口的增长和都市化进程的加快,人们在各种公众场合的个人空间越来越狭小。

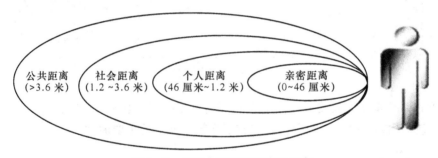

图4-3 四种人际空间距离圈示意

另外,对时间概念的把握也影响沟通过程。在约会中守时,能使对方感到言而有信,创造良好的交流情境。

3. 目光接触系统

目光接触(Eye Contact)即人际互动中视线交叉,是一种广泛的非语言交流形式,具有非常重要的作用。相互之间的目光接触,可以加强表达效果。在谈话中,迎合对方的目光,意味着对谈话的专注和兴趣;但当对方回答问题时故意避开眼神接触,也许意味着事实还另有内情。研究表明,在观察对方时,最集中的关注点就是眼睛和嘴。一个人的语言可以修饰,但眼神信息却是很难掩盖的,甚至可透过一个人的眼神来归纳对方的品质,是温暖、真诚,还是凶残、狡猾。

4. 辅助语言系统

音质、音幅、声调、言语中的停顿、语速快慢等因素，都能强化信息的语言分量，这些辅助语言系统可以表达语言本身所不能表达的意思。对于同样一个主题，不同的演讲者表达效果就有所差异，在这种差异中，辅助语言是一个很重要的影响因素。据估计，沟通中39%的含义受声音的表达方式的影响，在英语以外的语言中，这个百分比可能更高。例如，研究显示，在交往中语速对于第一印象有重要影响。讲话时急促表达的是激动兴奋，并可能具有表现力和说服力，但讲得太快会使对方神经紧张。另外，迪保罗的研究发现，鉴别他人说谎最可靠的因素是声调。尽管老练的说谎者可以控制自己的语言和表情，但其说谎时提高声调却是不自觉的。同时，一句话的含义常常不是决定于字面意思，而是决定于它的弦外之音。语言表达方式的变化，尤其是语调的变化，可以使相同的词语表达出不同的含义。例如"谢谢"一词，可以动情地说出，表示真诚的谢意；也可以冷冷地吐出，表达轻蔑的含义。

三、高效沟通能力培养

人们从出生到成长，无时无刻不在和别人进行沟通。那么沟通是什么？每个人对沟通的理解是不一样的。通常所说的沟通要素包括沟通的内容、沟通的方法、沟通的动作。就其影响力来说，沟通的内容占7%，影响最小；沟通的动作占55%，影响最大；沟通的方法占38%，居于两者之间，沟通模型如图4-4所示。

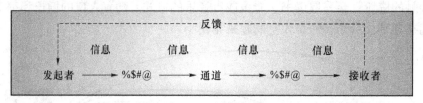

图4-4 沟通模型

对沟通的不同理解就造成了沟通困难和障碍，最终导致沟通的失败。在实际工作过程中，不能有效沟通确实是一个障碍，是造成工作效率低下的重要原因。

（一）沟通的定义

沟通是为了一个设定的目标，把信息、思想和情感在个人或群体间传递，并且达成共同协议的过程。在沟通的定义里，需要学习和明确沟通的重要内容，即沟通的三大要素：要有一个明确的目标，达成共同的协议，沟通信息、思想和情感。

1. 要有一个明确的目标

只有大家有了明确的目标才叫沟通。如果大家来了但没有目标，那就不是沟通，是什么呢？是聊天。以前没有区分出聊天和沟通的差异，经常有同事或经理说：某某，咱们出去随便沟通沟通。随便沟通沟通，本身就是一对矛盾。沟通就要有一个明确的目标，这是沟通最重要的前提。理解了这个内容之后，在和别人沟通时，见面的第一句话应该说："这次我找你的目的是……"沟通的第一句话要说出要达到的目的，这是非常重要的，也是沟通技巧在行为上的一个表现。

2. 达成共同的协议

沟通结束以后一定要形成一个双方或者多方都共同承认的协议，只有形成了协议才完成了一次沟通，如果没有达成协议，那么就不能称为沟通。沟通是否结束的标志就是是否达成了一个协议。在实际工作过程中，大家一起沟通了，但是最后没有形成一个明确的协议，就各自回去工作了，由于没有达成协议，最终造成了工作效率的低下，双方又增添了很多矛盾。沟通的第二个要素即在沟通结束时，一定要用这样的话来总结：非常感谢你，通过交流我们达成了这样的协议……你看是这样的一个协议吗？这是沟通技巧的重要体现，就是在沟通结束时一定要有人做总结。

3. 沟通信息、思想和情感

沟通的内容不仅仅是信息，还包括思想和情感，其中，信息是最容易沟通的。

例如，今天几点钟起床？现在是几点了？几点钟开会？往前走多少米？这样的信息是非常容易沟通的。思想和情感是不太容易沟通的。在工作过程中，很多障碍使思想和情感无法得到很好的沟通。

（二）沟通的两种方式

在工作和生活中，会采用不同的沟通方式，可能用得最多的是语言，这是人类特有的沟通方式，同时还会用书面语言和肢体语言去沟通，如眼神、面部表情和手势。归纳起来，沟通方式有两种：即语言的沟通和肢体语言的沟通。通过这两种不同方式的沟通，可以把沟通的三个内容即信息、思想和情感传递给对方，并达成协议。

1. 语言的沟通

语言是人类特有的、有效的沟通方式。语言包括口头语言、书面语言、图片或图形。

口头语言包括面对面的谈话、会议等。书面语言包括信函、广告、传真以及电子邮件等。图片或图形包括视频和电影等，这些都统称为语言的沟通，如表4-1所示。

在沟通过程中，语言沟通对于信息、思想和情感三者的传递中，更擅长传递的是信息。语言的沟通渠道如表4-1所示。

表4-1 语言的沟通渠道

口头语言	书面语言	图片或图形
·面对面谈话 ·小组会 ·讲话 ·电话（一对一/联网） ·无线电 ·录像会议	·信 ·用户电报 ·出版物 ·传真 ·广告 ·计算机 ·报表 ·电子邮件	·幻灯片 ·电影 ·电视/录像 ·投影 ·照片\图表\曲线图\图画等 ·与书面模式相关的媒介定量数据

2. 肢体语言的沟通

肢体语言包括动作、表情、眼神，非常丰富。实际上，声音里也包含着丰富的肢体语言，用什么样的音色去说、用什么样的音量去说，都是肢体语言的一部分。肢体语言的沟通渠道如表4-2所示。

表4-2 肢体语言的沟通渠道

肢体语言	行为含义
手势	柔和的手势表示友好、商量，强硬的手势意味着"我是对的，必须听我的"
脸部表情	微笑表示友善礼貌，皱眉表示怀疑和不满意
眼神	盯着看意味着不礼貌，但也可能表示感兴趣或寻求支持
姿态	双臂环抱表示防御，开会时独坐一隅意味着傲慢或不感兴趣
声音	演说时抑扬顿挫表明热情，突然停顿是为了造成悬念，吸引注意力

沟通的方式有语言和肢体语言这两种，语言更擅长沟通的是信息，肢体语言更善于沟通的是人与人之间的思想和情感。

（三）高效沟通的三个行为：说、听、问

在工作和生活中，常把单向的通知当成沟通。如果在沟通中是一方说而另一方听，这样的效果非常不好或者不算沟通，只有双向的才是沟通。因此沟通的另外一个非常重要的特征是：沟通一定是双向的过程。

要形成双向的沟通，必须包含三种行为，即有说的行为、听的行为和问的行为，有效的沟通技巧就是由这三种行为组成的。是否具备沟通技巧就是看这三种行为是否都出现。

例如一家著名的公司在面试员工的过程中，经常会让十个应聘者在一个空会议室里做游戏，这时主考官就在旁边观察，他不在乎应聘者说的是什么，也不在乎说得是否正确，而是看应聘者这三种行为是否都出现，并且这三种行为是否按一定比例出现。如果一个人要表现自己，他的话会非常多，喋喋不休，可想而知，这个人将第一个被淘汰。如果应聘者只是听，不说也不问，那么也很快被淘汰。只有在游戏的过程中又说又听，同时还问，才意味着应聘者具备一个良好的沟通技巧。

（四）高效沟通三原则

要使沟通有一个良好的结果，必须具备沟通三原则，即谈论行为不谈论个性，要明确沟通，积极聆听。

1. 谈论行为不谈论个性

谈论行为就是讨论一个人所做的某一件事情或者说的某一句话；个性就是对某一个人的评价，即通常说的这个人是好人还是坏人。在工作中，要就事论事地沟通，虽然显得有一丝冷淡，其实这恰恰是一个专业沟通的表现。

2. 要明确沟通

明确沟通就是在沟通的过程中，所说的话一定要非常明确，让对方有一个准确的理解。在沟通过程中如果说一些模棱两可的话，如经理拍着员工的肩膀说："某某，你今年的成绩非常好，工作非常努力。"这好像是在表扬员工，但是接下去他可能补充道："明年希望你要更加地努力。"这句话好像又是在鞭策员工，说明员工不够努力。这就使人不明白：沟通传达给我的到底是什么意思？所以，沟通一定要明确，即明确沟通的内容。

3. 积极聆听

倾听不仅是耳朵听到相应声音的过程,而且是一种情感活动,需要通过面部表情、肢体语言和话语的回应,向对方传递一种信息,即"我很想听你说话""我尊重和关心你"。沟通高手在尝试让人倾听和了解之前,会把倾听别人和了解别人列为第一目标。如果能做到认真倾听,对方便会与你真诚沟通,进入对方内心世界的第一步就是认真倾听。在陈述自己的主张说服对方之前,先让对方畅所欲言并认真聆听是解决问题的捷径。在倾听时要保持心理高度的警觉性,随时注意对方倾谈的重点。每个人都有他的立场及价值观,不要用自己的价值观去指责或评断对方的想法,要与对方保持共同理解的态度。

(五) 沟通失败的原因

在日常工作和生活中,沟通不畅带来的伤害是非常大的。如果在工作中欠缺沟通技巧,那么就无法和同事正常完成一项工作,工作效率降低,同时也会影响到个人职业生涯的发展。在家庭中,不好的沟通会造成家庭的破裂。所以,沟通对于人们来说是一个非常重要的基本技巧。通常导致沟通失败的原因有九个方面,在工作和生活中要尽量避免。

(1) 缺乏信息或知识。
(2) 没有说明重要性。在沟通中,没有优先顺序,没有说明事情的重要性。
(3) 只注重表达,没有注重倾听。
(4) 没有完全理解对方的话,以致询问不当。
(5) 时间不够。
(6) 有不良的情绪。人是会受到情绪影响的,特别是在沟通中,情绪会影响效果。
(7) 没有注重反馈。
(8) 没有理解他人的需求。
(9) 有职位的差距、文化的差距。

多元化社会中想要整合意见、发挥各自所长,就要靠沟通。依靠沟通才能达成共识,并发挥群策群力的力量。深切地察觉导致沟通失败的因素,本着沟通的原则,为有效沟通创造基础。相信掌握沟通技巧后,一定会有一个成功的开始。

第二节 办公室人际沟通概述及实例

办公室有效人际沟通,强调"有效"二字。沟通不是抬杠。与上级沟通时,你会不会时常心里发怵?与下级沟通时,你会不会颐指气使?在办公室沟通中,别人都达到了自己的目的,你却在沟通中迷失了方向。

一、办公室沟通四大要素

办公室有效沟通的四大要素包括提问、倾听、欣赏和建议。

(一) 提问

提问题要有诀窍。问题分为两种,一种是封闭式问题;另一种是开放式问题。封闭式问题的答案是是或否,封闭式问题只应用于准确信息的传递,如:"我们开不开会?"答案是开或不开,信息非常明了。开放性问题,应用于了解对方的心态,以及对方对事情的阐述或描述,如:"我们的旅游计划怎么安排?""你对近一段工作有哪些看法?""在这种氛围下工作你有什么感觉?"每个人都有强烈的倾诉欲望,通过开放式问题,可让对方敞开心扉、畅所欲言,让对方感觉提问者在关心自己,这也是沟通的艺术。

(二) 倾听

在对方倾诉的时候,尽量不要打断对方,思维紧紧跟着对方的诉说,不仅要用耳听,还要用脑想。要学会理性的善感,理性的善感就是忧他而忧,乐他而乐,急他所需。要配合眼神和肢体语言,看着对方,如果明白了对方诉说的内容,要不时地点头示意,必要的时候,用自己的语言重复对方所说的内容。例如,倾听者听完对方的讲述后,可说:"你刚才所说的孤独,是指心灵上的孤独,所以你在人越多的时候,越感到孤独,不知道我对你理解得是否正确。"

(三) 欣赏

在倾听中找出对方的优点,发自内心赞叹。欣赏使沟通变得轻松愉快,它是良性沟通不可缺少的润滑剂。欣赏是激励和引导,是理解和同理,是信任和支持,有了欣赏,一切美好愿望都具备了实现的可能性。善于理智欣赏他人的人,也会得到他人的欣赏和帮助,创造一个宽松和谐、洋溢着浓浓人情味的世界。沃尔玛连锁创始人山姆·沃尔顿说:"适时的欣赏是免费的,但它却价值连城。"尽量在对方做的过程中给予欣赏,让对方在期待被欣赏时给予欣赏,可使效果事半功倍。欣赏时要用词准确,不要夸大事实,更不要滥用赞美之词。准备给予肯定的欣赏之前,先确定对方的职业特性、个性特征、当下的情绪状态,再给予合适的用词、语气、姿态,否则就适得其反。

(四) 建议

沟通的目的是达成意见或行为的共识,建议就是没有任何强加性,仅仅是比较两种或多种行为所带来的结果,哪个更加适合,供对方自由选择。提出意见时,最忌讳的用语就是:"你应该……""你必须……"不论建议多么好,对方听到会生厌,产生逆反心理,大多不会采纳你的意见。

二、办公室有效沟通策略

有效沟通在办公室工作中具有重要作用,往往成为决定办公室工作好坏的评价标准之一,掌握办公室各类场合中的沟通策略有助于其他各项工作的开展。

(一) 增进人际互动

人是一种群体动物,没有人可以离群独居,每天都要进行人与人之间的互动。人际关系涉及各种问题,职位、地位、社会背景等都会影响人际关系,有一句老话说得好,"先学做人,再学做事",如果不会做人,人际关系就会一团糟,办事自然就会到处碰壁。

那么怎样才能增进人际互动呢?这要靠平时的积累。朋友不会从天而降,也不会突然出现,我们在平常的生活、工作、团队活动中要有意识地结交朋友,建立人际关系网。

(二) 人际交往的流程

人与人之间从生疏到交往,是一个循序渐进的过程,一般来说,这个过程可以分为八个步骤，其流程如图4-5所示。

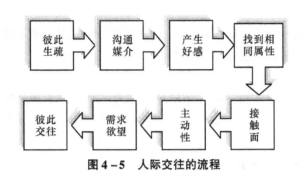

图4-5 人际交往的流程

两个陌生人从彼此生疏到产生好感，必然需要经过某种"接触"，也就是通常所说的沟通渠道或媒介。在现代人际交往中，媒介也从传统的面对面式的"线下"接触扩充到网络平台的"线上"接触。在双方产生好感后，有可能进一步深入了解，寻找共同"属性"，这种共同的属性，包括性格、职业、身份、家庭背景、兴趣爱好等主客观因素，并由此找到一个沟通的接触面，透过这个接触面，交往双方会各自形成主动的交往需要，从而促使双方转为更全面、深入的交往沟通。

（三）人际交往的四种态度

人际关系有四种交往态度，四种态度从自我与他人的认同倾向出发，形成差异巨大的人际交往认知模式。

（1）我不好，你好，这是大公无私的态度。这种态度就是在交往中，其中有一方宁愿牺牲自己的利益，也要满足对方的要求。

（2）我不好，你也不能好，这是玉石俱焚的态度。这种态度就是在双方交往中，当自身利益受到损害时，将所有责任推到对方身上，从而引发行为的偏差。

（3）我好，不管你好不好，这是自私自利的态度。这种态度就是在人际交往中，只是一味地满足自己的要求，而忽视交往对方的诉求。

（4）我好，你也好，这是我们追求的目标，希望大家都能够有和谐的博爱精神。这种态度就是交往双方能做到共同趋利避害，寻找符合双方共同利益的行为模式。

（四）影响人际关系的因素

影响人际关系的因素既有客观层面又有主观层面的因素。

1. 影响人际交往的客观因素

（1）时代背景。

时代不同，观念也会存在差异，很多因素的约束会使得人际关系无法突破。在农业社会，邻里之间的关系非常好，尤其在农村，一家办喜事，全村的人都出动；在当今的商业社会中，人们住在电梯公寓里，楼上楼下可能都互不认识。现代高科技的发展，尤其是互联网的出现，使得空间距离已经不是问题，为交往提供了极大的便利。

（2）生活压力。

人们在生活中难免会面对许多压力，如升学压力、家庭压力、经济压力、工作压力等，这些都会影响个人的看法与想法，也会左右人们人际开拓的脚步。

(3) 环境的阻隔。

环境是影响人际交往最直接的因素之一，环境的改变可能会使亲密的朋友很少有机会见面、谈心，久而久之，感情就会慢慢地变淡。

(4) 角色定位。

在人生舞台上，有人演主角，有人演配角，有人跑龙套，不管怎样，从戏剧的演出可以推测出各种角色的生活面貌。所以每个人要忠于自己的角色，如果今天扮演秘书的角色，就要把秘书的角色扮演好。

2. 影响人际交往的主观因素

(1) 人格特质。

有些人生性木讷，不苟言笑，朋友自然不多；有的人主动外向，总有许多人围绕身旁。个性的不同，自然会带来不同的生活状态。

(2) 认知的差距。

对事情认知的差异性也会造成不同的人际距离。例如，两个人相约去吃饭，一个人要吃面，而另一个人要吃鱼翅，两人对美食的认识不一致，以后就很难在一起吃饭。

(3) 态度习惯。

不同的生活环境、家庭教育培育出不同的习惯，每个人都有自己的习惯，如果习惯一致，则容易相处。

(4) 沟通协调。

有效的沟通能够拉近两个人的距离，而失败的沟通则恰恰相反，正所谓"话不投机半句多"。沟通的瓶颈会使人们无法和睦相处，加大彼此之间的距离。

(5) 利益冲突。

最常见的冲突是利益冲突，朋友之间因为利益冲突而造成老死不相往来的现象并不少见，在利益面前，需要技巧才能把获得利益和保持友谊协调起来。

(五) 促进办公室人际关系的技巧

想要有效地增进人际关系，需要掌握下面的一些技巧。

1. 守信用

做人要言而有信，才能赢得别人的尊重和信赖，建立良好的口碑。

2. 说好话

心存善意，学习说话技巧，多鼓励他人，随时赞美身边的朋友。赞美是人际关系的润滑剂，不花一分钱，就能获得很好的效果。

3. 勇于认错

许多人明知犯错，却碍于面子不认错，甚至将错就错，这样只能使自己走进死胡同。勇于认错的人，如冬日暖阳，令人觉得和蔼可亲。

4. 尊重他人

"敬人者，人恒敬之"，一个懂得尊重别人的人，必能获得更多的尊重。不要因对方的出身卑微而不尊重对方。在表达尊重的时候，要因人而异，因场合不同，选择不同的方式。

5. 欣赏别人

古人云"三人行，必有我师"，每个人的专长不同，如果能做到不耻下问，虚心求教，就能够不断学习、不断进步。只有努力做一个欣赏他人优点的人，才能提升发展人际关系的能力。

6. 善于倾听

很多时候，一双善于倾听的耳朵比一口伶牙俐齿更受人欢迎。明智的人必遵守多听、少说、多做的三大原则，人的潜意识里都有表演的欲望，总希望有观众认同，当自己滔滔不绝地表达见解的时候，有人聚精会神地聆听，你会感到自己受到了重视。一个倾听者，会比演说家更受欢迎。

7. 重视仪表

据调查，第一印象会影响与别人日后长期交往的意愿，所以必须重视仪表。一个人的容貌、衣着、谈吐、肢体语言等都能显露其内在涵养，我们应该对成功者的个人特质多加揣摩，建立自己的印象特质，找出属于自己的吸引力。

8. 运用语言表情

说话速度如连珠炮，会使人无法完全理解，沟通时就会产生瓶颈；谈话时有气无力，冗长无味，也没人能够忍受；只有音量适中、音调柔和、速度适中，用字遣词高雅动人，搭配合宜的姿态，才能展现声音表情的美学。

9. 运用肢体语言

优雅的肢体语言就像一块磁铁，能紧紧地吸引别人的注意力，发言时配合肢体语言，更能带来好的效果。

有的人在人际交往中常常会失败，究其原因，有各方面的因素。在办公室人际交往中，除了需要把握一些基本的正向技巧外，一些基本的造成人际交往失败的原因也需要了解，以避免产生不必要的误解。

（1）习惯动作不雅，如挖鼻孔、剔牙、抓头皮、随地吐痰等，让人退避三舍。
（2）讲粗话，言语乏味，口头禅太多，都令人不喜亲近。
（3）碰触异性身体，忸怩作态，夸张无礼等肢体语言使人生厌。
（4）思想狭隘，以自我为中心，攀龙附凤，好高骛远，卖友求荣，都是不受欢迎的。
（5）浓妆艳抹，或者邋遢肮脏，都无法让人产生好感。

三、办公室人际关系的建立

在职场中，办公室人际关系主要集中在与上司、同事和客户三者之间的交往沟通，面对不同对象应采取不同的相处模式，做到因人而异。

（一）如何与上司相处

为了做好办公室工作，秘书必须了解上司的生活习惯、个性喜好，熟悉他的思想、工作方式，老板对秘书的信任取决于秘书的能力，秘书对公司要忠诚、任劳任怨，有守时意识，公私分明，更要有耐心，不居功诿过，爱惜公物，对交办的工作要立即去做，最重要的是对自己要有信心。

（二）如何与同事互动

秘书要与同事建立良好的关系，就要放下姿态，对人谦恭有礼，不倚势欺人，对同事一视同仁，公私分明，并且欣赏同事的优点，不轻易许诺、不滥用职权、不吹毛求疵，做好上司与同事之间的沟通。

（三）怎样与客户建立良好的关系

作为秘书一定要协助上司与客户建立并保持良好的关系，随时注意客户的动态，逢年过节记得给客户打电话、寄贺卡，从细节处打动客户，有时候一声祝福就可以维持良性的经营关系。

第三节　办公室沟通方法与技巧

戴尔·卡耐基认为，人际关系是人与人之间的沟通，体现了"欲人施于己者，必先施于人"（即想要别人给你提供帮助，必先学会帮助别人）。在职场中，每个人都会有自己的沟通方法和交际习惯，有一些共通的人际沟通方法。一个人在工作、生活中难免会与人产生矛盾，难免会出现这样或那样的不愉快。有了矛盾怎么办？出现了问题怎么处理？这就需要去沟通和交流。

一、办公室沟通方法的基本原则

办公室作为服务性的综合办事机构，是领导的参谋和助手，是机关工作运转、承上启下、联系左右、沟通内外的枢纽，是确保工作执行到位的关键。办公室要想发挥好自己的功能，更好地服务领导、服务客户、服务全局，实现工作的制度化、规范化、科学化，那就必须努力提高工作质量和服务水平。所谓"言不顺，则事不成"，沟通是确保办公室工作顺畅的基础，也是决定办公室工作成败的关键。

（一）不说不该说的话

如果说了不该说的话，往往要花费极大的代价去弥补，正所谓"病从口入，祸从口出"，甚至于还可能造成无法弥补的遗憾，所以沟通不能够信口雌黄、口无遮拦，但是完全不说话，有时也不合适。

（二）情绪中不要沟通、不做决定

情绪中的沟通常常无好话，既厘不清，也讲不明，很容易由于冲动而失去理性，尤其是不能够在情绪中做出情绪性、冲动性的决定，这很容易让事情不可挽回。

（三）承认我错了

承认我错了是沟通的消毒剂，可改善与转化沟通的问题，一句"我错了"可勾销新仇旧恨，化解掉多少年打不开的死结，让人际关系豁然开朗。

（四）说对不起

说对不起是一种软化剂，使事情有"转圜"的余地，甚至还可以创造"天堂"。其实死不认错就是一件大错特错的事。

（五）等待转机

如果没有转机，就要等待，当然不要指望成果从天上掉下来，还是要去努力，若不努力，将什么都没有。

（六）耐心谨慎

在等待过程中，耐心是不可或缺的要素，在办公室沟通过程中切忌急躁冒进，需要以平和的心态去处理各类状况。只有耐心才能在工作中观察入微、谨慎小心，避免造成不必要的矛盾冲突。

（七）学会聆听

在沟通时要先聆听对方讲的内容，此时不要用电脑、手机，否则对方会认为你没有专心听他讲话。

（八）其他应注意的事项

（1）不同对象要用不同方式沟通。在与好友沟通时，使用缩写词和非正式语言是可以的，但是如果向领导发电子邮件或短信，就不要用非正式语言，领导可能不知道这个缩写的意思，而且有些缩写对不同的人有不同的含义。为避免误会，应根据不同的对象用不同的方式沟通。

（2）身体语言对于面对面的会议和视频会议很重要。这意味着不应该交叉双臂，要保持目光接触，让对方知道自己正在被关注。

（3）在与另一个人交谈时或在开会时记笔记，不要依赖记忆。仔细检查所写的内容，确保文字传达了预期的信息。简短但具体，对于书面交流，确保你提供足够的信息让对方明白你想说什么。

（4）有时最好拿起电话。如果发现有很多话要说，发送一封电子邮件并不能解决问题，这时候应打电话。在说话之前先想一想，不要想什么就说什么，这样没有重点。

（5）掌握时间。在有效的时间里解决有效的问题。

（6）平等对待每个人。平等对人，尊重每个人，这样才能在平等的位置上进行沟通交流。

（7）保持积极的态度和微笑。当一个人经常面带微笑，表现出积极的态度时，人们会积极地回应。

二、减少办公室意见分歧的技巧

办公室工作往往有许多烦琐之事，同时又要处理与各部门同事和各级领导之间的信息传递工作，意见分歧的情况屡见不鲜。如何处理好这些分歧需要掌握一些基本原则。

（1）反映问题或上报问题（汇报工作）时，要客观分析、有理有据；收到问题反映或听汇报时，保持平常心，听清、问清缘由。

（2）必要的历史（事件）回顾。

（3）善于理解对方的观点、做法、方法；学会欣赏对方的长处；学会让步，取得共识。

（4）遇到问题时，树立克服困难的信心，相互鼓励。

（5）不要将问题扩大化，也不要将问题缩小化。

（6）取得成绩时，值得庆贺，但须警惕自满。

（7）在提出问题时，同时要提出解决问题的办法，哪怕是不成熟的想法；共同在探讨中分析各种方案的利与弊，寻找最佳的解决办法。

（8）解决了问题，事后及时总结、提高，不断成长。

（9）待人以诚，律己以严。

三、接受任务时的沟通技巧

在办公室工作中，为了达到信息上传下达的有效沟通，特别是准确发布上级命令，如何精准地接收信息成为沟通的关键。

（一）命令的三要素

作为办公室新人，在接受领导的命令时，需要把握三个要素，即命令的执行内容（做什么）、命令的执行方式（怎么做）、命令的执行期限（何时完成）。

（1）命令的执行内容。在接受命令时，最关键的环节是确认命令的执行内容，即"做什么"。"做什么"决定工作的方向，需要与上级沟通后进一步确认，确保命令的准确性，以免造成时间和资源的浪费，影响组织的整体绩效。

（2）命令的执行方式。新人在与领导进行沟通时，需要注意选择恰当的方式，来化解和领导之间的冲突。例如，幽默的方式就是不错的选择。

（3）命令的执行期限。对一个命令而言，最重要的是"做什么"，上级领导最关心的却是"何时完成"，执行者关心的是"怎么做"，这也是命令三要素之间的逻辑关系。

总之，办公室新人在接受和执行命令时，可以参照以下建议。

（1）不接受模糊的命令。模糊的命令会导致标准的不确定性，造成不好的结果。

（2）了解领导关心的重点。

（3）清楚命令的难点。

在实际管理过程中，管理者在发布命令时，可以要求下属重述命令，确定其对命令的理解程度，以免耽误流程、造成损失。

四、任务未完成时的沟通技巧

没有完成工作任务的下属在与领导沟通时，应该有科学的角色定位，分析问题的思路，提出解决问题的方法。

（一）科学的角色定位

科学的角色定位，是指作为下级采用的沟通方式应与上下级之间的地位、身份相吻合；同时理解领导的要求，并尽量按要求去工作，以保沟通的有效性。

（二）分析问题的思路

分析问题应该遵循三个思路：解决问题的先后顺序、找出问题的焦点、厘清问题的逻辑关系。

（1）解决问题的先后顺序。汇报工作的顺序是：首先，应说明未完成任务的原因；其次，在分析原因的基础上，结合经验提出相应对策；最后，估算完成时间。需要注意的是，在说明未完成原因时，不要追究客观原因，更不要推卸责任，以免引起领导反感。

（2）找出问题的焦点。找出问题的焦点，在于为领导提出对策。在遇到问题时，不要立即请教领导，而是在分析未完成原因的基础上，制定出相关的对策后，再向领导汇报。

（3）厘清问题的逻辑关系。弄清楚未完成工作的原因，有助于找到对策；找到对策后，何时完成就有了保障。三者之间存在因果关系。

（三）提出解决问题的方法

（1）善用沟通的技巧。与领导沟通的技巧主要有两点：第一，不强调客观原因，不推脱责任；第二，积极主动地拿出解决问题的方案。

（2）寻求领导的支持。想要新方案获得领导的支持，需要提出自己的见解，具体要做到两点：第一，陈述厉害，讲清不同方案对资源的不同要求；第二，在使用资源上，一定要与领导达成一致。

（3）学会使用"杜拉拉"原则。杜拉拉是外企白领，她快速晋升的奥秘可以归纳为以下两点：第一，学会请示工作；第二，遇到难题时，不埋头工作，而是制定方案后向领导请示。在请示领导的过程中，不仅体现了对领导的尊重，还充分展示了自己能力。

五、汇报、请示、布置工作时的沟通技巧

（一）汇报工作说结果

作为新晋升的管理人员，在向领导汇报工作时，应理解领导的工作要求，重点汇报结果，切忌过多讲述任务的完成过程。在汇报结果时，最重要的原则就是简明扼要，等领导有意愿时再汇报过程。

（二）请示工作拿方案

向上级请示工作的最佳策略，是拿出具体方案。新晋管理人员在向领导请示工作时，往往会出现超越职权、跨部门协调和无法解决的问题。面对这三种情况，新晋管理人员应认清上级对自己的心理期待，时时为领导分忧，甚至将上级所未想到和未布置的任务，纳入自己的任务范畴。

（三）布置工作讲程序

布置工作是上情下达的重要途径，上情下达是组织运作的保障。作为新晋管理人员，一定要认清布置工作的重要性。在向下级布置工作时，准确讲述工作程序，使上级的命令直达基层。

六、发布命令的技巧

办公室工作人员，在发布命令或下传消息时，应该掌握发布命令前、发布命令时和发布命令后的技巧。

（一）发布命令前的思考

在发布命令之前，办公室工作人员应考虑并确定任务的执行者和传达命令的方式。

（二）发布命令时的正确做法

在发布命令时，办公室工作人员应着重注意三方面的问题：第一，强调命令的重要性；

第二，确保命令的清晰简洁；第三，询问对方是否领会了命令的实质；第四，倾听下级的想法和建议。对任何员工来说，能否坚决地执行命令是判断其品质优秀的标准之一。

（三）发布命令后的督导

发布命令之后，还应做好督导工作。督导工作的重点是下级复述命令时的模糊部分。在督导下级时，应明确督导，做到事先预防，而非事后纠错。

七、部门沟通机制的建立与运行技巧

部门沟通机制是办公室管理者获得信息的重要途径，任何部门都必须建立一个良好的沟通机制。沟通机制的建立，有利于命令的下达与信息的搜集。

（一）部门沟通机制的常见形式

在管理过程中，常见的部门沟通机制有四种形式，即晨会、晚会、例会和解决特定问题的会议。

（二）部门沟通机制的运行技巧

1. 晨会

晨会是每天上班前的第一次会议，其常规内容是布置工作、事前沟通、事先预防、总结经验、肯定成绩。通过在晨会上总结前一天的经验，肯定过去的成绩，可以起到激励员工的作用。

2. 晚会

晚会是每天下班前的最后一次会议，其主要内容是对当天工作的总结，看看今天哪些工作完成了、哪些工作没有完成，以及完成情况的好坏。通过晚会找出当天的问题，为第二天的工作开展做好准备。

3. 例会

在召开例会时，需要注意以下事项。

（1）定期召开，互通信息。例会就是依据约定的惯例每隔一定时期举行一次的会议，具有定期性和常规性的特点，目的是沟通部门内部或部门之间的信息。

（2）确保指示被理解。管理者应确保下属已理解自己的指示，并获得反馈信息。通过信息反馈的过程，让下属参与到管理过程中来。

（3）坚持下属参与。通过让下属参与进来，可以使其意识到自身的责任和贡献，变得更加积极主动。

（4）分配任务时，应明确告知下属必须提供的系列报告。系列报告主要包括前期计划报告、中期进度报告、项目结束时的最终报告。

（5）不要斥责带来坏消息的员工，否则容易造成员工说假话或不说话的局面。

（6）建立绩效标准，依标准考核。

（7）深入现场了解情况。

（8）保持平易近人的姿态，可以激励下属继续提供全面信息的热情。

（9）要求下属提供全面信息。

（10）要求下属及时汇报工作中的差错，可以为领导提供思考应对的时间，避免酿成大祸。

(11) 真诚对待员工，对员工所说事情感兴趣。
(12) 部门的例会沟通，应少批评多表扬。

4. 解决特定问题的会议

在召开解决特定问题的会议时，管理者必须全面把握信息，按照以下思路去做。

(1) 先有数，即掌握数据。数据来自市场，是市场效果的体现。
(2) 后有事，即找出问题。问题是数据差异的体现。
(3) 再找人，即从事件的背后找出责任人。
(4) 再教育，即分析原因，把数据转换成教育。在分析问题产生的原因时，可以采用倒推法，直到解决问题为止。不要批评责怪下属，而是要去找原因，制定出相应的解决措施，帮助下属纠正；同时要总结经验，为以后的工作打下基础。

八、跨部门沟通的技巧

跨部门之间沟通问题的产生，主要源自纵向的命令链。不同的部门，其上级领导和部门的目标各不相同，给跨部门之间的沟通带来了障碍。

（一）跨部门沟通的原则

1. 战略与组织目标第一

跨部门之间进行沟通，应以组织战略和组织目标作为根本出发点，必要时还应牺牲本部门的利益。

2. 双赢地解决问题

部门之间沟通问题的解决，应坚持双赢的办事原则，切忌单赢或盲目让利。

3. 明确责任和协作

在建立部门合作的过程中，一定要明确双方责任，并坚持协作原则。

（二）跨部门沟通的方法

跨部门之间进行沟通，其方法与技巧有三点，即盘点自己的资源与需求，了解对方的需求与资源，坚持"己所不欲，勿施于人""己欲之而立人"的原则。

（三）部门协调的常见问题与解决方法

跨部门沟通的过程中，经常出现一些问题，此时管理者应站在公司的角度思考问题，以公司利益为重。

1. 部门协调中的常见问题

在进行跨部门沟通时，对于对方提出的合作需要，应给予支持。一方面，支持对方部门的工作可以在关键时刻换得对方部门的协助；另一方面，组织的任务需要各部门相互合作才能完成。作为员工，不应伤害组织利益和其他部门的利益。

2. 对待对方员工的态度

在进行跨部门沟通时，面对对方员工提供的配合与协作，应该把握好以下两点。

(1) 要求与本部门进行合作的对方员工，必须经过对方领导的批准。
(2) 对方员工在协作完成工作后，一定要对员工及其所在部门表示感谢。

九、沟通的其他问题与技巧

作为办公室新晋工作人员,在面临其他沟通问题的时候,可以参考以下几点技巧和经验。

(1) 将个人建议与对方需要联系起来。如果提出的建议有助于对方业绩的提升和工作的完成,对方就容易接纳。

(2) 平级沟通时,不能违背利益的原则。在相互维护彼此利益的同时,也要维系自己和组织的合法利益,切忌一味退让。

(3) 把握相关的心理学知识,有利于掌握主动权,增加成功概率。

(4) 沟通要讲求方法和艺术,以达到最佳效果。

(5) 掌握并利用好"临近律"。"临近律"是指在沟通过程中,平时关系较为亲近的两个部门,沟通起来就会比较方便;相反,平时缺乏来往的部门,沟通起来就比较困难。

(6) 掌握并利用好"一致律"。"一致律"是指如果沟通双方拥有同样的经历、心愿等,与对方观点保持一致,就会比较方便沟通。因此,在沟通过程中要努力寻求共同点。

总之,新晋管理人员在与人沟通时,一定要把握最大限度地利他、利己、帮助其他人的原则。同时,还要把握良好的心态,坚持组织目标至上。

十、办公谈判沟通技巧策略

谈判作为一种特殊的沟通形式,由谈和判组成。谈是指双方或多方之间的沟通和交流,判就是决定一件事情。只有在双方之间沟通和交流的基础之上,了解对方的需求和内容,才能够做出相应的决定。也就是说,谈判是让别人支持自己从对方那里获得想要的东西的一个过程。在日常生活中,很多方面都需要谈判。例如,在学生时代,成绩不好,想想回家怎么向家长交代;工作后,如何从领导那儿得到更重要的任务,如何使自己的薪资待遇有更多的提升机会;如何与客户、竞争对手进行沟通。可以说,小到我们身边的一件小事,大到中美贸易谈判,都是一个谈判的过程。谈判在生活中无处不在,谈判本质上就是一种沟通的技巧和策略。

(一) 衡量谈判的三个标准

1. 结果是明智的——明智

衡量谈判的第一个标准是明智,也就是说,谈判的结果应该是明智的。因为谈判是谈判双方为了达成某种共识而进行的一种行为,谈判中有输有赢,而最好的结果是能够达到双赢,即达到双方都比较满意的结果。没有人愿意为一个不明智的结果耗费时间和精力去交流、沟通,甚至讨价还价。

2. 有效率——有效

衡量谈判的第二个标准是有效。谈判追求的是效率,最好能速战速决,除非万不得已,不要拖延时间。时间越长,谈判的成功率越低,双方耗费的人力、物力和财力越多,因此,谈判要追求效率。

3. 增进或至少不损害双方的利益——友善

衡量谈判的第三个标准是友善。谈判不是你死我活,不是在损害对方利益的前提下满足自己的利益，而是要增进双方的利益，通过谈判使双方达到双赢。如果只有一方达到自己的目的，就不是真正的双赢谈判。

（二）谈判的类别

谈判分为竞争型谈判、合作型谈判和双赢谈判。

1. 竞争型谈判

大部分谈判都属于竞争型谈判。现代社会竞争越来越激烈，企业之间的竞争、同类产品之间的竞争、人才之间的竞争，如果不竞争或者竞争能力不强，就会被淘汰。因此，在日常生活中，人们面临着越来越多的竞争型谈判。竞争型谈判的技巧旨在削弱对方评估谈判实力的信心。因此，谈判者对谈判对手的最初方案做出明显的反应是极为重要的，即不管谈判者对对方提出的方案如何满意，都必须明确表示反对，声明不合适，使谈判对手丧失信心。

2. 合作型谈判

尽管谈判中有各种各样的矛盾和冲突，但谈判双方最终的目的是合作与交流。谈判双方不是你死我活，你争我抢，而是为着一个共同的目标探讨相应的解决方案。如果对方的报价有利于当事人，当事人又希望同对方保持良好的业务关系或迅速结束谈判，表现出合作的意向是恰当的。合作的意向一般是赞许性的，承认和欣赏对方，实事求是地对待谈判，但还必须强调进一步谈判的必要性。这种有必要进行进一步谈判的事先表示，可以降低转入防御性交锋的可能性。

3. 双赢谈判

双赢谈判是把谈判当作一个合作的过程，能和对手像伙伴一样，共同找到满足双方需要的方案，使费用更合理，风险更小。双赢谈判强调的是：通过谈判，不仅要找到最好的方法满足双方的需要，更要解决责任和任务的分配，如成本、风险和利润的分配。双赢谈判的结果是：你赢了，但我也没有输。从倡导和发展趋势的角度，双赢谈判无疑是有巨大发展空间的。

（三）成功谈判的技巧

在谈判沟通中，需要掌握一定的技巧或策略，才能达到更有效的沟通目标。在沟通的过程中，一方提出的提议或条款不可能全部被对方采纳，有时会遭到对方的拒绝，有时是对方拒绝我们的提议，有时是我们对对方提出的条款或问题不满意。那么，对方的问题怎么拒绝；如果对方拒绝我们，又该怎么办。这两个技巧是相辅相成的。同时，灵活掌握多种探测技巧和语言策略也是成功谈判的重要方法。

1. 有效处理对方拒绝

对方拒绝我们的提议一定有他的理由，双方都有自己的原因和标准，才会产生相应的拒绝。

（1）准备工作。

要有效地去处理对方的拒绝，在谈判之前就要做好准备工作。准备工作为：第一，把我们提供的产品或服务与竞争对手进行对比，分析优劣势；第二，召集公司内部的同事、同人集思广益，把有可能的反对意见全部写下来。

准备工作做好之后，大体上就可以知道对方可能会在哪些方面拒绝我们，我们事先想好对策，在处理拒绝的时候，就可以把对方拒绝的原因和我们准备好的对策联系起来。

（2）处理工作。

处理对方的拒绝是一个过程，不单单是同意或不同意，而是要跟对方沟通和交流，要深思熟虑后再去处理这种拒绝。

①态度层面。在处理拒绝的时候，态度上要假装看不到冲突的威胁，要把冲突的威胁放到一边。因为有的对手可能专门用这种虚张声势或威胁的方法使我方阵脚大乱，所以在态度上要假装看不到这个冲突和威胁。

②接受对方的问题。对方提出一个问题，如果你的第一个反应是先拒绝他，那你就很难跟对方达成共识。应该先接受对方的问题，然后再去对比，再去了解对方的意图。了解到对方的意图之后，再用对方的方法回应他。

③行动层面。在回应对方的过程中，要有耐心，遇到拒绝不要慌，不要争论。首先，要肯定对方的观点，理解对方的做法，并跟对方说，如果自己站在对方的角度上，也会提同样的问题；在此之后，再把自己真正的观点一一列举出来。

④在行动上还要避免个人攻击。例如，对方说价格贵，我们不能拍案而起，说对方不懂这个行业等，这种人身攻击会造成谈判的僵局。我们要寻找共同点，寻找共同的利益，然后积极询问和聆听，找到真正的原因。

2. 如何有效地拒绝对方

在谈判中，我们同样也会拒绝对方提出的建议。如何去传递拒绝的信息，让对方觉得舒服？首先拒绝时千万不能说抱歉，这个拒绝不是欠对方什么，而的确是从自身出发，无法满足对方的要求，所以开口的时候一定不要说抱歉。

在表达意见和感受的时候，一定要真诚，做到有效沟通。同样的一个"不"字，通过什么样的方式传递给谈判方，结果是不一样的。沟通中有一个漏斗原则，一般我们心里所想的可能是100%，嘴上说出来的可能是80%，而别人听到的最多60%，听懂的也只有40%，而对方根据我们所说的事情去行动时就只剩20%了。因此自己心里所想的和最后对方按照我们的想法去行动的，差别很大。这就更需要用有效的方法，把"不"字传递给相应的人员。

要传递我们的拒绝信息给对方，不仅仅是说一个"不"字，最重要的是传递这个"不"字的过程和内容。这就涉及传递的一个"冰山模式"。沟通中的"冰山模式"指两个人或者两组人在谈话时，谈的是同一个话题，但是大家说出的内容只是冰山露出水面的部分，而对方真正想表达的内容大部分隐藏在水面以下。冰山露出水面的部分只占整个冰山体积的5%~20%，隐藏在水面以下的冰山体积，即对方真正想说却没说出的内容则占80%~95%。实际上，这个"不"字的事实和信息只占整个传递过程和内容的5%~20%；更重要的是如何把这个"不"字传递给对方，这个过程占80%~95%。

3. 探测技巧

在办公商务谈判中，对方的底价、签合同时间以及谈判人员的权限等方面是非常重要的，这些内容属于商业机密。谁掌握了对方的这些底牌，谁就能在谈判中赢得主动。谈判的任何一方都想事先知道对方的价格、时间以及权限。如何去发现这些信息，可以用探测的技巧，主要有四个方法。

（1）火力侦察法。

所谓火力侦察法就是先主动地抛出一些带有挑衅性的话题，来刺激对方表态，然后再根据对方的反应判断虚实。例如，客户说："你的价格太贵。"那么，我们可以说："我是货真价实，就怕你一味贪图便宜。所谓一分钱一分货，便宜无好货。"

实际上，上述对话就是火力侦察法的应用。首先谈到的是"货真价实，就怕对方一味贪图便宜"，这是很有挑衅性的一个话题；"一分钱一分货，便宜无好货"，通过抛出这段话，试探对方的反应，看看对方到底是不是真的认为价格太高，可以从中试探对方的价格承受能力。

因此，火力侦察法就是抛出"炮弹"，对准"敌人"，就像打仗一样，先把炮弹打过去，敌人跑出来了，就可以知道敌人在什么地方。

（2）迂回询问法。

迂回询问法一般不用在谈判桌上，而用在谈判桌以外的地方。例如，我们做主场，客户做客场，互为谈判对手。客户来了，先不谈工作，而是带客户游玩，然后在游玩的过程中降低对方的防范心理，此时就可以随意提问："您到北京出差，希望什么时候回去，我来帮您定返程票。"客户在回答中可能无意之中就透露了返程时间，这样我们至少知道一个底牌，也就是客户要在什么时间回去，在回去之前，肯定跟我们的谈判有一个结果。这就是迂回的询问法，通过迂回的方法使对方松懈下来，然后再摸清对方的底牌。

（3）聚焦深入法。

聚焦深入法是先就某一方面的问题做一个扫描式的提问，得到回复之后，对于我们最关心的，也是对方的隐情所在，再进行深入询问，不断地问问题，最终把问题的症结找到。简言之，聚焦深入法就是先扫描，然后找到隐藏的问题。

（4）试错印证法。

试错印证法即在与对方的合作中有意地犯一些错误，如念错一个字、用错词语、把价格报错，通过错误诱导对方表态，然后再根据对方的表态借题发挥，最后达到目的。

例如，在某次甲方（卖方）和乙方（买方）的买卖谈判中，甲方在产品罗列之后，故意不把其中的 1 000 元加到总价里边，乙方在发现了这一漏洞之后，便觉得有空子可钻，因此会希望在甲方发现错误之前尽快达成协议。尔后，甲方利用乙方这种急于签约的心理，再指出少算了 1 000 元这一错误，把对方的注意力吸引到这一故意设置的错误上，而让乙方忽略了协议中的其他条款，使谈判更容易达成。

4. 语言技巧

在语言上，有一些技巧也要掌握。

（1）语言要有针对性。

在谈判中所说的每一句话，一定要针对性强，不要寒暄。谈判的目的是要双赢，是要建立自己的优势，控制全局，所以要有很强的针对性。

（2）表达委婉。

在表达的时候，要用婉转的方式，特别是在拒绝对方的时候。

(3) 灵活应变，学会用无声语言。

在谈话的过程中要灵活应变，要灵活使用语言，包括无声的语言。无声的语言往往在谈判的关键时刻起到出人意料的效果。

在谈判中有一些话是永远不能说的，说出来会对自己非常不利。例如，"相信我"这句话，实际上说"相信我"的人可能接下来的话就让人不太相信了；又如"我对你以诚相待"，对谈判对手以诚相待不是说出来的，而是做出来的，是通过行动让对方感受到；再如"愿不愿随你"，这种话是非常消极的，在谈判中要达到双赢，一定要有一个积极、愉快的氛围，双方都愿意与对方合作。

另外，任何威胁性的话语以及任何形式的诋毁语言都不能说。在卖东西的时候，切忌不要说"我以成本价给你"。如果说这句话，对方就会在心中打一个问号："到底成本价是多少，我跟他非亲非故，他为什么会以成本价卖给我？"所以在谈判的时候，不要说"我以成本价给你"，没有人会相信这句话。

总之，谈判是一个相互交流和沟通的过程，在沟通的过程中，一方提出的协议或条款不可能全部被对方采纳，有时是我方的原因，有时是对方的原因。那么，如何有效地处理对方的拒绝，以及如何向对方说"不"，这都需要一定的技巧，我们在态度和行动上都要非常注意，避免一招不慎全盘皆输的惨状，使谈判功亏一篑。

【阅读参考】

商务谈判原则和技巧

商务谈判作为办公室沟通工作中的一项重要内容，也是人际沟通技巧在商务活动领域中的具体运用和实践。

一、商务谈判的概念

1. 什么是谈判

谈判是人们为了协调彼此之间的关系，满足各自的需要，通过协商而争取达到意见一致的行为和过程。谈判一般包括政治谈判、军事谈判、外交谈判、经济谈判等类型。

2. 什么是商务谈判

商务谈判是经济谈判的一种，是指不同利益群体之间，以经济利益为目的，就双方的商务关系进行的谈判。商务谈判一般包括货物买卖、工程承包、技术转让、融资合作等类型。

二、商务谈判的主要特点

1. 以获得经济利益为目的

商务谈判可能涉及很多因素，但其最终目标是经济利益。谈判者非常关注所涉及的成本、效率和效益。获取经济效益的大小是商务谈判成败的标准。不讲经济效益，商务谈判就失去了价值。

2. 以价值谈判作为核心

价值是所有商务谈判的核心内容。价格是价值最直接的表现形式。很多利益的得失都要通过价格升降进行体现。既要以价格为中心，又不能仅仅局限于价格。

三、商务谈判前的准备

(1) 仪表、气质。良好的心态即必定获胜的心态、面对挫折时不言放弃；专业的形象即着正装；专业知识即通过自己的长处影响客户；即与客户面对面时，要让客户对你在第一时间产生好感，留下深刻、美好的第一印象。

(2) 资料准备、收集。知己知彼、百战百胜，在谈判前需要收集目标客户的诸多相关数据信息，从而初步判断谈判方向和目标。需准备的资料包括数据、证明等相关资料。需要收集的信息包括目标客户的商业信誉、财务状况、业务量、市场份额、与其他单位的合作方式、人事结构等。

(3) 心理准备、方案制定。最坏结果的解决预案，事后有总结反馈。

(4) 目标准备和目标分类。结合前期收集到的综合信息和公司要求，初步拟定谈判目标；尽量实行目标优化管理；目标归结起来有四类，从低到高依次是最低、可接受、实际需要、最优期望。谈判的过程中能实现目标的向上递增是最好的。

最优期望目标＝实际需求＋增加值。最优期望目标不易实现，却是最佳的理想目标。实际需求目标是较理想的最佳目标。可接受目标只满足了部分需求，是实现了部分经济利益的目标。最低目标即公司要求的最低底线，低于此线以下将使公司蒙受损失。

四、商务谈判的原则

在商务谈判中，掌握主动权是关键，主要应做到：诚实守信；公平公正；利益最大化；坚持公司原则；合理让步；风险意识，有备无患；取大同、存小异。

五、商务谈判的方法

(1) 选择法。设定两个或两个以上对我方有利的方案供客户选择。要求谈判代表要谨慎、从容不迫、不可泄露。

(2) 情感影响法。微笑让人无法拒绝，眼泪让人妥协。谈判代表要利用自己态度与情感去博得客户的理解与支持。

(3) 抬价法。在谈判即将成功时，利用涨价商品紧缺的理由，迫使对方重新谈判，通过供货数量与价格诱导来达到目的。

(4) 充分利用环境法。合理选择空间环境，使客户处于和谐、融洽的环境或使客户处于不利的空间环境，制造适当的压力。

(5) 投石问路法。有目的地提出各种问题，摸清对方底细。这种方法应用于协议签订之前对竞争对手情况的调查。

(6) 模棱两可法。用含糊、没有明确态度和主张的方法处理一些棘手的问题，这样可为自己留有余地。多用"可能""大概"等弹性语言，进可攻，退可守。

(7) 投其所好法。探明对方的性格、爱好，迎合和利用对方的喜好，减少心理隔膜，获得信任或赏识，实现目标。

(8) 诱饵法。以考虑和满足谈判对手的需要为手段维护和实现自己的目标。

(9) 满足需要法。在相互信任和真诚的基础上探明对方的需要，以更好地实现自己的目标。

六、商务谈判基本技巧

(1) 方案制定。精心布局、准备充分；明确定位，即根据对方企业情况、人员组成和对方（我方）的谈判目的对本次谈判正确定位。

(2) 确定谈判策略。根据本次谈判的定位和目的确定谈判的策略，谈判策略主要包括：提出我方需求（清楚明确、重点突出、切实可行）；明确谈判议题（议程翔实、时间紧凑、议题明确、不可遗漏）；制定谈判策略（确定战术、分配谈判任务、明确核心内容、制定谈判底限）；确定参与人员（相关参与、符合规格）。

(3) 各类谈判技巧：仔细倾听，善于赞美；分解问题，逐条商谈；总结回顾、确定承诺；善提要求、争取主动；黑脸红脸、密切配合；一唱一和、促进成交；灵活周旋、逼迫成交。

七、谈判中的让步

1. 明确谈判目标

谈判目标即期望的谈判结果。目标是否具体、合乎时宜？让步的底线是什么，对方能接受吗？对方的谈判目标是什么，如何探寻？对方是否知道我方的目标和让步的底线？双方的公开要求与可接受之间留有多大余地，最坏的谈判结果是什么？

2. 让步的原则——因人而异（基本原则是以小换大）

关键问题上要力争使对方先做出让步；不承诺做出相同程度的让步；一次让步的幅度不宜过大、节奏不宜过快；让对方认识到让步来之不易；让步须有明确的暗示性和导向性；接受对方让步时应心安理得，敢于说"不"；及时收回考虑欠周的让步，不要犹豫；得到让步总比没有好，若不达目标可退而求其次或再次谈判。

3. 让步策略

当陷入会谈僵局时，谈判人员应致力于建立热情友好、真诚合作、轻松活跃、认真负责的气氛；语言交流可转向无关紧要的话题；通过非语言信号的传递如目光接触、微笑等建立自由交谈的氛围。

(1) 理想的让步策略。

开价较低则买主成交价较低；卖方在让步时应步步为营；一次只作少许让步的人和在重要问题上让步的人结果较为不同；过快地促成交易，未必是好事；轻易就作重大让步的人，通常会失败。

(2) 君子式让步。

尽量解释使对方满意；重复重要理由；温和而有礼貌；重申合作对利益的影响；说明其他有影响的人也做了相同的选择；保证未来的优待；中高层主管亲自出马；让对方了解商品优点和市场情况。

(3) 双向式让步。

双赢谈判是把谈判当作一个合作过程并能和客户（对手）像伙伴一样，能够找到满足双方共同需要的点，最终能使谈判双方均达到利益最大化。这是谈判的最高境界。

八、商务谈判的必备语言

1. 有信心的话

"肯定、一定、没问题……"是对自身的肯定，是对沟通对象的一种承诺，让对方对自己有信心；"您可以、您能够、我相信您……"是对沟通对象的认可，帮他建立信心，让他对自己有信心。如果他对我们和自己都充满信心，商务沟通达成共识就更容易。

2. 关心的话

商务谈判沟通往往不能够单刀直入，而应该先从对方感兴趣的话题入手，关心对方的生活、对方的兴趣、对方的事业。让沟通对象感受到我们在替他着想，非常重视他和他的事业，同时也达到我们充分了解其真实需求的目的，从而更好地达成共识。

3. 赞美的话

赞美是一种美德，赞美的话是商务沟通的润滑剂，作为商务沟通者必须学会赞美。赞美时要注意四点。

(1) 赞美的话必须是真诚的、发自内心的，赞美的是对方确实存在的优点。
(2) 赞美的话必须适合自己和对方的身份。
(3) 赞美的话要符合当时的时空环境。
(4) 赞美的话必须符合对方的思维习惯。

4. 感恩的话

多说感谢自己领导的话，可以增强对方对我公司的信心，同时对我们的敬业精神感到满意；多说感谢对方公司和对方领导及本人的话，可以让对方感到自豪。

5. 理想的话

商务谈判中要多用理想的话，要善于"画饼"，让对方看到希望，让对方感受到合作会有美好的未来，从而增强其合作的信心。

【典型案例】

1. 公司为了奖励市场部的员工，制定了一项海南旅游计划，名额限定为10人。13名员工都想去，部门经理需要再向上级领导申请3个名额，如果你是部门经理，你会如何与上级领导沟通呢？

部门经理向上级领导说："朱总，我们部门13个人都想去海南，可只有10个名额，剩余的3个人会有意见，能不能再给3个名额？"

朱总说："筛选一下不就完了吗？公司能拿出10个名额就花费不少了，你们怎么不多为公司考虑？你们呀，就是得寸进尺，不让你们去旅游就好了，谁也没意见。我看这样吧，你们3个做部门经理的，姿态高一点，明年再去，这不就解决了吗？"

2. 同样的情况下，部门经理在找朱总之前用异位思考法，树立一个沟通低姿态，站在公司的角度考虑公司这样做的缘由，遵守沟通规则，做好与朱总平等对话、为公司解决此问题的心理准备。

部门经理："朱总，大家今天听说去旅游，非常高兴，非常感兴趣，大家都觉得公司越来越重视员工了。领导不忘员工，真是让员工感动。朱总，这是你突然给大家的惊喜呀！"

朱总："真的是想给大家一个惊喜，这一年公司效益不错，是大家的功劳。年终了，安排旅游：第一，是该轻松轻松了；第二，放松后才能更好地工作；第三，增加公司的凝聚力。大家要高兴，目的就达到了。"

部门经理："也许是计划太好了，大家都在争这10个名额。"

朱总："当时决定10个名额是因为觉得你们部门有几个人工作不够积极。你们评选一下，不够格的就不安排了，就算是对他们的一个提醒吧。"

部门经理："其实我也同意领导的想法，有几个人的态度与其他人比起来是不够积极，不过他们可能有一些生活中的原因，这与我们部门经理对他们缺乏了解，没有及时调整都有关系。责任在我，如果不让他们去，对他们打击会不会太大？如果这种消极情绪传播开来，影响不好吧。公司花了这么多钱，要是因为这3个名额失去了效果就太可惜了。我知道公司每一笔开支都要精打细算。如果公司能拿出3个名额的费用，让他们有所感悟，促进他们来年改进，那么他们多给公司带来的利益就要远远大于这部分支出的费用。不知道我说的有没有道理？公司如果能再考虑一下，让他们去，我会尽力与其他两位部门经理沟通好，在这次旅途中每个人带一个，帮助他们放下包袱，树立有益于公司的积极工作态度。朱总您能不能考虑一下我的建议？"

案例思考：
1. 你认为案例1中，导致部门经理沟通"迷路"的原因是什么？
2. 你认为案例2中，部门经理沟通"达标"的原因是什么？
3. 对比分析两则材料，部门经理分别采用了哪些沟通策略？

第五章

办公室接待工作

教学目标

通过本章的学习，掌握办公室接待工作的基本原则，办公室日常接待的方法和技巧，接待工作中的基本礼仪，重要接待的一般程序，几种重要的接待形式及注意事项等，最终达到承担办公室接待工作的目的。

教学要求

主要内容	知识要点	重点难点
第一节 介绍办公室接待工作概述	（1）接待工作的定义 （2）接待工作的意义和作用 （3）接待工作的基本原则 （4）接待工作的分类	（1）接待工作的意义和作用 （2）接待工作的基本原则
第二节 介绍办公室日常接待工作的方法与技巧	（1）接待方法 （2）接待技巧	（1）无约来访的接待方法 （2）特殊约见的处理 （3）给领导挡驾 （4）特殊人员接待
第三节 介绍接待工作中的基本礼仪	（1）迎客礼仪 （2）待客礼仪 （3）送客礼仪	（1）握手、问候和名片礼仪 （2）交谈、引导、介绍和敬茶礼仪

续表

主要内容	知识要点	重点难点
第四节 介绍重要接待工作的一般程序	(1) 收集来宾资料 (2) 拟定接待计划 (3) 做好迎接准备 (4) 迎接来宾 (5) 安排宴请 (6) 安排会见、会谈 (7) 组织观光和文化娱乐活动 (8) 馈赠纪念品 (9) 送别 (10) 接待小结	(1) 拟定接待计划 (2) 做好迎接准备 (3) 安排会见、会谈
第五节 介绍几种常见的接待形式及注意事项	(1) 会见与会谈接待 (2) 会议接待 (3) 宴请接待 (4) 参观和娱乐接待	(1) 会见与会谈接待工作及注意事项 (2) 宴请接待工作及注意事项

情景导入

秘书郝丽是一位刚参加工作的新人,她觉得作为秘书,最主要的工作就是起草文稿、接电话、复印收发文件,除此以外都不属于她的职责范围,只要认真做好自己"分内事"就好,不需要管"分外事"。一天,郝丽正在起草一份文稿,突然一位中年男子急匆匆地走进办公室,问:"张经理在不在?"这个突然的来访打断了她的思路,她有些恼火,冷冷地抬了抬眼皮,不耐烦地说:"你找哪个张经理啊?这里有三个张经理呢。"中年男子忙说:"管采购业务的。"郝丽漫不经心地说:"向西走第三个门。"来者似乎有话要说,但见郝丽爱搭不理的样子,欲言又止,转身走了。第二天,一家与公司有合作意向的贸易公司终止了与公司的合作,原来昨天的中年人就是贸易公司的老板,他觉得公司的管理太差,员工连最起码的服务意识都没有,无论公司老板怎样解释赔罪,都无法挽回。眼看到手的买卖砸了锅,老板盛怒之下,让郝丽走人。

问题:1. 郝丽为什么会被辞退?
2. 郝丽做错了什么?如果你是郝丽你会怎么做?

第一节 办公室接待工作概述

中华民族热情好客,中华礼仪源远流长,在长期的发展历史中积累了丰富的接待经验。随着社会的不断进步,人际交往越来越频繁,接待工作的地位和作用也越来越重要。但是,目前对接待工作的重要性认识还不到位,甚至还存在一些片面和错误的认识,例如,认为接待工作就是拉关系,就是铺张浪费;接待工作不是业务工作,可有可无等。这些认识影响了经验交流、信息传播,以及单位与单位之间、人与人之间的关系,有碍工作的推动。

社会是由人组成的,只要人类和社会存在,人际交往就必然存在;社会越发达,人与人之间的交往就越频繁,接待工作也就越重要。随着社会分工越来越细化,接待工作也越来越讲究科学化、规范化。对办公室工作人员或未来有可能从事办公室工作的人而言,搞清楚什么是接待工作、怎样做好接待工作、接待工作应该注意什么问题,显得尤为重要。办公室人员应切实提高认识,系统、全面地学习有关接待工作的业务知识,了解和掌握接待工作的规律,弄清接待工作的内容和程序,把握接待工作的规格和基本要求,做到诚恳、热心、细致,同时把握好分寸,把接待工作做好。

一、接待工作的定义

接待即迎接招待,在本书中特指公务接待,是一定的社会组织对公务活动中的来访者所进行的迎接、接洽和招待活动,是社会组织间人员相互交往的方式,是为完成组织或单位的接待任务而进行的筹划、组织、协调、实施和服务等一系列活动。接待主要包括大量的事务性咨询或联络性来访的接待,指引来访者找到合适的接待者,从而使来访者顺利实现来访目的,提高工作效率,以及为领导或单位提供接待服务(如联络预约、迎送客人、来访者各项安排等)。

接待工作是各级各类组织尤其是机关(单位)的一项常规性工作,也是一项展示单位形象、体现水平、彰显实力的工作。接待工作的水平高低能够集中反映一个地方、一个部门的整体形象,能够展示接待人员的素质和能力,同时对于推动工作的开展也具有十分重要的作用。

在一个单位,接待工作通常由单位办公室负责,是办公室的一项重要工作,如何做好接待工作是每个办公室工作人员必须完成的重要内容。在接待工作中,办公室工作人员不仅要做到热情、周到、礼貌和规范,还要能够随机应变、机动灵活地处理接待中遇到的意外状况。

二、接待工作的意义

单位、部门不能闭关自守,只有同外界广泛联系,才能进一步发展。目前,各地区、各部门、各单位之间交往日益频繁,合作与日俱增,这对各方发展起了重要作用。在接待工作中,对前来办理公务的人员,如果接待热情周到、耐心细致,就能加强两个单位的联系,促进两个单位之间的相互了解和合作,增进两个单位之间的关系;反之,就会影响两个单位之间的关系,影响两单位的相互了解和合作。因此,搞好接待工作有着重要意义和作用。

(一)有利于增进人与人、单位与单位之间的了解,为开展工作提供方便

来访人员带着不同的目的、任务而来,有的是为了学习经验,改进工作;有的是为了搜集信息,为生产经营服务;有的是为了加强联系,共谋发展等。如果这些初衷得以实现,将会对工作起到促进作用;进一步说,也将有利于整个社会的进步。而这些目标能否达成,接待工作就是其中重要的一环。如果接待工作做得好,做到热情、周到、耐心,为对方提供力所能及的方便,帮助解答疑问,及时提供信息,对方就能带着任务而来,实现目标而归;如果接待工作做得不好,来访者感到"人难见,脸难看,事难办",甚至被应付对待,这将不

可能达到目的，甚至会产生很坏的后果。

（二）有利于加强单位与外界的联系，推动单位发展

接待工作中，单位和工作人员将有机会接触各类人员，能够学习、借鉴别的单位和人员的好经验、好方法，有利于提升本单位工作效率和工作水平，推动自身工作更上一层楼。

（三）有利于扩大单位的对外影响，提高单位的知名度

一个单位能否在外界产生好的影响，在很大程度上要看接待工作这个"窗口"。实际工作中，经常看到这样的事例：某个单位工作做得很出色，但因为接待工作没做好，大大影响了该单位在外界的形象。如果接待工作做得好，前来办理公务的人员感到满意和舒畅，就会对这个单位留下好印象。这些好印象通过各方面传播，就会提升这个单位在外界的影响力。反之，如果接待工作没有做好，前来办理业务的人员感到不满意，就会产生一种坏的印象，使单位的外在形象受损。

三、接待工作的基本原则

所谓原则就是必须遵守的规则，接待工作的基本原则是指在接待过程中应遵循的基本规则与要求，这对做好接待工作具有重要的指导意义。那么，接待工作中要遵守哪些原则呢？

（一）相互尊重、平等待人

在接待中，无论来访单位级别高低、实力强弱，无论参与人员身份如何，都是客人，接待时都要相互尊敬，相互理解。无论是对上级、下级还是同级来访者，接待人员都应做到一视同仁，平等相待。登门就是客，都应给予尊重，平等对待每一位来访者，做好每一次接待服务工作。

（二）平等互利、遵守礼仪规范

平等是交流的基础，互利是通行的原则。不论什么时候，单位在接待工作中都应在遵守法律法规和相关规定的前提下，做到平等互利。礼仪是人际交往中需要注重的礼节，在接待工作中，还要遵守相应的礼仪规范，接待人员要树立礼宾意识，以礼待人，注意运用礼貌的表情、眼神、动作、姿态和言语，把工作做得细致入微、有条不紊。

（三）热情细致，行为有度

在接待工作中，接待人员要做到热情对待来访者，使其产生如沐春风的感觉，以认真细致的工作态度，处处替来访者着想，做好接待工作的每一个环节。

无论是机关还是企事业单位，对内和对外都有不同的工作要求。作为办公室工作人员，要熟悉了解并牢固掌握这些要求，在接待工作中做到行为适度，不能因为对方是客人就有求必应，不应该对外公开的文件材料也给他看，不能让同行知道的商业机密也让对方知道。在接待中，要依法依规办事，能自我约束、自我克制。

（四）勤俭节约，确保安全

在保证做好接待准备和服务工作的同时，要厉行节约、务求实效，做好接待经费预算、节约接待成本、提高效率。把接待活动的主要精力放在解决实际问题上来，避免铺张浪费、讲排场、摆阔气的做法。无论干什么工作，安全永远是第一位的，接待工作也

是如此，接待工作中要切实保证饮食安全、交通安全、住地安全和人身安全等，确保接待工作顺利进行。

四、接待工作的分类

根据不同的标准，接待工作可以分为不同的类型，如表 5-1 所示。

表 5-1 接待工作的分类

分类标准	第一类	第二类	第三类	第四类
来访规模、人数	个人来访接待	团体来访接待		
接待准备程度	有约来访接待	无约来访接待		
相互关系	上级来访接待	平级来访接待	下级来访接待	公众来访接待
来访接待者	办公室接待	领导接待	专门部门接待	
接待规格	高规格接待	对等接待	低规格接待	

（一）个人来访接待和团体来访接待

按来访的规模、人数划分，可以将接待工作分为个人来访接待和团体来访接待。

1. 个人来访接待

个人来访接待是个别客人来访时的接待工作，来客可能是一个人或数个人。个人来访接待准备工作简单，接待事项少，来访时间和接待时间都不长，但是突发性强，容易打乱事先的工作计划和安排，而且个人来访有时会对单位产生很重要的影响。

2. 团体来访接待

团体来访接待是指对为了某一共同目的，以团队形式来访的客人的接待。团体来访接待持续时间长，需要事先做好大量的准备工作。经常出现的团体来访有会谈、业务考察、检查工作、参观和调研等活动。团体来访与业务有重要关系，一定要认真对待。

（二）有约来访接待和无约来访接待

按接待的准备程度划分，可以将接待工作分为有约来访接待和无约来访接待。

1. 有约来访接待

有约来访接待是事先约定好的来访，已列入相关人员的工作日程并已做好相应准备的接待工作，一般不会导致与其他工作发生冲突。

2. 无约来访接待

无约来访接待是指没有事先约定，对临时造访所形成的接待工作。无约来访因为事先没有时间安排，时常会打乱相关人员的工作计划，而且来访者也不易得到相关人员的及时接待。无约来访有时会是一些紧急或重要的事情，需要接待人员妥善处理。

（三）上级来访接待、平级来访接待、下级来访接待和公众来访接待

按相互关系划分，可以将接待工作分为上级来访接待、平级来访接待、下级来访接待和公众来访接待。

1. 上级来访接待

上级来访接待是指包括本单位的上级主管部门、间接上级领导机关等来访的接待工作。

2. 平级来访接待

平级来访接待是指同级单位或其他非领导性、指导性来访的接待工作。

3. 下级来访接待

下级来访接待是指单位所属下级来访的接待工作。

4. 公众来访接待

公众来访接待是指除信访活动外的对本系统、本地区来访公众的接待工作。

（四）办公室接待、领导接待和专门部门接待

按来访接待者划分，可以将接待工作分为办公室接待、领导接待和专门部门接待。

1. 办公室接待

办公室接待是指由办公室负责来访的接待工作，大多为有关事务咨询及一般业务联络等。

2. 领导接待

领导接待是指上级部门领导、平级领导以及重要客户来访的接待工作。

3. 专门部门接待

专门部门接待是指由其他部门接待的来访，往往涉及具体的业务问题。

（五）高规格接待、低规格接待和对等接待

根据接待规格划分，可以将接待工作分为高规格接待、低规格接待和对等接待。

1. 高规格接待

高规格接待指主要陪同人员比来客职务高的接待工作，须有关负责人直接出面。

2. 低规格接待

低规格接待指主要陪同人员比来客职务低的接待工作，在这种接待中要特别注意热情、礼貌，而且要审慎用之。如果应该陪同的领导实在有要事不能参加，其他代为接待的人员要做好解释工作，否则稍有不慎可能会让对方觉得不给面子。

3. 对等接待

对等接待指主要陪同人员和来客的职务、级别等身份大体一致的接待，这是公务接待中最常用的接待。

除上述几种接待类型外，接待工作还可按接待对象分为外宾接待和内宾接待，按接待的内容分为工作接待、生活接待和事务接待，按来访意图分为重要来访接待和一般日常来访接待。

五、接待工作的基本要素

了解接待工作的基本要素是做好接待工作的前提，接待工作的基本要素包括来访者、来访意图、接待者、接待任务、接待方式。

（一）来访者

来访者是接待活动的对象，在做接待工作时，先要掌握来访者的基本情况：来访者的单

位及其相关情况，来访者的姓名与职务，来访者的人数、性别和年龄构成，来访者的专业背景，来访者的民族、国别与宗教信仰情况，来访者的性格与兴趣、爱好，来访者的私人禁忌情况等。以此为依据，确定接待规格、接待内容等事宜。对来访者了解得越深入、具体，接待准备工作就会越有针对性，有的放矢，有备无患，从而使接待工作更加顺利地完成。

（二）来访意图

来访意图是来访者希望通过来访达到的目的。不同的来访者有着不同的来访意图，不同的来访意图决定了接待方针、接待规格、接待内容的不同。

（三）接待者

接待者是接待活动的主体，指代表单位出面接待来访者的人员。接待者因接待规格和来访对象的不同而有所差别，可能是单位领导、专职接待人员或业务部门的人员等，办公室人员往往充当第一接待者。

（四）接待任务

接待任务是接待工作的重要依据，指根据来访者的身份及其来访意图和本单位领导的接待批示而确定的接待方针和接待内容。

（五）接待方式

接待方式是接待工作中最重要的环节，指根据接待任务而确定的接待规格、程序和形式。接待任务不同，接待方式也不同。接待方式直接导致所进行事务的成败，所以要高度重视。

第二节　办公室日常接待工作的方法与技巧

无论是什么工作，都有一定的技巧。要做好接待工作，也需要掌握一定的方法和技巧，对一些突发情况，更需要冷静、智慧地处理。

一、接待方法

（一）有约来访的接待方法

1. 事先确认

接待人员应该在前一天事先确认，同约好的来访者核实第二天的来访安排，并通知相关的接待人员做好相应的准备。

2. 亲切迎客

接待人员在看到来访者进来时，应放下手中的工作，站起来，面带微笑，有礼貌地向来访者问候，如果来访者进门时，接待人员正在接打电话或正在与其他人交谈，也应用眼神、点头、伸手示意等身体语言表达已看到对方，并请对方先就座，而不应不闻不问或面无表情。如果正在处理紧急事情，可以先告诉对方："对不起，我手头有紧急事情必须马上处理，请稍候。"以免对方觉得受到冷遇。

如果对方不是初次来访，尽可能回忆其姓名，"您就是××公司的××先生吧""××

经理，您来了"。一开始就让来访者感到受到重视，觉得接待人员一直在等待自己的到来。

3. 热情招呼

接待人员要热情招呼来宾，待其落座之后，准备好茶水，茶水八分满即可，注意水温。其间应细心询问来宾来意，重要的来访应该随时记录，一般的来访请来访者填写"来访登记表"，来访登记表的格式如表5-2所示。

表5-2 来访登记表

序号	来访时间	来访人姓名	来访人单位	来访目的	要求接见人	实际接见人	备注

如果来访者比约定时间来得早，接待人员要妥当安置来宾，邀请其落座稍候，款待茶水，递送书报或与其轻松交谈，不要使来宾觉得受冷落。到预定时间的前5分钟，再通知接待者。

4. 向接待者通报来访者到来

接待人员要及时通报接待者，使其可以有所准备，而且当来访者的身份比较重要时，也方便接待者亲自迎接。

5. 引导

接待人员应礼貌引导来访者，明确告诉其要去的地点情况，并保持与来宾寒暄。

6. 介绍宾主双方

引领来访者进入会客室或接待者的办公室后，如果接待者与来访者是初次见面，应由接待人员简单介绍双方的职务、姓名，来访者的单位和来访的主要目的。

7. 礼貌道别来访者

接待人员与来访者交谈完毕或领导与来访者会见结束后，接待人员要起身微笑相送，提醒对方有无遗漏物品，并欢迎其下次再来。如果是重要的客人，要送到电梯口或单位大门口。送行是决定来访者能否满意离开的最后一个环节，要保持恭敬真诚的态度，目送来访者上车或离开。

（二）无约来访的接待方法

在办公室日常接待中，很多时候是无约来访的接待工作，对这类接待也要做到热情周到，并根据具体情况灵活处理。

1. 热情问候

办公室接待工作的第一原则是热情，即便是对未预约的来访者，也要报以欢迎的态度，热情问候。对于第一次见面的客人，可以使用"您好，我能为您做些什么""您好，希望我能帮助您"等迎客语。

2. 了解来访者身份和意图

对于未预约的来访者，先要弄清楚来访者的身份，在了解来访者真实身份之前就将其引见给相关接待者特别是领导的做法是接待人员的大忌。在了解来访者身份之后,还要了解来访者的意图,来访者的意图也会直接影响接待者的接待意愿。当来访者不愿透露身份或来访意图时,接待人员可以说:"先生/女士希望我能够帮助您,但是您得告诉我您想要解决什么问题。"接待人员要保持耐心、平和的态度,对于一些言辞激烈或情绪躁动的来访者,也要冷静处理。

3. 对来访者接待并适当分流

根据来访者的身份和来访意图,给予其适当的接待与分流。如果认为确实需要领导接待,要先通报领导,得到领导同意后方可将其引见。如果领导愿意会面,但今天没有时间,必须另行安排,应委婉地告诉来访者,并请其留下联系方式,以便另约时间。如果领导不愿意接待,要借口婉拒。接待人员要注意在得到领导肯定答复之前,不可向来访者承诺。如果来访者提出的问题相关部门即可解决,则通知相关部门人员进行解决。当下即可接待来访者的,要指明该部门的名称、位置、路线,如有必要还需引领来访者前往;如果不可以当下接待来访者的,要向来访者说明情况,主动请对方留言或留下联系方式,尽快将留言交给被访者,或是尽快安排会见时间并通知对方。要熟悉本单位的分工权限,以方便对来访者进行恰当分流,不仅使来访者各得其所,也可以减轻领导的工作压力。对于领导熟识的上级、客户、朋友、亲朋等,应立即告知领导并按照领导的指示处理。

二、接待技巧

在接待工作中,意外状况是时常发生的,遇到突发状况时,既要坚持原则,又要智慧、灵活地妥善处理。要掌握一些接待技巧,学会委婉拒绝来访者的不合理要求,巧妙、艺术地替领导挡驾,在接待工作中解决各种问题,提高自己的接待水平。

(一)延迟约见的处理

来访者如约而至,但预定负责接待的领导或其他约见的人员可能因为某些情况不能按时接待,这时接待人员需要进行妥善安排。如果只是需要来访者稍作等候,应该向来访者致歉,以诚恳的态度解释,在取得谅解后将来访者引至合适的地方等候,并为其送上茶水和书报。

如果来访者有谈话的意向,接待人员不宜拒绝,可就来访者的问题进行简单回答。遇到比较敏感的话题,应巧妙回避,或者引导来访者展开轻松的话题。在陪同来访者的同时,应关注领导的工作进展,必要时提醒领导。按照惯例,不应让来访者久候,一般不超过20分钟。如果超出20分钟,可请示领导是否另约时间或授权他人代为接待,同时也要征求来访者的意见,看其是否愿意继续等候,综合宾主双方情况,做好善后工作。

(二)因故取消约见的处理

有时预定的接待人员尤其是领导会因为遇到突发性的事情无法接待来访者,这时应该采取正确的处理方式。

(1)向接待人员征询处理办法。

(2)如果来访者已经抵达,应真诚地向来访者道歉并解释,在取得谅解的同时,征询来访者意见,商定下次来访的日期;也可根据来访者的意愿安排活动。态度要诚恳,避免引起来访者的不满。

(三) 领导授权接待

领导可能因为外出或其他原因，授权秘书代替自己接待一些来访者，这种情况秘书要注意处理方式。

1. 了解有关情况，特别是授权范围

在接受领导委托时，一定要非常清楚"5W2H"，即 Why（为什么委托）、What（委托事项是什么）、Where（在哪里）、When（何时）、Who（涉及谁）、How（如何处理）、How much（处理到什么程度），也就是要清楚所托何事、被授权的权力范围、来访者提出的问题以及怎样解决等。

2. 了解来访者的意图，妥善处理来访者的恳求

代替领导接待来访者，一定要弄清楚来访者的来访意图，再根据授权范围对来访者的要求进行及时处理。处理时注意不要超出自己的权力范围。

3. 事后及时向领导汇报

接待工作完毕后，应将接待过程、接待结果及时向领导汇报。

(四) 给领导挡驾

为了保证领导能集中精力静心工作，或者协助领导处理一些特殊的事情，秘书必须要给领导"过滤"一些来访，秘书在日常接待中起着过滤网的作用。给领导挡驾不能掉以轻心，如果挡错了，轻则受到领导批评，重则产生不良后果。秘书要了解领导的人际交往范围、思维方式、工作方法和价值观念，以判断是不是应该挡驾。

给领导挡驾先要弄清楚来宾的身份和来访意图，综合这两方面因素，决定应采用的接待方法。可以先请来访者在接待室稍候，以"我去找一下领导"为由，向领导请示。如果领导正在开会，可写张纸条递进去，请领导决定见与不见。当领导明确不见来访者时，可以这样回答来访者："实在对不起，几个办公室都找了也没见着领导；等我见到他，我一定会把您的情况向他汇报。"对于无理取闹、纠缠不清，或态度恶劣、脾气暴躁的来访者，不宜领导接待，秘书要坚决挡驾。在挡驾时，要注意在拒绝对方之前先倾听，尽可能地让对方把处境与需要讲得更清楚一些。耐心地倾听能让对方产生被尊重的感觉，同时尽量做到不伤害来访者，而且不会让人觉得接待人员是在应付了事，要做到在挡驾之后还能保持与各方面的良好关系，避免令来访者产生门难进、脸难看、话难听、事难办的不良印象。

总之，接待来访者的态度要冷静、谦和、诚挚、耐心、细心，展现出接待人员的良好风度和品德。

(五) 确定特殊人员接待名单

领导的办公室并不是对所有人都关闭的，一些特殊身份的人，如领导的上司、公司合伙人、领导的重要朋友、领导的家人，甚至某些单位内部的员工都有随时进入领导办公室的权利，除非领导正在开会或接见其他客人。秘书可以事先向领导了解哪些人是不需要提前预约甚至提前通报的，和领导确定一份不需要提前预约、提前通报的特殊人员名单，以便灵活地接待这些来访者。

（六）掌握终止接待的技巧

秘书要关注领导接待活动的进程，以及领导的情绪与意愿。为了维护领导的形象，避免领导陷入尴尬境地，有时要替领导解围。出于礼貌，领导在很多时候不方便终止与来访者的谈话，这时就需要秘书出面帮其解围，如可以这样讲："×××会议已经开始，是否让他们等您一下？""很抱歉，打断你们的谈话，您的下一个约会时间到了。真对不起，×××（来宾），请您多包涵。""×××公司的胡总已经在等您了，您看该怎么安排？""×××刚才打电话说有紧急事情想和您谈谈，您看什么时间比较方便？"当然，秘书也可以与领导提前约定一些暗号，当领导做出暗号时，秘书就知道结束接待的时间到了。

第三节 接待工作中的基本礼仪

礼仪是指人们在社交活动中所共同遵守的礼节和仪式，即必须严格遵守的一种礼貌行为规范和法则。接待工作作为单位的门面和单位形象的缩影，对办公室工作人员的礼仪要求就更为严格。办公室工作人员要树立礼宾的意识，对一切来宾以礼相待。

一、迎客礼仪

对于来访者，无论是有事先预约，还是没有预约的，都要给对方一个良好的印象。在迎客中应特别注意三个重要的礼节。

（一）握手礼仪

握手礼仪是现代社会交往过程中最常见、使用最普遍的礼节方式。宾主之间，主人应先向客人伸手，主动、热情、适时的握手会增加亲切感。

1. 握手的次序

通常情况下，应由身份或职位高者、年长者、主人、女性和已婚者先伸手，而身份或职位低者、年轻人、客人、男性、未婚者则应先表示问候，待对方伸出手后，马上伸手回握。如果一个人需要同许多人握手，符合礼节的顺序是：先女士后男士、先长辈后晚辈、先上级后下级，握手的主动权掌握在位尊者手里。接待来访客人，当客人抵达时，应由主人先伸手与客人握手表示欢迎。当客人告辞时，则应由客人先伸手与主人握手表示再见。

2. 握手的方法

行握手礼时，距离受礼者约一米，双腿立正，上身略微前倾，伸出右手，四指并拢，拇指张开，在与腰际同高的位置，与对方伸过来的手认真一握。握手应全手掌接触；握手时应用力适度，上下稍许晃动三四次，然后松开手，恢复原状。异性之间，男士通常只握女士的指尖。

3. 握手的注意事项

握手时，应精神集中，面带微笑，眼注视对方，表示自己的诚恳和自信，千万不要一边握手一边眼睛东张西望，也不要边握手边拍打对方的肩膀，让对方觉得你心不在焉、内心慌乱或轻视对方；多人相见时要一一握手，但不要交叉握手，这样显得不够正式。

握手时，用力要适中，时间要适度，不要太用力、握太久，显得鲁莽冲动或太过热情；握得无力、太轻，时间太短，显得不够诚恳热情。礼节性的握手，持续时间以3~5秒钟为宜，礼毕即松开。

握手时，手要干净，不能伸出脏手，手上的汗也要擦干，否则会令对方难堪或感到不舒服。除长者或女士，坐着与人握手是不礼貌的，只要有可能，都要起身站立。不要在握手时争先恐后，造成交叉握手。不要戴着手套和墨镜与他人握手。不要抢先出手同女士握手。不要在握手时另一只手插在衣袋里或拿着东西不肯放下。不要握手后马上擦拭自己的手掌。不要拒绝与他人握手。

（二）问候礼仪

对第一次来访的客人，可以说："您好，见到您很高兴。我是××办公室的秘书（工作人员），请问您有什么事情需要我帮忙吗？"对曾经来过的客人，相别甚久，见面则说："很久未见了，您好吗？"接待客人时的称呼，应视具体环境、场合和约定俗成的规矩而定。在企业界和社交场合多称男性为"先生"，称女性为"小姐"或"女士"；知道其职务时，在一定场合也可称职务，如"×处长""×主任""×厂长"等，用恰如其分的称谓来称呼客人，是与客人交谈的基本礼仪。

（三）名片礼仪

名片是一个人身份的象征。名片的递送、接受、存放也要讲究相应的礼仪。前往他人家庭或工作单位拜访时，可将名片递上代为通报；赠送礼品、鲜花时，可将名片附上；还可以用名片代为引荐他人，或在拜访对方未遇时留下名片并附简短留言。在宾主完成自我介绍或被他人介绍之后，可递换名片，便于双方的了解。告辞之前互递名片，以便日后联络，体现双方积极的诚意。

1. 名片的递送

递送名片时应站起来，用双手的食指和拇指同时夹住名片的左右两端，以齐胸的高度递过去，名片中字的正面应朝向对方，便于对方立即阅读，同时眼睛要注视对方并面带微笑。

2. 名片的接收

接收名片时应起身，用双手接住。接过名片后，要认真仔细地看一看，并小声念一遍名片上的名字及职务，以示确认。同时，还要向对方表示感谢。接过对方的名片后切不可随意摆弄或看也不看就扔在桌子上，也不要随便地塞进口袋里或丢进包里，更不要往名片上压东西，会令对方感到受轻视。应郑重地把名片放入名片夹内，或放进西服左胸的内衣袋，女士可以把名片夹放在手提包内。在对方离去之前，或话题尚未结束，不要急于将对方的名片收藏起来。

3. 交换名片的顺序

交换名片的顺序一般是"先客后主，先低后高"。当与多人交换名片时，应依照职位的高低顺序，或由近及远依次进行，切勿跳跃式地进行，以免对方有厚此薄彼之感。注意不可生硬地向来宾索要名片，可以含蓄地向对方询问单位、通信方式等。如果对方带有名片，就会自然送上。

二、待客礼仪

（一）交谈礼仪

在与来访者交谈时，要保持适当距离，精神集中，目视对方，表情自然大方，语气和蔼亲切。谈话中要使用礼貌语言。对于个人的疾病、年龄、婚姻、收入、私人电话、宗教信仰、政治主张等问题要避免，选择轻松的话题，并做到善于聆听来访者谈话。

（二）引导礼仪

在带领来访者时，应走在来访者的左前方约一米处，上身稍向右转体，左肩稍前，侧身向着来访者，配合对方的步幅，保持两三步距离，可边走边向来访者介绍相关情况或寒暄。在行走中，遵循两人行走"以右为尊"，三人行走"中间为上两边为下"的原则。

转弯或上楼梯时，要先告诉对方，提示来访者注意和明示行走方向。上楼梯时，应让来访者走在前面，接待人员走在后面；下楼梯时，则正好相反，接待人员走在前面，来访者走在后面。

乘电梯，要先告诉来访者所要到达的楼层。出入有电梯司机控制的电梯时，接待人员应后进后出，让来访者先进先出电梯。在乘没有电梯司机控制的电梯时，接待人员应先进后出并控制好开关钮，防止电梯门夹伤来访者。电梯停止时，要用手扶住电梯门，请来访者先出。

到达目的地时，要说明"到了，这里就是×××办公室"或指明"这是会客室"。进入会客室的一般顺序是"外开门客先入，内开门己先入"，即如果门是由内向外开的，接待人员先拉开门，侧身站在门外，用手按住门，让来访者先进入；如果门是由外向内开的，接待人员推开门后，自己先进入，按住门后再请来访者进入。

到会客室或领导办公室后，要引导来访者就座。就座时遵循"右为上，左为下""面门为尊""中间为尊""前排为尊"的原则，用手势示意来访者，请其入座。长沙发和单人沙发中，长沙发为上座。

（三）介绍礼仪

接待人员引领来访者第一次与领导见面时，要对来访者的单位和来访的主要目的进行简要介绍。介绍时要站立介绍，手臂向被介绍者微伸开，切不可伸出一只手指指点点。介绍的顺序遵循"尊者居后"四先四后的原则，即：先将男士介绍给女士，后将女士介绍给男士；先将年轻者介绍给年长者，后将年长者介绍给年轻者；先将地位低者介绍给地位高者，后将地位高者介绍给地位低者；先将客人介绍给主人，后将主人介绍给客人。介绍的内容主要是被介绍人所在单位、职务、姓名等，用语要简洁明了。

（四）敬茶礼仪

来访者落座后，要主动为其提供茶水或饮料。可以先征询来访者的意见，如问来访者："我们这里有×××、×××、×××，您需要什么？"茶水不可太满，八分即可，也不可太烫，必要时要提醒来访者茶水很烫。敬茶时，应双手端茶，右手拿着茶杯的杯托，左手托住杯底，避免手指接触杯沿。敬茶的次序遵循"先宾后主、先主宾后次宾、先女后男、先领导后下属、先长辈后晚辈"的原则。

三、送客礼仪

"出迎三步,身送七步"是迎送宾客的基本礼仪。当来访者提出告辞后,接待人员要马上站起来相送,主动为来访者拿取衣帽等物,帮助来访者确认并拿取所携带的物品,必要时帮助来访者提送。如果来访者先伸出手,可以边与之握手边说"慢走,欢迎下次再来"等话语。一般的来访者送到楼梯口或电梯口即可,要为来宾按电梯按钮,在电梯门关上前道别。重要的来访者则应送到单位门口,待来访者的车辆启动后,面带微笑,挥手告别,目送来访者的车辆离开后接待人员才可离开。如果接待人员和领导一起送客,就要站在领导稍后一些的位置。

第四节 重要接待工作的一般程序

接待工作是一项程序性很强的工作,也是办公室常常遇到的工作。对重要的接待工作,在日常工作中要形成工作制度程序,以免遇到接待时手忙脚乱、丢三落四。一般而言,可以按照十个步骤进行。

一、收集来宾资料

本阶段的主要任务是掌握来宾情况,对来访者有所了解,做到"三个知道"。一要知道客人的基本情况,包括性别、年龄、民族、职务等。如果是外宾或少数民族,还应了解其生活习惯、禁忌等,防止接待工作中出现误会。二要知道客人来访的主要目的、抵离时间以及客人抵达时所乘交通工具。三要知道客人的活动日程、意见和要求。

二、拟定接待计划

接待计划是整个接待工作的依据,拟定接待计划是整个接待准备工作中最核心和关键的环节,在接待工作中起到规划指导的作用。接待计划要尽量做到具体、详细并有可操作性,接待计划的内容主要如下。

(一)确定接待方针

接待方针是接待工作的总的指导思想和要求,应根据来访者的目的及宾主双方关系来拟定。接待不同身份的来宾时,侧重点要有所区别。

(二)确定接待规格

接待规格是接待工作的具体标准,是接待方在接待来访者时提供的接待条件和确定接待方主要陪同人员身份高低的状况。为表示对来访者的尊重与友好,主要陪同人员的身份应与来访者相当。依据主要陪同人员的身份,接待规格分为高规格接待、对等接待和低规格接待三种。高规格接待是指主要陪同人员比来宾的职位要高的接待形式。高规格接待体现的是对来宾的尊敬和重视,如果来宾的身份和来访目的非常重要,应安排高规格接待。此外,上级领导派一般工作人员传达意见和要求以及下级人员汇报重要情况时,也应安排高规格接待。对等接待是指主要陪同人员与来宾的职位大致相等的接待形式,是最常见的接待规格。低规格接待指主要陪同的人员比来宾的职位低的接待形式。

接待规格反映了主方对来宾的重视程度和欢迎的热烈程度,决定着礼仪活动的多少、规模大小、隆重程度、需要哪些人员前往迎接和陪同等,往往依据主要来宾的身份、实际需要以及领导意图来确定。如果职位较高的领导临时不能参加接待活动,转由职务较低的领导作为主要陪同人员,就由高规格接待变成了低规格接待,这一定要向来宾表示歉意并解释清楚,避免产生不良影响。已经来访过的来宾应按照以往的接待规格接待,不可随便更改。

(三) 拟定接待日程

接待日程是指接待期间各项工作和活动的具体时间安排,主要包括接待的具体时间、接待活动的内容安排、接待活动实施的地点、接待陪同人员的工作安排等。活动和日程安排,要根据客人来访目的和己方实际情况,与对方提前沟通确定。接待工作的日程安排通常有两种:一种是整个接待过程的工作安排,可以按天概括说明,具体格式如表5-3所示;另一种是每天的具体日程安排,接待人员要事先详尽地确认清楚,具体格式如表5-4所示。

表5-3 接待工作日程安排表

负责人:××× 职务:×× 日期:××××年×月×日至×月×日		
日期	具体事宜
第1天(×月×日)	
第2天(×月×日)	
第3天(×月×日)	
第4天(×月×日)	

表5-4 ××××年×月×日接待活动日程安排表

	时间安排	内容安排	地点	陪同人员
上午	××:××——××:××			
	××:××——××:××			
中午	××:××——××:××			
	××:××——××:××			
下午	××:××——××:××			
	××:××——××:××			
晚上	××:××——××:××			
	××:××——××:××			

(四) 安排接待人员

接待人员主要包括陪同人员和单位工作人员。陪同人员包括主要陪同领导(即主要陪同人)、相关职能部门负责人和业务人员等,工作人员是指协助完成接待工作的人员。陪同人员的安排要坚持"少而精"的原则,一方面要注意保证本单位日常工作运行,另一方面要提高效率、节约成本。

（五）安排后勤保障服务

在接待工作中，后勤保障服务也是一项至关重要的工作，甚至可以说是一项核心工作，必须高度重视。一般而言，后勤保障服务主要包括生活安排、安全保卫和新闻报道等事项。

1. 生活安排

生活安排包括食宿安排、交通工具安排。要根据来宾身份和具体要求，充分考虑来宾人数、性别、民族和宗教信仰等因素，尽可能满足来宾要求。这些情况需要在收集来宾资料时掌握，以便安排时心中有数。一般说来，单位都会有长期合作的酒店、宾馆等，在接待工作中要提前安排好，防止客人到来时手忙脚乱，甚至无法入住，影响接待工作质量。

接待期间的餐饮一般选在住宿宾馆，或离宾馆较近的用餐地点。要安排好客人的日常用餐，并在来宾抵达后，及时告知对方。如果接待中涉及宴请，还应明确宴请安排，即要安排好宴请时间、地点、规格、作陪人员，必要时甚至要根据客人的爱好和习惯，提前安排好菜式、酒水等，尽量做到热情、丰富但不张扬、浪费，让客人满意。

接待期间要根据来宾需求和实际情况安排好交通工具，如接送车辆、活动中使用车辆等，要明确由谁、何时到机场（车站）迎接，包括己方的迎送人员（领导）、司机，使用什么车辆等，确保来宾往来方便。在安排交通工具时，要确保交通工具状况良好，司机熟悉路况信息，保证交通安全。

2. 安全保卫

接待期间要注意来宾住地、活动场所的安全保卫，要提高安全防范意识，注意防灾、防盗。对参与接待的酒店、宾馆、饭店等的安全保卫工作提出具体要求，必要时应签订协议。

3. 新闻报道

如果来宾身份重要或活动具有重要意义，应事先联系新闻媒体进行采访报道。内部报道要明确人员，同时要和外部新闻媒体保持联系，需要报道时提前通知媒体到场，及时提供相关材料，方便媒体开展报道工作。在媒体报道前，要对即将发出的稿件、图片等进行审核，防止出现纰漏。同时，还要注意保存相关文件、资料和图片。

（六）做好接待经费预算

每个单位都有自己的财务管理规定，每次接待前要提前做好预算，明确费用多少，从哪项经费中支出，做到量入为出，防止出现接待超标、没有经费出处等问题。通常情况下，接待经费主要包括住宿费、餐饮费、劳务费、工作经费、交通费、参观娱乐费、宣传费、纪念品费以及其他费用等，要根据单位管理规定提前做好预算。

三、做好迎接准备

为了确保接待工作的顺利进行，在来宾到来之前，要细致地做好迎接准备，要做到五个确定。

一要确定文件材料和设施设备。接待工作所需的文件、资料等均要确定备齐；接待室干净整洁，电源及照明设施、空调等设施运行良好。

二要确定迎接地点。要根据来访者身份、职务、对环境的熟悉情况等确定迎接地点，重要的来宾需要到车站、码头、机场迎接，有的来宾在单位门口迎接即可。

三要确定迎接人员。对相关的迎接人员应及时提醒，保持联系，做好充分准备，迎接客人的到来。

四要确定迎接来宾的交通工具。根据来宾的身份和人数准备好合适的交通工具。

五要确定迎接工具。隆重的迎接需要准备鲜花，第一次见面的来宾接站时需要准备接站牌，以方便迎接。

四、迎接来宾

迎接来宾前，需核实客人乘坐的飞机、车辆等抵达的具体时间和地点，如果需要到车站、码头、机场迎接的，要准备好车辆，提前30分钟到达相应的地点。当客人下飞机或车、船时，应主动做好引导和服务工作。安排来宾入住宾馆或酒店后，交代好日程安排，在明确下一项活动的时间和地点后，接待人员即可离开，以方便来宾休息。

1. 迎候来宾

通常，迎宾的主陪领导要与来宾的职位对等，主陪领导可亲自到机场或车站迎接，也可由办公室人员到机场或车站迎接，主陪领导在宾馆等候。迎宾需提前到达迎宾地点等候来宾。迎宾如果与来宾素不相识，可使用接站牌，书写"××（单位）欢迎您""××（单位）接站牌"等提示性文字。如果需要，可准备鲜花。

与来宾见面时，主方应先自我介绍，由身份最高者开始，接着来宾做自我介绍。主方还应主动与来宾握手，对来宾表示欢迎。秘书应主动接过来宾的行李，来宾随身携带的皮包除外。

2. 坐车安排

一般说来，如有司机驾驶时，后排右侧为首位，左侧次之，中间座位再次之，驾驶座右侧为末席；如果由主人亲自驾驶，则驾驶座右侧为首位，后排右侧次之，左侧再次之，而后排中间座为末席。车辆座位重要度示意如图5-1所示。

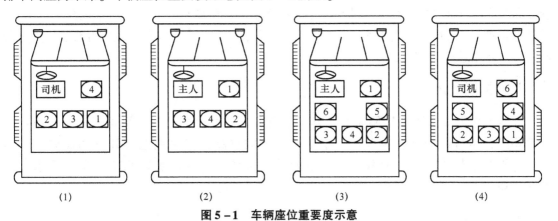

图5-1 车辆座位重要度示意

（1）司机驾驶5座车；（2）主人驾驶5座车；（3）主人驾驶7座车；（4）司机驾驶7座车

如果是多排座轿车（4排及4排以上座位的大中型轿车），其不论由何人驾驶，均以前排为上，后排为下；以右为尊，以左为卑；并以距离前门的远近来排定具体座位的顺序。以6排17座轿车为例，车辆座位重要度示意如图5-2所示。

3. 住宿安排

来宾住宿的宾馆、酒店,需考虑其基本设施、安全性、价格、位置、环境等,进行综合选择。安排房间时,则根据来宾的职务、年龄、健康状况、性别和房间条件,统筹安排。

五、安排宴请

根据需要,来宾的宴请可采用多种形式。接风和送行要正式的宴请,其他时候可简单一些。

安排宴请要根据来宾的情况和本单位的相关规定来确定宴请的规格,特别要注意兼顾来宾的饮食习惯和宗教禁忌。应事先通知来宾宴请的时间、地点、所乘交通工具以及陪同人员。在宴请时,要注意宴请菜品的选择、宴请座次安排、宴请场所的布置和宴请程序等细节问题。

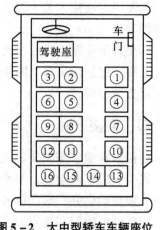

图 5-2 大中型轿车车辆座位重要度示意

六、安排会见、会谈

根据来宾的工作任务安排会见和会谈,并做好充分的准备工作,如信息资料的收集、会客室的布置、放映设备及相关办公用品的提供等。在会见、会谈中,要安排人员做好记录。

七、组织观光和文化娱乐活动

在接待工作中安排考察观光和文化娱乐活动,有利于加深宾主双方的了解,增进友谊。可根据来访者的意愿,安排到风景区或名胜古迹游览观光;也可为来宾安排一些文化娱乐活动,如欣赏歌舞剧、音乐会、话剧、京剧、芭蕾舞剧,参观博物馆,举办书画活动等。组织观光和文化娱乐活动要结合来宾的兴趣爱好和当地的实际状况,有针对性地选择游览项目,活动内容要积极健康、丰富多彩。活动期间要事先预订好票务和座位,安排好交通工具和陪同人员,并注意安全保障。

八、馈赠纪念品

根据工作需要,可以馈赠来宾纪念品、礼品。纪念品的选择,可根据来宾风俗习惯确定物品,也可馈赠具有本单位、本地区特色的物品,但要注意避开不同民族、不同国家、不同宗教的禁忌。国家机关和事业单位接待工作要注意国家有关文件要求,不能违反规定。

九、送别

来宾离去时,要核实客人离去所乘航班或车次的时间,安排相关人员送行,可以到来宾住地送行,重要的来宾需送至车站、机场或码头,在目送来宾乘坐的交通工具起动后,送行人员才可离开。送别是接待工作的最后环节,要善始善终地提供良好的服务,给来宾留下美好的印象。

十、接待小结

接待工作结束后,要对本次接待活动进行认真全面的总结,撰写接待工作小结,看看哪些方面是来宾满意的,哪些方面还存在问题或不足。通过小结,不断提高接待工作的质量和效率,使今后的接待工作能够做得更好。接待小结最好书面备案,以便于日后工作查阅和参考。

第五节　几种常见的接待形式及注意事项

除日常接待外,办公室的接待还有多种形式,常见的主要有会见与会谈接待、会议接待、宴请接待、参观和娱乐接待等形式,本节将重点讲述这几种形式的程序和要求。

一、会见与会谈接待

会见,国际上一般称为接见或拜会。凡是身份较高的人士会见身份较低者或者主人会见客人,一般都称为接见。凡是身份较低的人士会见身份较高者,或者客人会见主人,一般称为拜会或拜见。就会见的内容而言,分为礼节性会见、政治性会见、事务性会见三类。

礼节性会见时间较短,通常是半小时左右,话题较为广泛,形式也比较随便。政治性会见一般要谈论双边关系、国际局势等重大问题,话题较为严肃,形式较为正规。事务性会见则涉及一般外交交涉、业务商谈和经贸、科技、文化交流等内容,具有较强的专业性,时间较长,也较严肃。

会见与会谈往往相辅相成。领导出面会见客人,往往为正式会谈定下基调或创造条件。会见中双方达成的原则性共识,往往要通过具体而细致的会谈加以落实。有时会谈也是为上司之间的高峰会见做准备。

(一) 会见与会谈接待的准备工作

会见与会谈前要做充足的准备工作,要了解相关政策和规定,客观全面地准备资料,全面充分地了解对方,包括对方的背景、主要的竞争对手等,以保证会谈的顺利进行。

1. 收集对方的相关资料

会见与会谈一定是为了达到某种目的而进行的,因此,需要了解的信息主要有对方的求见目的、求见对象,对方的相关社会背景、习俗、禁忌、礼仪,对方参加会见与会谈的人数、姓名、职务,主要会谈人的详细资料等。这些信息有助于领导判断对方的真实意图,制定己方的目标和策略。

2. 通知主方参加会见与会谈的人员

会见一般由领导出面,除了单独会见以外,一般还要安排陪同人员或翻译人员。

(1) 通知主方接见人。接见人的确定要根据求见方的要求、双方的关系以及会见的内容、性质而定。一般条件下,主方接见人的职务不应低于客方主谈人的职务,如果主方不能满足对方的求见要求,应提前向客方做好解释工作。

(2) 通知主方陪同人员。会见时主方陪同人员不宜过多，应该考虑对方的人数及会谈内容来确定相关人员参加。

(3) 通知主谈人。主谈人的级别应该与对方大致相等，并有权代表本单位。主谈人对谈判起主导作用，应该慎重选择。一般要求主谈人熟悉情况、擅长业务、老练稳重、机智敏捷，善于言辞和交际。

3. 了解会见与会谈的地点和时间

(1) 会见的地点和时间。会见的地点一般安排在主方的办公室、会客室或小型会议室，也可以在客人的住所进行。会见的时间应该根据会见的性质来定。礼节性会见一般安排在客人到达后的第二天或宴请之前，其他会见则根据需要确定时间。

(2) 会谈的地点和时间。会谈地点可以安排在客人所住的宾馆会议室或在主方公司会议室，而会谈的时间安排应该事先与客方商量确定。

4. 通知对方

会见与会谈的名单、地点、时间一旦确定，就应该及时通知对方。同时，还要了解客人的抵达方式，以便告知主方的接送人员。如果是重要的会见与会谈，事先应该由秘书或助理进行预备性磋商，确定具体日程。

5. 场所的布置及座位安排

(1) 场所的布置。会见场所应该准备足够的桌椅、沙发、茶几和饮料等物品。会谈桌上有时需要摆放双方的标志旗帜，如果是涉外会谈，还应该摆放两国国旗。现场可以放置双方主要人员的座签，以便与会者对号入座。

(2) 会见会谈的座次安排。根据国际礼仪"以右为尊"的原则，即客人坐在主人的右边。座位通常排成扇形或半圆形。涉外会见还应该有翻译人员。会谈时双方一般使用长方形或椭圆形的谈判桌，双方各坐一边。如果谈判桌横着放在会谈室中，即谈判桌的长边对着门，则主方应该坐在背对门的一侧。如果谈判桌竖着放在会谈室中，即谈判桌的宽边对着门，根据"以右为尊"的国际礼仪，则主方应该坐在进门的左手侧。双方主谈人坐在己方的中间，其他人员按右高左低排列，如图 5-3 所示。多边会谈的座位可以摆成圆形或方形。桌上应该放置中文座签，涉外会谈要同时放置对方语种的座签。

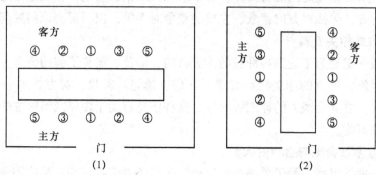

图 5-3 会见与会谈的座次安排
(1) 谈判桌长边对门时；(2) 谈判桌宽边对门时

在上述准备工作完成后，可以采用电话、传真、信函、电子邮件等形式，将会见与会谈的日程和时间表及时告知对方,并通知主方有关人员。

(二) 会见与会谈接待的基本程序

1. 迎接

会见与会谈时,主人应该提前到达见面的地点,并在大楼正门口或是接见厅、会见室门口,由主谈人和陪同人员一同迎候客人,并引导客人进入会客厅。重要来宾进门后,应该由客方主谈人向主人一一介绍客方成员。

2. 致辞、赠礼、合影

(1) 致辞。主宾双方均可致辞。主方致欢迎词,客方致答谢词。

(2) 赠礼。双方简单致辞后,互赠礼品。礼品不一定很昂贵,但最好能代表本单位的企业文化或反映当地特色。

(3) 合影。如果有合影仪式,应该事先安排好合影流程,准备好合影所需器材。合影时一般主人居中,主人的右侧为上,主宾双方按礼宾顺序排列合影。通常由主方人员站两端,尽量让客方人员居中,排列次序如图5-4所示。

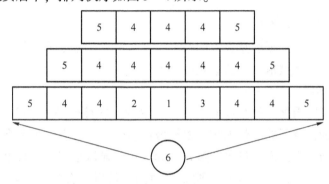

图5-4 主宾合影方位示意

1. 主人; 2. 主宾; 3. 第二主宾; 4. 客方人员; 5. 主方人员; 6. 摄影师

3. 会见与会谈

合影完毕,参加会见与会谈的人员即可落座。主人可以请客人先入座,或双方一起落座,但主人不能自己抢先坐下,客人也不能在主人没有请其入座时自行先坐。

4. 记录

会见与会谈时,均要有专人做记录。

5. 会见与会谈结束

会见与会谈结束后,主人应该将客人送至门口或车前,握手道别,目送客人离去后,方可返回室内。

(三) 会见与会谈接待的注意事项

在会见与会谈的过程中要注意以下几点。

(1) 除了陪同人员和必要的翻译、记录员以外,其他工作人员应该退出。在会见与会谈的整个过程中,不允许其他人员随意出入。

(2) 主谈人交谈时,其他人员不得交头接耳,也不能翻看与此会谈无关的材料。不允许打断他人的发言,要注意语言的表述。

（3）正式会谈如果有新闻记者采访，通常在正式谈话开始前采访几分钟，新闻摄影通常是在主人和客方主谈人站立握手、面向新闻记者时进行；摄影师新闻记者一同离开会场后会谈正式开始。

（4）在会见与会谈过程中，要充分做好服务与接待工作。

二、会议接待

（一）会议接待的特点

会议是有组织、有目的地召集人们商议事情、沟通信息、表达意愿的活动，是实施领导、进行决策的重要方式，也是重要接待工作中的重要环节，既可以交流信息、互通情报、集思广益，还可以协调矛盾、联络感情。任何组织都离不开会议这种活动形式。会议要取得预期效果，必须有会前的充分准备以及会议中、会议后的各种支持、服务和整理工作。这些工作统称为会务工作，简称"办会"。会务工作的工作质量是影响会议质量和会议效果的重要因素。

（二）会议接待的注意事项

要组织好一次会议，必须注意会议的每一个环节，尤其是细节工作，哪一个步骤出现差错都会影响会议的效率和质量，也会影响办公室形象。

1. 要选好会议场所

会议场所的选择要根据参加会议的人数和会议的内容综合考虑。会议场所大小要适当，会场太大，人数太少，空下的座位太多，松松散散，会给与会者一种参会单位不积极、人没有到齐的感觉；会场太小，人数过多，挤在一起，不仅显得小气，而且也无法把会开好。地点要合理，临时召集的会议，时间在一两个小时的，可以把会场定在与会人员较集中的地方；超过一天的会议，应尽量把地点定得离与会者住所较近一些，以免与会者来回奔波。附属设施要齐全，会场的照明、通风、电话、扩音、录音等要齐备、完好。最好要有停车场，方便参会人员停车。

2. 要写清楚会议通知

会议通知要写明召集人的姓名或组织、单位名称，会议时间、会议地点、会议主题以及会议参加者、会务费、应带的材料、联系方式等内容。重要会议通知后要附参会回执，这样可以确定受邀请的人是否参加会议，参加会议人员是否有其他要求等。对于外地的会议参加者还应附上到达会议地点和住宿宾馆的路线图，一方面方便与会者参会，另一方面也避免参会人员反复电话询问，增加主办方的工作量。

3. 要注意会场布置

一般大型的会议，根据会议内容，在场内悬挂横幅，门口张贴欢迎和庆祝标语。可在会场内适当摆放盆景、盆花。桌面上如需摆放茶杯、饮料，应擦洗干净，摆放美观、统一。

需要注意的是，某些会议可能会对会场布置、横幅、标语等有相对固定的规定和要求，主办单位在布置会场时要按照规定进行，防止出现违规行为。关于这一点，办公室工作人员在组织一些较为特殊的会议时，一定要提前做好功课，对相关要求要了解、掌握，做到心中有数。

4. 要安排好会议接待

接待人员应该在与会者到来之前至少十分钟进入各自的岗位。一般的接待工作分为以下几个岗位。

（1）签到。设一张签到台，配上1~2名工作人员，如果要求接待档次比较高，可以派礼仪小姐承担。签到台备有毛笔、钢笔和签到本。向客人递钢笔时，应脱下笔套，笔尖朝向自己，将笔双手递上。如果是毛笔，则应蘸好墨汁后再递上。签到本应精致，以便保存。如需要发放资料，应双手递上。接待人员应经常向会议组织者汇报到会人数，方便组织者了解情况，确定会议开始时间。

（2）引座。签到后接待人员应将与会者引入会场就座。对重要领导应先引入休息室，由会议主办单位领导亲自作陪，会议开始前几分钟再到主席台就座。

（3）接待。与会者坐下后，接待人员应递茶或递上毛巾、水果，热情地向与会者解答各种问题，提供周到的服务。

5. 要安排好会议座次。

座席的配置要和会议的风格和气氛相符，讲究礼宾次序，主要有以下几种配置方法。

（1）圆桌型。使用圆桌或椭圆形桌时，使与会者同领导一起围桌而坐，有利于互相交换意见。这种形式适于10~20人的会议。座次安排应注意来宾或上级领导与本单位领导及陪同人员面对面地坐，来宾的最高领导应坐在朝南或朝门的正中位置，本单位最高领导与上级领导相对而坐；同级别的对角线相对而坐。

（2）口字型。长形方桌适用于较多人数的会议。圆桌型方桌和口字型方桌都适合用于座谈会，只是口字型在容纳人数上较圆桌型更多。

（3）教室型。这是采用得最多的一种形式，适用于以传达情况、指示为目的的会议，此类座席的与会者人数比较多，而且与会者之间不需要讨论、交流意见。教室型座席的主席台与听众席相对而设，主席台的座次按人员的职务、社会地位排列；主要领导的座位以第一排正中间的席位为上，其余按"左为下、右为上"的原则依次排列。

6. 要做好会议服务

会议进行中也要做好服务工作，服务要做到稳重、大方、敏捷、及时。负责倒茶的人员要注意观察每一位与会者，以便及时为其添茶水。添水时应动作轻盈、快捷、规范；杯盖的内口不能接触桌面，手指不能放在杯口上，不能发生杯盖碰撞的声音；一般是左手拿开杯盖，右手持水壶，将热开水准确倒入杯里，不能让茶水溅到桌面上或与会者身上；杯子放在与会者桌上的右上面。如果操作不慎，出了差错，应不动声色地尽快处理，不能惊动其他人。

其他会议服务按拟定的程序紧凑进行，不要出现冷场的局面。这就要求各工作人员"严阵以待"，做好各项准备工作。如果与会者有电话或特别重要的事，服务人员应走到其身边，轻声转告。如果要通知主席台上的领导，最好用字条传递通知，避免无关人员在台上频繁走动和耳语，分散与会者注意力。

7. 要做好会后服务

会后服务要提前做好准备，如会后要合影，就应提前将场地、椅子等布置好，摄影师做好准备。另外，会后的用车也应在会议结束前妥善安排。

三、宴请接待

在商务活动中以宴请的方式来款待宾客，是商务人员对外交往中一项经常性活动，这不是一般意义上的吃吃喝喝，而是人际交往的一种重要形式。在商务活动中，宴请客人应该对宴请的时间、档次、环境、菜单、人员以及邀请方式等进行细心安排，遵守基本的礼仪。

（一）宴请接待的形式

常见的宴请接待形式有以下几种。

1. 宴会

宴会指比较正式、隆重的设宴招待，宾主在一起饮酒、吃饭的聚会。宴会是正餐，出席者按主人安排的席位入座进餐，由服务员按专门设计的菜单依次上菜。宴会按其规格又有国宴、正式宴会、便宴、家宴之分。

（1）国宴。国宴特指国家元首或政府首脑为国家庆典或外国元首、政府首脑来访而举行的正式宴会，是规格最高的宴会。按规定，举行国宴的宴会厅内应悬挂两国国旗，安排乐队演奏两国国歌及席间乐，席间主、宾双方有致辞、祝酒。

（2）正式宴会。这种形式的宴会除不挂国旗、不奏国歌及出席规格有差异外，其余的安排大体与国宴相同。有时也要安排乐队奏席间乐，宾主均按身份排位就座。许多国家的正式宴会十分讲究，对餐具、酒水、菜肴的道数及上菜程序均有严格规定。

（3）便宴。这是一种非正式宴会，常见的有午宴、晚宴，有时也有早宴。便宴的最大特点是简便、灵活，可不排席位、不做正式讲话，菜肴也可丰可俭；有时还可以自助餐形式，自由取餐，可以自由行动，更显亲切随和。

（4）家宴。家宴即在家中设便宴招待客人，西方人喜欢采取这种形式待客，以示亲切，且常用自助餐的方式。西方家宴的菜肴往往远不及中餐丰盛，但由于通常由主妇亲自掌勺，家人共同招待，因而充满亲切、友好的气氛。

2. 招待会

招待会是指一些不备正餐的宴请形式。一般备有食品和酒水饮料，不排固定席位，宾主活动不拘形式。较常见的招待会形式有两种。

（1）冷餐会。此种宴请形式的特点是不排席位，菜肴以冷餐为主，也可冷、热兼备，连同餐具一起陈设在餐桌上，供客人自取。客人可多次进台、站立进餐、自由活动，边谈边用。冷餐会的地点可在室内，也可在室外花园里。对年老、体弱者，要准备桌椅，并由服务人员招待。这种形式适宜于招待人数众多的宾客。我国举行大型冷餐招待会，往往用大圆桌，设座椅，主桌安排座位，其余各席并不固定座位，食品和饮料均事先放置于桌上，招待会开始后，与会者自行进餐。

（2）酒会。酒会又称鸡尾酒会，较为活泼，便于广泛交谈接触。酒会的招待品以酒水为主，略备小吃，不设座椅，仅置小桌或桌椅，以便客人随意走动。酒会举行的时间亦较灵活，中午、下午、晚上均可。请柬一般均注明酒会起止时间，客人可在此间任何时候入席、退席，来去自由，不受约束。鸡尾酒是用多种酒配成的混合饮料，酒会上不一定都用鸡尾酒。通常鸡尾酒会备置多种酒品、果汁，但不用或少用烈性酒。饮料和食品由服务员托盘端送，亦有部分放置桌上。近年来国际上举办大型活动广泛采用酒会形式招待。

3. 茶会

茶会是一种更为简便的招待形式，一般在西方人早、午茶时间（上午十时、下午四时左右），举行地点常设在客厅，厅内设茶几、座椅，不排席位。如为贵宾举行的茶会，入座时应有意识地安排主宾与主人坐在一起，其他出席者随意就座。

茶会顾名思义就是请客人品茶，故对茶叶、茶具及递茶均有规定和讲究，以体现该国的茶文化。茶具一般用陶瓷器皿，不用玻璃杯，也不用热水瓶代替茶壶。外国人一般用红茶，略备点心小吃，亦有不用茶而用咖啡者。

4. 工作进餐

这是又一种非正式宴请形式。工作进餐按用餐时间分为工作早餐、工作午餐、工作晚餐，主客双方可利用进餐时间边吃边谈。我们现在也开始广泛使用这种形式，用餐多以快餐分食的形式，既简便、快速，又符合卫生。此类活动一般不请配偶，因它多与工作有关。双边工作进餐往往以长桌安排席位，其座位与会谈桌座位排列相仿，便于主宾双方交谈、磋商。

（二）宴请接待的环节

1. 获得宴请信息

（1）确定宴请目的、名义、范围、规模及形式。宴请的目的多种多样，可以是为某一个人，也可以是为某一件事；确定邀请名义和对象的主要依据是主客身份对等。宴请范围和规模主要是指宴请主办单位名称和出席宴会的人员的姓名、职务等。宴请形式取决于当地的习惯和客人的要求。一般来说，规模高、人数少的宴请以宴会为宜，人数多的宴请则以招待酒会或冷餐会更为合适。

（2）确定宴请时间、地点。宴请的时间应对主客方都合适，要根据宴请的目的，选择宴请的形式和时间。注意不要选择对方的重大节假日或有重要活动或有禁忌的日期。小型宴请应首先征求主客意见，按照主客的意见确定时间，然后再约请其他宾客。通常，午餐采用工作餐，茶话会适合在下午举办，晚宴则适用于庆祝、欢送等高级别的活动。宴请的大约持续时间也需事先计划。

欢迎宴会一般安排在来宾抵达的当日或次日举行。告别宴会（饯行）通常在来宾离开的前一天或当天举行。相比其他时间的宴请，晚宴更为正式隆重。

宴请地点的选择，要根据主人和主宾的身份确定地点的档次，根据宴请的事由和规模，确定地点的大小，要根据交通状况、餐厅的环境、餐厅的服务、餐厅食品的质量和品种等进行综合考量。地点一般选择来宾下榻的宾馆或定点饭店。选定的场所要能容纳全体人员。举行正式宴会，在可能的条件下，宴会厅外要另设休息厅（又称等候厅），供宴会前简短交谈用，待主宾到达后一起进宴会厅入席。

（3）发出邀请请柬。大型宴会活动，一般均应发请柬。这既是礼貌，也对客人起提醒、备忘之用。请柬一般提前一至两周发出，以便被邀请人及早安排。宴请国宾或其他重要外宾时，应以主持宴会的领导个人名义署名发请柬。

请柬内容包括活动形式、举行时间、地点、主人的姓名和职务。请柬行文一般不加标点符号（括号除外），所提到的人员、单位、节目名称，都应用全称。正式宴会应在发请柬之前就排好桌次席位，在请柬上一般要注明客人的桌次、席位，以便客人届时顺利"对号入座"。请柬发出后，应落实能否出席，并及时调整席位。

（三）宴请接待准备

1. 下达宴请通知单

接待人员将宴请来宾的信息报送领导审定后，应下达宴请通知单通知宾馆或饭店，进行宴会准备。

宴请通知单主要包括以下内容：宴会主办单位名称或主办人姓名、身份；来宾单位、身份；宴会类型；宴会名称、日期及开宴时间；出席人数；饮食要求（包括菜单、酒水、禁忌等）；场地要求（包括灯光、色彩、音响、横标、装饰、台面、台型、路牌、主桌摆放的特殊要求等），以及是否需要会见场所、休息室等。

2. 制定菜单

正式宴请一般先确定菜单。菜肴的选择要求精致可口、赏心悦目，特色突出，冷热、甜咸、色香味搭配，并注意不同国家、民族的饮食习惯、禁忌。

（1）宴请的酒菜根据活动形式和规模，在规定的预算标准内安排。

（2）在结合酒店的实际能力的基础上，选菜主要考虑客人特别是主宾的喜好与禁忌，要尊重客人的宗教和风俗习惯。大型宴会要照顾到各个方面，如个别人有特殊需要，也可以单独为其上菜。选菜时应尽量选取时令原料，保证鲜活，丰美可口。同时要突出地方特色，多选用地方特色的菜肴、酒水、水果。菜肴道数和分量要适宜，避免浪费。

（3）特别隆重的宴请要印制菜单，每桌两份，或每人一份，以留作纪念。

（4）宴会开始后，应严格按拟定宴会菜单上菜，特殊情况按主陪领导意图办理。准确把握上菜节奏，不宜过快或过慢。

3. 布置场地

宴会场地布置应与活动的性质和形式相称。正式宴请活动场地应空气流通、庄重大方、设备齐全、布局合理。需要在宴会厅内布置背景板或悬挂横幅时，一般将其摆放和悬挂在主桌（主位）后方的墙上。背景板要提前制作，及时通风，去除异味。宴会现场可以少量点缀鲜花、绿植、刻花等。

宴会可以用圆桌，也可以用长桌或方桌。两桌以上的宴会，桌子之间的距离要适当。如安排乐队，不要离餐桌太近，乐声宜轻。

冷餐会的餐台用长方桌，通常靠四周陈设，也可以根据宴会厅情况摆在餐厅中央。如坐下用餐，可摆四人一桌的方桌或圆桌。座位要略多于全体宾客人数，以便客人自由就座。

4. 排列桌次

在安排桌次和座次时，应遵循"面门为上、远门为上、居中为上、临台为上"的原则。桌次的排列方法：以主桌位置作为基准，右高左低、近高远低。

主桌位置，圆厅居中为上，横排以右为上，纵排以远为上（指的是距离门的位置），有讲台时临台为上。其他以离主桌位置的远近确定，近高远低，右高左低。桌数较多时，要摆桌次牌，通常安排每桌 10 人。宴会桌次安排示意如图 5-5 所示。

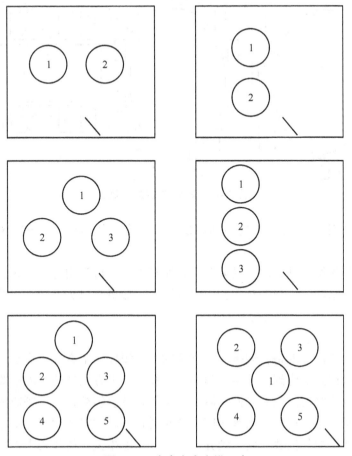

图 5-5　宴会桌次安排示意

5. 排列座次

座次的排列方法：面门居中位置为主位，主左宾右分两侧而坐，或主宾双方交错而坐；越近首席，位次越高；同等距离，右高左低。

只有一位主人时，1 号来宾坐在主人右侧，2 号来宾坐在主人的左侧，其余人员依次就座。当有两位主人时，1 号来宾坐在第一主人的右侧，2 号来宾坐在第一主人的左侧，3 号来宾坐在第二主人的右侧，4 号来宾坐在第二主人的左侧，其他来宾依次就座。宴会座次排列示意如图 5-6 所示。

（四）宴请接待的现场工作

1. 提前到场检查

礼宾人员应提前到现场检查落实准备工作，将席卡、菜单等摆好。席卡置于酒杯前或平摆于餐具前方，不能放在餐盘内。菜单放在餐具右侧。

2. 标明席位

席位的通知，除请柬上注明外，现场可采用以下两种方法。

（1）在宴会厅前设置宴会简图，注明客人的席位。

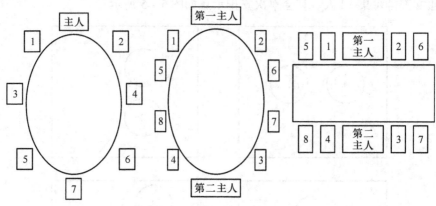

图 5-6　宴会座次排列示意

(2) 在卡片上注明出席者的姓名和席次，或印出全场席位示意图，标明出席者位置，发给本人。

大型宴会宜采用第二种方法，具体明了。通知卡片，可利用客人在休息室时分发，也可趁客人从衣帽间出来时，由服务员用托盘将其递上。如果是口头通知则由礼宾人员在休息室通知每位客人。

3. 迎接

接待人员应提前做好准备，迎接参加宴请的主方领导。主方人员应在门口迎接客人，对于住宿的客人，接待人员应到所下榻的房间请至餐厅。主方人员迎接的位置一般在客人进门存衣以后进入休息厅之前。同客人握手后，由工作人员引领客人至进餐前休息室，或者直接进入宴会厅，但不入座。休息室内有相应人员照料客人。主宾到达后，由主人陪同进入休息室与其他客人见面。如其他客人尚未到齐，由主方其他相关人员代表主人在门口迎接，然后准时进入宴会厅，全体客人就座，宴会正式开始。如休息厅较小，或宴会规模大，也可以请主桌以外的客人先入座，贵宾席最后入座。

4. 领导致辞

正式宴会一般要致辞，通常双方事先交换讲话稿，欢迎宴会由主方先提供，答谢宴会则由客方先提供。一般宴会可在客人入席后即致辞。当客情发生变化时，工作人员应及时将变化情况报告致辞的领导，以便及时调整致辞内容。

5. 交谈

席间主人要引导客人愉快地参与交谈，巧妙地选择话题，使席间充满和谐愉快的气氛。

6. 安排好工作餐

接待人员应安排好其他陪同人员、秘书、司机的工作餐。事先应估算工作餐人数，并通知宾馆做好准备。宴会开始后，接待人员应主动退出宴会厅，并和工作人员一起用工作餐，不要随便到主桌敬酒。

7. 餐后送行

在宴会结束前，接待人员要安排送客车辆停放到位，并在宴会厅门口做好送行准备。吃完水果，主人与主宾起立，宴会即告结束。主宾告辞，主人送客至门口，主宾离去后原迎宾人员按顺序排列与其他客人握手告别。

8. 资料归档

宴会结束后，接待人员应根据任务的等级及重要程度，及时做好资料收集整理、核实归档工作，便于以后工作中查阅。

四、参观和娱乐接待

（一）参观和娱乐接待的安排

一些接待中会有参观和娱乐，这需要结合来访客人的目的、意愿、兴趣和要求进行安排。需要注意的是，不是所有的接待都有参观和娱乐。公务活动中如果安排参观和娱乐活动要做到以下几点。

1. 明确参观目的

要把参观活动同系统工作结合起来，达到促进工作的目的。例如，召开杧果产业开发研讨会，可以在适当的时候安排参会人员参观当地的杧果种植现场、杧果加工生产基地等。

2. 明确参观内容

要将参观内容纳入接待整体规划，不能临时安排，影响参加人员的时间计划，也防止因为安排不细致而出现差错。安排参观内容时，应该考虑以下几点。

（1）有代表性的内容，能够满足来访者的基本要求，与活动主题密切相关。

（2）不会影响正常的工作及生产。

（3）不会泄露核心机密。

3. 安排娱乐活动要考虑不同娱乐活动的特点与适应对象

（1）安排游览活动要了解客人的身体、年龄、兴趣等相关情况。工作人员要熟悉将要游览的地方。

（2）安排娱乐活动要了解客人的特长和兴趣，活动水准应该是较高的，最好有地方特色。

4. 要遵守参观、娱乐的相关礼节

（1）在观看各类文艺节目时，不能迟到。

（2）无论是在参观、游览时，还是在观看节目中，都不要大声喧哗。

（3）在参观、游览、娱乐时，着装应该根据场合调整，工作人员对此要了解，并提前适时提醒参加人员。

（二）参观和娱乐接待安排的注意事项

（1）要精心选择参观点，反复预看路线，做好参观考察的各项准备工作。选择参观点的时候，要有针对性。一般而言，参观点要选择宾客感兴趣的，具有自己单位特色的，最能展示单位成果的地方。

（2）明确领导和随行陪同人员。

（3）要做好宾客在外的相关服务工作和联络协调工作。

（4）要协助接待地做好接待过程中的有关突发情况的现场处理。

（5）要提前安排好沿途解说人员向客人进行介绍和讲解。

【阅读参考】

做好办公室接待工作的体会[①]

接待工作是送上门来的服务工作，认识不同，做法不同，效果就大不一样。作为院长办公室的工作人员，我们在多年的接待工作实践中积累了一些经验，摸索出一些规律，形成了一套比较规范的做法。我们主要是从以下几个方面做好接待工作的。

一、认真做好准备

俗话说：兵马未动，粮草先行。在古代战争中粮草准备得充实不充实、到位不到位，是关系到战役胜败的重要因素。同样，细致周密的准备工作，是保证接待任务顺利完成的基础。

到清华大学核研院的国内来宾基本上分为三部分。

第一部分是党和国家领导人以及国家各部委、北京市和外省市的领导同志。这些领导同志前来视察、指导工作或参观访问，为我们提供了十分难得的汇报工作的机会。所以，每逢重大接待任务，核研院主要领导都会尽可能参加，详细介绍本院的发展历程、取得的重要科研成果以及长远规划等情况，使上级领导对核研院有更深入、更全面的了解。我们的准备工作必须精益求精，从制定接待日程、设计参观路线、布置接待场所到检查环境卫生、落实安全保卫等都要做到十分细致，并要准备应急预案。

第二部分是兄弟单位及合作单位的领导和相关人员。核研院的发展离不开社会各界的支持和帮助，我们通过展示本院科技成果和实力，通过宾至如归的热情接待，给对方留下良好的印象，给双方带来合作的机遇。这方面的接待工作要抱着广种薄收、广交朋友的心态，既要准确把握分寸，又要热情周到。例如，一次，清华大学保卫部部长带着公安系统一个会议的与会代表来核研院参观，我们认真地接待了他们，向他们仔细进行了院史介绍，参观者中有天津市公安局的两位代表。一年多后，核研院环境技术研究室从俄罗斯进口钴源，其要从天津新港运来，需要到天津市公安局办理护送运输手续，环节非常烦琐，巧的是具体经办人就是曾经来核研院参观的同志，他说："我去过你们院，了解你们对国家贡献很大，请放心，我们会全力配合。"结果，用最快的速度办妥了护送手续。

第三部分是各类培训人员和学生，包括研究生、大学生、中小学生。做好在青少年学生的科普工作，帮助他们了解核能的发展和未来，对于落实科教兴国战略、促进青少年成长有着深远的意义。我们主动把接待工作上升到为人才培养服务的高度，协助各级各类学校培养社会主义事业的建设者和接班人。我们积极创造条件，落实参观项目，请资深教授深入浅出地进行核能科普教育，现场答疑解惑；请老专家讲祖国原子能事业的创业史，进行艰苦奋斗的教育，使参观者受到震撼，获益良多。例如，天津市南开区教育局第五期青年干部培训班30余名学员来院参观后，从天津写来了一封热情洋溢的感谢信。信中说："尽管我们不懂核能技术，但我们看到：在核研院会聚着一个特殊的知识分子群体，你们在向社会奉献科技成

[①] 熊倪娟. 做好办公室接待工作的体会[J]. 办公室业务，2012（16）：30-31.

果的同时,还创造着一种特殊的精神,这就是清华人的'敬业'精神。这种精神在当今时代弥足珍贵,对我们的震撼十分强烈!"

总之,接待准备工作要针对不同的对象,有的放矢、量身定制,同时要方式多样、方法得当,以期取得良好的宣传效果,获得丰厚的社会效益。

二、精心组织实施

准备工作仅仅是接待工作的开始,要圆满完成一项接待任务,达到预期的效果和目的,关键是如何组织实施,接待方案的实施过程是对准备工作的全面考验。

接待方案在定稿之前必须反复修改,方案确定以后,就要按既定程序执行。重大接待任务,一般由院领导指挥,办公室牵头,组织相关科室和研究室共同承担。重要的参观,必须安排专人"打前站",做好沟通协调和实时调度。有时我们自认为已经考虑得很周到、很全面了,但还是会遇到一些特殊状况。在一次重大接待活动中,前一天晚上投影仪、计算机均工作正常。第二天,在来宾进会议室前几分钟,投影仪指示灯不亮,时间非常紧张,后经检查是投影仪保险丝坏了。我们一方面在来宾的参观路线上做了一些调整,争取了时间,另一方面迅速将借来的第二台投影仪安装调试到位。来宾到达会议场所时,各项设施准备就绪、有条不紊,接待工作得以顺利完成。事后,我们对陈旧的设备进行了维护更新,并明确规定,在重要接待任务中,主要设备采取双机设备,两套机器同时运行,以便万无一失。

接待工作需要认真负责的态度,也需要热情和激情。核研院长期从事以核能为主的高新技术研究,取得了一批重要科研成果,来院参观的人很多。这些来宾都由办公室接待,向他们介绍核研院的历史和发展、取得的物质成果和精神成果,以及相关的核能科普知识。对于前来参观的各界人士,从中央党校地市局级干部班、高校的领导同志、部队的领导同志、核工业的同行,到中小学生,每次我们都根据不同对象注意不同的侧重点认真讲解,尽量做到生动具体、有血有肉。十几年来坚持面对面地宣传,受众达数万人次,取得了很好的效果。不少参观者都说:"从你们这里不仅感受到高新技术的威力,更看到了当代中国知识分子的精神风貌。"

在接待工作的实施中,有三点是很重要的。一是按事先做好的方案,按部就班地进行,重要接待任务尤其要做好协调工作。二是要具备随机应变的能力,时时处处留心留意,把握接待进程,全局统筹安排,确保接待效果。三是要保持高度的工作积极性,以饱满的热情做好接待工作。

三、注重总结归档

核研院每年接待的来宾很多,留下了大量的照片、录音、录像和文字资料。这些资料都是宝贵的财富,具有形象的说服力和生动的表现力,充分利用这些资料,将会丰富本单位的历史,促进优秀文化和优良传统精神的传承与发展。

对于接待中保留下来的资料,我们进行了分门别类的整理归档,纸介质与电子版并存,每年提交院档案室。对于重大接待活动,则做好专题归档。例如,2004年10月,核研院举行"清华大学屏蔽试验反应堆落成40周年暨核研究院院庆"活动,参加这次活动的来宾和全院师生员工达1 700余人。全院事先进行了相当长时间的筹备工作。我们及时将整个活动从来宾名单、照片、礼品、领导讲话录音、信息简报、各部门的总结以及筹备活动资料、座谈会记录、院史竞赛资料、照片展览等进行分类、筛选、整理归档。2011年4月，适逢清华大学百年校庆，事后我们对校友接待工作也进行了总结归档，并形成了清华大学核研百年校庆工作备忘录。

把接待工作中形成的重要资料收集齐全，做到完整留存、系统整理、安全归档，既能为今后工作提供有益借鉴，又能为后人留下宝贵财富。办公室工作人员要树立"为党管档、为国守史"的档案意识，为接待工作画上一个圆满的句号。

【典型案例】

1. 某市教育局年底为对离退休干部的慰问，召开了迎春座谈会，会后共进晚餐。负责接待工作的秘书钟苗根据上司的指示和宴会惯例，安排桌次座位。这次宴会共设3桌，餐厅正面靠墙为主桌，编1号，靠入口处为2、3号桌，摆成三角形，突出主桌。重要嘉宾在主桌。为方便来宾入席，办公室工作人员小王特意做了座位名签，并摆在桌上。但由于这次联谊会时间紧，与会人员名单确定得晚，小王在抄写时漏了应该在主桌的一位离休干部，结果致使该干部入席时找不到座位，出现了十分尴尬的场面。

2. 杨丹是利华塑业有限公司的总经理秘书。这天刚上班，张总经理就将一项接待任务交给了她——接待来公司进行考察订货的兰州某公司副总郑立和部门主管刘新亮。杨丹即刻就此事与张总沟通，在详细了解情况后，认真拟写了接待方案，交给张总审核同意后及时通知了相关责任人，同时把各自的工作任务以表格的形式打印出来交到每个人手中。考虑到来宾可能是回族人，杨丹亲自到贵华大酒店考察，核实该酒店不但可以提供清真饮食，而且品质上乘，才下决心定了房间。

到郑总一行来的前一天，杨丹把各项工作的负责人召集起来，一起检查各个接待环节的准备工作是否到位；下班前又再次确定了第二天去接机的时间和人员。

郑总一行来的那天，张总和杨丹一行人提前半个小时到达机场。接到郑总后，经过简单介绍，宾主双方驱车前往贵华大酒店。在路上，杨丹了解到两位来宾果然是回族人。入住酒店后，晚上杨丹安排了丰盛的清真晚宴款待两位，两位来宾对贵华大酒店的清真饮食非常满意，一致称赞杨丹的接待工作做得很到位。

第二天，两人与张总进行了会谈，并签订了相关购货合同。

会谈结束后，杨丹陪同来宾参观了本市著名的景点，并品尝了当地特色小吃。在馈赠了带有当地特色的礼品后，杨丹亲自将他们送往机场。整个接待工作顺利完成。之后，杨丹受到了张总的表扬。

3. 孙华是泰华塑业有限公司总经理陈志天的秘书。这天，质检部张主任来到办公室，有事要见总经理，秘书孙华赶紧翻开总经理的日程安排，正看着，突然一位年轻人进来招呼说："我是陈志天的表弟，我找他有点事。"说完就径直走进总经理办公室。秘书孙华想既然来人是总经理的家人，也就没有阻拦，忙着招呼张主任坐下等候。结果等了半个多小时，那个小伙子才离开。陈总非常生气地走出来，狠狠地批评了孙华。原来那个小伙子根本就不是陈总的表弟，而是一位推销员。等候多时的张主任赶紧向陈总汇报：有一批压缩袋马上就要发给销售商,可是刚刚抽检发现产品质量不合格,请示陈总怎么处理。陈总当即决定先不发货,由他出面跟销售商联系一下再说。幸好没耽误太长时间,否则一旦这批货发出去了,轻则公司被迫追回货物,重则损害多年合作的老客户,那损失可就大了。陈总回过头看了看孙华,非常不满意。

案例思考:

1. 案例1中小王在接待工作中犯了什么错误?他应该怎样避免这些问题再次发生?
2. 案例2中杨丹为什么会受到表扬?她的接待工作有哪些地方值得借鉴?
3. 案例3中孙华在处理无约来访时存在哪些问题?你认为在工作中应怎样做好无约来访接待?

第六章

办公室工作经验

教学目标

通过本章的学习，了解办公室工作的基本规范；掌握办公室工作人员的形象规范，办公室使用电话、手机的基本礼仪；正确使用函电等基本知识，学会合理安排会议和领导公务活动。

教学要求

主要内容	知识要点	重点难点
第一节 介绍办公室人员的仪表仪态和着装规范	（1）着装得体 （2）仪表端庄 （3）仪态优雅 （4）举止得体	（1）办公室人员形象的重要性 （2）如何提升办公室人员的外在形象
第二节 介绍使用电话、手机的礼仪规范	（1）电话的使用规范 （2）接听与拨打电话的步骤及注意事项 （3）手机使用礼仪规范	（1）电话和手机的使用规范 （2）接听与拨打电话的步骤及注意事项
第三节 介绍办公室函电的使用规范	（1）收函规范 （2）发函规范 （3）电子邮件管理 （4）其他现代通信事务的管理	（1）收函、发函规范 （2）如何处理特殊函件
第四节 介绍会议的组织	（1）会议的定义及作用 （2）会议的组织 （3）会议的程序	（1）会议的组织安排原则 （2）会议的组织程序及注意事项

续表

主要内容	知识要点	重点难点
第五节介绍领导公务活动安排	（1）领导公务活动的意义 （2）怎样做好领导公务活动安排	（1）领导公务活动的意义 （2）怎样做好领导公务活动安排

情景导入

小张刚到公司不久，在办公室里接听手机的时候总是声音很大，旁若无人。周围的同事有的正在思考业务，有的正在和其他客户通话联系工作，他这样大声讲话，影响了周围人正常的工作，没多长时间就招来了同事们的不满。

问题：1. 同事们为什么对小张不满？
2. 如果你是小张的朋友，你会给小张提出哪些建议？

第一节 办公室人员的仪表仪态和着装规范

孔子曰，"文质彬彬，然后君子"。一个人的形象是外在与内在的结合，仪容仪表是个人涵养的外在表现。在与人交际的过程中，一个人的外在形象就是一张没有文字却形象生动的名片。整洁的衣冠、得体的打扮让人感到舒服，良好的第一印象往往至关重要。

一、办公室人员的形象规范

塑造职业形象，除了内心修炼之外，外表的精心装扮也很重要，这就是人们通常所说的形象塑造。一个人外表的客观效果，往往会直接影响到他人的主观判断。办公室是单位的窗口，工作人员的职业形象具有非常直观的视觉效果，其仪容仪表代表着单位的形象，展现了单位精神风貌，因此办公室人员要注意自己的仪表、着装和言行举止。

（一）着装得体

工作服是标志一个人从事何种职业的服装，又称岗位识别服。办公室人员因工作性质，需要经常和外界打交道，因此，要重视自己的着装，力求使整套服装和谐，体现出穿着者的品位。干净利落、衣着整洁，会增加自信，这一点对新进单位的人来说，显得更加重要。

1. 女性着装要求

女性办公室人员的着装应该端庄大方、稳重高雅。在裙装和裤装的选择上可以根据自己的喜好和工作场所选择。一般而言，裙装显得比较优雅，较有女人味，搭配方便；裤装则显得成熟，干净利落。在服装色调的选择上，以中性色为主，如深蓝、浅灰、深棕、米色等。春季可用较深的中性色，夏季可用较浅的中性色。对有一定职务的女性而言，服装应以深色、保守式样为好。

2. 男性着装要求

西装是男士职业装的首选，男士西装没有皱褶、干净整洁，会显出工作一丝不苟的态度。较苗条者适合单排扣，较健硕者适合双排扣。西装不能太过于紧身，也不能太过宽松。新西装穿着之前，务必要将位于上衣左袖袖口上的商标、纯羊毛标志等拆除；要熨烫平整,使西装线条笔直,显得平整挺括、美观大方;要扣好纽扣。穿西装时,双排扣应当全部系上;单排三粒扣则系上边的两粒衣扣,或单系中间的衣扣;单排两粒扣只系上边的那粒衣扣;要做到不卷不挽,一定要注意保持其原状,不能随意将衣袖、裤管卷起。在西装上衣之内,除了衬衫与背心之外,最好不要再穿其他衣物。领带起装饰、美化与点缀的作用。单色领带适用于公务活动和隆重的社交场合,并以蓝色、灰色、黑色、紫红色为佳。多色领带一般不应超过三种色彩,可用于各类场合。

男装的色彩搭配遵循"三一律",即要求正装的色彩最好控制在三种色彩之内,这样有助于保持正装的庄重风格,并使正装在色彩上显得规范与和谐。标准的套装色彩主要是蓝色、灰色、棕色与黑色。衬衫的色彩最好为白色。皮鞋、袜子、公文包的色彩也最好为深色,以黑色最为常见。

3. 着装禁忌

女性上班时间不得穿T恤衫、牛仔服、运动服、低胸衫、超短裙,不得穿皮鞋以外的其他鞋类。

男性不可上穿西装,下穿球鞋或白袜子,袜筒不要太短;不得穿T恤衫、牛仔服、运动服或者其他休闲服装;不得穿皮鞋以外的其他鞋类。

(二)仪表端庄

注意仪表并不是要求办公室人员必须长得漂亮、帅气,而是由内而外的气质要整洁清爽、端庄优雅、成熟敏捷。

一是要做到面容和双手的清洁。中国人喜欢说"爱面子",什么是面子,面子就是脸,爱面子就是爱自己的脸。作为一个职场人员,也应该"爱面子",面容清洁是最基本的要求。有的人脸上容易出油,可以使用一些控油保湿的护肤品。同时,手也非常重要,如果与别人握手的时候,手脏、油,就会给人印象非常不好,所以要经常洗手,注意修剪指甲,保持双手干净清洁。

二是要做到发型整洁。发型对人的外在形象所起的作用,有时甚至比化妆和服饰更重要。办公室人员的发型要和自己的脸型相配,和职业相称,和身份相符,头发应该干净清爽。

女性办公室人员最适合的发型是干净整洁的直短发,或者齐肩直发。长发可梳拢在一起扎成马尾状,或在脑后盘成发髻。男性办公室人员最适合的发型是短发,发根及鬓角刮干净,不留长发,更不梳马尾、扎辫子。

三是适度化妆。这一点主要是针对女性而言的,适当化妆可以让自己显得更精神,也是对别人尊重的表现,但切忌浓妆艳抹。

(三)仪态优雅

对办公室人员来讲,良好的仪态也是一种职业素质,无论站、坐、行、走、蹲,任何一个不起眼的动作,都反映了一个人的文化和教养,所以办公室人员仪态需要精心修炼,所谓"站有站相,坐有坐相"。

1. 站姿

站立时的姿态要挺拔、端正、自然。上身正直,头正目平,微收下颌,面带微笑;挺胸收腹,腰直肩平,双臂自然下垂,两腿相靠站直,肌肉略有收缩感。

2. 坐姿

入座时，要从座位的左侧轻轻入座，女士入座前要先拢裙子再坐，防止走光。坐着时要挺胸、拔背、上体自然挺直；双目平视，下颌微收，双肩平正放松，双臂自然弯曲，双手掌心向下置于腿部或沙发扶手上；双膝自然并拢；双脚尖向正前方或交叠。

男士可将双脚略向前伸或将两脚交叉，女士可将两腿并拢，两脚同时向左或向右放，两手叠放，置于左腿或右腿上形成优美的 S 形，也可以两腿交叉重叠，但要注意将上面的小腿回收，脚尖向下。总之，坐在椅子上是可以变换姿态的，只要端坐，腰立直，头、上体与四肢协调配合，那么各种坐姿都会是优美自然的。坐时切不可前倾后仰，或是歪歪扭扭，也不可双腿伸得远远的，摇腿、跷脚、两腿过于分开都是不雅观的。坐满椅子 2/3 左右即可，不可全部坐满，坐在椅子的前半边，身子稍向前倾是表示谦虚。

离座时右脚或双脚向后退半步，再起立，从左边离开，即通常所说的"左入左出"。同时注意，不论是入座还是离座都不要发出太大声响，容易影响他人。

3. 上下车姿势

上车时的姿势也有讲究，尤其是女性要特别注意。很多人上车时，往往会钻进车内，这种姿势比较方便，但样子却非常难看，尤其是女性穿裙子的时候会很不雅观。恰当的做法是首先拉开车门，先将背部侧向座位，坐到座位上，再把双腿并拢收进车内，坐好后稍加整理衣服，坐定。关上车门。下车时首先拉开车门，先侧过身体，把双腿并拢移出车外，可以用手稍扶椅，直立起身，稍加整理衣服，关上车门。

4. 走姿

走姿是一种动态的美，轻松敏捷、协调稳健的步姿给人以积极向上的美的感受。正确的走姿是：头正、目平、下颌微收，面露微笑，挺胸、收腹、立腰，重心稍前倾，双肩平稳，双臂前后自然摆动 30～35 度为宜。

步位：女士双脚内侧落在一条直线上，男士两脚跟交替行进在一条直线上，脚尖稍向外展。

步度：前脚的脚跟与后脚的脚尖保持一脚的距离，并可根据服饰、鞋、场地的不同而有所调整。

步速：女士每分钟 118～120 步，男士每分钟 108～110 步。

5. 捡拾物品姿势

如果需要捡拾地上物品，正确的方式是人走到物品的左侧，一脚在前，一脚在后，上身保持挺直，慢慢蹲下身，然后用右手就近捡拾物品，整个下蹲的动作显得很有节制，从容不迫，姿态优雅。

6. 等候姿势

很多人在等候时常常会流露出一种慵懒斜倚的姿态，其实无论是倚还是靠，都应保持一种内部放松而外部自然的状态，符合职业标准与传统规矩。两手交叉，两手抱胸，两手叉腰或双腿交叉，都有点失态。这些动作对于办公室人员是不雅观的，要尽量杜绝。

（四）举止得体

举止是一个人内在思想的外在表现。对办公室工作人员来讲，良好或者优雅的举止也是长期修炼或熏陶产生的结果。众所周知，优雅得体的举止能给人美好的印象，可以增加一个人的魅力。公务交往有公务交往的礼仪，如果想在职场立足，就需要遵守这些礼仪。不拘小节，有时可以被看作是一种可贵的性格，但在公务活动和社交场合中，却应该格外注意小节。举止随便、不拘小节，不仅会影响礼仪形象，还可能影响公务活动。具体来讲，以下行为就是不礼貌的。

（1）影响他人。公共场合个人的行为举止以不影响他人为宜。忌在公共场所大声喧哗，在集体办公场所里通电话、与人交谈、接待客人，都应该尽量压低嗓门，低声细语，不影响他人。处理内务要尽量不发出响声。不要在大庭广众下趴在或坐在桌上，也不要在他人面前躺在沙发里。

（2）在公共场合"打扫个人卫生"，如梳理头发、修剪指甲、抓耳挠腮、挖鼻孔、揉眼睛等。不要在公共场合整理衣物，比如扣衣扣、拉拉链、提袜子，更不能当众吃零食、嚼口香糖。

（3）在众人之中发出各种异常的声音。走路时不要咚咚作响，坐在椅子上不要摇椅子，发出"嘎吱、嘎吱"的响声；不要敲打桌子、扳动指关节等发出令人厌烦的声音。如果遇到咳嗽、打喷嚏、打饱嗝、打哈欠等生理反应，在不可避免的情况下，也要注意侧身掩面，尽量掩饰一下。

（4）不讲卫生。在社交场合乱扔果皮纸屑、乱丢烟头、随地吐痰是极不礼貌的。参加正式活动，不要吃带有刺激性气味的食物。如果感冒了或者患有其他传染性疾病，应尽量不参加公众活动。如果不得以参加，应表示歉意。

二、自我形象检查

（一）男士自我形象检查

男士对自我形象的检查项目如表 6-1 所示。

表 6-1 男士自我形象检查项目清单

男士			
头发	是否理得短而端正 是否保持整洁	胡须	是否剃得干净
鼻孔	鼻毛是否露出 是否有污垢	领带	颜色花纹是否过于耀眼
西服	上衣和裤子颜色是否搭配 穿前是否熨烫 扣子是否扣好	衬衫	颜色和花纹是否合适 穿前是否熨烫
袖口	袖口是否干净	手和指甲	手是否干净 指甲是否剪短并清洁
皮鞋	颜色是否合适 是否擦拭干净	袜子	是否是深色
裤子	膝盖部分是否突起 是否有斑迹		

（二）女士自我形象检查

女士对自我形象的检查项目如表6-2所示。

表6-2 女士自我形象检查项目清单

女士			
头发	①是否经常整理 ②是否遮脸		
化妆	是否过浓	鼻孔	是否有污垢
耳朵	耳饰是否合适	西服	纽扣是否有掉落
衬衣	颜色、款式和外衣是否协调	袖口	袖口是否干净
手	手是否干净 指甲油是什么颜色	裙子	穿前是否熨烫 拉链是否异常
丝袜	颜色是否合适 是否有漏洞	皮鞋	鞋跟是否过高

第二节 使用电话、手机的礼仪规范

电话、手机是现代社会交际中常用的工具，接打电话是办公室日常工作中重要的组成部分，要注意的事项很多。如果掉以轻心，轻则耽误工作，重则容易对单位造成恶劣影响，甚至造成经济损失。熟悉并正确使用这些工具，同时注意细节，对办公室工作显得非常必要。

一、电话的使用规范

很多人认为电话使用非常普遍，一个工具而已，没有什么需要特别注意；个别办公室人员在接听或拨打电话的过程中，也往往会表现得很随意，这是不对的。办公室人员在接听或拨打电话时的动作、言语，必须标准、职业，因为这事关单位形象和自身职业形象，绝不可掉以轻心。总体而言，接打电话一定要热情礼貌，说话时语气要温和，为保证对方听清自己的话，口齿要清楚，吐字要清晰。与此同时，因办公室工作事务繁忙，接打电话时，在表达规范、正确的情况下，为提高办事效率、节省通话时间，语言要简洁明了、层次清楚，切不可啰啰唆唆、拖泥带水。

（一）注意形象

接打电话的形象是很多人容易忽视的问题，自认为接打电话，传递的仅仅只是声音，对方看不到自己，自己形象怎么样对方是不知道的。这是一种错误的认识。实际上，一个人的潜意识会在自己言谈举止之间不知不觉地显示出来，如果面带微笑打电话对方是可以感受到善意的。为了树立良好的形象，办公室工作人员在接打电话时要吐字清晰、音量适度、用词委婉、速度适中、面带笑容。

（二）礼貌用语

接听电话时，宜使用："您好，这里是某某单位，请讲。"而不是用："喂，你找谁？"

从职业规范的角度讲，与人交往及沟通时是不能用"喂"这个词来打招呼的，因为这个词本身缺乏善意和礼貌。如果重复三遍"您好，请讲"之后，电话那端仍然没有反应，此时最好的方式，是轻轻挂断电话。如果对方真的有事，他还会再打过来。拨打电话时要说："对不起，打扰您了！""谢谢您在百忙中接听我的电话。"挂断电话前，要说："谢谢，再见！"千万不要顺口说一句不雅的口头禅或者牢骚话，因为这样做不仅失礼，而且和办公室人员的职业身份也极不相符。当然，一个人的修养不仅体现在工作中，在日常生活中也要养成讲礼貌的良好习惯。

（三）及时响应

办公室电话铃声响起，尽可能在铃响三声以内接电话，这是接听电话必须遵守的一个原则。遇到紧急事情要处理，需要请对方等候时要注意措辞，不可用："我这边有个重要的客人，我暂时先不和你说了。"这样会让对方感受到怠慢，可以用："对不起，我这边有紧急事情需要我立刻处理，我三分钟之后给您回电话，请您稍等。"

（四）核实身份

拨打电话时，首先要确认对方是否为所要联络的单位以及所要找的人，确认之后才可以向对方做自我介绍，然后告诉对方所要说的内容。如果打错电话，必须表示歉意，说声"对不起"或"不好意思"，然后挂断电话，重新拨号。如果对方要求提供本单位人员尤其是领导的手机号码时，一定要先问清对方身份，最好不要提供手机号码。在对方留言或需传达信息时，对于姓名、时间地点等需要重复确认，以避免不必要的信息错误。

（五）巧妙应对

办公室来电事由五花八门，各种请求都有，要根据不同性质对来电做相应妥善的处理：对一般电话给以标准回答；对重要电话给以应有重视；对打错电话给以宽容谅解；对私人电话给以简要回答；对骚扰电话给以理智处理；对员工急电给以紧急处置；对无礼电话给以礼貌应对。

如果遇到一时无法回答的问题，切忌一口回绝，而是应该说明情况，待核实清楚之后再给对方回电话。切忌接听电话过程中吸烟、喝茶、吃零食，切忌懒散、无精打采地接电话；接电话时不能与旁人打招呼、说话，或小声议论某些问题；接电话时如果旁边正好有许多人在聊天，要请他们停下来再接电话。遇到纠缠不休、啰唆的通话者时，应使用礼貌的言辞，耐心解释，礼貌拒绝。商务会议或用餐时应尽量将电话调成振动或静音，如遇重要电话，在接听前也要礼貌对其他人致歉，然后再接听电话。正在与人谈话时如有电话进来，要先跟正在通话的人致歉，然后再接电话，告知自己此时有客人，稍后再回电话。遇到难以回答或不方便接听时应以手头有急事、前面有客人等借口暂时拖延。

总之，在任何时候、任何情况下，办公室人员都要始终如一地保持职业水平，不露声色地巧妙处理各类问题。

（六）准确记录

接听一般电话无须记录，只要听清对方意思，给以恰当回应与及时处理即可。接听重要电话必须做好记录，必要时还应重复对方所讲的话，以此核对相关内容，并在确认之后告诉对方即刻处理。好的习惯是：在电话机旁放置一本电话记录本，接听或拨打电话时，分别记下重要的来电或致电,这是必要的工作程序。

只有具备利用价值和保存价值的重要来电才有记录的必要。需要跟进、需要交办、需要提醒、需要备案的来电,办公室人员都应该养成边听边记,或者挂断电话后随手记录的习惯。

（七）迅速处理

迅速处理有两层意思。一是在拨打电话时,在时间上要合理控制,因为这涉及电话费用问题,也涉及办公效率问题。一般电话应该在3分钟之内结束,所以,讲述时要言简意赅,复述时要简明扼要,力求以最短的时间、最准确的语言、最简单的方式解决问题。要做到这一点,可以在拨打电话前,先把自己需要沟通的信息整理一下,按重要性列出来,这样打起电话来就会有条不紊、高效进行。二是接听电话后,要对来电涉及的事情进行及时处理,不可拖延。办公室工作异常烦琐,通常是一件事情接着一件事情,如果一件事情不及时处理,不仅会影响这件事的办理,同时还会影响接下来其他事情的处理。因此,工作人员在处理来电相关事宜的时候一定要及时,防止影响工作。

（八）禁谈私事

电话在现代办公中已经成为沟通信息的主要媒介,发挥着信息收集、传递、整理等重要作用。单位电话属于办公资源,任何个人都没有理由占用、虚耗。在单位电话使用规定中必须明确,单位里的所有电话只限于工作上使用,任何私人电话只能使用个人手机。即使私人电话打到单位电话上,接听时也必须长话短讲,不能影响单位工作。

二、接听电话的步骤及注意事项

（一）接听电话的步骤

接听电话一般分以下几个步骤:准备记录物品—迅速摘机应答—主动自报家门—确认对方身份—听记对方陈述—及时提出疑问—复述来电内容—礼貌结束通话—轻轻放下话筒—整理电话记录。对来电的登记可使用来电记录表。来电记录表的一般格式如表6-3所示。

表6-3 来电记录表

来电人	姓名:_____　　单位部门:_____ 职务:_____　　电话号码:_____
来电时间	_____年___月___日___时___分
通话地点	来电人地点:_____ 受话人地点:_____
通话要点	1. 2. 3.
处理要点	1. 交由_____进行处理 2. 请由_____尽快回电 3. 约定_____再来电话
记录人	姓名:_____　　单位部门:_____

（二）接听电话的注意事项

（1）接听电话时要先亲切问候对方，然后主动报出单位名称，并表示愿为对方服务。

（2）如果遇到对方拨错号码，不可大声怒斥或用力挂断电话，应礼貌告知对方。说话时声音要诚恳，语气要舒缓。

（3）为了尊重对方，在接听电话时不要与旁人打招呼、说话、吃东西或小声议论某些问题。如果在听电话的过程中要处理一些紧急的事情，一定要向对方打招呼，并表示歉意。

（4）接听电话时必须保持足够的耐心和热情，要注意控制语气、语态、语速、语调，语言要亲切简练、礼貌和气。要仔细倾听对方的讲话，一般不要在对方的话没有说完时就打断。如实在有必要打断时，则应该说："对不起，打断一下。"

（5）避免在电话中有不佳的情绪反应。对方声音不清晰时，应该善意提醒一下。转接电话，首先必须确认同事在办公室，并请对方稍等；如同事不在，应先向对方说明情况，再询问对方姓名，并考虑如何处理。

（6）电话交谈时要尽量简短，不要讨论无关的问题，避免在电话中与对方争论，以免浪费时间。

（7）通话结束时，要表示谢意，并让对方先挂断电话。最后不要忘了说"再见"。

三、拨打电话的步骤及注意事项

（一）拨打电话的步骤

拨打电话一般分为以下几个步骤：准备通话提纲—核查电话号码—拨出电话—自我介绍—陈述内容—解答疑问—再次确认重点内容—结束通话—挂断电话—整理记录。

（二）拨打电话的注意事项

（1）厘清思路，准备通话提纲。当拿起电话听筒之前，应先考虑一下自己想要说些什么，可以先在心中设想一下要谈的话题或列一个通话提纲，不要在毫无准备的情况下打电话。

（2）养成随时记录的习惯。在办公桌上，应时刻放有电话记录纸和笔。通话时一手拿话筒，一手拿笔，以便能随时记录。去电记录表可以事先设计好，印制、装订后放在办公桌上，随时备用。去电记录表的一般格式如表6-4所示。对自己拨出去的电话，一般工作可以不用记录，但是重要工作务必做好记录。

表6-4 去电记录表

去电人	姓名：_____ 单位部门：_____
去电时间	_____年____月____日____时____分
通话地点	去电人地点：_____ 接电人地点：_____
通话要点	1. 2. 3.

续表

对方意见	1. 2. 3.
记录人	姓名：_____ 单位部门：_____

(3) 主动自报家门。拿起电话时，应首先道出自己的身份以及自己所属单位的名称。

(4) 确定对方是否具有合适的通话时间。给他人打电话时，应该在开始讲话时询问对方是否有空通话。如果对方正忙，可以另外再约时间通话。

(5) 讲明自己打电话的目的。当拨通电话并进入正题后，应及时向对方讲明自己打电话的目的。

(6) 设想对方要问的问题。在电话中与他人进行商务谈话时，对方肯定会问一些问题，所以应该事先准备好如何回答。

(7) 不要占用对方过长的时间。给别人打电话时，应尽量避免占用对方过长时间。如果问题不能当时回答，要求对方回电告知或者过一会儿再打过去。

(8) 拨错号码应道歉。拨打电话时，应记准电话号码，以免打错。如果拨错号码，应礼貌地向对方道歉，不可随手挂机。

四、接打电话的礼仪

(一) 接电话的礼仪

(1) 电话铃声响起，应尽快接听。不要让电话铃响超过三次，且最好在铃响的间隙拿起听筒。

(2) 听电话时注意力要集中，回答问题要有耐心和热情，不能用生硬或漫不经心的语调说话。

(3) 接到打错的电话时，应该向对方说明自己单位的名称和电话号码，不应简单粗暴地以一句"打错了"，就"啪"地挂断电话。

(4) 电话交谈完毕，应尽量让对方先结束对话，然后轻轻放下话筒。

(二) 打电话的礼仪

(1) 选择适当的时间。一般刚上班或快下班时，人们都要先安排或整理一天的工作，因此不宜打出电话。另外，午休和周末，没有特别紧急的事务也不要拨打公务电话。

(2) 通话时，首先告之自己的姓名、身份。必要时，应询问对方是否方便，如果方便才可继续交谈；若不方便，可再约定一个时间。

(3) 电话内容要简明扼要，通话时间不宜太长。

(4) 拨错电话时，要向对方说声"对不起"，以表歉意。

(5) 电话拨通后，若要找的人不在，不能马上就挂掉电话，这是不礼貌的。

(6) 电话交谈完毕，在确认对方无事后，可先挂断电话。结束时应说声"再见"，然后轻轻地放下话筒，以示尊重。

五、手机使用礼仪规范

现今社会，手机已经成为沟通交流必不可少的工具，注意手机使用礼仪的细节不仅会给别人留下美好的印象，同时还有利于提高工作效率。

调查显示，不同环境人们对玩手机这件事的容忍度不一样。对一边走路一边玩手机容忍度最高，为77%；在交通工具上使用手机也不会太令人生厌，能忍受的人为75%；聚餐时玩手机是很让人生气的一件事，能忍受的人只有38%；最不能容忍的是开会的时候玩手机，能忍受的人只有5%。这些都是生活中人们对玩手机的看法，也可以看作一种"手机礼仪"。

（一）放置合理

在一切公共场合，手机在没有使用时，都要放在合乎礼仪的常规位置。不要在没有使用的时候将手机放在手里或挂在上衣口袋外。放手机的常规位置包括随身携带的公文包、上衣的内袋、手袋里等，但不要放在桌子上，特别是在开会或者谈判的时候。

（二）适时关机

在会议中和别人洽谈的时候，最好把手机关机，如果担心漏掉重要电话，可以将手机调到震动状态，这样既显示出对别人的尊重，又不会打断讲话者的思路。在餐桌上，关掉手机或是把手机调到震动状态也是必要的。

（三）注意场合

不在开车中、飞机上、剧场里、图书馆和医院里使用手机。如果实在需要接打电话，也应该把自己的声音尽可能地压低或用短信的形式回复。

（四）换位思考

使用手机与对方通话要想到这个时间他（她）方便接听吗？并且要有对方不方便接听的准备。在与对方手机通话时，注意从听筒里听到的回音来鉴别对方所处的环境。不论在什么情况下，是否通话还是由对方来定为好，所以"现在通话方便吗？"通常是手机通话的第一句问话。

（五）座机优先

在没有事先约定和不熟悉对方的前提下，很难知道对方什么时候方便接听电话。所以，在有其他联络方式时，还是尽量不打对方手机好些。联系不熟悉的人时可先拨打其办公室座机，有急事需拨打手机时则应注意讲话言简意赅。如果需要长时间通话，应主动询问对方是否需要拨打其座机电话。

（六）铃声恰当

办公室工作人员由于岗位性质的需要，应该给人以稳重的感觉，不恰当的铃声设置和彩铃可能失礼于人。在工作场合中，如果响起"爸爸，接电话""汪、汪"这样的手机铃声不仅会显得很不严肃，而且与自身身份不符。同样，在工作期间，如果有人拨打手机联系公事时，却听到"我就不接电话呀，我就不接电话，别人的电话我都接，我就不接你电话"这样的彩铃也是会令人反感的。

（七）注意场合

作为职场人士，即便业务再忙也不能随时把手机拿在手里，不要在别人能注视到你的时候查看短信、微信，不能一边和别人说话，一边查看手机短信、微信，这是对别人不尊重的表现。在公共场合接听手机时一定要注意不要影响他人。作为职场新人，在熟悉环境之前，可以先去办公室外接电话，以免影响他人，特别是一些私人通话更应注意。

（八）尊重他人隐私

手机是个人隐私的重要组成部分，为了尊重他人，体现自己的涵养，不要翻看他人手机中的任何信息，包括通信录、短信、通话记录等。一般情况下，不要借用他人的手机打电话，万不得已需要借用他人手机打电话时，请不要走出机主的视线，并且尽量做到长话短说，用毕要表示感谢。

（九）安全使用

（1）开车时，不要使用手机通话或查看信息，以免分散注意力，造成交通事故。

（2）使用手机时，会产生电磁波，不要在加油站、面粉厂、油库等处使用手机，以免手机所发出的电磁波引起火灾、爆炸。

（3）不要在病房内使用手机，以免手机信号干扰医疗仪器的正常运行或影响病人休息。

（4）不要边走路边打电话或发短信、看手机资讯。

（5）不要在飞机飞行期间使用手机，以免给航班带来危险。

（6）最好不要在手机中谈论商业秘密或国家安全事项等机密事件，因为手机容易出现信息外漏，产生不良后果。

（7）使用手机时注意周围有无禁止无线电发射的标志。

（十）慎重转发

很多人都在手机上使用微博、微信，都有自己的"朋友圈"，在这个圈子里会有同事、同学、网友、亲戚、家人、领导等。我们要重视微博、微信内容的选择和发送，因为所发的内容，意味着赞同，也反映了自己的品位和水准。无论发什么，都要控制频率，发太多，都会让人厌烦。

在职场中，一部手机可以折射出一个人的职场能力。职场人员，尤其是办公室工作人员，一定要掌握手机礼仪，让手机成为自己的职场帮手。对于职场新人，给他人的第一印象往往很大程度上决定了其日后的发展。

第三节　办公室函电的使用规范

办公室函电包括各类纸质信函及电子邮件，处理函电是办公室的一项重要工作，几乎每天都会遇到。办公室要建立专门的制度处理信函及电子邮件，分类、批阅、转达、归档、跟踪、反馈，这些环节都必须认真对待，仔细处理。

一、收函规范

对于来函,办公室人员应逐一检验签收后,进入邮件处理阶段,按照时间先后可以分为邮件分类、邮件拆封、邮件登记、邮件呈送、邮件催办、邮件归档六个基本环节。

(一) 邮件分类

邮件分类就是按照邮件的性质,将邮件按类别分为私人邮件与公务邮件,将重要或紧急邮件和普通邮件分开,把需要优先处理的邮件区分开来。一般可以通过收件人进行判断,注明单位收函的属于一般公函,注明个人收函的属于普通信函,注明领导收函的属于重要信函,特别加注"机密"字样的属于特殊信函。凡是一般公函与普通信函,可直接处理;凡是重要信函与特殊信函,必须有领导特别授权才可以处理,处理结果必须附在来函后向领导报告。私人信函分开摆放,无关紧要的放置一边,有价值的妥善存放,特别标示的专门保管。呈交领导的重要来函放在普通信函的上面,并做好分类标记,以便领导能够优先处理。

(二) 邮件拆封

拆阅来函时,应将函件直立,在桌上轻敲几下,使信封内的物件落在底端,然后在信封上端左角剪一个斜角,用小刀从斜角处裁开信封,或者用拆信器一步完成,防止拆剪时邮件受损;拆开后,要检查信封内是否还有其他夹寄物品,核对邮件上标明的附件,如有缺失,应在邮件上标明。取出函件之后,平整铺开函件,在上面注明收函时间。信封应与信纸、附件等用订书机或大头针、回形针等固定在一起,以备查阅。

(三) 邮件登记

凡是重要或特殊来函,都应登记在函件登记表(见表6-5)上,按序填写收件日期、邮件名称、发函人及单位、邮件主题、收件人、办理时限等内容。

表6-5 函件登记表

序号	收件日期	邮件名称	发函人及单位名称	邮件主题	收件人	办理期限	备注

(四) 邮件呈送

邮件呈送即将邮件送领导及相关部门处理。重要的邮件放置在上面,一般的邮件放在下面;做些旁注或在重要的词句下画线,以便引起领导的注意和重视;需要由其他部门答复的信件,应先请示领导,不能擅自将其交给具体的承办人。实际上,很多单位中收到邮件时,一般由办公室送分管领导签批后,再转送相关部门。

可用不同颜色的文件夹放置不同处理要求的邮件,如用红色文件夹放置需优先处理的信函,用黄色文件夹放置例行性备忘录,用蓝色文件夹放置特殊信函,用绿色文件夹放置私人事务信函。呈送前可以使用彩色笔在信件上标出重要的词句,但最好使用黄色的笔,这样复印时就不会留有痕迹。如果有些办公室不允许在信上写字或做记号,可在信上贴一张能够移动的粘贴条。

在传阅过程中,为了控制传阅顺序,可以使用邮件传阅顺序单(见表6-6),每个传阅人在上面签字,这样工作人员可以随时掌握传阅的位置和每个传阅人的处理意见。

表6-6 邮件传阅顺序单

顺序	传阅人	签名	简单意见	日期

(五)邮件催办

邮件送达相应部门处理后,办公室应密切关注办理情况,及时进行催办,必要时还应督办,确保邮件在完成时限内按时保质保量完成。

(六)邮件归档

来函拆阅分类处理后,要根据单位档案管理办法及时进行归档。一般来说,没有实际价值的邮件保存一个月,有价值的保存六个月;重要的邮件复印保存,原件归档;已失效的来函必须用碎纸机处理,以防泄密。

电子邮件的处理与转发可参照上述程序及标准操作,注意备份,注意保密,注意确认,注意回复。尤其是在内部局域网和外部互联网的连接上要设置必要的防火墙,在内部局域网的使用上要实施必要的管理,避免信息失控。

二、发函规范

在办公室工作,不可避免要处理一些发函,有些由各部门、领导交办,有些是代表单位发送。办公室发函有些是为了沟通信息,有些是为了汇报工作,有的是回执等。在处理这些发函时,也有一定的技巧和规范。一般来说,发函需要经过函件起草、函件签发、函件核查、函件封装、函件登记、函件寄发六个基本环节。

(一)函件起草

函件属于公文,一般来说涉及全单位的事情都应由办公室负责起草,属于部门事务,则由相关部门负责起草,办公室进行核稿。草拟发函时要注意格式规范,用语简洁准确、表述明白、条理清楚、符合礼节。正式函件应该编号、套红、印制、盖章,以示郑重。如果私人往来,则可以在符合礼节的情况下,用笔书写,这样显得更有人情味。

(二)函件签发

除了非常简单、无关紧要的函件外,大多数函件都是需要领导签发的。办公室工作人员应把需领导过目签字的函件集中在一起,请领导签字后才能寄发。如果遇到特别紧急的函件需要寄出,领导又不在单位,可以采取先电话请示、做好登记,先寄出,待领导回来后再履行补签手续的办法。不能死板地等待,耽误工作。

(三)函件核查

领导签发后、函件发出前,办公室工作人员要认真核查函件内容,从头至尾通读一遍,看函件格式是否正确、是否有错别字、是否有表意不清楚的地方；检查函件附件是否准确和齐全，信封格式、姓名、地址、邮编是否正确等，防止出现错漏，确保发函内容准确无误，礼数周到。函件的行距之间以及起首空格等格式应该符合收函者的文化习惯，有些宜采用从左至右的横写格式，有些则宜采用从右至左的直写格式。折叠要注意整齐美观，根据所使用信封的大小，信纸可不折叠，也可采用二折法、三折法或四折法。多页应按顺序折叠成一叠，不能单页折叠。横写格式的信函可以采用直向两折或三折法，两端比标准信封短，这种折法简洁平整，比较富有现代感。直写格式的信函宜采用斜角折叠法，即以信函右上角的收函者姓名称谓为界，将左上角折叠过来，然后直向对折，再将上端对齐下折。拆函者如果打开上端折角，第一眼就能看见收函者的姓名称谓；若拆函者不是收函者本人，则不必继续阅览，可以恢复原状，函中内容不至于外泄，这种折法富有传统感。

在公务活动中，一些特别的发函有时候能给人留下深刻的印象，如有特色的信封、有价值的信纸、有意思的书面语言、造型优美书写流畅的字体、特别的折叠方式等，办公室工作人员可以在工作中积累掌握。

（四）函件封装

函件封装是一个细节问题，要求工作人员细致处理，经常应该考虑到以下几个方面。一是为方便收件人拆阅，折叠信纸时宜将信纸的上下或左右纸边留出大约0.5厘米的距离；二是若有附件，附件应与信件正文分开，把附件叠好放在正文的最后一叠中，这样收件人取信时，附件也会一同取出；三是给邮票和封口上胶水时，要同时使用吸湿器，吸湿器能吸干过量的水分，以免玷污信封。

（五）函件登记

对发出的重要邮件，工作人员还应予以登记，以便工作的落实与跟踪。邮寄或快递后，必须将回执附在函件寄发记录本上并做详细登记，信函复印件必须归档备案，收据交给财务入账。如有必要，信函内容及发函信息还应当在电脑中备份。如果是通过电子邮件发送的信函，则要妥善存储有关信息，以免因为意外造成信息的流失。

（六）函件寄发

不同类型的邮件往往意味着不同的寄发要求，办公室工作人员应该根据信件内容的重要性及时效性选择妥当的传递方式。目前可供选择的寄发方式有平信（本市、国内、国外）、明信片、印刷品、挂号信、包裹、特快专递、快递传送等。如果时间紧迫，可以采取其他的快速传递方式，如电子邮件、传真、电话、电报等。

如果某封邮件是以不同于普通邮件的方式寄送的，应该在这封邮件的信封上予以注明，注明方式有两种：一是邮件性质标记：如"私人（PERSONAL）""保密（CONFIDENTIAL）""保价（INSURED MAIL）"，全用大写字母构成的特别邮件号，位于收信人姓名、地址第一行之上二至四行的位置，在所有体式的信封中，分类符号都应与左边对齐块状地打印；二是邮寄方式标记，如"特快专递（SPECIAL DELIVERY）或（EXPRESSED MAIL）""挂号信（REGISTERED MAIL）"等，打印在收信人姓名、地址第一行之上大约第二行的位置。

邮寄或快递时，信件和信封必须相符，信封上的内容和格式必须正确无误，邮资必须足够，包装及封口必须严密妥帖，特别标识必须清楚醒目。凡属重要发函，事先有必要用电话或互联网与收函方联络，进行提示或确认，其目的是告诉对方，此项函电内容重要，请予重视。如果通过电子邮件方式寄发则要注意保密，尤其是涉及机密的内容，必须设置安全系统，避免黑客侵入窃取信息，损害收发双方的利益。实际上，绝大多数单位都不能做到互联网的绝对保密和安全，所以事关重大或涉密的信息一般不用电子邮件传递。

总之，函电处理无小事，作为办公室工作人员要熟悉本单位报刊、邮件、函电收发制度；要了解各种邮政业务，如信函业务、邮政包裹业务、特快专递业务等，特别是要熟悉一些邮政操作方面的小常识，如如何填写业务单，如何封装包裹，如何查询、更改、撤回邮件等。处理好函电，没有诀窍，要按照规范程序和要求处理。即便领导外出不在单位，办公室负责相关工作的工作人员仍应按规范程序和要求处理各种邮件，但一定要和领导保持联系和沟通，重要邮件要及时请示汇报，处理过的各种来信应保留至领导返回后，请他逐一阅读处理。

三、电子邮件管理

电子邮件是一种用电子手段提供信息交换的通信方式。通过网络的电子邮件系统，用户可以以非常低廉的价格（不管发送到哪里，都只需负担网络费）、非常快速的方式（几秒钟之内可以发送到世界上任何指定的目的地），与世界上任何一个角落的网络用户联系。

电子邮件可以是文字、图像、声音等多种形式，通过网络帮助用户送信，是传统邮件的电子化。邮件编辑可以通过键盘输入，快速书写和储存，实现无纸化、节约纸张，达到环保的目的。电子邮件的功能除收发邮件外，还可以同时向多个有关人员发送同一内容的邮件。点击鼠标，就可以把信息分发给一个甚至上千人。接收方不在的时候也可以接收邮件，在方便的时候再阅读。同时，通过电子邮件系统用户可以得到大量免费的新闻、专题邮件，并实现轻松的信息搜索。

可以说，电子邮件极大地方便了人与人之间的沟通与交流，促进了社会的发展。日常工作中需要对电子邮件进行有效管理，同时要注意电子邮件的使用规范。

（一）电子邮件的管理

办公室往往会收发大量的电子邮件，如果管理有效、整理得当，可以提高工作效率；反之，则要浪费大量的时间去寻找所需要的电子邮件。因此，整理好电子邮件信箱会使工作人员受益匪浅。

1. 为经常通信的客户分别建立专用文件夹

每次收到电子邮件后都要分别将其存放到客户专用文件夹中，也可通过设置收发邮件规则，使计算机自动实现。对于来往很少的人，其邮件则可设置一些临时文件夹存放，过一段时间后再整理。

2. 善于对电子邮件排序

通过排序可以使放在各个文件夹中的电子邮件井井有条，一目了然，提高办文效率。

3. 及时删除无用的文件夹

由于时间的流逝、市场的变化，有些客户已经不存在或不可能再联系，为了便于管理，需经常对邮箱进行清理，删除一些无用的文件夹。

4. 压缩、备份文件夹

如果一些电子邮件很重要，但又不想用太多的磁盘空间来存放，可以采用压缩功能来存放或备份文件、文件夹。

5. 利用电子邮箱功能对邮件进行管理

电子邮箱中的"收件箱"文件夹，可存放所有接收到而未归档的电子邮件，系统会根据阅读情况，自动给电子邮件加上已读或未读的标记。

6. 对电子邮件做安全设置

通过安全设置可以保障电子邮件的合法性、保密性，这对于办公室人员来说至关重要。发送重要文件或机密商业信件，可以通过安全设置获取数字标志，通过在电子邮件上加数字签名，可使电子邮件具有合法性、唯一性。

（二）使用电子邮件的礼仪规范

在如今的网络时代，办公室人员在工作中使用电子邮件日益频繁，电子邮件收发是否合乎规范反映了一个组织工作人员的修养和组织的形象，因此使用电子邮件也要注意礼仪规范。

（1）使用电子邮件不要设置自动回复，自动回复的话语统一单调，缺乏尊重和关心。

（2）发送电子邮件一定要写主题。不写主题会增加被对方判定为垃圾邮件的可能性。

（3）发送电子邮件别忘了署名。这是起码的礼貌和尊重。

（4）发送电子邮件不要用花哨的信纸。花哨的信纸非常影响阅读，有时换了不同的邮件阅读器，会发现内文格式无法正常显示。

（5）不随意转发无关电子邮件。这种邮件的转发只能显示发件人的素质低下，会给自己和组织带来负面的形象。

四、其他现代通信事务的管理

（一）传真

传真机全称电话传真机，其优点包括传递速度快和能保持原貌。传真机的缺点：一是容易被窃取；二是传递的文字图像保存时间不长，不能存档备用；三是不适合传送礼仪性文书。

传真文件的管理应注意：①传真文件要标明收件人；②接收传真文件后，也要像对待其他文件一样进行分类、登记并及时处理；③收件人在领取传真文件时必须签字登记；④重要的传真文件要进行复印，复印件需与原件整理在一起；⑤处理后的传真文件也要与其他文件一样进行整理归档。

（二）网络即时通信

网络即时通信（Instant Messaging，简称IM）是一个终端服务，允许两人或多人使用网络即时传递文字信息、档案、语音与视频交流。网络即时通信可分为四类。

1. 个人即时通信

个人即时通信以个人（自然人）用户为主，以非营利为目的实现聊天、交友、娱乐。QQ、微信等都属于个人即时通信。

2. 商务即时通信

商务即时通信是以寻找客户资源或便于商务联系为目的，以低成本实现商务交流或工作交流的通信方式。阿里旺旺贸易通、MSN 等属于商务即时通信。

3. 企业即时通信

企业即时通信是以企业内部办公为主，通过建立员工交流平台来减少运营成本、提升企业办公效率的通信方式。

4. 网页即时通信

网页即时通信指在网络社区、论坛和普通网页中加入即时聊天功能，用户进入网站后可以通过聊天窗口，跟同时访问网站的用户进行即时交流。

网络即时通信确实给用户带来了极大的便利，但同时也存在着极大的安全隐患，因此需特别注意通信时的信息安全。使用网络即时通信的安全准则：①不随意泄露即时通信的用户名和密码；②一般情况下，不使用网页即时通信传递保密文件和重要文件；③不在第三方网站登录网页版即时通信软件；④定期更改密码；⑤谨慎使用未经认证的即时通信插件；⑥在即时通信设置中开启文件自动传输病毒扫描选项；⑦不接收或打开来历不明或可疑的文件和网址链接。

第四节 会议的组织

会议是现代组织管理的一种重要手段，所有管理者都要召集会议和参加各种会议。办公室一个重要的任务就是组织安排好各级各类会议，为单位管理决策服务。会务工作是办公室事务中的一项基础工作，是办公室工作人员的主要职责之一，了解会议的组织程序、处理好会议各阶段工作是办公室工作人员的必备能力。

一、会议的定义、种类及作用

（一）会议的定义

"会"即聚集、见面，"议"即讨论、商谈。会议需要三人以上共同参与，以一定的方式聚合在一起，目的是议事，解决各种问题，而且这种行为和过程是有组织、有目标、有规则、有秩序、有领导的。因此，会议是人类群体有组织地会晤、议事的行为或过程。

会议的组织是指围绕会议所进行的各项组织、管理和服务工作，包括从会议的准备到善后的一系列具体工作。

（二）会议的种类

会议按组织类型可分为内部会议和外部会议；按会期可分为定期会议和不定期会议；按出席对象可分为联席会议、内部会议、代表会议、群众会议等；按功能性质可分为决策性、讨论性会议、执行性会议、告知性会议、学术性会议、协调性会议、报告性会议、谈判性会议、动员性会议、纪念性会议等；按议题性质可分为专业性会议、专题性会议、综合性会议；按规模大小可分为特大型会议（万人以上）、大型会议（数千人）、中型会议（数百人上下）、小型（数十人或数人）会议等；按召开方式可分为常规会议、广播会议、电话会议、电视会议、网络会议等；按与会者国籍及议题范围可分为国内会议和国际会议等。

（三）会议的作用

1. 会议的积极作用

（1）交流信息，互通情报。通过会议的报告、发言、讨论，可以交流工作情况，相互通气，较快地了解彼此情况，克服认识上的主观局限性。

（2）发扬民主，科学决策。通过会议可能听取各种不同意见，集思广益。

（3）增进友谊，促进团结。会议是人与人的直接接触，通过交流思想，总结工作，开展批评与自我批评，有助于加强上下级之间、同级之间的了解，增进团结。

（4）统一认识，协调行动。通过会议做出决议、决定，会后共同贯彻推动工作的开展，防止各行其是，减少相互矛盾。

（5）带动消费，促进经济。成千上万的会议，已经形成"会议产业"。

2. 会议的负面作用

（1）造成时间、精力的浪费。美国一位管理学家说过"领导人相当的一部分生命要在会议中度过"。日本效率协会统计发现"全日本科长以上管理班人员工作时间的40%是在开会"。在我国，领导人员开会的比重究竟占多少，目前没有统计数据，但大约也不会很低，不然国家也不会三令五申要转变"会风"。如果众多的领导者都陷入"会海"，哪里会有时间和精力去做他们该做的事呢？

（2）金钱的浪费。开会就要用钱，越高级、越长、越大型的会议，一般说来用钱越多。会议费用有些是正当而必需的，有些则是可用可不用的，有些则纯属铺张浪费。不论是哪一种情况，实际上都要消耗社会资源，都会造成浪费。

（3）信息的重复、浪费。有些会议只是层层传达，复述上级意见，或者"为会而会"，走过场、搞形式，本身并不结合实际，其结果是制造重复信息。

二、会议的组织

开会的主要目的是解决问题，但由于组织技巧不佳或会议过于频繁，不但无益于解决问题，反而使问题愈趋复杂。频繁的会议与主管层的随意决策，常常是员工的梦魇；员工花太多时间在无效率的会议上，不仅浪费时间、费用，也造成工作效率低下。如何能在会议中高效率、有效果地解决问题，是会议组织的关键和中心。

（一）开会的原则

（1）会议要有目的性。要弄清楚开会要解决什么问题，接着围绕会议目的认真做好准备工作，务求会议获得实效。不开没有目的或目的不明确的会，不开无准备的会。没有实效的会和长期议而不决的会，不如不开。

（2）大事才开会。处理事务不能不分轻重，更不要大事小事一起议，防止小题大做，切忌把会议变成毫无目的"闲聊"或某个人哗众取宠的表演。

（3）会议要少、小、短。可开可不开的会不开，无明确目的、无十分必要的会不开，无把握解决问题的会不开，准备工作未做好的会不开。

（4）会议的规模要小，规格要适当，要说短话，开短会，防止会议变成"摆龙门阵"。

实践证明,"马拉松"式的会议不会产生高质量的会议结果。

(5) 会议主持者要善于引导。要把与会人员的注意力和发言引导到讨论的议题上。主持人除了传达、宣布某项重要事情外,在会议上要少作、不作长篇大论的发言,多作启发、引导、鼓励性的简短发言和插话。

(二) 组织会议的原则

1. 充分准备原则

任何会议无论规模大小,都要做好会前准备工作,要有全面详细的方案,准备工作未完成,宁可推迟会期,也不要仓促开会。综合办公部门接到通知后,要弄清会议的目的和要求,领会领导或组织者的意图,策划并拟定会议方案,按方案落实责任人,做到任务到人、责任明确,会议设施、用品要配备齐全,并进行使用检查。

2. 服务周到原则

会议组织工作应提倡"以人为本"的服务理念,努力提供方便于人、安心于人和为人解忧的各项服务措施,要在日常会务服务工作中不断吸取和推广好的服务经验和做法,探索和研究人性化服务、细致服务的方法和措施,不断提高服务水平。

3. 严密组织原则

为保证会议的顺利进行,每一项会议组织程序都要环环相扣。整个会议系统应形成一个灵活畅通的整体,要做到"三落实",即目标落实,会议要达到一个什么样的目的和效果必须明确;人员落实,会议过程中的人员、责任等都要明确落实;时间落实,会议各个环节的开始、完成都要有计划性。要强调统一指挥,防止多头指挥。

4. 讲求效率原则

会务工作有很强的时效性,会前准备按时、保质、保量、到位,会间各项服务讲求效率,会后完成所有会议决议事项的落实工作,只有这样才能保证会议的质量。会议泛滥已经成为一个世界性的问题,究其根本不是会议的数量太多,而是一些会议的质量太低。因此要努力做到在会务的组织工作中增强科学性,减少盲目性和随意性,遵循会议活动的工作原则,实现对会议的科学管理,从而提高会议效能。

5. 确保安全原则

会议组织人员要严格遵守、贯彻、执行会议有关安全保卫的规章制度和工作规程,防止危害与会人员事故的发生;要确保与会人员的财产安全,提醒与会人员妥善保管好自己的物品;要严格执行食品卫生安全法规,防止食物中毒;要事前对参与会议的驾驶人员进行安全教育,明确任务和行车要求,并做好车辆的安全检查。

6. 厉行节约原则

会议服务要厉行节约,反对铺张浪费行为,严格按会议标准筹备会议,严禁突破会议预算安排就餐和住宿。

7. 保密原则

保密工作贯穿于相关会议的全过程,在会议组织的每个阶段和环节都要注意保守机密。

三、会议的组织程序

会议的组织程序是指做好会务工作的过程,要办好会议,必须首先掌握会议的组织程序，在会议前期的筹备工作中做到精心策划、做好预案、协调各方、落实责任、细致周到，保证会议的质量。通常把会议的组织程序分为会前、会中和会后三个阶段，如图6-1所示。

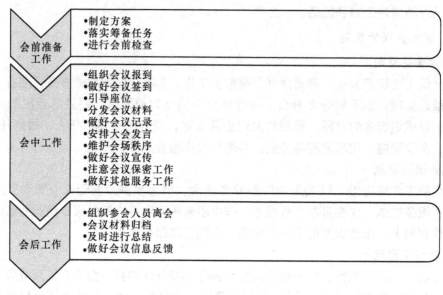

图6-1 会议的组织程序

（一）会前准备工作

会前准备工作是做好会务工作的基础和前提，是开好会议的先决条件，应精细地统筹谋划好会议进程和环节，拟定详细的会议方案。

1. 制定方案

会议方案是组织会议的总安排，主要包括会议名称、目的、时间、地点、参会人员、会议议程、会务工作任务及职责分工等内容。拟定会议方案要做到内容层次清楚、简洁明了，任务具体清晰、责任明确，可操作性强，并须报经相关领导审定。会议方案确定后，主办部门要召集涉及的各有关部门召开会务工作协调会，协调各部门按照方案要求落实各自职责。会前准备工作主要包括九项。

（1）确定会议议题。

会议议题即会议要研究的问题、达到的目的，议题是对会议主题的细化。

（2）确定会议名称。

会议名称要拟得妥当，名实相符。会议名称不宜太长，但也不能过于简化。会议名称一般由"单位+内容"两个要素构成，如"中国共产党第十七次全国代表大会"，其中"中国共产党"即组织名称，也可称单位；"第十七次全国代表大会"即会议内容。有的会议名称由单位、年度、内容构成，如"江苏省人民政府办公厅2010年总结表彰大会"。有的会议名称由时间、会议内容和会议类型构成，如"2009年浙江省公路春运票价听证会"。会议名称要用确切、规范的文字表达。有些会议的名称是固定的，如董事会等；有些会议的名称是不固定的，应根据会议的议题或主题来确定，有的名称中还可以包括时间、范围等因素，如

"强生公司2008年全体员工总结大会"。

(3) 确定会议议程和日程。

会议议程就是会议的整体流程，日程是每一天的具体安排。确定会议议程和日程要把握会议目的，即了解会议召开的原因。先安排关键人物的时间，要保证重要人物能够出席会议。根据多数人意见安排日程，保证尽可能多的人员有时间参与会议。

例会原则上要定时召开，且时间不宜过长。时间应控制在一个半小时左右，避免出现过度会议带来的疲劳。如遇几个议题，应按其重要程度排列，最重要的排列在最前面。尽量保证在最佳时间开会。上午8点到11点半、下午3点到5点半是人们精力最旺盛、思维能力及记忆力最佳的时段。所以，安排会议议程和日程要注意尽可能将全体人员会议安排在上午，分组讨论会议可安排在下午，晚上则安排一些文娱活动。

(4) 确定会议的时间和日期。

会议的组织应明确会议召开的时间，整个会议所需要的时间、天数，每次会议的时间三个维度。

(5) 确定会议地点。

①应根据不同的会议类型确定。例如，国际性或全国性会议，要考虑政治、经济、文化等因素，一般应在首都北京或其他中心城市，如上海、武汉、广州、西安等地召开；专业性会议，应选择富有专业特征的城乡地区召开，以便结合现场考察；小型的、经常性的会议就安排在单位的会议室。

②应考虑交通便利。会场位置必须让领导和与会者方便前往。一般应选择在距领导和与会者的工作地点均较近的地方。

③会场的大小应与会议规模相符。同时应考虑会议时间的长短，时间长的会议，场地不妨大些。

④场地要有良好的设备配置。桌椅家具、通风设备、照明设备、空调设备、音像设备要尽量齐全。同时应该根据会议的需要确定有无需要租用的特殊设备，如演示板、电子白板、放映设备、音像设备、录音机、投影仪、计算机、麦克风等。

⑤场地应不受外界干扰。应尽量避开闹市区。同时，"外界干扰"还包括室外的各种噪声、打进会场的电话以及来访和参观等。在会场外应挂"会议正在进行中，谢绝参观"的提示牌，并要求关闭所有手机。会场内部也应具有良好的隔音设备，以保证会议能在安静的环境中顺利进行。

⑥应考虑有无停车场所和安全设施，场地租借的费用必须合理。

(6) 确定会议所需用品和设备。

会议常用文具：笔、墨、纸、簿册等；印刷设备：打字机、打印机、扫描仪、复印机等；会场基本设施：桌椅、照明电器、通风机、卫生用具、安全通道、消防设施等；会场装饰用品：花卉、旗帜、会标、会徽、画像、标语口号等；视听器材：麦克风、幻灯机、投影仪、黑（白）板、电子书写板、摄像机、录音机、磁带、软盘、光盘、同声翻译系统等。

(7) 确定与会人员范围及人数。

会议由哪一级人员参加、由哪些单位派人出席、由哪些单位派人列席等都应考虑在内。

办公室平时应掌握单位人员的基本资料。在确定会议规模和人数之后，应进一步分配会议人数及名单。

（8）确定会议文件的范围，并做好文件的印制或复制工作。

会前需准备的会议材料通常包括：会议的指导文件，如上级下发的政策性和工作部署性文件、上级指示文书等；会议的主题文件，如领导讲话稿、代表发言材料、经验介绍材料等；会议程序文件，如会议议程、日程安排、选举程序、表决程序等；会议参考文件，如统计报表、技术资料、与会代表来信和各类来访等书面材料；会议管理文件，如会议通知、开会须知、议事规则、证件、保密制度、作息时间、生活管理规定等。

（9）确定会议经费预算。

会议经费包括：文件资料费，如文件资料的制作、印刷费、文件袋、证件票卡的制作、印刷费用等；邮电通信费用，如发电报、传真、电传或打电话进行联络等费用；会议设备和用品费，如各种会议设备的购置和租用费；会议场所租用费，如会议室、大会会场的租金；会议办公费，如会议所需办公用品、会场布置等所需要的费用；会议宣传交际费，如现场录像的费用、与有关协作方交际的费用；其他开支，各种不可预见的临时性开支。

根据不同情况，会议经费可能还包括会议住宿补贴费、会议伙食补贴、会议交通费、工作人员加班费等，要尽量考虑周全，纳入会议费用预算。对经费安排，不可太松，也不可太紧，太松会造成浪费，太紧会影响会议质量。

此外，一些会议还需要确定会议住宿和餐饮安排。大型会议还需确定筹备机构与人员分工，下文是一篇工作会议筹备方案，供参考。

××市××工作会议筹备方案

为深入贯彻党的十八届三中全会和市委十届十一次全会精神，贯彻落实××会议精神，回顾"十一五"工作，部署"十二五"任务和今年的××××工作，进一步统一思想、凝聚力量，推动全市××工作在新的历史起点上再创新辉煌。根据市政府领导意见，拟召开××市××工作会议，现制定筹备工作方案如下。

一、会议时间和地点

20××年4月×日上午9：00，会期半天；××宾馆主楼会议室。

二、参会人员

（一）副市长××、市政府副秘书长××（2人）。

（二）市委宣传部、市文明办、市人大教科文卫委、市政协教科文卫委、市直机关工委、市财政局、市公安局、市教育局、市农委、市民委、市城建局、市民政局、市文化局、市旅游局、市总工会、市妇联、团市委等部门领导（17人）。

（三）各县（市）、区政府分管××工作领导和××局局长、分管副局长，××风景名胜区、××风景区、高新区、市××区、市××工业园区、××农高区、××等单位分管领导和××工作部门领导（35人）。

（四）局机关全体人员，局直属各单位班子成员（38人）。

（五）局系统受表彰的先进群众和先进个人代表（30人）。

总计：122人。

三、会议议程

会议主持：市政府副秘书长×××。

（一）市××局局长、党组书记××做工作报告。

（二）会议表彰。

1. 宣布××工作先进群众、先进个人表彰决定。
2. 宣布××工作先进群众、先进个人表彰决定。
3. 宣布××突出贡献奖、贡献奖、突出贡献教练员和十佳运动员表彰决定。
4. 宣布局系统先进群众、先进个人表彰决定。
5. 公布受市以上表彰的先进群众、先进个人名单。
6. 为先进群众和先进个人颁发奖状、证书。

（三）市政府副市长××讲话。

四、会议文件收集和起草

（一）局长、市长讲话，主持词由××负责起草。

（二）会议表彰文件由相关处室起草，××负责收集。所有文件均在4月11日前拿出初稿，4月13日提交局党组会议讨论。

五、会务工作

（一）会议通知由××负责，报送请柬由××负责，邀请记者由××负责。

（二）会标：20××年××市××工作会议；主讲桌放置鲜花，××负责。

（三）会前对会场音响效果、灯光进行全面测试，确保灯光、音响正常，××负责。

（四）参会领导安排主席台桌椅，各市级部门和县（市）区领导在观众席前排就座，其他人员依次就座。印制全体参会人员座位图，确保对号入座，并装入文件袋。参会各单位桌签核对、增补及摆放，××负责。

（五）会场安排4名服务员负责茶水服务，发奖仪式安排礼仪小姐，××负责。

（六）会议材料装入文件袋，材料准备和装袋由办公室负责。

（七）市领导、县（市）区和部门进会场座位引导由××负责，会议照相由××负责，会议录音由××负责。

（八）会议结束后安排各县（市）相关领导用餐，地点在××宾馆主楼餐厅，就餐人员××人。

六、会议预算

（一）场租费：2 800元（会场、音响、茶水）。

（二）横幅、桌签、请柬、文件袋、鲜花：3 000元。

（三）奖牌：$60 \times 40 = 2\ 400$（元）（数量暂定）。

（四）荣誉证书：$10 \times 50 = 500$（元）（数量暂定）。

（五）奖品：$500 \times 22 = 11\ 000$（元）（模范、优秀）；$300 \times 35 = 10\ 500$（元）（系统先进及省市先进）。

（六）宣传费：1 000元。

（七）餐费：15 000元。

（八）纪念品费：2 500元。

共计：48 700 元

×××××单位
20××年3月×日

2. 落实筹备任务

拟定好会议方案，根据方案分解任务后，要协调分工，明确责任人，规定各任务的完成时限，做好分工落实，可参考表6-7进行筹备安排。

表6-7　会议筹备任务分工表

序号	任务	责任单位及责任人	完成时限
	起草会议通知		
	发送会议通知		
	落实参会人员		
	协调出席领导		
	安排会议室		
	布置会场		
	制作、摆放席卡		
	组织调度会议用车		
	安排新闻报道		
	分发会议材料		

（1）起草会议通知。

会议通知的内容应包括会议名称、会议目的和主要内容、会期、地点、与会人员、报到日期和地点、携带的材料和个人支付的费用、主办单位、联系人姓名和电话等。重要的、大型的会议通知要编文号，一般的会议通知不编文号。会议通知要求表达准确、条理清楚、言简意赅，尤其是时间、地点要明确，时间一般要注明年月日，不能用"明天""后天"等容易产生混淆的词汇；会议地点要准确到具体楼层、门牌号，如"××办公楼六楼第三会议室"。

会议通知按通知的形式可分为口头通知和书面通知；按通知的性质可分成预备性通知和正式通知；按通知的名称分为会议通知、邀请信（函、书）、请柬、海报、公告等。

（2）发送会议通知。

要恰当把握会议通知的发送时间，应使与会者在接到通知后，能够从容做好赴会准备，并能准时到达会议场所为宜；如需要回复的会议通知或预备通知还应附上回执，注明本单位的地址、邮编、电话、发信人姓名，以便对方有时间考虑并能及时回复；重要会议的通知发出以后，还要及时用电话与对方联系，询问对方是否收到和是否赴会。

（3）落实参会人员。

统计汇总会议请假人员名单，必要时对请假情况进行核实。对参会人员名单要仔细核对，确保没有出入，并打印纸质请假人员名单及时向参会领导或会议主持人报告。

（4）协调出席领导。

根据会议要求，提请领导出席会议。根据会议实际情况和领导意见确定是否准备主持词、讲话稿。如果需要，应做好协调和衔接，确保主持词、讲话稿及时起草，并至少在会议前一天送达领导手中。

（5）安排会议室。

会议时间确定之后，要立即预订会议室，并做好桌椅摆放准备工作。若有外单位人员参加，要提前制作好引导牌。

（6）布置会场。

布置会场的总体要求是规范和谐、庄重大方，并与会议主题和内容相一致。

一是要合理布置主席台。主席台是会场的重点和中心，集中体现了整个会议的格调和氛围，是会场布置的重点。要综合考虑会议性质、台上就座人数、方便领导出入席以及主席台大小等多方面因素。

二是要做好附属设施调试，如音响、灯光、电脑、PPT翻页笔、投影设备等。要根据会议需要安排适量话筒并在合适位置摆放，逐一提前试音，确保每只话筒都能正常使用。需要播放乐曲的要提前试播一次，最好进行备份，确保万无一失。检查会场内照明灯具有无损坏，如有损坏，需要提前修理更换。要提前准备好摄像、话筒电源。有投影演示时要提前预演一次，并视需要及时调节灯光。

（7）制作、摆放席卡。

根据最终确定的参会人员名单，制作席卡或桌签；要认真核对全场席卡，防止遗漏、重复和出现错别字。席卡摆放完成后要及时制作会场座位图，打印后放置会场方便查阅。

（8）组织调度会议用车。

视会议需要借用或租用车辆，并安排专人负责车辆调度，对乘车人员进行统计、清点，防止迟到、遗漏，车辆较多时还要对车辆编号、分组，以方便调度。

（9）安排新闻报道。

需要新闻报道的会议，要提前联系宣传部门或新闻单位，在会场安排好新闻宣传人员专座，并协调衔接。

（10）分发会议材料。

会议材料要列表登记，发放时要逐一登记，要做到不漏一份、不少一人。可以视情况在会前通知参会单位（人员）派人提前领取，也可以在会场签到时一并发放，或是提前放置到参会人员座位上。对摆放在主席台上的材料，要从头到尾检查顺序和页码，整齐摆放，确保不出差错。

对于涉密文件，要严格按照相关保密规定编号登记，及时收回或提醒按保密规定保存，防止失密、泄密。

3. 进行会前检查

会前检查是落实各项会议准备工作，保证开好会议的重要一步。重要会议在会前要反复检查。会前检查分为领导听取大会筹备处各组汇报和现场检查两种方式，以后者为主。办公室要密切配合领导的检查工作，检查的重点是会议文件材料的准备、会场布置和安全保卫工作等。大中型重要会议的会前检查还包括警卫部署,票证检验人员的定岗定位,交通指挥及主席台服务人员的就位等。

会前检查每个细节都不能放过。会议设备要保证在任何意外发生时,机器可以及时更换;主持会议者应熟悉所有电源插座和灯光开关位置,办公室工作人员要把这些情况告诉有关人员。检查中发现的问题要通知有关人员立刻解决,以免影响会议的正常进行。

（二）会中工作

会中工作是指从会议报到至会议结束这段时间的工作。会中工作无小事,周到、细致是做好会中服务工作的基本要求。会中服务工作繁杂琐碎,情况不断发生变化,一定要注重细节。

1. 组织会议报到

会议报到工作主要包括人员身份确认、报到登记、根据会议要求发放资料、提醒注意事项等。要做到迅速准确、热情周到、耐心细致、井然有序。

2. 做好会议签到

签到是会场科学管理的主要内容之一,可为会议提供准确到会人数,为会议召开与会后档案工作留下准确记录,所以重要会议都应签到。

小型日常会议由会议工作人员代为签到,即由会议工作人员事前准备好出席、列席该次会议的人员名单,届时来一位与会者,就在该人的姓名上用红铅笔画一个圈,表示到会;请假者,姓名用括号括起来,表示缺席。这种方法简单方便,可以迅速统计出到会人员和人数,及时向会议主持人汇报。使用这种方法时,会议工作人员应认识绝大多数到会人员,个别不认识的可以主动地、有礼貌地问一下。

大中型会议一般采用证件签到,即与会者进入会场时交出一张签有本人姓名的签到证,签到证由会议秘书处制发,上有会议名称、日期、座次号及签到编号。工作人员收到签到证后,即在签到表或座次表上用红笔在到会者姓名上画圈,表示该人已到会。大中型会议要在会场各入口处设签到处,并准备一些空白签到证,如遇与会者忘带签到证,可请其凭有效证件补填一张。与会人员入场后,会议工作人员要填写"会议出席情况表",包括会议名称、届次、日期、应到人数、缺席人数、实到人数等内容,于开会之前报告会议主持人。

富有纪念意义的会议可以采用簿式签到方法,由与会人员在准备好的折式签字簿上签署本人姓名,表示到会,会议主办单位得以保存与会者签名。

还有一种方法是用电子自动签到机签到。签到机处理每张签到卡的时间仅两秒钟,与会者入场完毕,工作主机即可及时将到会人数统计出来,并将有关各项内容打印出来;电子自动签到机能够识别正常签到、重复签到等情况,若发生错误操作,则出声报警;遇有不规范签到时,签到机插孔则处于闭锁状态,不再受理签到卡。使用签到机签到简便、迅速、准确,效果较好。

3. 引导座位

小型日常会议,与会人一般有自己的习惯座位,会议工作人员的任务主要是引导临时列席会议人员坐到适当的位置。大中型会议由于会场较大,为了方便与会者和保持会场秩序,可在设立指座标志的同时,由工作人员指路或搀扶老弱病残与会者入座。召开涉密会议,应严格控制知密范围，工作人员要坚持原则，坚决制止无关人员进入会场；已经进入的，一经发现，请其退出，并稳妥处理善后工作。

4. 分发会议材料

分发会议材料是保证会议顺利召开、做好会议服务工作的重要环节。与会人员报到后，要根据正式确定的会议名单（全员名单和分组名单）制作发文单，发文单内容包括组别、房号、姓名、公文编号、份数、备注以及签收等。

会议材料一般应在会前发到与会人手中，如因某些原因，需在会场发文时，应注意会后退回的材料应在材料右上角写上收文人姓名，发文时要核对座位名卡，并进行登记，方便收回公文；不需要退回的材料，可在每个座位上摆放一份。如果一次会议需要讨论的公文比较多，应把最先论证的公文摆放在最上面。公文的分发，最好在与会人员入场前完成，并于会后检查，以防遗失。

5. 做好会议记录

不论会议规模大小，只要是重要会议都应有记录。会议记录可采用统一制发的专用会议记录本（纸）。会议记录的方法通常有两种：一是摘要记录，就是从观点、材料以及实质性意见及分歧等方面择其要者而记之；二是详细记录，要求有言必录，包括发言中的插话等，都要详细记录在案。会议记录，特别是详细记录，应字迹规范、内容详尽、条理清楚、格式定型。

一般而言，会议记录应具备以下要素。

（1）会议基本情况，包括会议名称、时间、地点、中心议题、出席人、缺席人、列席人、工作人员、记录人，以上内容可在会前记写完毕。

（2）正文部分，包括会议议程、报告内容、讲话、发言、讨论、表决结果、其他。

（3）主持人签名、记录人签名及日期。

6. 安排大会发言

召开大会，在分组讨论的基础上，还要组织大会发言。大会发言可以作为主旨报告的辅助，以进一步明确会议精神；可以作为典型经验，提供会议交流；也可以作为群众讨论的意见，集中反映会议讨论的成果。

安排大会发言的方法，一般有以下几种：一是在会议开始之前即由秘书处提出建议，组织某一方面或某一个人发言，经领导批准后通知其准备；二是会议进行中，经过会议秘书处对小组讨论情况的了解和分析，发现某一小组或个人的发言内容充分，即可向领导推荐，安排其在大会发言；三是参加会议的小组或个人自愿发言。

秘书处在组织或推荐大会发言时，要注意以下几点：一是注意发言的广泛性、代表性，要考虑到与会各单位、组织之间的平衡；二是注意选择先进集体或个人的典型发言以体现表彰先进的精神；三是注意照顾不同职务、不同岗位之间的平衡；四是有意识地强调某种意见，或反映某一方面的呼声。组织大会发言，秘书处要做一些具体工作，如催交发言稿，有时甚至要和发言人一起研究发言提纲；掌握发言稿印刷情况，以保证发言稿能在发言前印妥并提前送交发言人；无稿发言，也须询问发言人的发言内容及准备情况。还要安排好发言顺序及时间，并通知有关人员。

7. 维护会场秩序

会议召开期间，要安排专人现场值班，维护好会场内外秩序。一是实时监测会场音响、灯光等情况，发现问题及时解决。二是及时提醒、制止会场内大声喧哗、随意走动、接听电话等不遵守纪律行为，同时防止无关人员进入会场。三是提醒会场服务人员适时供应茶水。四是遇到特殊情况需要向主席台上领导或会议主持人汇报时，要采用合适方式灵活处理，努力减少对会议的干扰和影响。

8. 做好会议宣传

会议的宣传工作是沟通信息和激发与会人员积极性、增强会议效果的重要手段。通常采用的会议宣传方式有两种：一是在会议期间接待记者采访，提供信息，协助其报道；二是在会议内部出黑板报，编发简报、快报。黑板报多用于中小型会议。简报、快报价值较高，而且便于使用与保存。编写简报，要求做到求新，即反映新观点、新情况、新经验、新问题；求实，即真实、准确、不夸大、不缩小；求短，即选材精简、剪裁精要、文字精练、篇幅短小；求快，即编写从速、印发及时。

9. 注意会议保密工作

有些会议具有保密要求，有些会议部分内容具有保密要求，工作人员应该以慎之又慎的负责精神认真对待。一是要妥善保管会议材料，由专人管理，登记发放，并且按规定收回，而且一定要设置保险设备，切忌将涉密公文随便放在房间。二是要严格会议保密纪律，重要会议期间一般不会客，有保密内容传达的会议要严格限定参加人员的范围，并提出明确的保密要求。三是会场环境、音响设备等也必须符合保密要求。

10. 做好其他服务工作

一要提前到达会场，检查主席台座次安排和会场的灯光、音响、录音设备及茶水、休息室等准备情况，同时要掌握与会者到会情况，发现重要人员未到会要及时联系催请，并报告会议主持人。二要安排好会议期间的各项活动，如领导人的接见活动、文艺活动等。三要及时协调处理各种意外情况。会议进行中很可能出现一些临时变动，如调整会议日程、改变会场、增发公文、扩大与会人员范围、增加议程内容等，这时，工作人员应根据领导意图和实际情况做好调度工作，保证会议顺利进行。四要做好会议值班工作。会议期间应安排人员值班，及时传达、安排领导交办的事项，解答与会人员提出的问题，做好上下左右的协调联络工作。

（三）会后工作

会议结束之后的整理工作需要工作人员继续完成，要保持紧张状态，保质、保量、高效率地做好会议后期的整理善后工作。会后工作是会务工作的重要组成部分，是保证会议质量、达成会议效果的重要环节。通过会后工作总结会务组织的经验、教训，推进会议精神的贯彻落实，以进一步优化会务工作机制，提升会议效果。

1. 协调组织好参会人员离会

必要时协助联系交通工具或帮助订票，对个别因工作需要暂留的人员，在食宿方面要妥善安排，避免使大家产生"会散茶凉"的感觉。

2. 会议材料归档

会后要及时将会议方案、通知、简报、发言材料、领导讲话、音像资料等相关资料收集齐全，按规定整理归档，以备查考。同时，要按照相关保密要求，对需回收的会议材料逐份清点、登记回收。根据需要发布会议简报或信息、起草编发会议纪要、印发领导讲话等。

3. 及时总结

每次会议结束后，要及时完成会议总结材料，材料内容应包括会议议程各项内容、主要人员发言材料、会议讨论内容和总结性结论，必要时要撰写会议纪要。要及时、客观、准确地做好分析总结，系统梳理、分析会务工作成功经验及存在的问题、不足，尤其要注意收集整理参会人员对会议的意见、建议，为以后进一步改进会务工作提供借鉴。

4. 做好会议信息反馈

除了少数秘密会议外，大多数会议内容、会议精神都需要在会后进行传达。会议精神传达要注意确定传达的内容、程度、范围、层次、时间和方式等。会议上的议定事项是需要下级机关和单位贯彻执行的，要将会议决定事项办理情况列入督查、督办工作中，确保会议精神及时落实。

为了督促下级机关和单位及时贯彻执行，避免将应当及时处理的事情拖延或遗忘，工作人员需要协助领导在会后对议定事项进行催办、查办。会后信息反馈的主要内容包括下级单位是否迅速及时地学习和贯彻落实会议做出的决定、决议，贯彻落实会议决定、决议时遇到哪些困难和问题，这些困难和问题的根源和解决办法是什么，会议决定、决议有哪些地方需要进一步完善和调整等。工作人员在进行会议信息反馈工作时，可以通过电话向有关方面口头了解、询问，也可以要求有关方面提交书面报告、由秘书汇总整理，也可以深入有关单位实地检查、问询，了解情况，写出相应的调查报告。

第五节　领导公务活动安排

领导公务活动，是领导者和被领导者组成的社会群体在一定的环境和条件下实现某种预定目标的社会活动。领导公务活动的基本特征主要表现为与职权相联系的公共事务，以及监督、管理公共财产的职责，领导在所从事的活动中代表自己所代表的团体利益。协调、安排领导公务活动，是办公室尤其是秘书部门的一项重要工作任务，此项工作要求高、涉及面广、影响大。办公室工作人员必须充分认识这一工作的重要意义，科学、合理地进行调度，精心、细致做好服务。

一、领导公务活动的意义

（一）出席公务活动是各级领导实施领导的重要方式

领导要对单位实行有效的领导和管理，不可能凭空进行，必须依靠一定的载体，参加各类公务活动就是一个重要载体，如出席各类重要会议、接待会见贵宾、接见会议代表和先进模范人物，下基层调查研究、检查指导工作、现场办公，参加纪念、慰问、庆典活动以及具有重要影响的其他活动等。

所以，领导公务活动实际上是贯彻落实上级路线、方针、政策的重要实现过程，是领导协调和处理自己分工负责工作的具体实施步骤，是促进工作落实的有效方法，也是领导联系基层、宣传政策等工作的重要方式和途径。

（二）领导公务活动具有工作导向作用

领导参加的每项公务活动，都直接或间接地对某一方面或全面工作产生一定的或重要的影响。在一定时期内，领导机关支持什么、倡导什么、强调什么，人们往往可以从领导活动中看出端倪，这是一种无形的"指挥"和无言的引导，有时候比领导机关专门发文的效果还要好。所以，安排领导公务活动是一项十分严肃、严谨的工作，指导性、思想性都很强，对全局工作有着重要的影响，必须高度重视，千万不可大意；如果安排不当，就可能对公众和社会舆论产生误导，造成不良后果。

（三）出席公务活动体现领导形象

基层职工与领导的直接接触十分有限，他们大多是通过领导活动，甚至是大众媒体传播的活动，来观察领导和认识领导。因此，领导参加什么样的活动，以什么样的方式参与活动，产生了怎样的社会影响，往往成为广大职工了解领导机关和领导同志本人，以及评价其领导水平和领导作风的重要依据。如果领导出席活动的频率适度，组织活动的形式和规模得体，每次活动都取得了实实在在的效果，那么群众的满意度就会不断增加。反之，如果领导出席的活动过多过滥，活动内容单调、平庸、重复，流于形式，就可能劳而无益，损害领导机关和领导同志的形象。所以说，领导公务活动无小事。必须站在维护领导集体威信、加强上级与人民群众的血肉联系的高度，来看待领导公务活动，科学、合理地安排好领导公务活动。

二、怎样安排好领导公务活动

领导公务活动安排事关重大，安排好了上上下下都满意，安排不好会导致领导和群众都不满意，两头不讨好。活动安排多了，基层群众会认为领导形式主义，不务实，老是在这个会议上、那个典礼上露脸；另外，领导也会感到应酬太多，浪费了精力，浪费了时间，不堪重负。所以，办公室一定要科学合理地安排领导公务活动，悉心寻求一定条件下的最佳选择方案，精简不必要的应酬性、事务性活动，为领导联系群众和集中精力想大事、议大事、抓大事、干实事创造条件。

（一）建立严格的规范和约束机制

没有规矩不成方圆，领导公务活动也应建立规矩和制度。在一个单位，要充分发挥办公室的参谋协调和把关作用，依据有关文件规定，结合实际，制定本单位公务活动管理制度；对安排领导公务活动的原则、方式、工作程序等进行明确而具体的规定，明确哪些活动由哪些领导参加，哪些活动不安排领导参加，办公室应明确邀请领导出席各类公务活动的归口报批办法，以及活动组织和随行服务、新闻报道有哪些具体要求，征得领导同意后通报各有关方面，并在实际工作中严格按规定执行。办公室应保证领导公务活动科学、有序、高效地进行，减少领导公务活动安排的盲目性和随意性，减少人为的干扰因素，增强领导活动安排的科学性、合理性和务实性，真正用制度管人、用制度管事。

（二）争取理解和支持

建立规章制度，必须领导批准、认可后才能实施；许多规范要领导亲力亲为、身体力行，才可能落实；遇到矛盾要领导支持和体谅才能化解。如果只是办公室积极性高，和领导在思想上没有引起共鸣，那最好的公务活动规范也是实行不了的。因此，建章立制之后还应组织领导和人员学习，不仅要取得领导的理解，还要取得相关部门的支持，要大家都熟悉制度，方能严格执行制度。

（三）强化归口协调

一个活动，要不要安排领导出席，由谁出席，这只能由一个部门（最好是办公室）根据活动的内容、性质来统筹考虑，提出参谋意见报有关领导审定。要纠正和杜绝一些部门和单位下"跳子棋"，绕过秘书部门直接向领导发邀请函，甚至软磨硬缠，硬要领导出席某项活动，这种做法违反制度、违反操作规程、干扰领导的正常工作，必须杜绝。只要领导和办公室紧密配合，共同努力，领导公务活动就可以控制在一个领导和群众都比较满意的幅度内。

三、安排领导公务活动应把握的原则

（一）围绕中心、突出重点

办公室要站在全局和大局的高度来考虑问题，精心谋划，通过综合平衡，恰到好处地安排好领导的公务活动。要在分清当前和今后一个时期中心工作和主要任务的前提下，在众多的要求领导参加的活动中，分清哪些活动是与中心工作紧密联系的，哪些是属于一般性的。在活动安排上要区别轻重缓急，采取不同的做法：属于中心工作的，应该优先安排、重点组织；与中心工作联系不紧密的，可以推后安排或不予安排。性质和内容相同或相近的活动，通过协调，尽可能归类合并，以减少公务活动总量。关系全局的重要活动，规格可以适当高一些，可邀请主要领导出席。其他活动确需领导出席的，一般只请分管的领导参加。对那些确实有利于领导密切联系群众和对全局工作起示范、推动作用的活动，要提前介入，周密部署，办出特色，办出水平，尽量扩大影响。

（二）统筹兼顾、适度均衡

首先，安排领导出席公务活动既要坚持重点，又不能偏废，方方面面的工作都要兼顾。既要有点上的工作，也要有面上的工作；既要有上层的活动，又要有群众集会。这样可以相得益彰，全面推动各项工作的开展。其次，安排公务活动在一个时期不能太集中，即使非搞不可的重要活动，也要适度分散，分期分批组织，不能形成"活动周""活动月"。最后，在具体安排哪些领导出席哪项公务活动时，也要注意胸怀全局、合理调度、均衡负担，不能过分集中到少数领导身上，以体现集体领导和个人分工负责相结合的原则，避免领导工作分配不均和不必要的误解。

（三）勤政务实、杜绝浪费

领导是一个单位的指南针和风向标，其言行对单位和群众有着巨大影响。办公室在安排领导活动时，要特别注意突出"主旋律"，抓关键环节，坚持做到帮忙不添乱。一个领导者的公务活动如果是大量的轻车简从下基层调查研究，深入群众之中听取意见，努力帮助基层和群众解决实际问题，那就给群众留下一个亲民、爱民和勤奋敬业、求真务实的印象。有的

地方出于"好心",说是为了宣传领导,扩大影响,搞所谓"形象工程",安排领导参加很多无关紧要的会议,特别是出席剪彩、庆典等活动,发表很多没有实质内容的讲话,结果不仅没有给领导增添"光彩",反而引起群众的议论,这是应该引以为戒的。领导者的"勤"主要是体现在勤奋学习和全心全意为人民服务上,而不是整天忙于没有多少意义的各种应酬。另外,组织公务活动一定要精打细算,勤俭办事,杜绝铺张浪费,体现清正廉洁风范,为基层和群众起好带头作用。

(四)内外有别、尽力精简

所谓内外有别就是领导参加单位内部的活动和参加外部活动要有所区别。接待来宾要热情、周到,但是内部交往就要"不拘小节"。上下级之间工作中常来常往,这是正常的工作交流,不需要搞层层陪同,不用安排看望和宴请;不太重要的活动也要搞庆典,领导出差也郑重其事地搞送往迎来,这就把严肃的公务活动庸俗化了,不仅增加单位行政成本,一定程度上还可能影响领导形象。

实际操作中,要对领导公务活动安排要具体问题具体分析,既不能一概排斥,也不能不加选择地全部接受。必不可少的应酬一定要参加,可参加可不参加的活动完全可以精简。办公室应该大胆而有策略地协助领导把关,不能给这类活动开"绿灯"。

(五)内容与形式相统一,注重实效

任何活动都有一定的形式,但形式必须服从于内容的需要,要为内容服务。如果单纯追求形式上的排场阔气、场面上的轰轰烈烈和程序上的纷繁复杂,而不考虑实际内容是否充实,那就是形式主义,是不应提倡的。所以,组织活动的规格、规模和时间的长短,都要依实际需要来确定。安排领导出席某项活动,要着眼于研究和解决某些问题,推动某方面的工作,考虑该活动在群众中会引起什么样的反应,会产生什么样的社会效果。一些确实有较大政治影响和社会影响、内容丰富的活动,在组织形式上要力求有特色,做到隆重、热烈,有一定的声势。这样形式与内容就可以相得益彰,实现完美的结合。有些活动本来没有多少实际内容,如果排场弄得很大,故作惊人之举,就难免有虚张声势、小题大做之嫌。召开座谈会、研讨会等,必须主题明确,准备充分,不能变成一种"漫谈会"。各种纪念活动也必须在内容和主题上不断深化,在形式上不断推陈出新,使"保留节目"年年有新意。总之,安排领导公务活动必须务实。

(六)适度报道

领导参加公务活动的宣传报道要从实际需要出发,从严掌握,报道的内容应突出宣传党的方针、政策,建设发展成就,先进人物事迹,突出反映领导深入基层、深入群众,研究解决实际问题等。除对领导参加全局性会议和重大活动予以适当报道外,对领导参加部门工作会议和无重要新闻价值的庆典、剪彩、联谊、文体等活动,一般可不作报道。领导活动报道过多、过于集中,有时候不但不利于宣传,甚至可能产生相反的效果,让群众感到领导似乎没有干实事,整天都在"作秀",在群众中产生不好的影响。所以,对领导一般性公务活动的报道应逐步淡化和简化。

四、做好领导公务活动服务工作的方法

（一）制定详细的活动计划

在活动前，要制定详细的活动计划，确定活动时间、地点、参加人的范围、人数等。同时要有活动前和活动中的具体安排。

（二）搞好工作协调

有些重要活动需要各部门、单位配合完成，需要事前同有关单位开好协调会，向各单位讲清任务、提出要求、明确责任、分头落实。对各单位的工作人员要明确提出到达岗位的时间，尤其是一些有重要任务的单位，如牵头单位、新闻单位等，不可迟到。

（三）认真查看现场

凡重要活动，负责公务活动安排的同志都要亲自查看现场，不可只在电话中落实，也不可只根据有关单位报来的材料纸上谈兵。看看现场是否准备完备，指出存在的问题。同时，对行车道路是否畅通、是否会停电等，都要考虑周全，做好充分准备，做到万无一失。特殊情况不能到现场查看的，也要采取妥当的措施，确保不出差错。

（四）随机应变，拾遗补缺

活动和会议一旦开始，原则上都应一丝不苟地按照工作预案运行，但在实际工作中情况是千变万化的，如上级领导机关临时通知召开重要会议或部署紧急任务、突然发生重大自然灾害、主要领导发出新的指示、服务工作的重要对象发生变更等，在此类情况下，办公室应以高度的责任意识，眼观六路、耳听八方，全面掌握各方面情况，及时调整和修改工作方案、工作程序、服务方式和相关的文件资料等，努力争取在最短时间内快速、准确地调整到位，保证会议、活动的顺利进行和圆满结束。同时，对事前考虑欠周全的细节和在工作中出现的具体问题，要及时拾遗补缺，对服务对象提出的意见和建议要认真听取，该说明情况的要耐心解释，该改进提高的要及时改进。

（五）严格保密，确保安全

活动和会议直接涉及领导工作的核心机密，做好保密和安全保卫工作非常重要。要重视对每一次参与服务工作的人员进行保密教育，强化保密观念，对承办过程要落实保密规定，制定有效的保密措施，运用先进的保密手段和高科技保密技术开展工作；对有关新闻报道要认真进行保密审查，未经批准，不得公开报道有关内容。同时要认真做好住地和交通安全保卫、食品卫生检查、医疗保健等工作，确保活动和会议的周到、安全、万无一失。

（六）收集资料，归类建档

要及时把活动服务工作的签批件、工作方案、文件、简报、会议记录、音像资料等一整套原始资料收集齐全，按规定归档管理。要特别注意收集和积累活动和会议涉及的人员、部门和场地的基本情况，如出席各类会议和活动人员的情况（包括各领导机构的人员构成、排序及联系电话、联系人），各活动、会议场所的分布、容量、设施及道路交通情况，礼堂、会议室及主席台的大小、座位摆放条件等，形成尽可能完善的资料库和联系网络，以便于今后查阅使用。

【阅读参考】

懂得办公室礼仪 做个文明职场人①

办公室礼仪是提高个人素质和单位形象的必要条件，是立身处世的根本，是人际关系的润滑剂，是现代竞争的附加值。在知识经济突飞猛进的时代，办公一族应该更加注重礼仪，包括着装、谈吐、待人接物等各方面。所谓"人无礼则不立，事无礼则不成"。

一、需杜绝的办公室不良习惯

上班迟到。即使上司对迟到行为没有多说什么，那也不表示对此毫不在乎。上班迟到的习惯会使一个人显得缺乏敬业精神。作为一个尽职的下属，至少应该比上司提前15分钟到达办公室。

穿着暴露。在着装方面稍微不注意（如过短的裙子和透明的上衣）就会影响一个职业女性的形象。出门上班之前，应该养成习惯在穿衣镜前认真检查一下，弯弯腰，伸伸手，并坐下来看自己是否暴露了不应该暴露的身体部位。

错误的隐身。一个人为了不打扰别人工作，如果总是避免和同事进行面对面的交流，就会使自己逐渐地从同事中孤立出来，也无法引起上司的足够注意。所以，应该学会向同事们问好，不要事事都通过网络处理。有的工作要主动及时地给上司提交备忘记录。

办公室闲聊。在办公室与同事进行适当的交流是可以的，但上班时间的闲聊必须有一定的分寸。如果花太多的时间与同事聊天，就会给人留下一种无所事事的印象，同时还会影响同事按时完成工作。

二、办公室里不要谈论的话题

害人之心不可有，防人之心不可无，千万别在办公室谈论不该谈的话题。自己的私人领域不轻易让人涉足，其实是非常明智的，是竞争压力下的自我保护。

不要谈论薪水问题。同工不同酬是老板常用的手段，但如果用不好，就容易引发员工之间的矛盾，这当然是老板所不想见到的，所以发薪时其有意单线联系，不公开数额，并叮嘱不让他人知道。如果碰上喜欢打听薪水的同事，最好早做打算，当他把话题往工资上引时，要尽早打断他，说公司有纪律不谈薪水；如果同事语速很快，没等拦住就把话都说了，也不要紧，用外交辞令冷处理："对不起，我不想谈这个问题。"有来无回一次，就不会有下次了。

不要聊私人生活问题。不聊私人问题，也别议论公司里的是非。自己以为议论别人没关系，其实用不了几个来回就能绕到自己头上，引火烧身。办公室里聊天，说起来只图痛快，不看对象，事后往往懊悔不迭。一个人的价值体现在做多少事上，在该表现时表现，不该表现时就算韬晦一点也没什么不好，能人能在做大事上，而不在说大话上。

不要谈涉及家庭财产之类的话题。无论是露富还是哭穷，这些行为在办公室里都显得做作，与其讨人嫌，不如知趣一点，不该说的话不说。就算刚刚新买了别墅或利用假期去欧洲玩了一趟，也没必要拿到办公室来炫耀。有些快乐，分享的圈子越小越好，避免被人妒忌。

---

① 懂得办公室礼仪 做个文明职场人［J］．工会博览，2018（15）：45-46．

三、办公室同事相处应注意的礼仪

真诚合作。单位各部门的工作人员都要有团队精神，真诚合作，相互之间尽可能提供方便，共同做好工作。

宽以待人。在工作中，对同事要宽容友善，不要抓住一点纠缠不休，要明白"人非圣贤，孰能无过"的道理。

公平竞争。不在竞争中耍小聪明，公平、公开竞争才能使人心服口服，应凭真本领取得竞争胜利。

主动打招呼。每天进出办公室要与同事打招呼；不要叫对方小名、绰号，也不要称兄道弟或以肉麻的话称呼别人。

诚实守信。对同事交办的事要认真办妥，遵守诚信。如自己办不到应提前讲清楚。

四、尊重、理解和支持上级

树立领导的权威，确保有令必行。不能因个人恩怨而泄私愤、图报复，有意同上级唱反调，有意损害其威信。

支持上级。只要有利于事业的发展，就要积极主动地支持上级，配合上级开展工作。

理解上级。在工作中，应尽可能地替上级着想，为领导分忧。不管自己同上级的私人关系有多好，在工作中都要公私分明。不要有意对上级"套近乎"、溜须拍马；也不要走另一个极端，不把上级放在眼里。上下级关系是一种工作关系，自己作为下属，应当安分守己。

五、办公室里的十大细节礼仪

将手机声音调低或调至振动，以免影响他人。

打电话时尽量放低声音，如果是私人电话，尽量减少通话时间。

不翻动其他同事桌上的文件资料，电脑、传真机上与自己无关的资料也不翻阅。

有任何资料需要移交给他人，一定要贴上小便条，写清时间、内容，并签名。

将自己的办公桌整理干净，不乱丢废纸。

男士尽量不在办公室抽烟，以免污染环境。

女士尽量不在办公室里化妆、涂指甲，也不穿过分性感的衣服。

在办公室里见到同事或是来访者不忘微笑。

不在办公室里制造流言蜚语或传播小道消息。

尽量不在办公室里与同事发生财务纠纷。

【典型案例】

1. 利新饮料有限公司的新产品发布会即将结束，办公室负责人张文安排送来宾去车站、机场所要乘坐的车辆，等来宾陆陆续续被送走之后，张文松了一口气。可是就在这时，有一位来宾临时改变行程，需要紧急赶往火车站，而公司安排去火车站的车已经出发了。张文见状，赶忙把会场清理工作交代给其他工作人员，自己拦了一辆出租车亲自送来宾到火车站，终于赶上了来宾要坐的列车。列车出站后，张文搭公司的车回来，想着发布会终于结束，可放松一下了。正在这时，手机响了，是刚才那位来宾打来的，他在电话里非常焦急。原来他发现自己的一个公文包不见了，里面有几份重要的商务资料，不知是遗落在会场还是落在出租车里了，请张文赶紧帮忙寻找，其到达目的地后就要使用。经核查，清理会场的工作人员没有捡到公文包。最大的可能是落在出租车上了,这下张文傻了。由于当时时间紧迫,张文没在意出租车的相关信息,一时之间,无从下手查找。

2. 某市教育局为了加强对教育系统的领导干部进行思想教育,特地聘请中央党校有关专家来做经济政治形势报告。为引起大家的重视,市教育局在报告会举办前两个月就下发了通知。报告会会场设在市中心的大剧院,剧院左侧紧靠嘈杂的商店与菜场。剧院右侧是一个大型超市的在建工地。报告会当天,约有三分之一的学校领导因忙于期末工作未能赶来参加会议。为了将会议精神传达给大家,市教育局党委要求会务组成员将报告录音并详细整理发给相关人员。

3. 小李和同事一起去给客户汇报产品方案,汇报的地点选在对方会议室。当天参加会议的人很多,还有不少领导,会议室里非常拥挤。小李觉得有些热,就把外衣放在了一边。汇报到一半的时候,手机铃声响了,小李意识到是自己的手机。但屋里人太多,他的外衣却放在门口,手机一直响,中间也隔着好多人,小李要过去拿的话大家都得起身才能让他过去,会场秩序一时间搞得很乱,也让对方的领导感到有些不满,弄得大家都很尴尬。

4. 周一一大早,秘书小王刚进办公室,电话铃就响了。他赶紧抓起听筒,"喂,你哪位?"对方说是北京某公司的一个业务经理,想跟他们公司技术部合作开发一种新产品。小王想都没想,一句"这是总经理办公室,你打错了"就挂了电话。刚坐下,电话铃又响了,小王嘴里咕隆了一句"真烦",不情愿地又拿起听筒:"找谁?"对方说要找公司总经理,小王一听是找总经理的,不敢怠慢,马上说:"您稍等,我现在就给您转接总经理电话。"小王转接完电话后,就开始整理昨天一个会议的文件资料。没过多久,总经理气冲冲地走进来,冲着小王大声质问:"你这个秘书是怎么当的,什么电话都转给我。你知道他是干什么的吗?他是推销墓地的。"小王一听也蒙了,心想,原来在办公室转接电话还真是有好大的学问。

案例思考:
1. 案例1中张文应从该次会务工作中总结哪些经验和教训?
2. 案例2中会议组织存在哪些方面的缺陷?
3. 案例3中小李为什么会出现那样的窘境?
4. 案例4中秘书小王在接电话的过程中存在哪些问题?

第七章

办公室调研工作

教学目标

通过本章的学习,掌握调研的定义、基本内容和选题原则以及调研的分类、意义和特点等,了解调研的基本方法、步骤,学会撰写调研报告,做好办公室调研工作。

教学要求

主要内容	知识要点	重点难点
第一节 介绍调研工作概述	(1) 什么是调研工作 (2) 调研的基本内容及题目的选择 (3) 调研的分类 (4) 调研的意义 (5) 调研的特点	(1) 调研的基本内容和题目的选择 (2) 调研的特点
第二节 介绍调研的基本方法	(1) 调查的基本方法 (2) 研究的基本方法	(1) 调查的基本方法 (2) 研究的基本方法
第三节 介绍调查研究的步骤	(1) 调研准备阶段 (2) 开展调研阶段 (3) 成果转化阶段 (4) 开展调研工作的注意事项	(1) 制定调研计划 (2) 开展调研的注意事项
第四节 介绍如何撰写调研报告	(1) 调研报告的结构 (2) 调研报告的基本要求 (3) 调研报告的写作程序	(1) 调研报告的基本要求 (2) 调研报告的写作程序

续表

主要内容	知识要点	重点难点
第五节介绍调研报告的种类和构思方法	(1) 问题类调研报告 (2) 情况类调研报告 (3) 经验类调研报告	(1) 常用调研报告的形式 (2) 常用调研报告的基本结构及构思方法

情景导入

"大众创业，万众创新"既可以扩大就业，促进居民收入增加，又有利于社会资源纵向流动和公平正义，所以要倡导大学生创业，让年轻人在创业中实现自身价值的提升。为充分了解当前大学生创业的实际情况，2018年7月初，国家统计局江苏调查总队对江苏省应届大学毕业生就业创业现状进行专题调研。在江苏22所大学共发放问卷2 393份，回收有效问卷2 352份，男生1 138人，占48.4%；女生1 214人，占51.6%。已创业和拟创业的大学生为430人，就业大学生为1 922人。从学历来看，51.7%的学生为本科学历；专科学历的学生占37.7%，研究生及以上学历的学生占10.6%。

问题：调查人员采用了哪些调查方式？

第一节 调研工作概述

调研即调查研究，是获取信息的重要手段，是做好办公室工作的基础，也是办公室工作人员提升工作能力和水平的必要途径。办公室工作人员必须掌握调研的内容、调研方式等基本知识，熟悉调研活动的基本操作程序，努力学习和掌握调研这项基本功。

一、什么是调研工作

调研工作是调查研究工作的简称，分为两个步骤：调查与研究，这是既有密切联系又有区别的两个不同概念。调查，指通过一定的途径、利用一定的方式、方法，了解和掌握客观世界的各种实际状况；研究，则是根据调查所得到的材料，进行科学的分析和综合，从而得出正确的结论。调查是研究的前提和基础，研究是调查的深化和发展。调查是为了掌握事实，是手段；研究是为了从事实中发现问题并提出解决问题的办法，是目的。调研的结果常常以调研报告的形式体现。

二、调研的基本内容及其题目的选择

办公室调研的范围广泛，其基本内容有：对全面情况的调研、对单项工作的调研、对某个突发问题的调研、对先进经验和典型人物的调研等。办公室在开展调研时，根据工作需要，有的放矢，确定调研的课题。

（一）选题内容

实际工作中，调研的内容可以从以下方面进行选择。一是关系单位全员或某一特定群体

工作中带有倾向性和趋势性的问题，如全体职工对绩效工资分配的想法、离退休职工对单位改革的认识等。二是涉及单位内部各部门工作的综合性问题，如某大学各二级学院中学生培养方案的修订情况、学生资助体系的落实情况等。三是介于各部门之间的"边缘"问题。单位中各个部门都有各自的职责，但是人们在工作中常常发现，有部分工作总是界限不清，似乎大家都管，又似乎没有人管，于是乎这些问题就被"边缘"化了；还有些工作因为收不到立竿见影的效果，不能引起大家的重视，但是又确实非常重要，必须完成。对这类问题，办公室可以将其列入调研范围，摸清情况，提出解决的办法，防止出现真空地带。四是领导明确交办的问题。调研的选题内容要选择既有现实意义，又有前瞻性的课题；既要注意领导和群众关注的当前工作和社会生活中的重点、热点、难点，又要注重易被公众忽略而又十分重要的冷门问题。

（二）选题原则

（1）价值原则：看调研课题及其成果是否针对领导管理工作需要或满足社会需求。

（2）可行原则：看参与调研的人力（精力、能力、时间）、物力（经费、后勤保障）、环境力（领导和有关方面支持力度、调研对象配合度）是否足以支撑调研工作顺利进行。

（3）适量原则：选题大小适中，从多方面考虑，量力而行。

（4）新颖原则：研究经济社会发展阶段性特征，针对经济社会发展和本系统地区工作的新情况、新问题，与时俱进地选题，力求人无我选、人有我新、人新我精。

三、调研的分类

关于调研的分类，不同的标准有不同的分类。一般来说，根据实际需要和经验可以将调研进行以下划分。

（1）根据调研方法划分，分为直接调研和间接调研。直接调研是调研者直接向被调研者收集第一手资料的调研，通常包括亲自调研、委托调研、通信调研、统计核算调研等；间接调研是调研者用购买、借用、赠与、摘录等方式取得他人现成资料的调研。

（2）根据调研范围划分，分为微观调研和宏观调研。微观调研是调研者根据课题要求选择有代表性的点深入下去而进行的一种详细的调研；宏观调研则是通过各种调研表格和问卷，在较大范围内和众多的调研对象情形下，对有关社会现象获取大量资料的一种调研。

（3）根据调研对象数量划分，分为全面调研和非全面调研。全面调研就是对需要调研的对象逐个进行调研。这种方法所得资料较为全面可靠，但调研花费的人力、物力、财力较多，且调研时间较长。当调研对象太多时就不适合用全面调研，而要采用非全面调研。非全面调研包括典型调研、重点调研、抽样调研、个案调研等。

（4）根据调研时间划分，分为静态调研（或一次性调研）和动态调研。其中，动态调研具体包括经常性调研和跟踪调研。

（5）根据调研内容的属性划分，分为农村、城市、社区等各类区域的调研，公交、文教、卫生、公安、财贸、旅游等各行各业的调研，婚姻家庭、贫穷犯罪等各类社会问题的调研等。

（6）根据调研目的划分，分为学术性调研和应用性调研。学术性调研即为了理论成果的创新所开展的调研。这种形式的调研活动，多数是由理论研究单位或高等院校的专家学者组织进行的,追求的是某一专业、某一学科、某一领域最前沿的理论价值。

应用性调研包括工作思路调研、政策调研、对策调研等。工作思路调研即为了开阔工作视野、拓宽工作思路、明确任务目标和发展方向所开展的调研。政策调研即围绕完善政策所进行的调研活动。政策性调研包括的面很宽,有综合性政策、专门的具体政策,也有尚处在完善之中的政策,还有已经转化为法律法规的政策等。就经常性的政策调研来说,主要是指服务于领导决策需求、服务于不同时期中心工作所开展的调研。对策调研即通过调研,及时发现贯彻执行各项决策部署中存在的问题、找出问题的根源,提出切实可行的解决问题的对策和建议,并使其转化为领导决策。

(7) 根据调研深入程度,分为实地巡视调研(走马观花式调研)和蹲点调研。

上述几种调研类型不是截然分开的,它们之间互相关联、互为补充,是一个有机的整体。调研分类汇总如表7-1所示。

表7-1 调研分类汇总

标准	类型
调研方法	直接调研和间接调研
调研范围	微观调研和宏观调研
调研对象数量	全面调研和非全面调研
调研时间	静态调研(或一次性调研)和动态调研
调研内容的属性	农村、城市、社区等各类区域的调研,公交、文教、卫生、公安、财贸、旅游等各行各业的调研,婚姻家庭、贫穷犯罪等各类社会问题的调研等
调研目的	学术性调研和应用性调研
调研深入程度	实地巡视调研(走马观花式调研)和蹲点调研

四、调研的意义

办公室不仅是综合服务部门,还是辅助决策部门,工作内容繁杂广泛。在办公室工作中,调研的作用十分明显。办公室工作人员的各项工作,无论是辅助领导决策,还是收集信息、起草文稿、督促检查,乃至开一次有效的会议,处理一封群众来信,都离不开调研。可以说调研贯穿于办公室工作的全过程。

(一) 及时补充、完善各种信息

办公室工作中,收集信息的渠道不外乎其他单位报送信息、日常工作中了解信息、新闻报道中知晓信息等,这些渠道输送的信息多是孤立、分散、就事论事的,因此不具备自动补充、完善信息的功能。而调研是主动的,是有目的、有计划、有意识的自觉活动,对调查得到的信息主动探究它的根源,主动加以补充完善,而且在这一过程中往往还会得到新的信息。

(二) 收获的信息更符合实际

从某种意义上讲,调研比其他手段得到的信息更全面、更重要。因为通过调研,办公室工作人员可以直接掌握第一手材料,这样收集到的信息往往比间接材料更真实、更切合实际、更有价值。可以说调研所得到的信息在深度、质量方面是其他方法得到的信息难以企及的,所以说,调研是获取信息的重要手段。

（三）提高办公室工作人员素质

办公室工作人员自身素质的提高,有两条途径:一是努力学习理论和专业知识,二是积极参加社会实践。参加社会实践的重要方式就是调研。通过调研,可以加深对各项方针政策的理解,可以扩大知识面,可以更广泛地、深入地了解社会,积累并丰富工作经验和人生阅历,可以提高分析问题、研究问题和解决问题的能力。

（四）推动工作开展

调研不仅是认识世界的方法,也是推动各项工作顺利开展的方法。一个单位要顺利运转,需要制定一系列切实可行的措施;各项政策措施执行情况如何,需要通过调研及时了解和掌握。在贯彻落实各项政策措施的过程中,好的经验要通过调研及时总结推广,存在的问题要通过调研找出原因并加以纠正。

（五）有效沟通基层

调研需要深入基层,调研的过程就是深入群众、了解群众、向人民群众学习的过程。通过调研,深入基层、深入群众、深入实际,可以察民意、摸实情,及时地把上层的政策宣传下去,把群众的愿望和要求反映上来,并在此基础上对政策进行修正,为群众办好事、解难事,从而不断地密切与基层群众的关系、加深与基层群众的感情。

五、调研的特点

调研并不是一种简单的感性活动,不只是出出门、跑跑腿、搜集一些信息,而是在一定的理论指导下,运用一系列科学的方法与技术,遵循规范的调研程序进行的一种比较艰辛的科学研究活动,也是一种技术性很强的管理活动,因此具有与其他活动不同的特点。

（一）目的性

任何一项调研都是带着一定的目的进行的。单位领导、政研部门、办公室等开展的调研是为单位决策服务的,专家学者的调研是为了创新理论成果,具体工作部门的调研是为了完善工作措施、推动工作等。这就要求在开展调研之前,一定要明确调研的目的,不能为调研而调研,浪费时间、精力。

（二）真实性

调研是为一定的目的服务的,因此调研中一定要实事求是,要听实话、摸实情、捞实底,有喜报喜、有忧报忧,否则调研不仅起不到任何作用,可能还起反作用。

（三）全面性

调研过程中,对调研对象、调研内容、调研方法、调研组织都要做到全面完整。从调研对象看,要尽可能全面地接触当事人,倾听方方面面的意见和建议,防止偏听偏信;从调研内容看,要尽可能充分地了解情况,把应该掌握的内容全部列入调研提纲,避免以偏概全;从调研方法来说,要防止方法单一、不切实际,收集信息不完整、不全面;从调研组织看,要尽可能设想周密、安排具体，为全面搞好调研提供组织保障。

（四）灵活性

调研接触的对象是人，而这些人的素质、性格、能力与调研主题的利益关系、对调研活动的理解和支持态度各不相同，这就需要在调研的方式方法上具有一定的灵活性，不能过于死板，否则很可能得不到调研对象的理解和配合，难以掌握真实可靠的情况。

（五）深刻性

调研的深刻性是指调研过程中要通过对大量现象的深入调查，掌握丰富的第一手材料，并采取科学的方法，研究事物内在的必然联系，深刻揭示事物发展变化的规律，要知其然更要知其所以然，只有这样才可能取得高水平、高价值的调研成果。

（六）实用性

调研的目的是指导实践，促进工作。如果做了很多工作，调研成果却毫无应用价值，这样的调研就不是真正的调研。因此，真正的调研活动，从一开始就必须考虑实用性，着眼于改进和推动工作，紧紧围绕调研成果的应用性和可行性开展活动。注意选择有应用价值的调研题目，提出有现实针对性、可操作性的思路和措施。否则，无论花了多少工夫、写了多好的报告，最后都是白费功夫。

第二节　调研的基本方法

任何工作都要讲究工作方法，调研也不例外。调研包括调查与研究两个大的环节，因而，调研方法包含调查方法与研究方法，是调查方法与研究方法的有机统一。

一、调查的基本方法

调查方法繁多，功能各异。办公室工作中常用的调查方法，按照不同的标准主要分为以下几种。

（一）按调查对象范围

按调查对象范围，调查可分为普遍调查、个案调查、典型调查和抽样调查。

1. 普遍调查

普遍调查亦称全面调查，是指对调查对象的总体中的每一个单位进行调查，以求全面准确地了解客观情况的一种调查方式。这种方法是对调查对象的每一个成员进行毫无遗漏的逐个调查，以达到准确无误地了解总体情况的一种方法。这种方法的好处是可以全面了解和掌握情况，缺点是涉及面过大时需要的时间较长、耗费的人力物力较大，人口普查、一个学校的全体学生调查等属于普遍调查。

2. 个案调查

和普遍调查恰恰相反，个案调查是一种个别调查，其特点是只调查一个单位，通过对这个单位的仔细调查，深入了解，达到认识全体的目的。个案调查的优点是深入、具体、细致，投入不大，时间和活动安排灵活；缺点是如果调查对象缺乏代表性，就难以通过个案调查掌握总体情况，而且很多时候一个个案情况并不能代表整体。

3. 典型调查

典型调查是在被调查对象总体范围内选择具有代表性的特定对象进行全面、系统、周密、具体的调查，收集大量活生生的感性材料，了解调查对象的有关情况，搞清所调查现象或问题的性质、特征及发展、变化的一般规律。典型调查的优点是调查范围小，耗时少，调研较有深度；不足是缺乏量的积累，典型的选择容易受调查者主观意志左右，难免带有一定的主观随意性，因此，结论的普遍性意义还有待进一步完善。

典型调查和个案调查有些相似，它们的共同点是选择的调查对象少，不同点在于个案调查的对象是特定的个案，调查的目的是详细了解这个个案的情况。而典型调查的对象是特别选择的，具有典型性，其调查目的是通过对这个典型的了解，推而广之去了解更为广泛的对象的情况。要做好典型调查，就必须正确选择典型，保证典型具有真实性和客观性；对复杂的事物，必须多层次、多类型地选择典型，使被选择事物具有更大的代表性。

4. 抽样调查

抽样调查是从调查对象的总体范围内，随机抽取一部分样本，通过对样本的调查和统计，推断对象总体的性质与状态。抽样调查是一种普遍调查与典型调查相结合的形式，随机抽样时，总体中的每一个对象都有同等可能被抽中的机会。抽样调查的优点是调查的结果比较公正客观；运用数学方法进行计算，便于对调查总体进行定量分析；可以节省大量的人力、物力、财力，时效性、科学性、可靠性比较强，但对调研人员素质的要求较高，没有专业人员的指导难以较好地完成任务。抽样调查的不足之处是不宜于进行定性调查；调查对象的范围不太明确时，抽样调查的意义也就不大。

（二）按调查采取的手段

按调查采取的手段，调查可分为座谈调查、走访调查、问卷调查和文献调查。

1. 座谈调查

座谈调查就是通过开座谈会的方式，把需要调查的人员召集到一起，按照调查内容，逐项请参加座谈者谈情况、谈看法。座谈调查的特点是当面讨论，直接交流，听取各个方面的意见，全面掌握情况，有利于优化信息。一般来说，在召开座谈会之前，预先通知参加座谈的人员提前做好准备，可以取得更好的效果。

2. 走访调查

走访调查又称访谈或谈话，是通过调查者和被调查者面对面交谈获得信息的一种方法。这种用谈话方式进行的调查活动，分为引导性调查与非引导性调查。所谓引导性调查，就是有重点地引导谈话内容；非引导性调查，就是不带任何启示，让调查对象畅所欲言、无所顾忌地谈出自己的看法和主张。

3. 问卷调查

所谓问卷是一组与研究目标有关的问题，或者是一份为进行调查而编制的问题表格，又称调查表。问卷调查是人们在社会调研活动中用来收集资料的一种常用工具，是对社会事实及人们的行为和态度进行衡量的一种技术手段，是一种常用的科学而经济的调查手法。调研人员借助问卷这一测量工具对社会生活的动态过程进行准确、具体的测定，并应用社会统计方法进行量化描述，解析所获得的调查资料。

4. 文献调查

文献调查就是通过查阅图书、档案等相关文献资料，对调查对象和调研内容的有关情况进行了解。因通过文献调查了解的内容都是经过加工处理的，所以这种方法属于间接调查。调查结果的真实性和科学性由材料本身的真实性、科学性决定，所以在选择查阅的文献资料时要注意鉴别。文献调查的优点是难度小、成本少，缺点是不够贴近生活。一般来说，理论工作者大都采取这种调查方法。

（三）几种新颖的调查方法

1. 头脑风暴法

这种调查方法译作"灵机一动法""开诸葛亮会""联翩思考法"等，意思是突如其来的好想法。头脑风暴法常用来收集、比较各种方案，解放思想，发挥人的创造力，这种创造性的思维方式，对防止思想僵化和主观臆断有一定的作用。头脑风暴法以开小组会的方式进行，参加人数不宜太多，以具有代表性、与会者不受任何限制和便于发表意见为原则，通常以 5~10 人为宜，与会者最好受到过有关的专业训练。采用头脑风暴法，由于思路开阔，所以提出的方案多，然后经过数轮的讨论、审议，形成优化的几套方案，最后提供给领导择优采用。

2. 哥顿法

这种调查方法是美国人哥顿于 1964 年提出的，它要求与会者在会议上提出方案，但是需要解决的问题只有会议主持者知道，其他人都不知道，以免思想上受到约束。会议主持者只提出一个抽象的功能概念，要求大家海阔天空地提出各种设想。例如，某区要建一个小商品市场，召集部分人士座谈研讨，大家分别从管理、供销、物流及市场需求等方面提出方案，会议主持者等到适当的时机，才把具体问题揭示出来，以做进一步的研究。这种方式启发创造性思维，对于解决某些难于突破的固有条框有很好的效果。

3. 特尔斐法

特尔斐原是古希腊的一座城市，是著名的阿波罗（太阳守护神）神庙所在地，古希腊重大庆典常在此举行，当时聚集了很多预言者和智慧者。20 世纪 30 年代，美国著名的智囊机构兰德公司为了提高预测未来的水平，将专家的答卷预测调查法命名为特尔斐法。这种方法是以匿名方式交流所征求和收集到的专家意见，根据所要预测的对象，寻找一批有关的专家，让他们凭着自己的专长和经验，以及对预测对象的直观认识，进行分析、判断和预测。所以这种方法又叫"专家答卷预测法"。

4. 逐步逼近法

逐步逼近法指为了研究某个问题，从观察或实验着手，尽量收集有关资料，对资料进行仔细分析，经过对比、模拟类推、计算等程序后，思想便会发生一个飞跃，得出初步结论。但是这个结论还是粗糙的，只能算是尚未证实的假设，这是对问题解答的第一步逼近。为了验证初步假设的正确性，需要继续观察或试验，如果新资料与之符合，那么就得到新的支持而更可靠；如果不符合，就应该研究为什么，找出原因，从而修改初次假设以提出第二次假设。如此继续下去，一次比一次接近于正确的答案，逐步逼近真理。这是科学决策和科学研究最常用的方法。

实际工作中，在开展调查时，往往是几种方法交叉运用，并不拘泥于哪种形式，关键是从完成好调研任务的目的出发，掌握所需要的真实情况，为进一步研究分析提供可靠依据。

二、研究的基本方法

调研就是在广泛深入地开展调查、充分地占有资料的基础上进行的研究，而研究是调研的命脉。只调查不研究是"白调查"，光研究不调查是"空研究"。进行研究分析的方法很多，主要有辩证分析法、逻辑分析法、系统分析法、整体分析法、历史分析法、类型分析法、比较分析法、综合分析法、统计分析法、观察分析法、内容分析法、专题分析法、因素分析法、功能分析法、结构分析法、因果分析法、条件分析法、阐释分析法和预测分析法等。常用的研究方法有以下几种。

（一）统计分析法

统计分析法也叫"定量分析法"，指通过对研究对象的规模、速度、范围、程度等数量关系的分析研究，认识和揭示事物间的相互关系、变化规律和发展趋势，使调研者有效地认识所研究现象的内在规律，了解各事物之间的必然联系，并预测可能的发展趋势，借以达到对事物的正确解释和预测的一种研究方法。统计分析法可以使人们对研究对象的认识进一步精确化，以便更加科学地揭示规律，把握本质，厘清关系，预测事物的发展趋势。

（二）定性分析法

定性分析法就是对研究对象进行"质"方面的分析。具体地说是运用归纳和演绎、分析与综合以及抽象与概括等方法，对获得的各种材料进行思维加工，从而能去粗取精、去伪存真、由此及彼、由表及里，达到认识事物本质、揭示内在规律的目的。

（三）经验总结法

经验总结法是通过对实践活动中的具体情况，进行归纳与分析，使之系统化、理论化，将实践上升为经验的一种方法。总结推广先进经验是人类历史上长期运用的较为行之有效的领导方法之一，也是研究中常用的方法。

（四）辩证分析法

辩证分析法就是在社会调查研究活动中具体运用辩证方法，在考察、研究调研对象时，以马克思主义唯物辩证法为指导，分析被考察对象内外因素的相互关系、相互作用及其发展方向、发展过程、发展阶段、发展动因、发展机制、发展特性等，进而为社会的文明进步提出合理化建议，对社会未来的发展前景做出科学的预测。

（五）历史分析法

历史分析法就是把事物当作一个过程，从其产生、发展、灭亡和转化的方面去把握对象。历史分析法不仅能帮助人们认识事物的现状，而且能把握事物的过去和未来。不了解事物的过去，就不能深刻地认识其现在，也就不可能预测其将来。

（六）因果分析法

因果分析法是指运用因果关系理论，分析研究预测对象发展和变化的前因后果的一种哲学方法。分析原因和结果，是从事物发展过程中揭示事物之间相互联系、相互制约的关系。原因是引起一定现象的因素，结果是由于原因而产生的现象。由于原因和结果之间关系密切,并带有必然性,所以容易认识它们之间的规律性。掌握因果关系分析法有利于在预测工作中,准确了解事物发展的前因后果,把握其发展趋势,提高预测的可信度。

(七)类比分析法

类比分析法是运用逻辑学中类比推理的规则对事物进行比较分析的方法。类比推理是从某一个别性知识的前提推出另一个别性知识的结论的推理形式。类比分析法的结论具有不确定性,因而必须进一步得到实践的证明。类比分析法不仅是发现问题、说明问题的方法,而且能够启发人们的思想,使认识得到突破性的进展。

(八)比较法

比较法也叫比较分析法,是指将两个或两个以上的事物加以比较,分析其异同,求得对事物的特点、本质认识的方法。在调查研究的研究分析阶段,比较法是运用得比较多的一种方法。使用比较法不仅要比较事物的共同点,还要比较事物的差异;不仅要注意现象的比较,而且要重视本质的比较;不仅要注意横向比较,还要注意纵向比较。比较知长短,比较知优劣。比较得越全面,总结特点的片面性就越小、精确度就越高。与此同时,在运用比较分析法时,要考虑可比性问题,要有统一的、科学的比较标准,否则就无法进行比较。例如,企业的生产效益无法与机关的工作效率相比,因为两者具有不同的指标;中国企业的利润不能与外国企业的利润相比,因为两者所使用的利润指标有不同的含义。所以,对不同的对象要选择可比的方面和统一的标准进行比较,如果统计指标不一致,在进行比较时,要先进行一定的修正。

第三节 调研的步骤

调研是一项复杂的系统工作,需要进行系统周密的准备,通过统筹安排和协调推进才能实现工作目的。一般来说,调研的过程大体可分为三个阶段:调研准备阶段、开展调研阶段和决策转化阶段。

一、调研准备阶段

调研准备阶段涉及调研工作选题确定、调研对象的确定、调研方案的设计、调研经费的筹措等诸多环节。好的开始是成功的一半。只有科学安排、周密准备,才能保证调研工作达到预期目的。一个科学、周密的调研计划是调研活动成功的一半,如果在调研准备阶段出现漏洞,在调研实施阶段是难以补救的。因此,在调研开始时就要细致、周密、合理地安排好调研计划,做到心中有数。

(一)制定调研计划,做到六个"明确"

(1)明确调研的主题和指导思想。即明确调研的目的、意义和指导原则,即调研要达到什么样的目的,在调研过程中如果出现问题,按照什么样的原则来解决。

(2)明确调研的内容。要根据调研的主题和目的,逐项列出需要调查的重点,列出调查提纲,设计好相关的调查指标和调查问卷、表格等。

(3)明确调研的方法。准备采取哪些调研方式进行调查和研究。

（4）明确调研的步骤。分几个阶段完成调研任务，要明确每个阶段的时间安排和目标任务。

（5）明确调研的组织开展。如何组织调研力量，由谁牵头，哪些人参加。

（6）明确调研的保障。要搞好调研，需要人、财、物等各方面支持。因此在调研计划中，首先要明确经费来源，其次要考虑调研所必备的物质和技术条件等。

（二）进行调研准备

调研方案确定以后，要按照调研方案的要求，周密细致地做好各项准备工作。一是列出调研提纲。调研提纲的内容主要包括调研的目的要求，调研的对象范围和方式方法，调研的时间、步骤和过程，调研人员的组织和注意事项，调研经费的预算等。二是做好人员准备。可成立调研小组，在成立调研小组时要考虑以下因素：成员应具备良好的政治业务素质；要有调研需要的专业能力或专家成员；要有丰富的调研经验；注意新老搭配，以便成员相互取长补短；人员要少而精，避免人浮于事。及时把调研人员组织起来，进行必要的培训，统一思想认识，明确调研的方法步骤和具体要求。三是做好财务准备。按照预算要求，及时把经费落实到位。四是做好物质技术准备。主要是准备好交通工具、信息手段、表格和调查提纲的印制等。

二、开展调研阶段

（一）开展社会调查

准备充分以后，要按照调查计划安排，采取适当的方式方法，深入基层、深入群众、深入实际，进行科学的社会调研，尽可能按时、按质、按量地完成好调查任务，掌握应掌握的情况，了解应了解的信息，切忌走马观花、浮光掠影。

（二）深入研究分析

对调查得来的材料，采取科学的研究分析方法，进行由表及里、由此及彼的加工制作，从复杂的现象中找出事物内部的必然联系和发展规律，查明事情的来龙去脉，厘清思路，提出正确的观点，拿出可行的措施。

（三）撰写调研报告

通过广泛深入的调研，在形成基本观点、基本框架之后，要组织调研人员认真撰写调研报告，使调研的成果通过调研报告表现出来。撰写调研报告的过程，也是进一步系统研究、分析的过程。抓好这个环节的工作，对确保高质量地完成整个调研任务至关重要。可以说，调研报告写不好，就等于整个调研活动白忙活。

（四）广泛征求意见

写出调研报告的初稿以后，通过召开座谈会、印发讨论稿、向调查对象反馈等形式，广泛征求有关领导、业务部门、专家学者、基层群众等方方面面的意见，集思广益，修改完善，最后拿出令人满意的调研报告。

三、成果转化阶段

投入大量的人力、物力、财力，花费大量心血开展调研，写出调研报告不是最终目的。

调研的关键在于实现调研成果的价值，使调研成果及时进入领导视野，转化为科学决策。

调研成功转化的主要途径有：书面专题报告、当面专题汇报、印制内部参阅文件等，还可以通过参与有关文件的起草使调研成果直接转化为领导决策，纳入领导讲话稿，还可以通过有关综合或专业刊物公开发表等，这些途径中专题调研报告是最主要的形式。

总之，要通过适当途径，尽可能充分地发挥调研成果的作用，实现调研成果的价值。

四、开展调研工作的注意事项

在开展调研工作时，有一些重要的注意事项应分阶段罗列，如表7-2所示。

表7-2 开展调研工作的注意事项

阶段	注意事项
调查阶段	1. 端正调查态度，摆好调查者的位置，虚心向被调查者学习，当好"小学生" 2. 深入最基层，掌握第一手材料，不偏听轻信 3. 获取的资料越多越好，做到"以十当一"
研究阶段	1. 用辩证的观点对待每一份材料 2. 精心挑选最典型的材料，做到"以一当十" 3. 善于发现典型细节 4. 围绕调查目的挖掘材料本质并上升为规律性文件 5. 及时补充相关材料
写作阶段	1. 符合调研报告的写作格式 2. 做好观点与材料的统一 3. 突出写作重点 4. 做好报送工作
转化阶段	1. 树立成果转化意识 2. 选择恰当方式转化

第四节 如何撰写调研报告

调研报告是汇报调研成果的一种书面形式，是对调研情况及结果的概括和总结，是调研成果的集中表现。调研报告是根据调研的成果写出的反映客观情况的书面报告，是调查与分析、实际与理论、客观与主观相统一的说明文体，是通向社会效益的桥梁和工具。好的调研报告是科学决策的重要依据，是指导实践的重要方法，是化解问题的"金钥匙"，是增长才干的重要途径。

调研报告的撰写是一项创造性劳动，也是公文写作中难度最大、运用最多的一种应用文体，是指导决策、破解难题、推动工作的重要依据。懂得调研并学会撰写调研报告，是办公室工作人员必须具备的一项基本功。无论从事什么工作，都离不开调研，离不开撰写调研报告，这不仅是工作需要，也是提升自身素质与能力的重要环节。

一、调研报告的结构

调研报告包括标题、署名、摘要、前言、正文和结尾六个部分。

（1）标题。标题是文章的"眼睛"，是立意、谋篇的纲领，是读者入文的向导，要力求简洁、醒目、生动。标题一般采用"发文主体"加"文种"，即"调查对象"+"事由"+"文种"的格式，如"××关于××××的调研报告""关于××××的调研报告""××××调研""××××调查（思考、建议、分析、对策研究）"等。

（2）署名。标题下面应署名，写出调研单位或作者个人姓名、所在工作单位，也可以署名"×××课题组"，如"中国社会科学院法学研究所法治国情调研组"。

（3）摘要。调研报告摘要是报告全文的缩影，要让领导马上了解报告内容，节省阅读时间，要以极经济的笔墨，概括全文。摘要一般包括调查的目的、对象、范围、内容和结论，其中结论的说明是必不可少的，但对调研手段、方法、过程等可不涉及。调研报告摘要文字篇幅一般应控制在300字以内。如：

中国政府采购制度实施状况调研报告

【摘要】本报告对中央政府采购以及26个省、直辖市政府采购信息的公开情况进行了分析，并根据可公开获取的协议供货成交价格、中央国家机关批量集中采购的成交价格，分析了其与市场平均价格的差异。报告指出，当前政府采购的政府信息公开情况不佳，且部分商品的采购成交价格显著高于市场价格，为此应当注意加强政府采购法律制度的修改与完善……

（4）前言。前言是调研报告的开头部分，也叫导语或引言，主要是简洁明了地介绍有关调研的情况，为正文写作做好铺垫，从而引出调研报告的内容。前言基本的要求是精练概括、直切主题。前言有提要式、概括式、交代式等几种基本形式。

①提要式：前言交代调研的起因或目的、时间和地点、对象或范围、经过与方法，以及人员组成等调研情况，从而引出下文。提要式前方的基本结构是：为了什么—什么人—什么时间—到哪里—采取什么方式—对什么进行了调研。如：

关于赴潍坊等高新区、综保区学习考察情况汇报

……

为学习先进地区经验，7月16日至7月19日，由高新区工委领导×××带队，保税物流中心管理办公室×××等6人组成考察组，赴潍坊高新区、潍坊综保区、青岛高新区、长春兴隆综保区、西安高新区进行了考察学习，主要考察了综合保税区的规划建设、体制、组织框架，基层管理体制和组织架构，干部绩效考核及项目落地推进四个方面的内容，得到一些有益的启示，并结合高新区实际，提出了相关意见建议，现将有关情况汇报如下……

②概括式：开门见山，直接概括出调研的结果，如肯定做法、指出问题、提示影响、说明中心内容等。概括式前言的基本结构是：什么地区（行业、企业等）采取什么措施—成为什么（取得了什么成就）等。如：

青岛高新区产城一体化发展加快建设科技人文生态新城

……

最近,我们通过相关方面了解到青岛高新区在统筹产城一体化发展方面的经验做法,他们思路超前,措施过硬,赶超发展劲头足,通过统筹产城一体发展,实现了从单一经济园区向综合型园区的跨越转变,成为青岛市"三城联动"的主战场,与主城区相呼应的副中心……

③交代式:点明调研对象的历史背景、现实状况、主要成绩、突出问题等基本情况,进而提出中心问题或主要观点。交代式前言的基本结构是:什么情况—存在什么问题—为了解决这一问题—对什么进行分析—提出了意见建议。如:

中国政府采购制度实施状况调研报告

……

2002 年,中国颁布《政府采购法》,其目标是提高政府采购资金的使用效益,维护国家利益和社会公共利益,保护政府采购当事人的合法权益,促进廉政建设。2012 年发布的《机关事务管理条例》明令禁止政府机关采购奢侈品、超标准的服务,并要求政府集中采购机构建立健全管理制度,降低采购成本,保证采购质量。有关数据显示,中国政府采购规模由 2002 年的 1 009 亿元增加到 2011 年的 1.13 万亿元,10 年间增长了 10 倍,累计节约财政资金 6 600 多亿元,占 GDP 的 2.4%,其中货物类采购规模为 3 829.6 亿元,占 33.9%,而且未来还将不断增加,有望达到 GDP 的 15%~20%,中国将成为全球最大的公共采购市场。但实践中也暴露出一些问题和不足,尤其是政府采购活动不透明、采购价格高于市场价等,不仅违背引入协议供货制度的初衷,更引发了公众质疑。

为了进一步完善政府采购制度,中国社会科学院法学研究所法治国情调研组 2012 年对中央机关以及全国 26 个省、直辖市的政府采购情况进行了调研。本报告集中于协议供货的公开程度和协议供货的价格合理性问题,对政府采购所涉及的其他问题,调研组将持续推出相关调研报告……

(5)正文。正文是调研报告的主体,是对调查得来的事实和有关材料进行叙述,对所做出的分析、综合进行议论,对调研的结果和结论进行说明。正文是调研报告的主干和核心,是前言的引申,是结论的依据。

正文的结构有不同的框架。根据逻辑关系安排材料,正文的框架有纵式结构(按时间或事情发展顺序构思和写作)、横式结构(按空间或性质构思和写作)、纵横式结构(纵式、横式综合运用,以某一种结构方式为主,再辅之以另一种结构方式)。这三种结构中,纵横式结构常为人们采用。

按照内容表达的层次,正文框架有"情况—成果—问题—建议"式结构,多用于反映基本情况的调研报告;"成果—具体做法—经验"式结构,多用于介绍经验的调研报告;"问题—原因—意见或建议"式结构,多用于揭露问题的调研报告;"事件过程—事件性质结论—处理意见"式结构,多用于揭示案件是非的调研报告。

实际操作中,可以根据需要选取不同的报告结构。有时候,也可以把上述几种结构综合应用。

（6）结尾。结尾是调研报告分析问题、得出结论、解决问题的必然结果。结尾的重点是对调研报告进行归纳说明，总结主要观点，深化主题，以提高人们的认识；补充交代正文没有涉及而又值得重视的情况或问题；对事物发展做出展望，提出努力的方向，发出鼓舞和号召，启发人们进一步探索；写出尚存在的问题或不足，说明有待今后研究解决；提出建议，供领导参考等。

二、调研报告的基本要求

调研报告是一种沟通、交流形式，其目的是将调研结果、战略性的建议以及其他结果传递给领导和上级。一篇好的调研报告，应有强烈的针对性、事实的具体性和报告的科学性，并做到有观点、有思路、有对策。

（一）尊重事实、客观准确

尊重客观事实，用事实说话，是调研报告的最大特点。真实性是调研报告的生命所在，确凿的事实是调研报告的价值所在。调研报告的一切材料均出之有据，不能道听途说。只有用事实说话，才能提供解决问题的经验和方法，研究的结论才能有说服力。

（二）观点明确、理由充分

占有大量材料，不一定就能写好调研报告，还需要把调研的内容加以分析、综合，进而提炼出观点。观点是调研报告的灵魂，要用观点统率材料，用材料说明观点，观点和材料要相统一。从结构上看，各个大标题要说明主标题，小标题要说明大标题，事实依据要说明小标题；理由充分，观点才成立，指导性才强，决策才有生命力。

（三）符合实际、操作性强

好的调研报告要发挥雪中送炭的作用，"文当其时，一字千金"。从发现问题、解决问题的角度来看，没有对策的调研，是徒劳无益的。不能只摆事实，更不能空发议论、讲大道理；要能够解决实际问题，既要提出问题，又要解决问题；要围绕中心工作，及时开展调研，"生逢其时"才能"谋当其用"。

（四）语言简洁、通俗易懂

调研报告用词力求准确，尤其是政策调研报告，用词准确有助于政策决策者迅速准确地理解调研报告的内容，有利于政策制定和调整。要做到"惜墨如金"，追求简洁凝练，篇无闲句，句无闲字，干净利落。通俗易懂，用概念成熟的专业用语、非专业用语时应力求准确易懂，不矫揉造作、不故弄玄虚。

三、调研报告的写作程序

（一）明确主题

主题是调研报告的灵魂，对调研报告写作的成败具有决定性意义。调研报告的主题必须明确：调查什么、总结什么、反映什么、推进什么。确定主题要注意：主题宜小，且宜集中；选题要具体、针对性强。

（二）拟定调研方案

完成选题和主框架后，要设计好调研方案，通俗来讲，就是搞好策划。策划做得好，可以少花功夫，少跑冤枉路。根据调研主题，明确调研的目的、内容、方式、地点、时间、人员。

（三）开展调查

调研报告要准确地反映客观事实，必须掌握符合实际的丰富确凿的材料，不能凭主观想象。因此，在撰写调研报告之前，必须扎实开展调查，收集丰富确凿的材料。

（四）分析研究

占有材料不是最终目的，而是要透过材料，找出带有规律性、具有最普遍指导意义的内容，并将其概括、提炼成观点，从感性认识升华到理性认识，并最终指导实践。要去粗取精，去掉无关紧要、可有可无的材料，抓住最能表现事物本质的、典型的、主要的部分；去伪存真，剥掉虚假，发现事物的真相，不要为假象所蒙蔽；由此及彼，把零散的、孤立的材料联系起来，不满足于一鳞半爪，更不能抓住一点不及其余；由表及里，通过事物的外部联系发现事物的内部联系，不要浮光掠影、不求甚解、浅尝辄止。

（五）厘清思路

根据调研报告的主题思想，理出撰写调研报告的大体脉络，以做到心中有数。这个过程俗称"打腹稿"，即明确先写什么、后写什么，怎样开头、怎样谋篇，各部分的逻辑关系如何处理，围绕论证和说明调研报告的总体观点具体分解为哪几个方面，选用哪些调查材料，哪些资料先用、哪些资料后用，怎样利用图表、数据资料，采用什么样的叙述、论证、说明方法等。

（六）拟定结构

拟定调研文稿的结构，是用具体材料说明或论证主题的层次安排。如果将主题比作调研报告的灵魂，那么材料就是调研报告的血肉，结构就是调研报告的骨架。结构合理，论述推理就井然有序、脉络清楚。调研报告的结构可分为横向结构、纵向结构、纵横结合三种类型。横向结构即并列结构，就是把调查来的资料进行横向对比分析，从不同的侧面和角度去找出它们的逻辑关系，展示事物的不同方面。纵向结构也叫递进结构，是用发展的观点去处理资料，按事物的起因、结果安排内容顺序，然后得出结论。纵横结合就是采取横向结构与纵向结构有机结合的方式安排结构。具体采取哪种结构，没有固定的模式。

一般来说，调研报告的结构应包含以下几个层次：①调查的意义和重要性；②阐述前人的调研成果；③简介本次调研的时间、地点、方法、步骤、内容、范围、指导原则等；④展示调查事实，分析研究成果；⑤提出作者的观点和建议；⑥总结与讨论，进一步阐明事物发展的趋势和方向；⑦标明参考资料。就一篇具体调研报告的结构而言，要根据调研内容的具体情况具体分析、具体安排。经过深思熟虑以后，列出调研报告的详细提纲，包括总题目、开头部分、主体部分、结论部分，主体部分的二级题目，二级题目以下的三级题目，三级题目以下的层次内容等。框架理得越细，下一步调研报告越好写。

（七）草拟提纲

草拟提纲是调研报告构思中的一个关键环节，是在调研报告结构基础上的进一步细化，最好的办法是通过集体讨论确定调研报告提纲，一般要讨论到二级提纲；在此基础上，确定每个主框架内的小标题，需要注意，每个主框架下的小标题只能是并列关系，切忌有因果关系或将一个事项分割为两个并列事项。最关键的手法是按并列的方式分类排队，即把不同的问题并列、不同的原因并列、不同的对策建议并列，然后把不同层次的并列关系统一起来，前呼后应，形成统一的整体。

（八）选好材料

选择材料是写好调研报告的重要一环。所谓选择材料，就是围绕主题，认真分析调查得来的材料，进行去粗取精、去伪存真、由表及里的加工制作，把那些与主题无关的、次要的、非本质的、零碎的材料剔除出去，选出那些能够真正反映事物本质的、主要的典型材料。在选择材料过程中，要历史与现实相结合、口头与书面相结合、点与面相结合、正面与反面相结合，真正用准确的数据和翔实的资料，使用鲜明、生动、富于说服力的例证和逻辑推理去充实主题，使观点统率材料、材料说明观点，以达到内容和形式的统一。

（九）写好初稿

经过以上几个环节的充分准备，就可以动手写调研报告的初稿了。调研报告的初稿能不能写好，除了取决于准备工作是不是充分以外，更取决于执笔人员素质的高低和文字写作的基本功。所以说，要尽量由写作功底扎实的人员亲自撰写初稿。

（十）征求意见

写出调研报告的初稿以后，要采取各种形式集思广益，充分征求有关领导、专家学者、基层群众等的意见。需要指出的是，在征求意见的过程中很可能会遇到两种情况：一种是提出的意见和建议非常中肯、很有价值，另一种是受各个方面的局限，带有偏见。对这两种情况当然应该采取不同的态度：正确的意见一定要充分采纳，将其吸收进报告；不正确的意见要适当说明，绝不能马马虎虎，为了所谓的周全而将其塞进报告之中。

（十一）精心修改

报告起草好以后，要认真修改。主要是对报告的主题、材料、结构、语言文字和标点符号进行检查，加以增、删、改、调。完成这些工作之后，才能定稿向上报送或发表。

调研报告写得如何，在于其是否言之有物、有的放矢、掷地有声；在于报告的背景也就是资料来源是否真实可信；在于实际效果如何、是否在工作中实现了转化运用、是否有前瞻性的办法和转化的潜在价值；在于撰写形式是否不落俗套、有所创新。

第五节　调研报告的种类和构思方法

调研报告到底应该怎样写，没有一个固定的模式。通常所见的调研报告很多采用三段式的结构，主要有：问题—原因—对策；现状—问题—对策；做法—经验—启示。第一种是问题类调研报告，第二种是经验类调研报告，第三种是情况类调研报告。下面，将结合范文进行说明。

一、问题类调研报告

（一）报告内容

问题类调研报告是针对某一方面的问题，进行专题调查，澄清事实真相，判明问题的原因和性质，确定造成的危害，提出解决问题的途径和建议，为问题的最后处理提供依据，通过对区域性、地方性问题的把握，带动全局性、普遍性问题的解决。

（二）报告结构

问题类调研报告的结构为问题——原因——对策。

（三）范文

<h3 style="text-align:center">关于缓解我市中心城区交通拥堵的建议</h3>

田家庵区政协办公室

一、中心城区交通拥堵情况

目前，我市舜耕山以北的中心城区基本形成"六横十纵"的道路交通网络。东西走向的国庆路、朝阳路、舜耕路、洞山路和南北走向的淮舜路、龙湖路、陈洞路、广场路，都是市民出行的主要通道，交通拥堵问题日趋突出。特别是高峰时段的国庆中路、朝阳中路、龙湖中路等主要干道，堵车现象严重。老城区的部分道路，如淮舜路、淮滨路、湖滨路等由于道路狭窄，堵车现象经常发生，尤其是淮舜中路，几乎全天堵车。国庆路口、华联路口、苏果路口、泉山路口、安城铺路口日车流量均超过5万辆，洞山路口甚至达到7万辆，车辆通行压力巨大。随着山南新区建设加快，来往于山南和山北的车流量不断加大，洞山隧道、陈洞路立交桥以及贯穿铁路的各个道口逐渐成为交通瓶颈。

二、中心城区交通拥堵原因分析

1. 汽车剧增与停车位少的矛盾。据统计，全市机动车从2009年至今以每年20%的速度增长，截至2013年11月底，全市机动车保有量为23.2万台。机动车增长速度过快，导致城市道路难以满足快速增长的交通需求。停车场建设严重滞后，我市虽然编制了《淮南市中心城区停车场专项规划》，但城区规范停车场屈指可数，有关部门在部分城市道路规划了近4 000个临时停车泊位，此举仅能部分缓解停车难的问题。另外，道路上停车使得原本不宽畅的道路显得更加拥挤，道路通行能力下降。随着机动车的与日俱增，城市道路因停车泊位增多影响通行功能，交通拥堵将会越来越严重。

2. 交通设施建设相对落后。一是路网结构不合理。我市城市次干道和支路的路网密度与规划指标差距非常大，次干道和支路的交通负荷分担率过低，城市道路微循环不畅通，造成交通流过多地集中在主干道。二是慢行车道建设不尽如人意。近年来新改造的路段注重拓宽机动车道，忽视非机动车道和人行道的建设，导致电瓶车、自行车涌上机动车道，在影响交通秩序的同时，也造成了大量交通事故的发生。今年（2018年）1月至11月，田家庵交警一大队立案查处的3 102起事故中80%与电动车有关。三是行人过街设施欠缺。中心城区只有人行天桥3座，地下商场1处，地下通道1处，一些行人密集地带没有过街设施，造成行人随意穿行道路，人车争道抢行。

3. 淮南城区交通特有的局限。一是城区没有绕城公路，公路交通对城市道路交通的影响突出。中心城区东西向过境车辆需横穿市区主要通道国庆路，使得过境交通流与城市道路交通流叠加，交通成分复杂、秩序混乱，交通噪声和交通污染加剧。二是城区路网受铁路线阻隔，致使连接铁路两侧的道路交通负荷过重。城区纵向道路除泉山路、广场路、陈洞路、淮舜路连接铁路南北，其余为断头路，不能与洞山路连通，致使淮舜路道口、广场路道口、泉山路道口交通拥堵，连通行条件较好的陈洞路立交桥，也因超出其通行能力而时常堵塞。

4. 城市交通教育管理不到位。一是市民交通意识不强。车辆司乘人员乱停乱放、违章掉头、强行超车、超载超速行驶、驾乘摩托车不戴头盔等情况普遍存在，骑自行车穿越红灯、与机动车辆争道，行人不走人行道、横跨交通隔离栏等现象也随处可见，这些问题已成为影响城区交通通畅的重要原因。二是交通管理有待于进一步加强。城区交警大队警力严重不足且人员老化，交通管理应变能力跟不上交通流量、流向和高峰时间的不断变化，处理交通事故不够迅捷。三是在建工程影响通行能力。我市的市政工程开工多，在一定程度上影响了道路通行能力。2018年10月份，人民北路、淮河大坝、电厂路同时封路，致使淮舜北路几乎瘫痪，严重影响老城区群众出行。

三、解决中心城区交通拥堵的建议

1. 进一步完善路网结构。一是加快建设北环路或国庆路高架。为分流城区东西方向的过境交通，建议启动我市"沿淮路"（城市北环线）的建设工作，以从根本上解决过境交通穿越我市中心城区的不利局面。在国庆路上修建高架也可缓解过境交通压力，建议在建设高架时，同时拓宽十涧湖路，以便更好地发挥高架过境交通功能，还要事先为国庆路高架建设找好过境替代通道。二是增加跨铁路通道，突破铁路线对路网的阻隔。建议修建"学院路"和"惠利大道"下穿铁路通道，拓宽淮舜南路、广场南路、泉山路下穿铁路通道，缓解目前淮舜南路、陈洞南路和广场南路的交通压力。三是打通道路微循环。拓宽淮舜路，新建永安大道，打通湖滨断头路，整治香港街占道经营、乱停乱放，增强道路通行功能，缓解老城区拥堵现状。根据实际情况，可对老城区较窄的街道实行车辆单向通行，一些不宜通行车辆的街道设为步行街。

2. 重视非机动车道、过街通道和停车场的建设。一是营造良好的慢行交通系统。现在有些主干道的非机动车道时有时无、时宽时窄，客观上导致非机动车和行人不能各行其道。只有非机动车道条件好，大家才愿意骑自行车，电动车才能不上机动车道。道路修建尤其是改扩建不能忽视非机动车道和人行道的建设。二是在车辆流量较大的路口修建过街通道。如洞山中路和陈洞路交会路口、国庆路与淮舜路交会路口和国庆路大润华路段、陈洞路洞二小路段，应建设地下人行通道或天桥，确保行人安全与干道畅通。三是切实解决城区"停车难"问题。目前，我市中心城区停车场严重缺乏，建议加快城市机动车停车场的规划建设，提高停车设施的供给水平；由市有关部门牵头，将城市主干道沿线的行政、企事业单位内部的广场、停车场对社会有偿开放。

3. 优先发展城市公共交通。一是规划建设城市轻轨。淮南东站和未来的商杭高铁站均距中心城区较远，建设连接东站、商杭站与中心城区的轻轨，不仅解决公共交通问题，而且扩展了城市发展空间。二是大力发展常规大运力公共汽车交通。制定和落实公交优先发展政策，对有条件的道路应设置公交专用车道，在交叉口设置公交优先通行信号灯，合理设置公交线路，加快更新公交车辆，为市民出行提供高品质的公交服务。三是推行公共自行车租借服务。在社区越来越大、交通越来越堵的情况下，发展投入小、成效大的公共自行车，是畅通城市交通毛细血管的好办法。

4. 不断提高城市交通教育管理水平。一是加强城市交通管理。交通管理部门要积极探索和改革交通管理方法和勤务模式,加强对重点复杂路段交通的疏导、控制和整治,严格纠正和处罚各类违章行为,尤其要加强交通高峰期重点路口的控制,确保交通安全通畅有序。二是加强道路交通宣传教育。大力开展交通宣传工作,让道路交通安全法律法规进社区、进学校、进企业、进单位,提高全民交通安全意识和法制观念,增强市民遵守交通规则的自觉性,从根本上预防和减少交通事故的发生。三是加强交通管理队伍建设。要进一步加强对交通值勤民警的能力素质培训,提高管理水平。同时要增强交通管理部门的人员力量,尤其是城区交警大队的警力,为维护城市交通秩序提供人力保障。

上述范文是典型的问题类调研报告,作者通过调查,深入了解了市中心城区交通拥堵的详细情况,统计了各大路口每天的车流量,梳理了堵车严重的重点地段,并对这些情况进行了概述,在文章第一段中开门见山地进行了介绍。接下来将重点笔墨放在了造成问题的原因分析上,针对造成问题的原因,提出了具体可行、操作性强的对策,这种写法值得借鉴。对于问题类调研报告,提出问题是引子,最关键的是要能解决问题,而要解决问题首先要找准存在问题的原因,对其进行深入分析,并在此基础上提出解决问题的办法和对策。在写这类调研报告时,一定要抓住重点,千万不可眉毛胡子一把抓,文章各部分要均衡分配,更不可本末倒置;详细介绍存在的问题,却对办法、对策一笔带过,这些都是不可取的。

二、情况类调研报告

(一)报告内容

情况类调研报告是在对调查对象的基本情况、发展变化过程等方面进行深入、系统的调查研究基础上写成的调研报告,目的是供上级机关或有关部门参考,作为贯彻政策、采取措施的依据。情况类调研报告内容具体、观点明确,既可以反映成绩,也可以说明问题并提出解决问题的意见。情况类调研报告一般内容广泛全面,篇幅较长,主要用于推进落实、制定政策、解决问题、强化工作,作为决策参考依据。

(二)基本结构

情况类调研报告的基本结构为现状—问题—对策。

(三)范文

湖南省怀化市辰溪县寺前镇双木湾煤矿"6·15"
较大水害事故调查处理情况公告

根据《国务院关于进一步加强企业安全生产工作的通知》(国发〔2010〕23号)关于"事故查处结案后,要及时予以公告,接受社会监督"的要求,现将《湖南省怀化市辰溪县寺前镇双木湾煤矿"6.15"较大水害事故调查报告的批复》(湘煤监调查函〔2014〕189号)予以公告。

2014年6月15日15时35分,辰溪县寺前镇双木湾煤矿发生一起较大水害事故,突水(泥)量57 350 m³,造成9人死亡,直接经济损失2 050万元。

根据《煤矿安全监察条例》（国务院令第296号）和《生产安全事故报告和调查处理条例》（国务院令第493号）等有关规定，依法成立了由湖南煤矿安全监察局联合怀化市人民政府组成的事故调查组。湖南煤矿安全监察局总工程师周革忠和怀化市人民政府副市长李自成负责督导事故调查组工作。事故调查组由湖南煤矿安全监察局事故调查处处长袁运乾任组长，怀化市人民政府副秘书长谌启业、湖南煤监局常德分局局长陈伏生、辰溪县人民政府副县长梁芊任副组长，湖南煤矿安全监察局相关部门和常德监察分局及怀化市监察局、市安监局、市公安局、市煤炭局、市总工会和辰溪县人民政府派人组成，并邀请怀化市人民检察院、市国土资源局派人参加事故调查，聘请了有关专家协助事故调查。

事故调查组按照"四不放过"和"科学严谨、依法依规、实事求是、注重实效"的原则，通过现场勘察、技术分析、调查取证，查明了事故原因、经过、人员伤亡情况及直接经济损失，认定了事故性质和责任，提出了对事故责任者和责任单位的处理建议和事故防范与整改措施。现报告如下：

一、事故单位概况

双木湾煤矿位于辰溪县寺前镇境内，原为国有五一煤矿的一个工区，1970年建成投产，原设计生产能力为2万t/年。1989年经原怀化地区煤炭局批准，将五一煤矿草皮冲工区和双木湾工区合并，取名为双木湾工区。2005年改制为私营股份制企业，取名为双木湾煤矿。2007年7月进行技术改造，设计生产能力为4万t/年。2011年3月完成技改。

该矿工商营业执照、采矿许可证、安全生产许可证、矿长安全资格证在有效期内。采矿许可证允许的最低开采标高为+100 m。

该矿股本金为760万元。其中：盛学文占35.7%的股份，瞿绍情占22.5%的股份，向红军占16.09%的股份，陈秀友占16.07%的股份，米有见占7.14%的股份，瞿家望占2.5%的股份。

该矿法定代表人向红军、矿长伍润华、生产副矿长余庆云、安全副矿长米有见、机电副矿长郑自海、技术负责人刘晓明（注：2012年起脱产学习），聘请黄福刚负责井下测量、绘图、技术资料编写等工作。

该矿实行"二班"作业制，早班：8：00—13：00，中班：13：00—18：00。

该矿开采Ⅷ煤层。Ⅷ煤层厚0～2.0 m，平均厚度0.54 m，煤层结构简单，局部可采。

该矿属瓦斯矿井，煤尘有爆炸的危险，煤层容易自燃。

根据2007年湖南省邵阳市煤矿设计室编制的《湖南省辰溪县双木湾煤矿技术改造设计说明书》，该矿水文地质条件属复杂类型。矿井地表水系不发育，矿区岩溶、落水洞普遍发育，导水性好。矿井煤系地层厚度小，煤层顶底板为灰岩且厚度大、富水性强，岩溶裂隙发育，上下含水层存在水力联系，大气降水通过地表岩溶裂隙和落水洞直接补给含水层。该矿于2004年和2013年9月发生过两次突水，但均未造成人员伤亡。

辰溪县属全国50个安全重点县之一，按照重点攻坚战工作方案要求，到事故发生时辰溪县仍未批准该矿复产。

（一）矿井主要生产系统

矿井采用平硐—斜井开拓，布置有主井，南、北风井。

……

(二) 矿井水害防治情况

该矿成立了以法定代表人向红军为组长的防治水领导小组，全面负责煤矿防治水工作。

该矿编制了《辰溪县双木湾煤矿有限公司防治水计划（2014年度）》《湖南省辰溪县双木湾煤矿有限公司2014年度矿井水害事故专项应急预案》和采掘工作面的防治水设计。设计采用物探与钻探相结合、长探与辅探（又称短探）相结合的综合探水方法。

该矿今年（2014年）以来未开展物探探水，该矿长探施钻外请专业队伍，在4月下旬委托辰溪矿山安全生产技术服务公司实施了一次长探，5月下旬与湖南核工业岩土工程勘探设计院签订了长探施钻协议，计划在6月中旬再次实施长探探水。辅探工作由煤矿自己组织实施。长探与辅探钻孔由生产副矿长余庆云负责验收，口头下达允掘通知。

(三) 事故地点概况

1.7采区+30 m探煤下山掘进工作面情况……

……

二、事故发生经过与救援情况

(一) 事故发生经过

根据人员定位系统数据和对逃生人员李维家的问询，6月15日13时30分，刘昌杰等4名作业人员到达+30 m探煤下山工作面，李维家等4人到达运输巷掘进工作面。+30 m探煤下山掘进工作面由刘昌杰负责开绞车提升，其余3名作业人员在工作面装矸。14时30分，+30 m运输巷掘进工作面推车工李维家从+30 m车场推着一辆空矿车来到探煤下山开门处，看见探煤下山上提一辆空车，探煤下山作业人员撤到了+30 m运输巷，便问刘昌杰是什么原因，刘昌杰说探煤下山出水了，王光友已到+30 m运输巷掘进工作面去撤人了。李维家听到这个情况后便到探煤下山察看了水情，看到+30 m探煤下山工作面顶板有淋水。李维家从下山返回+30 m运输巷后，+30 m运输巷掘进工作面和下山掘进工作面的人员已全部撤到了绞车处，由刘昌杰打电话到地面向生产副矿长余庆云报告了探煤下山水情，生产副矿长余庆云在电话中要求等他去现场看过后再做决定。接着李维家将一辆重车推到+30 m井底车场，返回后第二次察看水情，看到水已淹至巷道顶板。李维家从下山上来后便往+30 m井底车场走，先后遇到了生产副矿长余庆云和当班安全员李仁爱。15时35分，正在+30 m车场等空矿车的李维家突然感到一股强风涌出，同时伴有巨响，意识到+30 m探煤下山突水了，立即沿暗斜井往上跑，15时41分跑到+100 m，16时李维家安全出井。

16时，安全副矿长米有见听到五一煤矿家属区附近的溶洞口断流，立即打电话告诉向红军，并下井查看，在+200 m平硐见到了+100 m的3名作业人员（绞车司机陈世权、推车工雷传焕、排水工王志），米有见继续往里查看，在确认井下突水后即安全出井。突水事故发生后，当班作业人员中，+30 m的李维家、+100 m的3名作业人员（绞车司机陈世权、推车工雷传焕、排水工王志铁）和+200 m的2名作业人员（绞车司机余庆和、推车工肖洪进）安全出井，其余9人被困（包括+30 m的7名作业人员、1名安全员、1名生产副矿长）。

(二) 事故救援情况

安全副矿长米有见出井后，16时20分立即打电话告知向红军，向红军随即向辰溪县煤炭局报告并请求救护队救援。辰溪县煤炭局立即向上级报告。辰溪县人民政府接到事故报告后立即启动应急救援预案，成立了以县长周祥为总指挥的事故救援指挥部积极开展救援。

事故上报后，国务院、省、市各级政府和相关部门领导高度重视，国务委员王勇，国家安监总局局长杨栋梁，国家安监总局副局长、国家煤监局局长付建华，省委书记徐守盛，省委副书记、省长杜家毫，省委副书记孙金龙，副省长盛茂林等有关领导分别做出重要批示、指示。国家安监总局、国家煤监局立即委派国家安全生产应急救援中心、国家煤监局事故调查司领导和专家连夜赶赴现场指导救援。副省长盛茂林率省煤监局、省安监局、省煤管局的主要负责人连夜赴现场指导救援。怀化市委市政府迅速组织辰溪县委县政府有序地开展救援工作。救援指挥部组织了怀化市矿山救护队、辰溪县矿山救护队、湖南矿山救援邵阳基地和辰溪矿业有限公司救护队共四支救援力量开展抢险救援。为提高排水效率，国家矿山救援指挥中心协调中国人民解放军总参谋部，调用空军值班机从北京空运了623 mφ159 mm的软胶排水管。

救援期间，矿区强降雨不断给井下补水。由于排水造成的水位差增大，6月25日18时，井下交接班人员发现排水水面出现异常，水质变浑浊，水位快速上涨，专家分析因强降雨渗透井下发生了第二次突水；30日上午8时，发现井口排出的水再次变浑浊，专家分析井下发生了第三次突水。

因事故救援期间矿区下雨累计达388 mm，在井下排水救援人员的生命安全受到严重威胁，经专家分析井下被困人员已无生存空间和生存环境的情况下，为避免发生次生事故，确保救援人员的安全，事故救援指挥部在征得9位被困矿工家属同意的前提下，向怀化市人民政府提出了终止事故救援的建议。7月8日，怀化市人民政府批准了辰溪县人民政府关于终止"6·15"事故救援工作的请示，辰溪县人民政府随即发布通告并做出了终止救援的决定，并于7月9日封闭了井口。此次事故初次突水（泥）57 350 m^3，救援期间累计排水量267 850 m^3。

三、事故原因分析

（一）事故直接原因

1. 矿区岩溶发育，有暗河连通并与地表存在水力联系。+30 m探煤下山掘进工作面在接近岩溶时水压为1.47 MPa，在岩溶水压和围岩应力共同作用下，渗流突变致围岩失稳造成突水。

2. 该矿在探水工作不到位的情况下，违章指挥工人进入灰岩溶洞区作业。发现突水预兆后，现场作业人员没有及时撤至安全区域；副矿长余庆云在接到井下险情报告后没有指挥撤人，仍冒险下井察看，贻误逃生时机，突水后导致9人被困致死。

（二）事故间接原因

1. 煤矿防治水工作不到位。一是煤矿未按《国务院办公厅关于进一步加强煤矿安全生产工作的意见》（以下简称"国办发〔2013〕99号文件"），国家安监总局《煤矿矿长保护矿工生命安全七条规定》《煤矿安全生产七大攻坚举措》（以下简称"双七条"）的要求查明水患方面的隐蔽致灾因素。二是煤矿未按探放水设计组织施工。长探设计布置3个探水孔，实际仅施工2个钻孔；短探设计孔深5 m、超前距3.2 m，实际施工孔深3.8 m、超前距仅2.2 m。三是煤矿法定代表人、矿长、安全副矿长没有认真落实防治水领导小组的工作职责和2014年防治水计划，没有及时发现和纠正探放水施钻中存在的问题。四是事故工作面在没有长探钻孔超前距的情况下生产副矿长仍冒险安排掘进。

2. 煤矿技术管理工作不到位。一是煤矿任命的技术负责人2012年起脱产学习不能正常履职，聘请的技术员只负责技术文件的编写和测量制图等工作，不能有效开展技术管理工作。二是在事故地点水压达1.47 MPa的情况下，确定的长探钻孔超前距离为10 m，不符合《煤矿防治水规定》中"水压差1~2 MPa时，探水钻孔超前距离应大于15 m"的规定。三是煤矿在技术资料、图纸上标注虚假标高，故意逃避监管。

3. 煤矿应急处置和井下现场管理工作不到位。一是煤矿落实《湖南煤矿安全监察局关于强化10项煤矿安全生产险情必须停产撤人的通知》不到位，井下探煤下山工作面发现突水预兆后，煤矿管理人员没有立即下达撤人命令。二是当班没有矿领导下井带班，当班安全员没有与作业人员同时进班，没有及时到+30 m探煤下山检查，导致突水预兆后不能及时组织作业人员撤离。

4. 煤矿安全教育培训不到位。作业规程、探放水措施未组织贯彻学习，作业人员对探放水规定不清，对本矿井水害威胁认识不足，安全意识淡薄，应急处置能力不强，自保互保能力差。

5. 安全监管存在漏洞。对照《辰溪县安全生产监督管理职责规定》《辰溪县遏制煤矿重特大事故攻坚战实施方案》《辰溪县煤矿水文地质调查工作方案》等规定，寺前镇人民政府、辰溪县煤炭局在重点县攻坚战工作中，未及时督促该矿开展水患等隐蔽致灾因素的普查，在对未经批准复产的双木湾煤矿的真盯上存在差距；未及时督促该矿整改、矿领导带班下井和技术管理等方面存在的问题。辰溪县国土资源局未及时发现该矿+100 m以下巷道越界、图纸标注虚假标高等问题。

（三）事故性质

经调查认定，这是一起责任事故。

四、对事故有关责任人员的处理建议

1. 涉嫌犯罪，建议移送公安机关立案查处人员4人。

2. 建议给予党纪、政纪处分人员14人。

辰溪县人民政府，因重点县攻坚战工作有漏洞，发生较大事故，向怀化市人民政府做出书面检查。

五、给予行政处罚的单位

双木湾煤矿属水文地质条件复杂矿井，防治水工作不到位，技术管理不到位，应急处置不到位，安全培训不到位，导致发生死亡9人的较大水害责任事故。辰溪县人民政府已于2014年7月10日依照国办发〔2013〕99号文件等有关规定，依法关闭了双木湾煤矿（辰政关决字〔2014〕第01号），建议颁证部门依法注销双木湾煤矿有关证照。

六、事故防范措施建议

辰溪县人民政府要深刻汲取此次事故教训，下大力气推进重点县攻坚战工作，切实抓好煤矿企业主体责任落实，进一步强化监管责任；要深入贯彻落实国办发〔2013〕99号文件精神，国家安监总局"双七条"、煤矿安全生产"1+4"工作法；要认真组织全县煤矿对照此次事故的教训，举一反三逐矿排查，对水文地质条件复杂、矿井存在类似问题的煤矿坚决依法关闭。

（一）下大力气推进重点县攻坚战的工作

辰溪县要认真对照重点县攻坚战方案进行回头看，做到缺什么补什么；要重点落实好"真查、真停、真盯、真改、真验"，认真抓好重点县攻坚战的后续工作；要重点推动落后小煤矿关闭退出工作，落实好国家安全监管总局等十二部门的《关于加快落后小煤矿关闭退出工作的通知》（安监总煤监〔2014〕44号），并按照省人民政府的相关要求明确关闭矿井名单，严格按标准确定保留矿井，并实施脱胎换骨的升级改造。

（二）下大力气督促煤矿企业认真吸取此次事故教训

辰溪县人民政府要下大力气重点落实煤矿企业的主体责任。一是抓好煤矿防治水工作。要督促煤矿企业加强煤矿水害防治基础工作，全面开展水害等隐蔽致灾因素普查工作，严格落实《煤矿防治水规定》，落实好"预测预报、有疑必探、先探后掘、先治后采"的防治水原则，落实好"防、堵、疏、排、截"的综合治理措施。矿井在受水害威胁的区域进行探水前，必须制定科学的探放水方针，保证探放水钻孔质量，明确专人负责，实行允掘通知单制度。二是抓好煤矿技术管理工作。要督促煤矿企业按照国办发〔2013〕99号文件要求配齐"五职"矿长、技术人员，强化企业技术管理工作，督促煤矿企业建立健全以总工程师为首的安全技术管理体系，水文地质条件复杂的煤矿要设水文地质副总工程师。采取措施督促煤矿企业认真做好作业规程、安全技术措施的编制、学习培训和落实到位。三是抓好煤矿应急处置、现场管理安全培训教育工作。要督促煤矿企业严格落实矿领导带班下井制度，加强井下职工的安全技能、安全常识、应急处置能力的培训教育，组织职工搞好应急演练，提高职工的自保互保能力。

（三）下大力气抓好煤矿安全监管工作

辰溪县人民政府要立即启动矿区水害普查工作，根据普查情况划定每一个煤矿禁采线和警戒线；要指导煤矿企业加强防治水基础工作，编制水害防治规划，提高矿井防治水技术管理水平；要督促煤矿企业提高水患排查、治理的能力，及时发现、处理防治水方面的问题；要进一步督促煤矿企业提高应急处置能力，要严格执行《湖南煤矿安全监察局关于强化10项煤矿安全生产险情必须停产撤人的通知》（湘煤监调查函〔2014〕45号）。在资源管理上要提高服务水平，做到资源能划尽划，让煤矿企业做好长远规划，杜绝越界开采；针对许可范围的可采储量较少的煤矿，要严格监管。要按照"六打六治"专项行动的要求，严厉打击矿山企业无证开采、超越批准的矿区范围采矿行为，严肃查处图纸造假、图实不符等方面的问题，严禁煤矿在越界区域进行采掘活动。

这是一篇较为复杂的调查报告，针对的是一个在全省乃至全国影响较大的事故，因此内容非常翔实，不仅对事故的情况进行了全面报告，而且认定了事故性质和责任，提出了对事故责任者和责任单位的处理建议和事故防范与整改措施，虽然是一个公告，却也是情况类调研报告的典范。因情况类调研报告最为常用，下面再附一篇论文供参考。

关于强农惠农政策落实情况的调查与思考

湖北省孝感市纪委

近年来，国家围绕加强、支持和服务"三农"，先后推出了一系列强农惠农政策和配套资金,有力地促进了农村经济社会的快速发展。如何管好用好强农惠农资金,确保各项强农惠农政策不折不扣地落到实处,是各级纪检监察机关义不容辞的职责。今年(2012年)7至8月,湖北省孝感市纪委监察局联合市财政局、市农业局、市农机局、市农办等单位组成七个专班,对七个县市区落实强农惠农政策情况进行了检查督办和实地调研,结合检查、调研情况,对国家强农惠农政策的落实做了一些初步的思考。

一、当前强农惠农政策的基本情况

经过多年不断地增补和完善,当前国家强农惠农政策涉及农业、林业、畜牧业、教育、扶贫、社会保障、农机、日用品等多个领域。以孝感为例,2011年共实施各项强农惠农政策22项,发放各类惠农补贴资金21.4亿元。总的来说,有以下几个特点。

(一)补贴种类繁多。如孝感市2011年共有22项,大致可分为5大类。一是农业生产类,包括粮食直补、良种补贴、农资综合直补、农机具购置补贴、退耕还林补贴等。二是社会保障类,包括新农合补助、新农保补助、农村低保补助、农村五保户供养补贴等。三是基础设施建设类,包括通村公路建设补贴、农村沼气池建设补贴、农村人饮工程补贴等。四是公益事业类,如一事一议财政奖补资金、"雨露计划"和"阳光工程"补助资金等。五是日用商品类,包括"家电下乡"(彩电、电冰箱、手机、洗衣机、热水器、电脑)补贴、"汽车摩托车下乡"补贴等。

(二)兑现形式多样。一是通过"一折通"到户。在确定补贴对象的基础上,通过商业银行,将补贴资金直接打进农户个人银行账户。目前粮食补贴、退耕还林补贴、低保金等大部分补贴均通过此种方式发放。二是提货直接抵扣。签订购货合同,在提货时按照扣除补贴金额后的差价交款提货。如农机具购置补贴发放。三是承保机构兑付。保险公司根据承保合同,在勘查现场认定事故损失后,对投保农户予以现金赔付。如水稻保险、能繁母猪保险等通过此种方式发放。四是工程验收报账制。工程竣工后,经上级验收合格,再拨付资金。如通村公路建设、人饮工程建设等补贴通过此种方式发放。

(三)审核方式各异。一是以实物为依据进行审核。如农机购置和家电下乡补贴,只要按规定购买了相关型号的农机或家电即可享受不超过价款30%或13%的补贴。二是以核实数据为依据进行审核。如粮食"三补"、油菜良种补贴等按农户种植面积数进行补贴,移民后扶补贴按移民人口数发放。三是以验收结果为依据进行审核。如通村公路建设、危房改造、退耕还林补贴等,经上级主管部门验收合格后,按照一定标准拨付资金。四是以相关指标为依据进行审核。如农村低保补贴,综合上级下达指标数、家庭或个人收入、特定情况等相关指标综合确定。

(四)发挥作用不一。有的政策发挥作用较明显,如家电下乡、低保、通村公路和人饮工程建设等大部分政策,在拉动农村消费、改善农民生产生活条件等方面效果显著。以通村公路建设为例,"十一五"期间全市共下拨农村公路建设补助资金7.5亿元,带动建设乡村公路6124公里,全市基本实现"村村通"目标。有的政策还没有发挥应有作用,如粮食直补、"三农"政策性保险等。以粮食直补和农资综合直贴为例,近几年全市每年发放两项补贴资金2.5亿元以上,而全市实际种粮面积并没有明显增加,稻谷年产量也在170万吨上下徘徊。

二、强农惠农政策落实过程中存在的主要问题

强农惠农政策是国家农村政策的重要组成部分,对于改善村民生产生活条件、促进农村

经济快速发展、促进农民持续增收发挥了重要作用。但在实际工作中，因政策执行过程中"跑冒滴漏"等问题的存在，影响了其作用的有效发挥。

（一）政策宣传不够深入。近年来，特别是湖北省开展"三万"活动以来，通过进村入户、发放宣传资料以及电视、报刊等宣传，农民群众对强农惠农政策的知晓率有所提高，但宣传效果仍不够理想。如在某村调查发现，149户在家种田的农户中有31户不知补贴金额如何计算，占在家种田农户的20.8%。一是重群众轻干部。宣传对象大多定位为农民群众，而作为执行主体的镇村干部仅通过会议等较窄途径学习政策知识，相对于多达数十项的惠农政策，缺乏系统培训，导致村镇干部自身政策掌握不全、不准、不深，影响政策执行。二是重在家轻在外。虽然每年进村入户发放宣传资料，但大量农民外出务工经商，看不到资料、听不到广播，难以掌握相关政策。三是重"补多少"轻"怎么补"。宣传补贴项目、标准、金额较多，对于如何申领、向谁申请等操作性、程序性的宣传较少。四是重形式轻实效。满足于大张旗鼓地宣传，忽视群众看不看得懂、满意不满意；基层干部宣传政策避重就轻、区别对待、随意性较大，想公开就公开，不想公开就不公开，关系好才说，关系不好就隐瞒。

（二）政策执行不够规范。从调查了解情况看，大部分地方都能按政策规定，将强农惠农政策不折不扣地落实到基层，但也有少数地方存在违规执行政策、损害群众利益的问题。一是审核把关不严。如粮补资金的发放，由于人手、精力和经费的限制，相关部门大多未实地核实面积和农作物种类，仅以农户申报为准，报多少算多少，许多农户存在虚报、多报的问题。如这次剖析的一个村，2011年虚报粮补面积308.26亩①，占总面积的26%。二是公示环节不到位。少数基层干部由于心虚、图简便等原因，不公开、假公开、缩短公开时间、在不显眼位置公开等问题存在。三是附加执行条件。如新农保试点政策规定，年满60岁的农村老人每月可免费领取50元的基础养老金，但少数地方规定只有家庭其他成员都参保的情况下老人才能免费领取。四是自由裁量权滥用。少数基层干部在政策执行过程中存在以权谋私、优亲厚友、区别对待、滥用自由裁量权的行为。如少数基层干部违纪将自己的亲属、关系户等不符合低保条件的人员纳入低保范围。据统计，2012年以来，全市经核查共取消农村低保对象7 406户、14 235人。

（三）政策监督不够到位。近年来，从上到下，各级政府对强农惠农政策资金落实情况的监督检查力度越来越大，措施越来越多。2012年上半年，全市共清查虚报冒领强农惠农补助资金238.9万余元，查处典型案件62件，其中给予党内警告处分27人，党内严重警告26人，撤销党内职务5人，开除党籍1人，行政记大过3人。但损害群众利益的问题仍然易发多发。出现此种情况，原因是多方面的，其中监督不到位是一个重要原因。一是部门自查走形式。由于身兼"运动员"和"裁判员"双重身份，属于"自己检查自己"的部门自查，往往发挥作用不大。二是专项检查不深入。虽然每年都会组织强农惠农政策专项检查活动，但由于各部门检查分散、各自为政，且时间紧、任务重、人手不足、情况不熟悉等，往往难以真正扑下身子、深入检查、发现问题。三是责任追究不严肃。每年强农惠农政策专项检查都会发现一批问题，但基层出于影响不好、问题不大等考虑，往往选择不报、瞒报或少报，最终受到责任追究和纪律处分的总是极少数，对违纪者的震慑不足。

---

① 1亩≈666.67平方米。

三、推进强农惠农政策有效落实的几点建议

强农惠农政策是党中央、国务院重视、关心、支持农业、农村、农民的一项好政策,是解决"三农"问题的一种有效途径。要使党的好政策落实好、执行好,发挥强农惠农政策的应有作用,需要进一步完善政策,创新方式,加大力度。

(一)加大宣传力度,提高强农惠农政策的透明性。一是加大基层党员干部政策培训力度。当前,强农惠农政策项目较多、标准不一、操作各异,作为落实、执行强农惠农政策主体的基层党员干部,其政策熟知度和政策水平直接关系到强农惠农政策的落实效果。要建立基层党员干部强农惠农政策培训制度,每年定期特别是新政策实施前,组织对基层党员干部进行专门的强农惠农政策培训,包括对强农惠农政策出台的背景、意义、标准、操作程序以及纪律要求等的培训,提高基层党员干部的政策意识、政策水平和廉洁意识。二是构建全方位的惠农政策宣传体系。通过在政府网站、报刊、电视台开辟强农惠农政策专栏,印发《强农惠农政策一览表》《致农民朋友的一封信》《农民负担监督卡》,强化村务公开等途径,广泛宣传强农惠农政策内容、标准、申报程序等;开发强农惠农政策短信和电话查询系统,方便外出农民随时随地查询,着力构建全方位、多层次的宣传体系,不断提高政策宣传的广度、深度。三是建立强农惠农政策满意度调查制度。通过聘请第三方调查机构,定期对农民群众强农惠农政策熟知度、满意度以及意见和建议等情况进行调查、汇总,形成有针对性的调查报告和工作建议,帮助修正政策、改进工作,努力提高政策宣传效果和执行效果。

(二)创新制度设计,提高强农惠农政策的科学性。一是适度整合补贴项目。将类别相同、操作相似、作用相近的政策和补贴进行合并,适度减少项目数量,提高补贴标准。如粮食直补、农资综合补贴、良种补贴合并为一项,即粮食补贴,并提高补贴标准,增强激励作用。二是实行差别化补贴率。针对粮食种植大户、养殖大户、农机大户等,适当提高政策补贴率,促进现代农业、规模农业大发展。三是改革政策资金管理机制。将项目审批权和资金管理权进行分离。同时,在不改变资金使用方向的前提下,赋予县级政府一定的资金整合使用权,提高资金使用效率。四是完善和细化相关政策。进一步对强农惠农政策进行修订和完善,不断提高政策的科学性和操作性。如完善新农合、新农保政策中个人账户资金的转移接续规定,简化新农合住院病人转院审批程序,放宽在外农民工住院报销条件,增加土地流转过程中和开荒地上粮食补贴资金发放的具体规定等。

(三)完善落实机制,提高强农惠农政策的操作性。一是落实经费保障。针对强农惠农政策落实中工作量大、人手不足、召开会议多、材料印制多、业务费用支出多的实际,要配套一定数量的工作经费,如政策宣传经费、办公经费、村干部的交通和通信补贴等,调动基层干部工作积极性。二是改革审核方式。对一些审核操作性不强、难以把关的政策,可因地制宜地适当做些调整。如粮食补贴核实工作,改普查为随机抽查,不定期随机对农户种植面积进行抽查,对于虚报冒领补贴资金的,除追回多领补贴资金外,还要扣发应领补贴资金,通过加大处罚力度,促进个人自律。三是规范资金发放程序。按照"整合资金、规范程序、集中打卡、社会化发放"的工作思路,实行资金一户管、服务一站办、补助一折发、核算一本账的"四个一"发放模式。涉农补助资金由财政部门集中管理,并设立"财政涉农补助资金发放窗口",负责收集和整理各种涉农补助基础资料,对每个补助项目和补助范围、对象、标准进行审核,编制财政涉农补助资金发放清册和账本,并将所有补贴资金集中统一

打入农户个人银行账户,且每笔补助资金要用全称注明种类,便于群众了解,政策宣传、清册编制、张榜公示、通知发放、资金兑现"五到户"。

(四)强化监督问责,提高强农惠农政策的有效性。一是强化全过程公开。事前,对项目及资金安排的条件、标准进行公示;事中,对项目实施过程中的资金来源、资金额度、实施时间、实施方式、受益情况等进行公示;事后,对项目实施情况、资金到位情况、检查验收情况进行公示,确保项目及资金安排、使用全过程,做到公平、公正、公开。同时,加强财政与编制政务信息公开网等平台建设,增加补贴资金查询网点,将补贴资金查询服务延伸到村组,方便群众查询、监督。二是建立市、县、乡、村四级督促制度。村一级聘请纪检小组成员为督查员,对政策的实施、进度和管理进行全程监督;乡(镇)成立督查小组,对项目的实施及资金使用、发放情况开展日常监督检查;县(区、市)成立由纪检、监察、纠风、财政、民政、农业等相关部门组成的督查组,检查项目和资金是否足额、及时、真实地用到项目实施上,是否足额及时安排到乡、到村、到农户;市级督查组定期对项目和资金落实情况进行抽查或重点督查,形成无阻断、无盲点的督查网络体系。同时,注重加强对督察组和督查人员的业务培训,确保检查的专业性、有效性。三是加大问责力度。建立强农惠农政策资金典型案件定期通报制度,对检查过程中发现或群众举报属实的问题,不仅要严肃追究直接责任人的责任,还要追究领导人员和审核人员的责任。对典型案件要发现一起、查处一起、通报一起,以铁的纪律确保各项强农惠农政策不折不扣地落实到基层。

上述范文是典型的情况类调研报告,严格按照现状—问题—对策三个部分进行撰写,文章结构条理清晰,这不仅体现在全文结构上,也体现在每一部分内部的条理上,是撰写情况类调研报告值得模仿的范文。

三、经验类调研报告

(一)报告内容

经验类调研报告往往通过反映某方面的成绩,介绍成功的经验,发挥以点带面和引路的作用,加强指导和推广。经验类调研报告不仅要介绍基本情况,而且要从中找出规律性,供其他地区、部门参考学习。

(二)基本结构

经验类调研报告的基本结构为做法—经验—启示。

(三)范文

穷山沟飞出了金凤凰

——夏刘寨村科学发展调查
安徽省"三个代表"重要思想研究中心

夏刘寨村地处安徽北部平原,距宿州市区30公里①,三面环山,交通不便。这里,

---

① 1公里=1千米。

既无市郊优势，又无产业基础。全村600余口人，人均只有4亩耕地、16亩荒山，1999年人均收入才600元，是一个典型的贫困村。如今，夏刘寨村已成为科技农业示范园、绿色食品生产示范基地，成为环境优美、规划科学的新型集镇。2006年，全村人均收入超过4 000元。

短短7年时间，是什么使夏刘寨村发生了如此巨大的变化？是党的科学发展观以及围绕科学发展制定的一系列政策，充分释放了夏刘寨村农民生产的积极性、主动性与创造精神！

(一) 突破传统模式，走规模化、公司化经营之路

建设社会主义新农村，首先需要充分调动农民的积极性。20世纪末，由于各种因素，农民种田积极性受到影响，甚至出现抛荒现象，夏刘寨村也不例外。为稳定土地承包关系，确认新型农民的主体地位，1999年下半年，村两委经过反复研究决定，从每个村民手中集中1/4的土地（总计500亩），由化东农业科技开发有限责任公司连片统一经营，甲乙双方签订了协议见证书。公司承诺为每个承包户承担1口人的各种税费提留（每年200元以上），盈利参与分红，亏损公司自负。按有126个鲜红指印的土地流转合同就这样产生了。这种形式可叫土地流转分红。

土地流转分红，使农民对承包土地依法享有的各项权益都落实到位。农民对承包土地的长期使用权没有变，协议有期限，合同可续签；流转选择权得到尊重，村民完全是自愿的；收益获得权得到保障，以适当的形式让农民分享到生产、加工、流通环节的利润；公司若违约，农民可自主将土地收回，同时公司也获得了流转土地的经营自主权。

土地流转分红，使农业走向规模化、产业化经营。运用市场机制对农业生产资料进行合理配置，经营规模由最初的500亩，扩大到2001年的2 000亩，2003年向周边村扩大到8 000亩，全部实行统一耕地、统一种植、统一管理、统一收割、统一销售，提高了农业生产力和竞争力。随着规模不断扩大，公司于2002年又拿出50万元资金开发荒山，在荒山上栽种果林，并统一看管，培训修剪技术人员，收益全归村民，硬是在荒山荒坡上创建了万亩干杂果基地，使荒山变成花果山。

土地流转分红，使劳动力从土地上解放了出来。以土地和劳动力为纽带，公司与农民结成利益共同体，成功地解决了"人往哪里去，钱从哪里来"这两大难题。目前公司以及下辖的星原食品加工厂、农机社会化服务公司、瑞祥建筑公司第一工程处，拥有职工200人，技术人员40人。他们走生产、加工、销售一体化的路子，资产已达600万元，年销售收入1 800多万元，年利润100万元。在夏刘寨村，全村劳力人人有事干、个个有工资。

(二) 发展现代化农业，走科学种田之路

为发展现代农业，村民寻科技、引科技、用科技，从合同签订之日起，就主动进城找市农科所，寻找技术依托，实现合作共赢。夏刘寨村和市农科所达成协议：一方提供良种繁殖、有机栽培技术，按当地当时市场商品粮价格加价10%～15%收购良种；另一方如数提供标准良田，保证技术措施落实到位，管理、收获、晾晒、包装、保管达标。如有一方违约，由此引起的经济损失，由违约方负完全责任。尔后，他们又与宿州职业技术学院达成建设干杂果基地协议，还将与上海温兴生物工程有限公司、温兴农业发展有限公司签订建设有机蔬菜基地的协议。这就是夏刘寨村农科合作共赢机制。

农科合作共赢机制，大幅度地提高了种粮效益。发展高效订单农业，采用良种良法，测土配

方、土地深松、肥料深施、提升地力、科学种田,大大提高了土地的产出率,由每亩400元提高至每亩800元,增值一倍,年销售收入达到400万元。仅此一项每年就增收30万元。

农科合作共赢机制,促进了农产品质量安全绿色行动和农产品的竞争力。公司创建了科技农业示范园、绿色食品生产示范基地。2005年5月,夏刘寨村的糯玉米、面粉获中国绿色食品发展中心绿色认证,2006年夹沟贡米获杭州万泰认证有限公司中国有机转换产品认证。他们打有机农产品品牌,注册有机转换产品商标,发展新型流通业态,向上海等大城市、社区菜市场和便利店配送农产品,产品供不应求。

(三) 培育新型农民,走以人为本之路

为培育新型农民,提升农民自我发展能力,把劳动力资源有效转化为劳动力资本,夏刘寨村对农民实行以经营为重点的培训教育,使农民真正成为有文化、懂技术、会经营的市场经营者。培育新型农民,使农民树立起现代农业观。每年组织50个农户参观考察农村发展的先进典型。2002年以来,先后组织到山东枣庄榴园镇考察果树种植,到江苏铜山参观棉花制种,到江苏梦兰村、华西村参观新村建设。典型考察使农民开阔了眼界,思维从传统的框框中解脱出来。

培育新型农民,使农民掌握了农业科技。为打足"科技兴农牌",从2001年开始,公司每年聘请农业专家、林业、养殖和法律专家当技术顾问,常年指导夏刘寨村的经济发展,并为农民培训科技知识,这已成了村规,并长期坚持下来。农业专家住在农户家,工作在田间地头,手把手地指导农民栽培与管理技术。2006年3月1日,"夏刘寨村农民夜校"正式挂牌成立,有广播室、图书室、多台电脑投影设备,满足了村民日益增长的科技需求。

培育新型农民,使农民成为会经营的市场经营者。先后成立化东农业科技开发有限责任公司、果树协会、化东农业科技协会,开展专业化、系列化服务,和现代要素对接,提高农民的组织化程度和参与农业产业化经营的能力,使分散的农民以企业家的主体地位进入市场的生产、交换、分配、消费。

培育新型农民,在农民中成长起"领头雁"和主心骨。他们实施了"双培双带"先锋工程,全村18名党员,发挥果树栽培、良种繁育、科学饲养等一技之长,与126户村民结成致富对子,实现帮扶农户人均年收入达4 000元,创造出让群众满意的业绩。村支部书记、公司总经理王化东在2003年、2004年被评为全国十大种粮标兵,2005年被评为全国劳动模范、第十届中国杰出青年农民、全国农村改革十大风云人物、全国优秀党务工作者。

(四) 建设和谐村庄,走城镇化之路

农业产业化促进了城镇化,改变了农村居民的生存方式,大大提高了他们的生活水平和生活质量。从这个意义上说,"城镇化"与"产业化"相辅相成,共同构成夏刘寨村发展的基石。产业化促进城镇化。公司随着积累的壮大,每年都拿出30万元资金,用于农民新村和公益事业的建设发展,累计投入已达300多万元。实施《夏刘寨村农民新村建设规划》以来,原本只有零散的几户农家瓦房,仅过5年,一个崭新的集镇已见雏形:两条街道中的北街是集贸市场、农资和农村日用消费品连锁经营店、服装店、200户农民别墅;南街是综合大楼、餐馆、加工车间、覆盖万户人口的小学和幼儿园、农业展览馆以及农业观光休闲村。

城镇化带动市民化。在城镇化的过程中,夏刘寨村着力加强基础设施建设,逐步实现了"三改"(改水、改厕、改居)、"三通"(通路、通电、通网)、"三有"(有教、有医、有乐），为村民逐步过上市民生活创造了生产、生活的物质条件。

城镇化追求生态化。在推进产业化、城镇化的同时，按照"减量化、再利用、资源化"的循环经济理念，以农村废弃物资源循环利用为切入点，实施生态家园富民行动，建生态经济示范基地，推经济实用生态技术，兴优势生态产业；采取秸秆还田、有机栽培、建沼气池等措施，大力发展科技农业、生态农业、观光农业，实现家居环境清洁化、农业生产无害化和资源利用高效化。

这篇调研报告采用了双标题，主标题用对比性的语言揭示了调研报告的主旨，副标题则说明了调研对象和调研内容。导语部分简介了夏刘寨村的自然状况和前后比较，用一个设问引出正文，从四个部分分述了夏刘寨村取得发展成就的原因和做法。结构简单明了，语言明白简洁，是典型的调研报告写法。

值得注意的是，调研报告具有自身的一般规律，但在运用中并不可以生硬地套用，要根据调研报告的主题，合理地设计和采用最恰当的调研报告结构。调研报告的结构和形式，归根到底是为主题和内容服务的，这是撰写调研报告的最根本要求。下面这篇调研报告可以作为一个例证。

"债务—通缩效应"苗头对四川的影响应予关注

摘要：随着经济增速下滑，PPI长期为负与高债务相互作用导致债务动态平衡被打破，整体债务率被动上升，产生类似于"债务—通缩效应"的影响。生产领域的通缩迹象与高债务水平的叠加已经产生了一系列问题，导致经济出现加速内生性紧缩的初步迹象，是当前四川经济面临的急迫而现实的问题。为此，中国人民银行成都分行组织人员进行了研究，并建议采取有力的财政金融措施，避免出现全面的"债务—通缩效应"，推动四川经济在债务动态平衡基础上实现新的增长。

一、"债务—通缩效应"及其在四川的苗头表现

过度负债和通货紧缩相互作用，会带来经济内生性紧缩的恶性循环。其作用机制可以简单概括为：企业家在经济繁荣时期过度负债，经济萧条时期，为了清偿债务而降价倾销商品，带来通货紧缩；而通货紧缩的出现，不仅会使企业需求进一步萎缩，利润下降，只能通过更多的负债来维系企业运转，而且通货紧缩带来的实际利率升高，还会带来存量债务负担的被动上升，进一步导致投资和社会总需求下降。通货紧缩与高债务的叠加，导致了增长停滞—通缩—增长停滞的负反馈恶性循环效应。这一效应被经济学家费雪在1929—1933年大危机之后总结为"债务—通缩效应"。

2011年下半年以来，我国PPI持续40多个月为负，持续时间创历史之最，生产领域出现通货紧缩的迹象。同时，当前我国企业负债总额已经超过GDP的170%，并持续增长。高债务与生产领域物价持续下跌的叠加影响，导致出现类似"债务—通缩效应"的苗头。其原因除了经济下行、需求萎缩外，也与我国汇率制度仍缺乏灵活性、被迫输入国外通缩，导致债务被动增长有一定关系。四川的情况与全国相同，到2015年9月，四川PPI已持续41个月为负，特别是9月份PPI负增长进一步扩展至-3.9%；除了PPI长期为负以外，我们估算的四川GDP平均指数已经连续三个季度为负值。而与此同时，四川企业负债总额已经占GDP的171.4%，按照融资成本6%计算，即使不举借新债，每年总债务因利息成本滚动

的自然扩张也相当于GDP的10.3%,而目前GDP增速低于10.3%这一实现债务动态平衡的要求,会导致债务率进一步被动上升;从企业来看,也出现了财务成本增长速度大大超过企业营业收入增长速度的现象。

(一)企业盈利能力大幅度下降,部分行业已经全面步入盈亏分界线……

(二)相当部分企业的经营模式已由发展向债务管理转变……

(三)一些企业融资模式已由促发展向保生存变异……

(四)企业过度投机的现象已较为突出……

(五)不良贷款压力制约金融机构资金供给……

(六)四川经济出现加速内生性紧缩的初步迹象……

二、对策建议

针对四川经济目前出现的"债务—通缩效应"的苗头,必须采取有力的财政金融措施,防范通货紧缩风险,避免发展成为全面的"债务—通缩效应"。

(一)切实降低企业负担,优化企业经营环境……

(二)合理化、结构化去杠杆……

(三)加快经济转型和培育新的经济增长点……

这篇调研报告没有严格按照前面所说的三种结构来写,但是紧紧抓住了问题的要害,明确提出了解决问题的对策,标题也非常醒目地点明了作者的写作目的,让人印象深刻。在调研报告内容与形式问题的处理上,要牢记:形式永远为内容服务,没有好的内容,再好的形式也无济于事。调研报告是一种实用文体,永远要把内容放在第一位。

【阅读参考】

浅谈如何做好调查研究工作[①]

2013年7月23日,习近平总书记在武汉召开部分省市负责人座谈会讲话时强调指出:"调查研究是成事之基、谋事之道。研究、思考、确定全面深化改革的思路和重大措施,刻舟求剑不行,闭门造车不行,异想天开更不行,必须进行全面深入的调查研究。"认真学习和贯彻落实习近平同志这一重要讲话精神,密切联系自身实际,深入开展调查研究,对于了解实际情况、听取群众意见、发现和解决具体问题,提高各项工作的预见性、针对性和实效性,更好地推进经济社会发展都具有十分重要的意义。在新形势下,如何提高调研水平,为领导实施正确决策、科学决策提供信息服务,是办公室亟待研究和解决的重大课题。

一、调查研究工作的重要性应当得到深刻认识

重视调查研究是我们党在长期实践中探索出的一条基本经验。理论与实际相结合,必须以调查研究为前提和依据。有了准确、系统、周密的调查研究,才能制定和执行正确的路线方针政策,创造性地解决前进道路上的各种问题。回顾我们党的发展历史可以看到,什么时候重视并加强调查研究,党的指导方针和工作决策就符合实际,党的事业就顺利开展;反

---

① 程东东. 浅谈如何做好调查研究工作[J]. 山东社会科学, 2015 (S2): 193-194.

之，就会造成决策失误，使党的事业蒙受损失。长期以来，我们党正是在调查研究的基础上，不断推进马克思主义基本原理同中国具体实际相结合，不断丰富和发展党的指导思想、指导方针，不断推进党和国家伟大事业的健康发展。

重视调查研究是做好工作的重要手段。调查研究是运用马克思主义立场观点方法认识和分析问题的过程，是各级党员干部提高认识能力、判断能力和工作能力的过程。坚持辩证唯物主义、历史唯物主义的世界观和方法论，坚持实事求是的思想路线，都离不开调查研究。毛泽东同志早就指出："没有调查就没有发言权。"他运用马克思主义的立场观点方法，调查研究中国社会的历史和现状，把马克思主义基本原理同中国革命实践相结合，提出了指导中国革命和建设的正确理论和路线方针政策。在改革开放的新时期，中央领导同志强调指出："加强调查研究不仅是一个工作方法问题，而且是一个关系党和人民事业得失成败的大问题。""没有调查就没有发言权，没有调查就更没有决策权。"由此可见，在当前新形势下，各级党员干部要始终保持同人民群众的血肉联系，做好推动科学发展和促进社会和谐稳定的各项工作，必须下大力练好调查研究的基本功。

重视调查研究是解决各种矛盾及问题的必然要求。经济体制深刻变革、社会结构深刻变动、利益格局深刻调整、思想观念深刻变化，现代化建设和党的建设都面临很多新情况、新问题，迫切需要我们通过深入、系统和周密的调查研究，提出科学可行的解决思路和方法措施。新形势、新情况、新挑战，要求各级党员干部必须进一步重视和加强调查研究，拓展调查研究的途径、方式和载体，运用调查研究成果，形成符合实际的政策举措，解决好人民群众最关心、最直接、最现实的利益问题，解决好本地区本部门改革发展稳定中出现的重大问题，解决好党的建设的突出问题，不断推进中国特色社会主义事业向前发展。

二、调查研究工作的科学性应当不断全面提升

调查研究必须坚持深入实际。摸清情况，全面掌握调查对象的相关信息，是分析问题、探寻对策的基础。只有把实际情况摸清楚了，才能保证后续的分析和综合不偏不倚。深入实际，了解实情，需要从机关走出去，从主观臆想中跳出来，深入开展调研，真正掌握第一手材料；需要紧紧抓住关键信息、重要苗头、主要矛盾不放，综合运用归纳与演绎、分析与综合等方法，对调研获取的材料进行去粗取精、去伪存真、由此及彼、由表及里地思考和研究。只有这样，调查研究才能从上面沉下去、从表面钻进去，深入了解真实情况，从中找到解决问题的有效办法。

调查研究必须坚持深入基层。"基础不牢，地动山摇"。基层是党员干部了解实际情况、向广大群众学习的好课堂，也是各级党员干部提高能力、磨炼作风的大考场。调查研究既要"身入"，更要"心入"，真正深入基层，在"精、深、实"上下功夫。只有通过调查研究，充分掌握基层第一手材料，才能发现基层发展中的新情况、新问题、基层工作中的偏差与盲点，掌握在机关难以听到、不易看到甚至想象不到的新情况，获得观察问题的新视角、解决问题的新思路。无数事实表明，党员干部深入基层了，对基层的情况全面掌握了，才能有效解决基层发展中的突出问题，妥善化解基层矛盾，满足基层群众期盼，全心全意为广大群众服务。

调查研究必须深入群众。群众是真正的英雄，是历史的创造者。人民群众的社会实践是获得正确认识的重要源泉，也是检验和深化我们认识的根本所在。调查研究成果的质量如

何,最终要由人民群众的实践来检验。坚持从群众中来、到群众中去,广泛听取群众意见,是我们党的根本工作路线。深入群众进行调查研究,有助于党员干部获得丰富、生动、鲜活的材料,直接把群众最急、最忧、最盼的问题解决好;有助于党员干部站在群体的角度思考问题,了解政策执行"肠梗阻"等影响路线方针政策贯彻落实的问题所在;有助于党员干部总结群众实践经验、汲取群众智慧,制定切实可行的措施,尽快打开工作局面,从而不断推动党的新的伟大工程建设和发展。

三、调查研究工作的创新性应当得到持续强化

创新是调查研究工作始终保持旺盛生机和活力的关键。通过调研而形成的调研报告有别人没有的新情况、新见解、新观点,就会给人耳目一新、不同凡响之感,有利于领导开阔思路,搞好决策。

强化创新性,要有强烈的创新意识。要解放思想、更新观念、拓宽视野,善于小中见大、平中见奇、见微知著。在调研的选题上坚持没有创新的课题不选、人云亦云的课题不谈。在调研的角度上,要善于运用辩证的思维方式,发现和挖掘创新性课题,从不同角度、不同侧面观察和研究问题。

强化创新性,要注意在调研体制和调研机制上创新。要形成配套的激励、奖罚措施,对调研者既给压力又给动力,调动其积极性,增强其责任感、紧迫感、使命感。要形成调研的长效机制,制定工作计划,定期要求上报调研报告,挖掘资源,形成合力,确保取得良好成效。

强化创新性,要做到心中有数;就是要及时学习新知识,把握新动向,掌握各类新情况、新问题;要及时掌握行业内外调查研究的最新动态,知道别人在调查研究什么,研究到了什么程度,取得了哪些新成果。知彼知己,百战不殆。只有摸清"行情",调研才能避免落入别人的窠臼,重复别人的劳动,做徒劳无功或少功的事。

做好信息调研是办公室工作的一项重要任务①

一、做好信息调研首先要选好题目

信息调研最重要和最困难的是选题,偏离领导决策意向的题目不现实,不合时宜、太大的题目无力完成,个性化小题目意义不大,因此,信息调研工作成功的关键是先要选好调研题目。

一是围绕中心工作的选题。我是在企业工作的,企业始终以经济效益为中心,以追求利润最大化和实现长远发展为目标。为此,公司每年都要制定当年的经营指标和工作重点。办公室作为公司决策层的服务机关,应该针对公司各项举措的贯彻落实展开调研,内容主要包括基层执行上级指示怎么样、有没有值得推广的经验、存在什么普遍性问题、对问题是否有解决办法或建议、对进一步开展好工作有哪些借鉴和启示。

二是围绕政策性问题的选题。每项政策从酝酿到发布实施,需要做大量的工作,其中信息调研不可或缺。基层和群众对将要出台的政策是否关心、是否认同、是否存在较大的负面影响;政策出台后,政策贯彻落实的执行力如何、是否存在政策导向偏差等,都要通过信息调研,得到第一手资料,为领导决策或政策出台提供依据,也可使领导及时掌握动态,补充或修改政策。

---

① 刘波. 做好信息调研是办公室工作的一项重要任务 [J]. 办公室业务,2013(21):14.

三是围绕热点、难点和疑点的选题。无论在社会还是在企业，往往会出现大家经常谈论的话题，有的与人们没有太多关系，大家只是作为一种消遣，茶余饭后挂在嘴边说说而已；有的与人们的切身利益息息相关，谈论是为了得到有关方面的重视，并加以解决。在这些问题中，有些具有一定的突发性，有些在人们的预料之外，有些可能存在人为制造的因素，一旦发生将带来社会不稳定甚至严重后果。抓住这些问题，及时做出反应，确定应急预案和紧急措施，是信息调研工作十分重要的任务。

四是围绕趋势性、倾向性问题的选题。对企业来说，经营工作头等重要，及时反映宏观形势、外部重大变故、行业动态信息，超前预测与企业有关的事态走向，能够指导企业未来经营工作的方向，有利于领导把握未来发展的趋势并做出正确的判断和决策。

二、做好信息调研一定要注意质量

调研信息能否进入领导决策，关键在于质量高低。重点不突出的调研，难以引起重视；信息不及时的调研，没有时效性，失去利用价值；挖掘深度不够的调研，缺乏普遍指导意义。因此，在进行调研工作时要注意以下几点。

一要突出一个"实"字。文章也是有生命的，一篇好的文章不仅体现在语言表达上，更多的是体现在所表达的内容情感与思想境界上。在做信息调研时，首先，做事要实在，要站在一个公平公正的立场看待问题，面对各种复杂情况，理性地思考分析事务，不为情绪所左右，不戴有色眼镜看问题。其次，内容要实在，要准确收集资料，无论听到、看到或得到什么信息，都要注意有真实的依据作为支撑，切不可道听途说、人云亦云。最后，典型要实在，典型实例要有鲜明的特点、突出的个性，能够为人所思所想，能够给其他工作以启发和警示。

二要突出一个"快"字。信息调研与传统调研的最大区别就是突出了"短、平、快"的特点，直截了当地叙述调研的主要内容，不必拘于传统调研格式，调研信息一般只限于领导，内部性较强。信息调研要在短时间内完成，使领导在某项重要工作决策中，及时得到有价值的参考调研信息，并做出正确的判断。

三要突出一个"深"字。撰写调研信息，最忌情况写了一大堆，而精辟的见解却很少，主要问题在于研究的深度不够，思想水平跟不上形势，认识问题、洞察事物本质的能力不够，调研的立足点不高，这往往使"金子"的光泽被"黄沙"般的平铺直叙材料掩盖。所以，信息调研工作者要不断提高自身素质，同时，在以后的调研工作中，还应注意对原始材料进行由表及里的深入挖掘，努力做到见微知著。

做好信息调研要在写作上下功夫，面对一大堆信息调研材料，人往往无从下手，难以割舍。要想写出高质量的信息调研报告，应注意以下方面。

一是做好调研前的准备。凡事预则立，不预则废。漫无目的的调研，只能是浪费宝贵的时间，耗费人们的精力，其结果是事倍而功半。所以，在进行信息调研的前期，要先把目标想明白，把目的搞清楚，带着疑问去调研，做好提纲找材料。

二是梳理分析调研素材。通过对调研材料认真研究，厘清所需要的材料是否充实，分析向领导反映的中心问题是否突出、是否具有现实意义、是否具有代表性，若有缺陷还要进一步下基层搜集补充。

三是善于发现与众不同。出奇方能制胜，具备透过现象看本质的能力，是从事调研工作的基本素质。在信息调研过程，应注意观察分析本次调研同以往调研的内容是否有相似之处，有哪些新发现、新观点、新建议，能否起到以点带面的典型示范作用，能否对整体工作发挥指导意义。

【典型案例】

"静悄悄、实打实"的调研才有力量

调查研究是我们党的传家宝，是做好工作的前提。以往一些领导干部调研走过场、搞形式主义，调研现场成了"秀场"，群众意见很大。调查研究到底该怎么做？且看来自基层的一些鲜活实践。

（一）调研过程静悄悄——基层松了一口气

12月18日，仙桃市胡场镇荣庙村，两三个人在村里边走边记录。

他们走进一间低矮农舍，从灶台看到锅碗，从铺的、盖的看到坛坛罐罐，一一仔细打量。76岁的郑菊仿婆婆递上开水，问其中一位："客人们打哪里来？"来人抬头一笑："我们是仙桃的干部，来看看您过得怎样、有什么困难。"旁边的人介绍："这是市委胡玖明书记，有啥困难对他讲好了。""你是市委书记？我还真有个事想跟你讲……"

在三伏潭镇丰口头村，他们随机抽取该村贫困户鲜小桃的档案，现场拨打对口扶贫干部的电话，询问扶贫对象的具体情况、采取了哪些脱贫措施。电话那头立马给出回答。"不发通知、不打招呼、不定路线，近些年调研作风变化真是大。"当地一名干部向记者感慨，过去一些年也有一些领导来调研，但会提前通知做准备，协调路线、安排吃饭、提供材料，一个不留神没招待好，领导还不高兴。现在好了，领导说来就来，很多时候走了大家都不知道。基层大事小情多得很，把工夫花在接待领导上，哪有时间干正事？领导静悄悄地来去，基层松了一口气。

（二）调研带着问题去——群众看到了诚意

进入11月份，宜昌市西陵区城东大道的银杏叶黄了，开始稀稀疏疏地飘落下来。

"有人建议不扫这些叶子，让他们铺成一层层的，孩子可以亲近大自然，你们看行不行？"一位年轻妈妈说出了自己的想法，宜昌市城管委调研员黄扩明赶紧把这话记在本子上。

"不扫落叶影响行车安全怎么办？""把行车道扫干净，在人行道留下落叶，平添文化味。"一个戴眼镜的市民给出了建议。

"哪里该扫，哪里该留，容易分清吗？风一吹落叶到处飞，能做到应扫尽扫、该留就留吗？"街头调研的城管委干部龚万柏问。"无非是多留心，多些工作量，能做好的。"环卫工人刘大姐答道。

入秋以来，宜昌市有关部门陆续接到一些市民有关"落叶不扫"的建议，城管委会同各区园林部门分头进行街头调研，收集民意。经过调研和协调，当地决定采纳市民建议。

12月3日，宜昌发布首批"落叶不扫"试点景观，中心城区5处公园、8处街道路段，正式实施"落叶不扫"。如今宜昌城东大道、云集路、西陵一路等路段已经成为市民赏落叶之美、探城市秋韵的热门去处。

（三）调研效果实打实——企业提起精气神

近来，红安工业园内，湖北福祥包装科技股份有限公司（以下简称"福祥包装公司"）法人代表周友智精神头挺好。7月15日开始，红安县正式下调工业用天然气价格，工业用气从过去的每立方米3.55元，下降到3.40元。"别小看这不到两毛钱，一年能给我们厂节省100多万元呢。"

红安县地税局局长殷锐等一行三人到福祥包装公司调研，周友智给他们算了一笔账：福祥包装公司年产值虽有一个亿左右，但利润不高，180多名员工的用工成本、经营成本，再加上这么高的用气成本，负担很重，能不能把气价降一降？"降多少合适？""至少降一毛。"红安县地税局把企业的困难和需求及时反映给县政府。接到地税局等单位的反映，县政府组织相关部门进行了更大范围调研，发现气价问题的确是很多企业"卡脖子的问题"。

殷锐介绍，我们调研发现，"煤改气"之后，一些工业企业的生产成本提高了、负担加重了。为了解决这一问题，县里召开几轮协调会，负责供气的华润天然气公司也表示配合，最终把工业用气价格下调了一毛五。企业的生产成本明显降低。

周友智对记者说："他们调研完了，没过多久就真的出台新规定了，这样的调研越多越好，这样的干部作风确实过硬。"

记者问："没遇到吃拿卡要的？"他爽朗一笑："没有，从来没有，我是从四川来这里投资的，现在生意不好做，要是吃拿卡要，我不早走了？"

案例思考：
1. 上述调研案例中调研人员的哪些做法具有可取之处？
2. 调查研究过程中，要真正达到目的，调研人员应注意哪些问题？

第八章

办公室文献检索与文档管理

教学目标

通过本章的学习,掌握文献检索和文档管理的重要性和作用,文献收集和分类方法,以及文献存储及使用等内容。

教学要求

主要内容	知识要点	重点难点
第一节介绍文献检索与文档管理的重要性	(1) 文献检索的意义和作用 (2) 文档管理的意义和作用 (3) 文档一体化的重要性	(1) 文献检索的作用 (2) 文档管理的作用 (3) 文档一体化
第二节介绍文献收集与分类	(1) 文献收集工作准备 (2) 文献收集工作的原则 (3) 文献收集方法 (4) 文献检索方法 (5) 文献等级分类 (6) 文献分类的工作内容及方法 (7) 网络信息分类法与传统文献分类法的比较	(1) 文献收集的原则和方法 (2) 网络分类法与传统文献分类法的比较
第三节介绍文献存储与使用	(1) 档案管理的现状 (2) 档案存储管理的主要步骤 (3) 档案存储的主要功能 (4) 网络文献的存储使用	(1) 档案存储管理的主要步骤 (2) 网络文献的存储使用

情景导入

1969年，美国一个名叫Molanter的学者在杂志上发表了一篇关于氢弹制造的文章，阐述了氢弹制造的过程和相关数据。这引起美国政府和中央情报局极大的震动，因为这篇文章中列出的1 322个数据是美国政府高度保密的资料。当时美国当局认为保密资料被人窃取了，但是经过中央情报局的缜密侦察，证实这些保密资料并没有被盗取的迹象。

问题：1. 你是否相信美国中央情报局的判断？

2. 如果资料没有被盗取，你认为Molanter是怎么得到这些保密数据的？

第一节 文献检索与文档管理的重要性

文献检索是以科学的方法，利用检索工具和检索系统，从有序的文献集合中检出所需的信息的一种方法。文献检索在科学交流中是传递信息的一种重要手段，是人类为了合理地分发信息和充分地利用信息而采取的一种重要的交流方式。文献检索不仅能够节省查找文献的时间，加速各类调查研究工作的进程，还能促进信息资源的迅速开发和利用，而且能够帮助科研人员继承和借鉴前人的成果，避免重复研究，少走弯路。

一、文献检索的意义和作用

检索是指对有关的一次文献和二次文献进行广泛深入的分析研究综合概括而成的产物，如大百科全书、辞典、电子百科等。

狭义的检索（Retrieval）是指依据一定的方法，从已经组织好的大量有关文献集合中，查找并获取特定的相关文献的过程。这里的文献集合，不是通常所指的文献本身，而是关于文献的信息或文献的线索。

广义的检索（Storage and Retrieval）包括信息的存储和检索两个过程。信息存储是将大量无序的信息集中起来，根据信息源的外表特征和内容特征，经过整理、分类、浓缩、标引等处理，使其系统化、有序化，并按一定的技术要求建成一个具有检索功能的数据库或检索系统，供人们检索和利用。而检索是指运用编制好的检索工具或检索系统，查找出满足用户要求的特定信息。

文献检索（Information Retrieval）是指将信息按一定的方式组织和存储起来，并根据信息用户的需要找出有关的信息过程，所以文献检索又叫"信息的存储与检索（Information Storage and Retrieval），这也就是广义的信息检索。狭义的信息检索则仅指该过程的后半部分，即从信息集合中找出所需要的信息的过程，相当于人们通常所说的信息查寻（Information Search）。

在办公过程中，要想查询相关历史档案、了解之前的有关工作过程和结果，办公者都必须查阅文献资料。而办公室文献资料数量多，因此，如何检索文献资料、如何利用文献资料成了办公室工作的重要组成部分，也成了办公人员从事研究的必修课。文献资料的检索，是办公室工作人员职业生涯中必须经历的过程。

（一）文献检索的意义

文献检索就是从众多的文献中查找并获取所需文献的过程。"文献"是指具有历史价值和资料价值的媒体材料，通常用文字形式记载并保存下来。"检索"是寻求、查找并索取、获得。

人类的知识是逐渐积累的，前人的经验可供后人借鉴。任何研究都是在前人的理论或研究成果的基础上进行和开展的，研究成果的价值往往与研究人员占有资料的数量和质量相关。很难想象在没有文献资料情况下进行的研究会是怎样。

办公室除了在帮助领导或其他部门查询相关资料时需要进行内部文献检索，办公室内部进行相关文件拟定撰写和问题研究时，也必须进行更广范围的文件检索，例如，在确定研究问题之前，需要概览文献资料，以此发现值得研究的问题；在选定研究问题之后，则需要广泛收集与问题有关的文献资料，仔细阅读，整理归纳，进而设计研究的方法和程序。总之，文献检索是必不可少的步骤，不仅在确定课题和研究设计时需要，而且贯穿于研究的全过程。

（二）文献检索的作用

1. 为如何进行问题决策提供思路和方法

在办公室工作中，有许多问题已经有深入的探讨，并形成资料成果和决策文档。通过对相关文献的充分阅览，了解当前面临问题的发展动态，把握需要解决的内容，吸取前人决策的经验教训，避免重蹈覆辙。

2. 从整体上了解办公室工作的趋向与成果

一个问题可能会涉及许多可供探讨的变量，但不是所有的变量都值得研究。如果广泛阅览有关文献，就能从理论或实践的角度，审视各个变量的价值，从而进行取舍。文献检索可以了解问题的分歧所在，进一步确定研究问题的性质和研究范围。检索阅览文献除了可以借鉴他人的研究成果、获得研究问题的背景外，还可以在有关文献中找到研究变量的参考定义，发现变量之间的联系，澄清研究问题。

3. 综合前人的研究信息，获得初步结论

阅览文献可以为工作研究提供理论和实践的依据，最大限度地利用已有的知识经验和科研成果；可以通过综合分析，理出头绪，寻求新的理论支持，构建初步结论，作为进一步研究的基础。

（三）学习文献检索的重要性

信息资源是一笔无价的财富，如果善于更好地整理与利用，将对生活和学习带来巨大的益处。信息意识主要表现在认识信息的自觉程度、需求信息的迫切程度、获取信息的敏锐程度、利用信息的准确程度、创造信息的能力程度。信息意识强的人能够从自身的学习、工作和生活环境中捕捉有价值的信息，也能从散乱无序、纷繁复杂的文献资料中寻找有价值的信息，不断更新知识。通过学习文献检索可以达到以下目的。

1. 提高学习和工作的效率

学习文献检索可以更好地继承前人经验，加快学习进度。学习文献检索，可以避免重复劳动，使自己的成果建立在最新成果的基础上。

2. 开阔视野、拓宽知识面

当今，信息呈爆炸式增长，信息是促进社会经济、科学技术以及人类生活向前发展的重要因素。谁能充分掌握时讯，把握住时代的脉搏，谁就能站在高点。

3. 提升自学能力和研究能力

文献检索教育可以有效地解决学习技能和方法问题，因此，其意义重大。随着社会的发展，人类文明成果在迅速积累和扩充。终生教育思想的核心就是持续不断地自学和独立研究。以培养大学生自学和独立研究能力为重要目标之一的文献检索教育，作为一门课程，彰显了其这方面的重要作用。

4. 提高对图书馆现有文献资源的使用率

我国高校图书馆目前藏书共约2亿册。学会检索资料，树立了情报意识，就能通过调查研究，充分了解国内和国外、过去和现在、前人和今人所从事的研究及其所达到的水平，研究目前尚未解决的问题。

文献检索是一门实践性和应用性很强的基础能力，随着信息技术的迅猛发展，信息网络化的广泛应用，给高校文献检索课带来了机会挑战。高校必须重视文献检索课，明确文献检索课的培养目标，全面培养信息素养，提高学生的学习和工作能力。

二、文档管理的意义和作用

文档是各类企事业单位重要的智力资产。在企业中，文档一般以电子文档的形式存在，比如微软 DOC 格式、XLS 格式、PPT 格式、PDF 格式、纯文本 TXT 格式等。从内容上看，文档可能是商务合同、会议记录、产品手册、客户资料、设计稿、推广文案、竞争对手资料、项目资料、经验心得等。这些文档可能处在编写阶段，也可能是已经归档不能再修改的，文档的状态包括草稿、正式、锁定、作废、归档、删除等。

文档管理（Document Management）就是指对电子表格、图形和影像扫描资料等文档进行存储、分类和检索。文档管理的关键问题就是解决文档的存储、文档的安全管理、文档的查找、文档的在线查看、文档的协作编写及发布控制等问题。文档管理在律师事务所、保险公司、政府财政部门、广告代理公司和其他具有大量书面文件或影像操作活动的商业领域中广泛使用。

（一）文档管理的意义

随着信息技术的快速发展，文档管理越来越受到办公室的重视，但是办公室在进行文档管理的过程中，经常会碰到因海量文档存储造成的管理困难、查找缓慢、效率低下等问题，这也使文档安全缺乏保障、文档无法有效协作共享、知识管理举步维艰，所以文档管理逐渐成为国内外业界研究的热点。信息技术的有效应用给社会以及经济带来全新的格局，对于办公室工作来说，要想顺应时代的发展，就应该不断改变传统的管理方式，确保档案建设的管理工作与信息技术接轨。

在办公室档案管理部门中，有些管理人员的知识结构不完善，档案管理相关技能比较落后，这就严重影响档案信息的开发力度。现在有很多办公室开始重视档案信息化的有效开发，但也只局限于简单的介绍、汇编以及保管等基础的信息存储方式，办公室信息化管理高层次的建设及开发利用还有待加强。

在企业发展的过程中，为了能够节省成本资源，没有专门设立档案信息管理部门，所以也就谈不上档案管理信息化的发展。即便有部门监管档案管理信息的发展，也只表现在形式上。平时在工作中，监管人员也只是对档案进行简单的收集或分类，工作人员不具备档案信息化管理的专业技巧，没有设置专门的档案信息管理部门、专门的库房，所以档案信息化的管理存在着不安全性，可能会导致企业档案大量流失。

（二）文档管理的作用

文档管理采用信息化的管理方式，就是要结合比较先进的信息技术，将网络作为管理的平台，对于档案信息资源进行更为科学的管理以及开发，使档案能够为各类生产经营提供有效、优质的服务。

1. 减轻工作人员工作强度

传统的档案管理方式，需要工作人员亲自对档案进行收集管理，相对来说工作量比较大，而且人工操作效率也比较低，费时费力。档案管理信息化的方式，则能够快速实现对数据的收集管理，有自动化、网络化以及实时化的优势。采用信息化的方式，录入的数据能够进行重复利用，能够实现资源共享，大大减轻工作人员的工作强度，有效提高工作人员的工作效率。

2. 能够确保更加快捷方便的检索查询

网络信息技术发展的速度特别快，应用信息技术，能够加强对数据的有效处理。原来传统的检索方式，需要管理人员亲自去找所需要的档案，即根据具体记录，去存放档案的库房中查找，这种方式既费时又费力。而利用计算机对所需要的档案进行检索，速度比较快，而且查找出来的信息也更全面、更准确，这样就有效减轻了管理人员的工作强度。

3. 能够有效提高工作效率

传统纸质的档案容易受潮、变质，可能会导致纸质档案不能使用。而且档案在长期翻阅查找的过程中，会出现磨损或者丢失的现象。而采用档案管理信息化手段能够有效提高工作效率，工作人员也不需要进行繁重的手工劳动，工作人员利用比较先进的网络手段，能够快速收集以及编撰档案。

4. 便于信息的安全以及保密

对于企业来说，档案是其拥有的比较重要的一种信息资源，一旦企业档案信息丢失或者泄露，就会给企业造成不可避免的损失，会直接影响到企业的利益。而采用档案管理信息化的手段，能够有效加强信息的安全性以及保密性。同时利用加密等手段，能够有效防止信息丢失以及盗窃，从而保证了企业的利益。

（三）学习文档管理的重要性

随着办公自动化、信息化文档管理模式的深入发展，文档在企业的管理和发展过程中起着越来越重要的作用。通过不断改革和发展，档案在标准化、规范化、科学化的综合建档过程中，由单纯的存放走向应用，使之更好地为企业管理服务。

1. 学会拟定文档管理制度

能够通过学习，依据《企业档案管理标准》等有关规定，结合企业实际编制各种规章制度，并在实际工作中不断完善，对档案的形成、收集、整理要严格按照档案管理的有关要求,对归档范围、保存期限、保密文件收发、存档、销毁等各个环节工作程序要做出明确规定,保证档案管理沿着制度化、规范化的轨道运行。

2. 提高文档管理专业水平

文档管理人员的业务素质直接影响文档管理的质量,文档管理人员的素养是文档管理工作的重要保证。要把提高文档管理人员的业务素质作为搞好档案工作的重要环节来支持,要提高文档管理人员对做好档案工作重要意义的认识,增强文档管理人员的责任心、责任感,为做好档案工作打下坚实基础。

3. 强化文档管理服务水平

要进一步提高文档管理服务水平,必须贯彻文档的集中统一管理的原则,既要注意所管理文档门类齐全,又要注意文档的重要程度,实现集中统一管理。要强化服务意识,档案的收集、整理、抢救、保存这些基础工作是必要的,但目的是用文档为现代化建设服务。

总之,文档管理就其基本性质和主要作用来说,是一项管理性、政治性和服务性的工作。文档管理工作不产生物质财富,文档主要也不由档案管理机构和档案工作人员产生和利用,它是专门负责管理各部门形成的历史文件的工作,所以是管理性的工作。但是文档管理系统不是孤立的,是各项社会管理系统中不可缺少的组成部分。通过提供档案信息为社会实践服务,这是文档管理工作区别于其他工作的特点之一。档案部门虽然也研究档案、进行编著等活动,但其目的还是更好地适应社会需要,仍具有服务性。在社会历史的各个阶段,文档管理工作必然为一定的经济、政治、文化服务,否则就不会存在,也难以发展。由于文档的内容关系到国家和组织的政治利益和经济利益,所以文档管理有一定的保密要求,一部分文档不对外公开,而多数文档则要在规定期满后才对外公开,这种机要性也是文档管理工作的一种性质。

三、文档一体化的重要性

随着计算机和互联网的普遍运用,文档一体化已成为文档事业发展的新方向。文档一体化是在信息时代背景下出现的一种新型文档管理模式,是将相对分散而又各自独立的文件管理和档案管理进行有机结合,组成一个整体进行管理;是通过运用计算机和网络技术进行文档处理和档案管理的信息存储、控制、加工和传输的整体管理。这种模式改革现行的文件立卷归档管理模式,将档案全部纳入计算机进行管理,简化了档案管理工作,提高了工作效率。文档一体化可以实现档案资源的共享,使更多信息得以充分利用。

(一)强化文档一体化意识

从思想上认识现有管理方式的薄弱,并且有明确改革意图是实现档案管理现代化的前提条件和重要保证。档案管理人员树立严谨的档案管理意识,按照文档一体化的要求办理好每一份公文,在日常工作中保证文件与档案工作的有机统一。用先进的管理概念代替传统的管理模式,用先进的科学技术改变传统的管理手段和方法。一份文件的产生、传输、借阅、归档、销毁等每一个环节都是连续、统一的,而且每一个环节的文件质量将直接影响到后一个环节的有效运行,前后衔接的过程组成了一份文件的生命周期,要从管理制度上加强对文件管理的控制,保证档案的质量,减少档案管理人员无谓的重复劳动,使档案工作流程科学化、合理化。

(二）完善管理机制和组织机构

传统的档案管理体制，文件的管理和档案的管理是分开的，文件的运转缺乏联系性和连续性，制约了文档一体化的实现。档案管理是文档一体化管理工作中的最后环节，只是起到了保存历史的作用，档案管理体制不改变，文档一体化就无法实现。若要改变现有的局面，首先要建立统一的管理机构，规范部门职责，全面负责管理文书工作和档案工作，统一协调和指导从文件到档案的各环节工作，使文件从形成、处理、立卷、归档到档案的收集、整理、利用都有机结合在一起，并在掌控之中。

（三）建立文档一体化平台

实现文档一体化管理的目标就是通过建立一个以计算机信息管理为核心、集中公文处理和档案管理为一体的综合办公自动化系统。要实现文档一体化管理，必须从文件的产生开始，就运用计算机管理系统进行统一管理，完成文件运行的全部过程。利用计算机自动生成目录、立卷和自动检索，可以进行文件、档案的快速查询、统计、借阅、销毁等管理工作。因此，文档一体化的软件系统设计中，要使用兼容性强、应用范围广、智能程度高的信息化系统，使文件与档案的运转、传递、处理、管理及以后的开发利用更加快捷方便，以加快现代化企业文档一体化协调发展的技术保障体系的建立。

（四）提高人员素质

档案管理人员的素质高低是影响文档一体化的重要原因之一。文档一体化管理模式是一种新型的管理方式，汇集信息处理、业务流程、档案管理与服务于一体，这就要求档案管理人员熟知现代档案管理业务，了解文书处理的基本知识，掌握计算机及网络知识，能使用、维护档案管理软件进行档案信息编辑、存储、检索、利用等工作。档案人员要树立终身学习的概念，完善自己的知识结构，提高驾驭现代技术的能力，使自己的知识和技能满足工作的需要，能够在文档一体化方面掌握主动权，从而适应文档一体化管理的要求。

第二节 文献收集与分类

图书馆及其他文献情报机构根据各自的目标和读者需要，选择文献并通过购买等多种方式获取文献，以积累和补充馆藏。在中国一般称为藏书补充。文献收集工作直接影响文献情报机构的服务质量和业务水平，开展文献收集工作一般应遵循一定的原则，采取科学的方法，以便建立具有特定功能的馆藏体系。

一、文献收集工作准备

文献收集工作的准备包括调查研究、拟定收集计划和选配人员等几方面。

（一）调查研究

调查研究主要调查以下几方面情况：①本馆馆藏状况，包括收藏文献的特点，馆藏的结构，藏书完整、薄弱或残缺情况，现有文献的利用率、拒借率情况及其原因，文献流通周期的统计等；②服务对象的需求状况，调查研究的目的是使收集到的文献符合读者需要；③文献来源，包括了解出版单位的出版计划、出版动态，有关学术单位、机关团体、高等院校等的学术计划、会议、纪念活动等。

（二）拟定收集计划

文献收集计划又称馆藏发展计划，包括长期计划和短期计划。长期计划一般为3～5年或更长时间，长期计划中应确定收集资料的总方向，规定收集文献的范围和深度，采取的途径和步骤等。短期计划可以是一年、一个季度甚至一个月的计划。拟定收集计划要经过周密的调查研究，反复讨论，计划一经确定，不宜轻易改变，以免造成浪费和资料残缺。

（三）选配人员

选配合格的文献收集人员是做好收集工作的决定性因素，文献收集人员一般应具备以下条件和素质：①具备图书馆学和情报学的基本知识和技能；②对有关专业学科有所了解，掌握该学科的研究水平、动向和有争论的问题；③具有使用工具书和其他检索工具的技能；④有一定的文字表达能力，能写出综合报道和述评。此外，文献收集人员还应有一定的外语水平。

二、文献收集工作的原则

（一）针对性原则

针对性原则又称实用性原则。文献情报机构必须针对本单位的性质、任务、服务对象，根据读者的需要或地区、单位发展的需要及可能的条件，慎重确定收集文献的范围和深度。

（二）系统性原则

系统收集文献是建设有特色的馆藏的重要条件。一个图书馆的馆藏是长期积累而形成的，可按学科体系、历史年代、文献出版形式、文别、出版时间、自然区域或行政区划、产品类型（型号）、水平层次等进行系统收集。

（三）分工协调原则

文献收集需要遵循一定的收集计划，并考虑各文献情报机构的分工合作、资源布局等因素。文献收集工作中需要处理好近期与长远的关系、重点与一般的关系、质量与数量的关系、品种与复本的关系以及不同文献情报机构的分工合作关系等。

（四）时间性原则

当代科学技术的发展极为迅速，文献情报机构要能尽快地收集文献并提供服务，而且要经常对馆藏文献进行复选，剔除陈旧过时无价值的文献，不断补充新文献。

（五）节约原则

合理地使用经费，做到采选适宜，复本恰当。

三、文献收集方法

文献收集一般包括文献选择（采选）和文献获取两个方面。

（一）文献选择

文献选择是从众多的文献中选择适合图书馆文献收集计划和读者需求的文献，这是一项学术性工作，应由高级馆员负责。

（二）文献获取

文献获取是对已选定的文献通过购买或其他方式补充进馆和进行验收，一般可按一定程序和规则进行。在实际工作中，选择和获取文献常常是同时进行的。

四、文献检索方法

（一）文献检索方法分类

查找文献的方法分为直接法、追溯法和综合法三种。

1. 直接法

直接法是直接利用检索工具（系统）检索文献信息的方法，这是文献检索中最常用的一种方法。直接法又分为顺查法、倒查法和抽查法。

（1）顺查法。

顺查法是按照时间顺序，由远及近地利用检索系统进行文献信息检索的方法。这种方法能收集到某一课题的系统文献，适用于较大课题的文献检索。例如，已知某课题的起始年代，现在需要了解其发展的全过程，就可以用顺查法从最初的年代开始，逐渐向近期查找。

（2）倒查法。

倒查法是由近及远、从新到旧、逆着时间的顺序利用检索工具进行文献检索的方法，此法是将重点放在近期文献上。使用这种方法可以最快地获得最新资料。

（3）抽查法。

抽查法是指针对项目的特点，选择有关该项目的文献信息最可能出现或最多出现的时间段，利用检索工具进行重点检索的方法。

2. 追溯法

追溯法是不利用一般的检索工具，而是利用已经掌握的文献末尾所列的参考文献，进行逐一的追溯查找"引文"的一种最简便的扩大信息来源的方法。追溯法还可以从查到的"引文"中再追溯查找"引文"，像滚雪球一样，依据文献间的引用关系，获得越来越多的相关文献。

3. 综合法

综合法又称为循环法，是把上述两种方法加以综合运用的方法。综合法既要利用检索工具进行常规检索，又要利用文献后所附参考文献进行追溯检索，分期分段地交替使用这两种方法。综合法先利用检索工具（系统）检到一批文献，再以这些文献末尾的参考目录为线索进行查找，如此循环进行，直到满足要求为止。综合法兼有直接法和追溯法的优点，可以查得较为全面而准确的文献，是实际中采用较多的方法。

（二）文献检索途径

检索工具有多种索引，可以提供多种检索途径。一般来讲，检索途径分为分类途径、主题途径、著者途径和其他途径。

1. 分类途径

分类途径是指按照文献资料所属学科（专业）类别进行检索的途径，它所依据的是检索工具中的分类索引。使用分类途径检索文献的关键在于正确理解检索工具的分类表，将待查项目划分到相应的类目中去。一些检索工具如《中文科技资料目录》是按类别编排的，可以按照分类进行查找。

2. 主题途径

主题途径是指通过文献资料的内容主题进行检索的途径，它依据的是各种主题索引或关键词索引，检索者只要根据项目确定检索词（主题词或关键词），便可以实施检索。使用主题途径检索文献的关键在于分析项目、提炼主题概念，运用词语来表达主题概念，这是一种主要的检索途径。

3. 著者途径

著者途径是指根据已知文献著者来查找文献的途径，它依据的是著者索引，包括个人著者索引和机关团体索引。

4. 其他途径

其他途径包括利用检索工具的各种专用索引来检索的途径。专用索引的种类很多，常见的有各种号码索引（如专利号、入藏号、报告号等），专用符号代码索引（如元素符号、分子式、结构式等），专用名词术语索引（如地名、机构名、商品名、生物属名等）。

（三）文献检索程序

文献检索工作是一项实践性和经验性很强的工作，对于不同的项目，可能采取不同的检索方法和程序。检索程序与检索的具体要求有密切关系，大致可分为以下几个步骤。

1. 分析待查项目，明确主题概念

首先应分析待查项目的内容实质、所涉及的学科范围及其相互关系，明确要查证的文献内容、性质等，根据要查证的要点提炼主题概念，明确哪些是主要概念、哪些是次要概念，并初步确定逻辑组配。

2. 选择检索工具，确定检索策略

选择恰当的检索工具是成功实施检索的关键。选择检索工具一定要根据待查项目的内容、性质确定，选择的检索工具要注意其所报道的学科专业范围、所包括的语种及其所收录的文献类型等，在选择中，要以专业检索工具为主，再通过综合检索工具配合。如果一种检索工具同时具有机读数据库和刊物两种形式，应以检索数据库为主，这样不仅可以提高检索效率，而且还能提高查准率和查全率。为了避免检索工具在编辑出版过程中的滞后性，还应该在必要时补充查找若干主要相关期刊的现刊，以防止漏检。

3. 确定检索途径和检索标识

一般的检索工具都根据文献的内容特征和外部特征提供多种检索途径，除主要利用主题途径外，还应充分利用分类途径、著者途径等多方位进行补充检索，以避免单一途径不足所造成的漏检。

4. 查找文献线索，索取原文

应用检索工具实施检索后，获得的检索结果即为文献线索，对文献线索进行整理，分析其相关程度，根据需要，可利用文献线索中提供的文献出处，索取原文。

五、文献等级分类

（一）零次文献

零次文献指未经正式发表或未形成正规载体的一种文献形式，如书信、手稿、会议记录、笔记等。零次文献在原始文献的保存、原始数据的核对、原始构思的核定（权利人）等方面有着重要的作用。

零次文献的特点是客观性、零散性、不成熟性，一般是通过口头交谈、参观展览、参加报告会等途径获取，不仅在内容上有一定的价值，而且能克服一般公开文献从信息的客观形成到公开传播之间费时甚多的弊病。

（二）一次文献

一次文献是指作者以本人的研究成果为基本素材而创作或撰写的文献，不管创作时是否参考或引用了他人的著作，也不管该文献以何种物质形式出现，均属一次文献。大部分期刊上发表的文章和在科技会议上发表的论文均属一次文献。

（三）二次文献

二次文献是指文献工作者对一次文献进行加工、提炼和压缩之后所得到的产物，是为了便于管理和利用一次文献而编辑、出版和累积起来的工具性文献。检索工具书和网上检索引擎是典型的二次文献。

六、文献分类的工作内容及方法

（一）文献分类的工作内容

文献分类工作包括两个内容。
(1) 编类（编制分类表）。
(2) 归类。

具体的文献分类是分析文献内容的学科属性，确定所属类目，予以提示藏书，并将它们分门别类地组织起来。文献的分类工作，是一项十分细致而带有一定学术性质的工作，其工作程序为查看文献、分析文献内容、归类、给分类号、校对分类目录、编索书号等。

（二）文献分类方法

为便于文献检索，文献分类方法必须做到科学合理。文献分类方法主要有 5 种。

(1)《中国图书馆图书分类法》。

《中国图书馆图书分类法》简称《中图法》，是由北京图书馆等发起编制的，1975 年出版，共分 5 个基本部类，下分 22 个大类，标记采用汉语拼音字母与阿拉伯数字相结合的混合制号码，严格按小数制方式排列。

(2)《中国图书资料分类法》。

《中国图书资料分类法》是中国科技情报所等单位在《中图法》基础上，进行加细和适当修订而编制成的，1975 年出版。《中国图书资料分类法》的体系结构、标记符号与《中图法》基本相同。

(3)《中国科学院图书馆图书分类法》。

《中国科学院图书馆图书分类法》简称《科图法》,由中国科学院图书馆编制,1958 年出版;共分 5 大部 25 大类,标记采用阿拉伯数字。

(4)《中国人民大学图书馆图书分类法》。

《中国人民大学图书馆图书分类法》简称《人大法》,是中国人民大学图书馆编制的,1953 年出版;分 4 大部 17 大类,号码采用阿拉伯数字。

(5)《国际图书集成分类法》。

《国际图书集成分类法》是胡昌志在国内分类法处于困顿的背景下编制的新型图书分类法,编著者分析了《中图法》从理论到运用上存在的种种弊端,主张以形式逻辑作为图书分类理论基础;提出了文献传承律、交叉学科定位律等突破性的划分思维和排序技术,为图书分类由职业化向大众化转型开辟了新途径。

七、网络信息分类法与传统文献分类法的比较

随着计算机技术和网络化的飞速发展,网络信息资源已经成为一种不可或缺的社会资源,随之而来的便是网络信息分类法的兴起。关于网络信息分类法的研究已经成为国内外学术研究的热点。

网络信息分类法和文献分类法,是目前信息组织的两种基本方法。长期以来,传统文献分类法在进行信息资源组织、建立分类检索工具、分类统计等方面发挥了巨大的作用。网络以及计算机技术的发展,改变了分类法的处理对象和手段,在这种环境下发展起来一种新型的分类工具——网络信息分类法。传统文献分类法和网络信息分类法在知识体系上的明显区别是:前者沿用了传统分类法的知识体系,后者则根据网络信息环境现状设计了新的知识体系,具体表现为以下几方面。

(一)类目的划分

传统文献分类法一般是以学科为中心建立分类体系,将有关主题的文献集中在学科之下。《中图法》的基本大类是以科学分类为基础,结合文献分类的需要,在 5 大部类的基础上展开的,分为 22 个基本大类。网络信息分类法是以主题为中心或者主题结合学科的方式组织分类体系。淘宝网就是采用主题与学科结合方式进行分类的代表,建立了以事物对象为中心的分类体系:淘宝网共有 15 个基本大类,分别为虚拟、服装、鞋包配饰、运动户外、珠宝手表、数码、家电、美容护发、母婴用品、家具建材、美食特产、日用百货、汽车车品、文化玩乐、本地生活。

(二)类目的设置

传统文献分类法的类目设置主要使用概念逻辑方法对类目进行划分,每一次划分使用一个分类标准,逐级进行,层层展开,比较重视类目设置的逻辑性、系统性,设类全面,不同门类之间类目设置均衡。《中图法》就是在考虑到各学科领域平衡的基础上,以国际上通用的基本学科划分专业。网络信息分类法则由于网络信息的多样性、用户及其信息需求的多样性,单一的逻辑划分无法满足网络信息的组织与检索的需求,因此,"多重列类"成为网络信息分类法类目设置的重要方法。网络信息分类法在类目设置中增加了网络资源形式的类

目，而且根据资源的分布和多数用户的需求，对类目的等级进行了比较大的调整。如"运动服""运动鞋"等，在《中图法》中这些类名只作为很小的分支，而在淘宝网导航栏中，被用作二级类目。这是由于这些细分在网络信息资源中数量集中，用户需求量大，因而被设置为基本大类；反之，一些在传统文献分类法中作为重点设置的自然科学、应用技术门类的专门性资源，由于网络资源数量相对较少以及用户需求的影响，在通用性分类型搜索引擎只设置了概括性类目。

（三）类目的展开

传统文献分类法由于组织文献的需要以及传统手工使用环境的影响，基本上采用线性序列。《中图法》分类体系中采用的是从属关系、并列关系、交替关系和相关关系四种关系类型。从属关系、并列关系揭示类目体系展开的主要线索，反映了类目的纵向联系；交替关系、相关关系则是对类目体系显示的主要关系的补充，揭示被类目体系分散了的横向联系。通过两者的结合，文献分类法按照类目之间的关系建立起了纵横交叉、严密而又实用的分类体系。网络信息分类法中，不同等级类目的排列是以超文本的链接来表示它们之间的等级关系，同一等级的类目按字顺或热点程度来排列。

（四）类目交叉关系处理的不同

类目交叉关系的处理是指涉及多个学科的类目或涉及多个主题的类目在不同学科或主题下的揭示和反映。网络信息分类法对类目交叉关系的处理采用类目重复反映的方法，也就是涉及多个学科的主题在多个类目下重复设置。比如在淘宝网中，基本大类服装下面有"女装"和"夏装"两个二级类目，但"夏装"里面有"女装"，并且"女装"里面也有"夏装"。传统文献分类法对类目交叉关系的处理有3种手段。首先是设交替类目，对于与两个学科有关的、可以隶属于两个科学部门的学科或类目，根据需要将一个类目设为正式类目，将另一个类目设为供选择使用的交替类目。其次是作注释说明，对于一类事物的总论和分论，一般在总论的类目下说明"总论入此，专论入有关各类"，或注明总论与分论的关系。最后是设参见项，对具有交叉关系的两个类目，互设参见。

（五）网络信息分类法中现存的问题

据不完全统计，目前已开发的中文网络信息分类法已有282种之多，而各种自编的网络信息分类法都存在着这样或那样的问题。目前，网络信息分类法在各个网站及搜索引擎得到广泛应用，但就其本身而言，问题主要表现在以下几个方面。

1. 知识覆盖不全

几乎所有的网络信息分类法的分类体系都存在着知识残缺不全、体系设计粗略的通病。主要原因是在设置类目时，往往只从商业角度出发考虑如何吸引用户，对于用户使用较少的内容信息不设置类目，因而并未真正从知识领域、知识体系的角度分类，使分类体系遗漏掉了许多重要的知识领域；同时，网络信息分类法的分类体系有重复列类的现象，使得知识领域的完整性、类目体系的严密性受到了很大的影响。

2. 类目排列随意

大多数的网络信息分类法的分类体系都存在着类目排列混乱的通病。有的网络信息分类法的分类类目之间界限模糊。

3. 类目关系紊乱

网络信息分类法中存在类目隶属关系不清、逻辑关系混乱的问题。主要表现在有些未能按照知识之间的关系合理确定类目的归属，上、下位类关系混乱；有些下位类的相关类目设置范围过宽，设置了一些超过一级类目外延的类目；有些在同位类的设置上缺乏规律性。

4. 分类体系不统一

各个网站及搜索引擎信息分类体系不统一，在类目的划分、排列上都存在很大差别。有些网络分类体系内部的类目级数划分存在不合理的现象，有的类目划分为两三层，有的类目则多达十几层。用户从分类途径查找某个类名，往往要链接十多个页面，既费时又费力。这些网络信息分类体系的不统一，使得用户很难掌握分类规律，成为信息检索的障碍，给用户查询网络信息增添了麻烦。

（六）网络信息分类法的完善

通过对以上内容的分析可以看出，网络信息分类法还存在较多的缺陷和问题。随着网络资源日益丰富以及人们对网络资源的大量利用，网络信息分类法的完善和发展趋势已经成为学者们研究讨论的热点之一。本书就如何完善网络信息分类法给出几点建议。

1. 知识覆盖的全面性

知识覆盖面全是标准化的网络信息分类法的重要条件。这要求在分类大纲及其层次展开的设计上都要体现出知识的全面性：知识范围要涵盖所有的主题、学科、行业、产品等，即人类的全部知识领域和各种知识需求；信息类型要包括所有的政府信息、事业单位信息、企业信息、社会信息等，即人类的全部活动所产生的文本、图形、图像、音频、视频等信息。一般来说，收集网站信息越多，概括出的类目就越多，分类体系的知识覆盖就越全面，所以说，尽可能多地收集网站信息，是编制高质量的网络信息分类法的关键。目前的人工智能技术、自然语言理解技术、自动索引技术、数据库技术等，能够快速地把网络信息进行过滤、筛选、整序、建库，把新数据加入自己的索引库中。

2. 设计的完备性

网络信息分类体系的设计，既要以原有的文献分类法为基础，又要建立一个不同于文献分类的、以网络信息资源为对象的网络检索系统。这就要根据网络信息的特点和网络信息用户的特点，充分考虑新技术环境下的检索方法、检索手段和技术条件，按照科学性、统一性、通用性、兼容性和以用户为中心的原则，设计网络信息分类体系。最重要的是应以科学分类为基础，同时学科分类与主题分类相结合，遵循从总到分、从抽象到具体的逻辑关系，设计网络信息分类法。

3. 用户界面的友好性

标准化的网络信息分类法对用户界面的要求主要有四点：①类目清晰。不同级别的类目应采取不同的版面形式，类目与其相关的网站信息也应采取不同的版面形式，使网民一目了然。②路径明确。网络信息分类法要在所有用户界面中设置路径指示标，用以指明网民查找的途径及其网站数，以明确网民自己所处的位置。③跳转便捷。网民可能从用户界面所显示的各种入口进行检索或转向检索，编制用户界面时应采用链接技术，使逆向检索或转向检索更方便。④帮助切实。网络信息分类法应在所有的用户界面中设置帮助系统。帮助系统不能只介绍一般的常识和检索方法，而应把检索中可能遇到的问题及其解决方法制成文件，以便切中要害，给予切实的帮助。

网络信息资源在社会发展中将日益占据主导地位。但网络信息资源在数量、结构、分布和传播范围、类型、媒体形态、内涵、控制机制、传递手段等方面，都与传统信息资源的差异很大，只有对网络信息资源进行有效的级别管理，才能将网络信息资源变为有序的信息，实现信息资源效用最大化。

第三节 文献存储与使用

办公室的文献存储主要指档案管理。档案管理亦称档案工作，是档案馆（室）直接对档案实体和档案信息进行管理并提供利用服务的各项业务工作的总称。

档案管理程序包括档案收集、档案整理、档案价值鉴定、档案保管、档案编目和档案检索、档案统计、档案编辑和研究、档案提供利用。这八个环节的划分不是绝对的，也有分为六个环节的，也有分为基础工作和利用工作两大部分的。由于现代档案管理工作已成为复杂的系统，故也有按多层次进行划分的方法：第一层次分档案实体管理和档案信息开发两个子系统，各子系统又下分若干层次的小系统；档案实体管理分为收集、整理、鉴定、保管、统计等工作环节；档案信息开发又分为信息加工和信息输出两部分，信息加工由编制目录、编辑文献汇编和编写参考资料构成，信息输出由提供阅览、复制、咨询、函调、外借以及出版、展览等多项服务活动构成。整个档案管理系统及其子系统在运行中都形成反馈机制。档案管理现代化的发展还将对档案管理工作的结构产生新的影响。档案管理的最终目的是提供档案信息为社会实践服务，档案管理系统的结构即根据这一目的而设置。其中每项工作都必不可少，并有一定程序，它们组成一个有机整体，为实现档案管理系统的整体功能而发挥各自的作用，同时也相互关联、相互制约。例如价值鉴定工作有时与收集、整理工作结合进行，甚至在文件立卷归档时就进行初步鉴定。

进行档案管理工作，要遵循集中统一管理、维护档案的完整与安全以及便于利用的原则。集中统一指国家全部档案要由国家设立的各级各类档案保管机构分别集中保存，并制定统一的法规进行管理。维护档案的完整有两方面的含义：一是从数量上要保证档案齐全，不致残缺短少；二是从质量上要保持档案的有机联系，不能人为割裂分散或凌乱堆砌。维护档案的安全也有两方面的含义：一是力求档案本身不受损坏，尽量延长档案的寿命；二是保护档案免遭有意破坏，档案机密不被盗窃。便于利用是全部档案管理活动的最终目的，也是检验档案管理工作的一个标准。档案是历史的见证，反映一定的历史事实，不允许任意篡改或修正，所以维护档案的真实性、保持档案的原貌，也是档案管理工作必须遵循的原则之一。

档案管理系统是整个国家文献信息系统的组成部分之一，在构成整个社会的科学能力中占有重要地位，成为社会信息系统的基石。

一、档案管理的现状

办公自动化、无纸化等的出现使档案的生成方式发生了很大变化。档案管理系统中，诸如文件的起草、签发、催办、归档等运作过程在计算机和网络中进行，这使得资料在形成档案前以机读文件为主要形态，从而使得档案也自然以机读形式存在，这些档案的利用方式与纸质载体档案的利用方式有很大差异。这种变化预示着档案工作者将面对更多的机读形式、以磁盘为载体的档案。广大信息检索者关心的是信息的内容，这些信息可能来自不同机读形式的档案中。把这些档案信息综合、系统地提供出来是档案工作者义不容辞的责任。这要求档案工作者必须有一个精选的过程，使得机读形式的档案信息具有系统性、真实性、有价值性，用户才能获得更为完善的服务。

（一）管理软件缺乏统一性

档案部门使用的计算机型号不一，规格各异，各自开发的软件不能互用，并且没有一个既适用于文件检索又可用于档案信息管理的计算机管理软件系统；由于不能互调，就不能利用电脑完成信息管理工作，不能快捷地出版信息编辑成果，这制约了档案信息电子化的进程。

（二）基础工作标准化、规范化仍需改进

档案信息管理电子化的前提是基础工作的规范化和标准化。但普遍的现状是馆藏档案业务基础差、案卷质量不高，特别是各类档案的著录细则相容性不强，系统软件移植性差；档案自动化工作尚无统一标准，仅着眼于某一个馆或某个专业系统，无法全面实施、推广统一标准，这也制约了档案信息管理电子化。

（三）档案管理的技术标准有待完善

组织工作程序标准未从计算机信息处理技术特点和发展考虑，越来越多的归档"文件资料"是磁盘、光盘，现行的档案整理、分类方法、著录标准及有关规定已不能完全适应。

（四）档案信息管理人员的素质有待提高

实现档案信息电子化首先要有现代化的人，管理人员要有较高的知识层次和先进的技术水平，不能仅仅满足于一般的计算机操作。从目前看，许多档案管理部门缺乏现代高技术人才，其中档案、信息处理复合型人才就更奇缺，尽管引进了现代化设备，仍不能充分发挥作用，就谈不上档案信息电子化了。

二、档案存储管理的主要步骤

第一，确定文档管理角色。确保计划中包含组织的重要项目负责人的反馈意见，有适当的团队来实现解决方案，确定文档管理参与者和项目负责人。

第二，分析文档用途。在确定使用文档的人员后，确定他们使用的文档类型以及使用方式。

第三，规划文档的组织结构。可以将文档放在库、团队网站和门户网站中，从专门的网站（如记录库）到自由格式文档库（用于特殊文档创建和协作）。在一个库中，可以进一步将内容划分到文件夹和子文件夹中，并规划如何在各位置之间移动内容。在文档生命周期的不同阶段，可能需要将文档从一个网站或库移动到另一个网站或库。

第四，规划内容类型。使用内容类型来组织有关文档类型的信息，如元数据文档管理、文档模板、策略和工作流程。这是在整个组织中组织文档和实施一致性所必不可少的步骤。

第五，规划内容控制。为每种内容类型和存储位置规划适当的控制级别。对于文档库，可以计划要求签入和签出以及使用信息权限管理来防止未授权分发文档。

第六，规划工作流。通过为组织规划工作流，当每个参与者在文档的生命周期中进行协作时，可以控制和跟踪文档在团队成员之间移动的方式，包括适用于一般团队任务的工作流，如审核和批准文档。

第七，规划策略。对于每种内容类型，应规划信息管理策略，以确保文档获得适当的审计、保留，或者根据组织的机构要求和法律要求处理文档。包含实现审计、文档保留、标签和条形码等的策略。

三、档案存储的主要功能

档案存储的主要功能如下。

（1）集中存储。

统一的文档共享。

（2）权限管理。

可针对用户、部门及岗位进行细粒度的权限控制，控制用户的管理、浏览、阅读、编辑、下载、删除、打印、订阅等操作。

（3）全文索引。

可以索引 DOC、PDF 等文件内容，快速从海量资料中精准查找所需文件。

（4）文档审计。

描述了文档生命周期全过程中的每一个动作，包括操作人、动作、日期、时间等信息，通过审计跟踪可以全局掌握系统内部所有文件的操作情况。

（5）版本管理。

文档关联多版本，避免错误版本的使用，同时支持历史版本的查看、回退与下载。

（6）自动编号。

可自由组合设计编号规则。

（7）锁定保护。

文档作者和具有管理权限的用户可将文档锁定，确保文档不被随意修改。当文档需要修改或删除时，可以解锁，保证文档的正常操作。

（8）规则应用。

系统支持为目录设定规则，指定动作、条件和操作，当动作触发符合设定的条件，系统则自动执行规则的操作。

（9）存储加密。

文件采用加密存储，防止文件扩散，全面保证数据的安全性和可靠性。

（10）数据备份。

支持数据库备份和完整数据备份双重保护，全面保障系统内部数据安全性。用户可自行设定备份时间及位置，到达指定时刻，系统自动执行备份操作。

（11）文档借阅。

借出过程中可控制用户访问权限，被借阅用户会收到系统发送的即时消息通知，系统支持根据时间对借出的文档自动进行收回处理。

（12）审批流程。

可自定义审批流程，实现流程固化，解决企业内部流程审批混乱的问题。

四、网络文献的存储使用

(一)网络文献的含义和特点

网络文献(也称网络信息资源)作为一种新型的文献资料,逐渐开始被世界各国的图书馆确定为收集和保存的对象,中国国家图书馆于2003年开始网络文献保存方面的试验。网络文献作为数字信息资源的一种存在形式,在文献采集、文献组织与服务、馆藏管理与长期保存等问题上需要进行广泛深入的研究。

1. 网络文献的定义

(1)网络文献的产生。

网络文献是文献发展到一定阶段的必然产物。文献作为人类精神与物质相结合的产物,从最初的结绳记事,经过千百年的发展,大体产生了四种类型的文献。第一种类型是以龟板、钟鼎、布帛、竹简、泥板、蜡板、羊皮等为载体的原始文献,第二种类型是以纸张为载体的印刷文献,第三种类型是以缩微材料、磁性材料、光学材料为载体的电子文献,第四种类型是以虚拟的网络为载体的网络文献。网络文献作为一种新的文献形式,在信息交流中越来越受到重视。但网络文献的概念,到目前为止,国内还没有一个统一的界定。

(2)网络文献定义辨析。

网络文献并不是指所有的网络信息资源,而是指其中能满足人们信息需求、改变人们知识结构的文献信息。网络文献主要包括电子书刊、电子报纸、各种类型的数据库、会议论文、科技论文、标准信息、数字图书馆等。网络文献作为文献形式的一种,其构成要素与传统文献一样,主要包括四个部分:信息内容、物质载体、信息符号和记录方式,但其具体内容与传统文献不同。

①信息内容。网络文献不仅包括在网络环境中自由传递与存取的各种信息文献,还包括电子文献的网络版。网络文献在内容上不再强调其价值,只是客观地、准确地存储、传递信息,它包括的知识内容始终处于变化之中。②物质载体。网络文献的载体是整个网络,具体包括各种计算机设备、光磁材料、网络传递通道、各种传输协议、通信设备、各种软件以及计算机程序等。③信息符号。网络文献以二进制数字作为记录信息内容标识符号,以数字化集成的文本、声音、图像等数据形式存在。④记录方式。网络文献是利用计算机技术、通信技术、超文本以及超媒体技术在网络上发布、传递,并且在网络终端得以再现的文献,是计算机、通信、信息三者相结合的产物。超文本、超媒体技术的应用使得网络文献信息可以按照自身的逻辑关系组成相互联系的、非线性的网状结构。

由此,可以将网络文献定义为:以电子形式储存在光、磁等载体上,利用计算机技术、通信技术及多媒体在网络上发布、传递,以节点为中心分布、并能在网络终端得以再现的文献信息单元或文献信息集合。

2. 网络文献的特点

网络文献作为一种新的文献形式,无论在载体形态、信息结构、表现形式、类型、分布和传播范围方面,还是在处理和传递手段等方面,都与传统的文献有了显著的差异。总的来说,网络文献具有以下几个特点。

(1) 信息源复杂、变更频繁。

网络文献的信息来源比较复杂，质量参差不齐，既有高层次的科研报告，也有通俗读物；既有经过加工整理的文献信息，也有无序的原始信息，缺乏有效的统一管理机制，信息安全和信息质量得不到有效控制和保证。网络文献还具有动态性，始终处于一种动态的变化之中。今天在网上查到的文献信息，明天就有可能查不到，缺少一定的稳定性。

(2) 多媒体集成性。

传统的印刷型文献是单媒体的，主要是以文字为主的模拟信息；而网络文献则把多种传播媒体集成一体，既保存了传统文献的文字、图画等信息，又增加了声音、全息立体动画等多媒体信息，使网络文献更直观形象、更有吸引力。

(3) 交互性。

网络文献的传播是交互式的，网络用户既可以是信息的生产者、发布者，也可以是信息的传播者和使用者，信息发布具有很大的自由性和任意性，可以实现一对多、多对多、一对一的互动关系。人们在网络中发送、传播和接收各种信息时表现为实时交互的操作方式，这种方式与传统文献利用的单向流动方式大为不同，表现出多方向、大范围、深层次的特征。

(4) 虚拟性。

网络空间是一个与物理空间相对立的新空间，这种空间交往是虚拟的。网络环境的虚拟性使网络文献也不可避免地带有虚拟性的特点。只有运用以光纤、卫星和高速通信为基础的网络通信技术，将分布地域不等的信息系统和计算机连为一体，各种文献信息才能进行实时的传递、交换和共享。

(5) 时效性。

由于网络文献从本质上改变了信息的发布、交流和获取的方式，避免了印刷、发行、投递等环节，因而大大缩短了信息时滞，可以以最快的速度传播新的信息。读者可以不受时间和空间的限制，随时上网进行信息交流，从而使内容不断更新。有的文献几小时前不存在，几小时之后便可在网上查到，网络这种迅速便捷的传递方式，大大提高了信息的时效性。

3. 网络文献的分类

网络的动态性、分散化以及变化频繁等特点，使得网络在提供丰富的信息资源的同时，给查找和获取有效信息带来了难度。因此，如何对网络环境下的文献信息进行合理分类，方便有效利用成为普遍关注的问题。由于网络文献的类型和表现形式极其多样，所以很难制定一个普遍适用的网络文献分类标准。鉴于任何类型的文献都是为用户服务的，而且网络文献是直接面向用户的，因此网络文献的分类也应从方便用户的角度考虑。

(1) 免费网络文献和收费网络。

根据中国互联网络信息中心发布的数据，截至2018年12月，月收入在2 001～5 000元的网络用户占比最高，为36.7%，月收入在1 000元以下的人群占比虽有所下降，但仍有15.8%的比例。因此，为了便于用户首先利用免费的文献信息，以降低其获取信息的费用，可以将网络文献划分为免费网络文献和收费网络文献。

免费网络文献包括非营利机构网站提供的免费文献、数据库，数字图书馆的书目查询，以及营利性网站提供的部分免费文献等。

收费网络文献包括各种机构在网上提供的、必须交纳一定的费用才能使用的文献信息。

(2) 文本文献、数据库文献和超媒体文献。

网络文献的组织方式主要有三种：文本方式、数据库方式和超媒体方式。使用不同方式组织的网络文献，其查阅方法也不同。

文本文献是按照文本形式进行组织的网络文献，是传统文献的网络版。这种类型的文献可以像传统的书刊一样逐页阅读，也可以根据需要只阅读其中的某一部分，主要包括电子期刊、电子图书、电子报纸等。

数据库文献是按照固定的记录格式存储组织的，用户必须通过关键词查询找到所需的信息线索，再通过信息线索链接到相应的网络文献。这要求用户掌握一定的检索技巧。这种类型的文献主要包括各种综合性的数据库、专题数据库、论文数据库、产品数据库以及专利数据库等。

超媒体文献是将文献信息以超文本方式组织起来，用户可以通过浏览的方式自由查找所需文献信息，这种方式符合人们的思维模式。这种类型的文献主要包括各种超媒体课件、网络课程、在线视听文献、在线会议等。

(3) 非正式出版文献、半正式出版文献和正式出版文献。

网络文献按用户获取网络文献的途径可以分为非正式出版文献、半正式出版文献和正式出版文献。

非正式出版文献主要包括用户通过电子邮件、电子论坛、专题讨论小组以及个人网站、网页获取的文献。

半正式出版文献主要包括各种学术团体、高等院校、研究机构、企业、政府机构等在网上发布的各种文献信息，是用户获取灰色文献的主要来源。

正式出版文献主要包括各种数据库、电子期刊、电子图书、电子报纸、电子版工具书、标准信息等，是用户进行专业研究的重要信息来源。

目前，网络文献的分类方法还有很多，不管采用何种标准对网络文献进行分类，其分类的目的都在于便于人们更好地认识和了解、组织和检索、使用和管理网络文献。

(二) 网络文献组织与服务

1. 信息单元

信息单元即对网络文献实施采集、组织、保存等业务处理的单位。由于网络文献很难人为地界定多少信息量是一个单位，所以不存在一个绝对的信息单元。信息单元是一个相对概念，在具体实施过程中，还将面临信息采集的单元、信息组织的单元、长期保存的单元等问题。

2. 信息采集的单元

信息采集按照不同的项目原则会对应不同的采集单元类型，如美国国会图书馆的 MI-NERVA 项目按"网站单元"进行网络信息采集。网站和域名不是同一概念，某些大型网络信息发布者的域名下存在多个网站，另外还有多个域名构成一个网站的情况。因此，网站单元可以理解为同一域名下的所有信息，或者理解为某起始 URL 下的全部信息。

3. 组织管理的单元

组织网络文献时的信息单元和采集网络文献时的信息单元应该区分对待。信息采集可以按照"网站"和"国家"的单元来进行，而网络信息组织如果按照"网站"和"国家"单元来进行就不足以满足服务的需求。在学术研究等检索需求中，越是采用较小的信息单元就越有利于存档信息的管理和服务，如对每一篇论文、每一个网页甚至每一个图片进行编目和标引。专题存档对每一个 HTML 文件进行自动编目和标引，可以实现全文检索。镜像存档只对存档网站进行人工编目，没有对网站内的全部网页进行编目和标引。

4. 长期保存的信息单元

数字信息的长期保存涉及数据格式、硬件环境、软件环境等问题，因此需要一种全新的文献保存和保护的观念和方法。目前中国国家图书馆还没有开展网络文献长期保存方面的试验，网络文献的保存单元也在研究和探讨过程之中。

5. 机器人性能和二次采集

机器人性能是网络信息采集的一个关键因素。正如丹麦人亨利克森指出的，对网络机器人的性能要求和对网络浏览器的要求是一样的，因此网络机器人的改良和升级需要和网页浏览器同步进行。

对于一个实时更新的网站，收集其全部"版本"将是不可能的事情，收集到的信息必将是缺乏时间连续性的"切片"，因此需要进行二次采集。二次采集策略的制定，即采用什么样的频率进行二次采集较为合理，这需要平衡两次采集之间损失的信息的质和量，以及高频率采集所付出的成本的权重关系。

6. 深层网页

从网络信息生产的趋势看，越是价值高、规模大的信息往往越存在于数据库中，而现在大部分的网络机器人都无法对动态网页和数据库中的深层网页进行采集。为了解决深层网页的采集问题，很多国家的国家图书馆开始采用制度和技术手段保障深层网络信息的采集和保存。

7. 元数据问题

在海量的对象信息中发现并获得目标信息，元数据的作用不可忽视。网络信息存档不仅是网络信息的链接，而且是在不同的时间将存在于网络上的信息采集形成网络的时间切片保存到本地系统，这些信息是按照时间列表来管理的。这就需要一套数字信息长期保存的元数据，应该包括内容信息、存档描述信息、封装信息、内容描述信息。

（三）网络文献的馆藏管理与长期保存

1. 馆藏文献的性质

有些国家的图书馆法或相关法律规定了图书馆馆藏文献资料的性质，而我国尚无一部法律来界定和规范国家图书馆馆藏文献资料的性质。网络文献是否属于图书馆馆藏文献，对于非实体的网络文献的定性将是比较困难的。网络文献的性质是否属于国家财产、其使用和服务应该遵循什么样的法律规定都是一个值得思考的问题。

2. 数据管理

对于收集到的数据如何进行数据压缩？如何处理索引数据？如何保证存档数据的整体性？如何选择数据的保存载体？如何管理长久保存用数据（保存本）和服务用数据（流通本）？这些都是需要考虑的问题。各国项目管理数据所采取的措施不尽相同，这将给未来图书馆间的合作，如数据交换，带来不可避免的麻烦，因此需要联合制定一个存档数据管理的标准。

3. 质量控制和原本性

与搜索引擎以检索为目的的信息搜集不同，以存档为目的的采集必须对采集到的信息进行质量管理。由于网络通信和网络服务器等方面的问题，很难实现完整的采集。对于海量的网络文献，如果采用人工校对的方法进行质量管理几乎是不可能的事。因此存档信息的质量管理应该尽量地通过计算机程序自动实现。质量管理还必须考虑成本问题。数字对象的全息保存和仅仅保存对象信息本身相比，其成本存在天壤之别。网络文献的价值是否可以匹敌其保存成本，这涉及网络信息保存根本意义的问题。

网络文献较之传统文献更容易被人为有意无意地变更。如何保证网络文献的原本性是一个复杂的技术问题。电子商务领域已经对网络信息的原本性进行了大量研究和实践，一些认证技术和加密技术也得到发展和运用。

4. 存储空间和网络设施

网络信息存档需要对采集到的网络信息不加任何更改地进行收藏，这就需要大量的磁盘空间来存储数据。为了保证数据安全，还需要进行数据备份，又将增加一倍的存储空间。为了实施高效的网络文献采集，需要专用的网络带宽保证。

5. 长期保存

所谓数字信息的长期保存，国际上一般认为至少需要保存100年的时间。网络文献的保存包括保存数字比特流，保存数据格式和处理信息，保存网络文献处理环境，保存网络文献的内容校验、身份认证、版本、演变、知识产权管理机制，保存网络文献的知识组织体系等内容。

综上所述，网络文献的采集、组织、服务与保存是一项新课题，是对文档管理的挑战，我们的责任是保存好今天的网络信息资源。路漫漫其修远兮，吾将上下而求索。

【阅读参考】

网络信息检索方法和技巧

随着网络信息量飞速膨胀，用户要想从海量的信息中迅速而准确地获取对自己有用的信息变得越发不易。而影响网络信息检索效率的因素有很多，如网络信息源因素、网络信息检索工具、用户的素质等。针对这一问题，通过调查研究，得出了一些比较有用的检索方法、技巧和策略，以提高网络检索信息的效率。

一、网络信息检索方法

（一）直接用信息源查找

利用域名的命名规则查找信息源的 URL。互联网的域名结构是由若干个圆点隔开的分量组成的，可简单地表示为"计算机名．单位（或机构）．机构所属类别（或区域）名［．国家代码］"。

（二）利用搜索引擎查找信息

搜索引擎是一种提供信息检索服务的计算机系统，是互联网产生后派生出的一个为网上用户快速查询信息的新生事物。可以选择适当的搜索引擎、使用加减号限定查找、使用双引号进行精确查找、明确搜索目标等。

第八章 办公室文献检索与文档管理

（三）利用网络新闻组查找信息

新闻组是一个基于网络的计算机集合，新闻服务器上存在各种主题的栏目，内容覆盖社会生活的各方面，在大多数新闻组中，每个人都可以自由地发布信息、提出问题或答复别人的问题，有些组里还有专家主持，解答各种问题。使用新闻组的方法很简单，用户有新闻组阅读器程序、知道新闻组服务器的域名地址即可。

（四）利用已有网站的导航功能

一些网站精心挑选使用频度高或与其相关的网站以超链接的方式放在其主页上，用于给所有的网络用户提供导航。因此，登录这些网站也可以帮助用户很好地查询所需的信息。

（五）利用网上数据库查找有用信息

网络数据库是搜索引擎站点的发展和完善，网上数据库的信息有较强的针对性，其信息资源是针对特定的用户而精心挑选的，并且还能针对自己的用户群建设特色库，以提高用户的网上查询效果。

二、网络信息检索流程与技巧

能迅速准确地检索到互联网中巨大信息库的资料，用户的检索技能是至关重要的。在互联网上利用网络检索工具检索时，首先必须制定合理的检索策略，并不断调整，直至获得满意的检索结果。

（一）分析检索内容

要想确切了解所要信息的具体情况，就必须了解该信息的信息类型（文本、图像、声音、视频等）、信息格式（PDF、PPT、DOC、XLS、SWF等）、检索范围（网页、标题、软件、中文、外文）、检索时间（具体年份、近几年、近几周、近几天、当天）等。

（二）确定关键词

使用网络检索工具进行信息检索时，最主要的是确定关键词，就是输入检索框中的文字。关键词的内容可以是图片、音乐、人名、网站、新闻、小说、软件、游戏、学校、购物、论文等。在进行检索之前，应首先把检索内容分解成一系列的基本概念，再为每个概念确定一个合适的关键词。一般搜索引擎都要求关键词一字不差。如果对检索结果不满意，建议检查输入文字有无错误，并选用不同的关键词检索。输入多个关键词检索，可以获得更多的检索结果。当要查的关键词较长时，建议分成几个关键词来检索。

（三）选择合适的检索工具

网络信息检索工具多种多样，应根据不同的检索目的选择使用搜索引擎、目录型检索工具或者网络数据库。

搜索引擎指使用自动索引软件来发现、收集并标引网页，建立数据库；以网页形式提供给用户一个检索界面，供用户输入检索关键词、词组或短语等检索项；代替用户在数据库中找出与提问相匹配的记录；返回结果，按一定的相关度排列输出。搜索引擎适用于检索特定的信息（如图像、MP3、新闻等）及较为专深、具体或所属类别不明确的课题。

目录型检索工具由专业人员在广泛搜集网络资源及进行加工整理基础上，按照各种主题分类体系编制的一种可供检索的等级结构式目录。在每个类目及子类下提供相应的网络资源站点地址，并给以简单的描述，使用户在目录体系的导引下，检索到有关的信息。目录型检索工具比较适合于查找综合性、检索准确度要求较高的课题。

网络数据库是近年来图书馆从整个网络资源的角度出发,对互联网上的相关学术资源进行有序化整理,建立学科资源数据库和检索平台,发布于网上的检索工具。用户可通过标题、关键词、作者、内容分类特征等进行检索,这就使网络信息资源的检索变得更为方便、快捷。网络数据库具有专业性、易用性、准确性、时效性和权威性等特点。

三、网络信息检索策略

(一) 提高网络信息检索智能化

智能检索是信息检索领域的发展趋势,网络信息检索也顺应了这一潮流的发展。智能检索是基于自然语言的检索形式,机器根据用户所提供的以自然语言表述的检索要求进行分析,而后形成检索策略进行搜索。近年来,互联网上不断涌现的人工智能产品,如智能搜索引擎、智能浏览器、智能代理等,将提高网络信息检索的智能化程度,促进智能信息检索的发展。随着网络用户对检索的精度、检索效率要求的不断提高,网络检索软件开发更重视开发检索工具在检索功能及检索服务上的智能化程度。

(二) 发展网络信息检索的可视化

设计和创建各种信息可视化工具来表示检索结果,是改善目前网络信息检索的一种有效途径。在可视化信息检索的研究上,已出现了许多研究成果。

(三) 注重网络信息检索的个性化

新崛起的 Agent 技术正把被动的搜索引擎变为积极的"个人助手",它提供了一种完全不同的 Web 信息检索模式,能满足用户个性化检索需求,并能帮助用户监视、跟踪所需信息,减少用户的查询负担。因此,基于智能 Agent 的个性化信息检索系统成为信息管理、计算机科学、人工智能等领域研究的热点。

【典型案例】

某大型商业银行分行,下属72个一级和二级支行,最远距离的支行距分行超过100公里。以往文件的传递采用专用的快递通道,档案的借阅与利用则必须来到分行的综合档案室,效率低,成本高。

为了实现文件管理与传递的无纸化以及档案管理的数字化,该分行采用3Hmis综合知识管理系统(一种大型的、综合性的知识管理平台,用于文件与档案管理、办公与协作管理、专门知识管理以及综合知识管理)按服务器授权的标准版来实现文档一体化数字化管理。该系统的管理思路如下:

1. 由分行办公室对文件与档案进行集中统一管理,文档服务器存放于分行信息中心机房,由信息科技部进行技术维护与管理,办公室进行应用管理。

2. 分行与各支行之间全部采用专用高速网络相连,文档一体化系统可借助于该网络环境,不必另行投资网络建设。

3. 原则上将文件分为收文、发文、签报和其他文件四大类,这四大类的下位类均为年度,年度下面再根据文种的性质和当年的管理需要进行分类。

4. 收文由办公室文件管理员统一录入,纸质文件扫描录入,电子文档则直接引入,并提交办公室主任给出拟办意见;然后再根据拟办意见进行无纸化流转,需领导批示的,领导批示后再按批示处理。

5. 发文由部门的拟稿人直接提交,并经本部门主管复核,相关部门会签;办公室核稿后,呈主管领导签发;然后再由办公室校对、编号、盖印、封发和归档。

6. 对于发文,一般管理性的内部发文不再采用纸质,即一律采用电子文档进行网上办理;对外发文或重要的内部文件则首先采用无纸化流程完成文件的定稿,然后再打印输出交关键程序上的人员签字确认。

7. 对于签报,如属于内部文件,用于内部事务性工作的请示与审批,由申请人直接提交,并按相应签报所涉及的职能提交相关部门与人员审核、会签和审批。由于签报一般都涉及某一具体事务的处理,签报的流程最好与实际事务的处理同步;签报完成后,需要归档的,应在流程中增加归档步骤,或处理完毕后及时提交办公室归档。

8. 无法归入收文、发文和签报的,则为其他文件,处理方法根据文件性质灵活掌握。

9. 充分利用文档一体化系统的特点,文件处理完毕即自动转入档案收集箱,或及时提交给档案管理员进行归档,以提高利用效能。

10. 分行和各分支机构视为一个整体,统一管理和处理文件与档案,除非制度与法律需要,内部管理一律以数字化信息为准。

11. 文件与档案的管理与利用授权,根据员工的工作职能确定,为管理方便和简化授权,将员工按其部门和职能分为若干用户组,依职能分为若干工作岗位,对组按岗位授权,即可使该组成员全部具备相应岗位的权限。

12. 将文档搜索平台开放给全体员工使用,但员工在搜索时,只能查找到其授权许可范围内的文件与档案。

案例思考:

1. 结合材料,谈谈现代企业办公文档一体化的重要性。

2. 根据材料中该分行所采用的文档信息收集整理方法,归纳其采用的主要策略有哪些。除此之外,你还能想到其他有效的文档管理方式吗?

第九章

办公室常用公文写作与处理

教学目标

通过本章内容的学习,了解和掌握公文的作用、种类和格式要求,弄清易混文种的区别。

教学要求

主要内容	知识要点	重点难点
第一节 介绍公文的特点和作用	(1) 公文的特征 (2) 公文的作用	公文的特征
第二节 介绍公文的行文规则	(1) 机关间工作关系的类型 (2) 主要的行文方式及适用范围 (3) 行文规则的内容	(1) 机关间工作关系的类型 (2) 主要的行文方式及适用范围
第三节 介绍公文的种类和格式	(1) 公文的种类 (2) 公文的格式	公文的格式
第四节 介绍常用公文的写作	(1) 通知、通报的写作 (2) 公告、通告的写作 (3) 报告、请示和批复的写作 (4) 函的写作 (5) 纪要的写作 (6) 计划和总结的写作 (7) 规章制度的写作	(1) 通知、通报的写作 (2) 报告、请示和批复的写作 (3) 规章制度的写作

续表

主要内容	知识要点	重点难点
第五节介绍公文的处理	（1）收文的办理 （2）发文的办理 （3）公文的组织管理 （4）文件的管理办法	发文的办理

情景导入

关于要求补助档案抢救经费的申请报告

今年我省遭受"××"台风的袭击，以致部分地区档案馆的文件受到不同程度的损坏，有些档案库房大量进水，加上高温高湿，导致文件霉变。据不完全统计，全省受损档案共10万余卷。档案是党和国家的宝贵财富，保护好档案是关系到我们子孙后代的大事。为抢救受损档案，特向省财政厅申请档案抢救经费50万元。

此致

敬礼

××省档案局
2018年8月5日

提示：这篇公文存在三个方面的问题。
（1）文种使用错误。从内容看，这是省档案局向省财政厅请求拨款，应该用"请示"。
（2）结构要素残缺。请示必须有主送机关，应加上"省财政厅"。
（3）结束语不当。"请示"的结束语为"妥否，请批复"。

第一节　公文的特点和作用

按照2012年4月16日国务院发布的《党政机关公文处理工作条例》的规定，党政机关公文是党政机关实施领导、履行职能、处理公务的具有特定效力和规范体式的文书，是传达、贯彻党和国家方针政策，公布法规和规章，指导、布置和商洽工作，请示和答复问题，报告、通报和交流情况等的重要工具。

一、公文的特征

（一）鲜明的政治性和高度的思想性

公文是国家各级政权机关、各企事业单位、各组织机构的指挥意图、行动意图的系统记录，直接反映国家政权、单位、组织的政治意向和根本利益。公文的政治性质取决于国家的政治性质。我国是人民民主专政的社会主义国家，我国公文有鲜明的政治性和高度的思想性，集中体现在为广大人民群众的根本利益服务、为发展社会主义事业服务、为提高工作效率服务。

（二）由法定作者制发

公文不是谁都可以任意制发的，公文是由法定的作者制成和发布的。这是公文同图书、情报资料、报道以及一般的文章作品的显著区别。所谓法定作者，就是指依据宪法和其他有关法律、章程、决定成立的并能以自己的名义行使法定的职能权利和担负一定的任务、义务的机关、组织或代表机关组织的领导人。在我国，各级党政机关、社会团体、企事业单位，只要是依据宪法和其他有关的法律、条例的规定并经过一定的审批程度建立和存在的，都是法定作者，都有独立对外行文的资格。

（三）公文有法定的权威性和特定的效用

公文是党政机关行使法定职权的重要方式和途径，公文代表国家的权力和意志，传达制发机关的权力和意志。因此，公文一经制发，即具有法定的权威性的效力，对受文单位在法定的时间和空间范围内产生强制作用。

（四）公文有规范的体式

制发公文必须严格按照国家规定的格式进行，这是公文不同于一般文章、作品的又一显著特点。国家机关以法规形式对公文的文体、结构和格式等进行了统一规范。《党政机关公文处理工作条例》是规定公文体式的规范性文件。国家对公文制定统一的规范体式，维护公文的权威性、准确性与有效性。

（五）公文有规定的处理程序

公文的制发和办理都必须经过严格规定的处理程序。公文的制发一般应经过起草、核稿、签发的程序。只有经过机关领导人签发的文稿才能印刷和传递。几个机关的联合发文必须履行完备的会签程序。重要的政策性文件还需报请上级机关审批或由主管部门批准。对收文的办理，一般应包括签收登记、分办、批办、承办、催办等程序，任何人不能违反公文办理程序擅自处理。

（六）公文没有专门特性

与其他公文相比，公文没有专业特性。公文不分行业和地区，所有机关、团体、单位都能使用，也都要使用，是目前使用范围最广的文体。

二、公文的作用

在党政机关的日常工作活动中，公文是党政机关工作的重要组成部分，是党和国家具体领导和管理政务、党政机关之间相互进行联系以及机关内部处理工作事物的一种重要工具，充分认识公文的作用是使用好公文这一工具的重要前提。

（一）领导与指导作用

党和国家的各级领导机关，可以经常通过制发公文来部署各项工作，传达自己的意见和决策，对下级机关或部门的工作进行具体的领导与指导。例如，党的中央领导机关通过所制发的各项指示、决议等重要公文，阐明重大方针政策、战略措施和工作步骤，用以领导和指导各个地区、各条战线的工作。国家各级行政领导机关和业务主管部门制定和发布各种文件，如决定、计划、意见、通知，领导和指导下级机关或下级业务部门的工作。

(二) 行为规范作用

公文具有行为规范作用，这是公文本身所具有的强烈政治性与法定的权威性等特点赋予的。这种行为规范作用又称为法规约束作用。国家的各种法规和规章都是以文件的形式制定和发布的。这些规范性公文一经发布，便成为全社会的行为规范，无论社会组织或个人都应当依照执行，不可违反。公文对于维护正常的社会秩序、安定社会生活，保障人民的合法权益有着极其重要的作用。

(三) 传递信息作用

公文是传递信息的重要渠道。党政机关的上下、左右机关之间，其决策、方针、设想和意图等政务信息，常常是通过公文传递的。下级机关通过请示、报告等文种使下情上达，上级机关通过公告、通知、通报等文种使上情下达，平级和不相隶属机关之间通过函件等相互交流信息、商洽事务，从而保证了各级机关组织的工作正常、有秩序运转。

(四) 凭据记载作用

公文是机关公务活动的文字记录，记录了党政机关各项工作的性质、过程、状态，因此公文在传递意图、联系公务的同时，也具有一定意义上的凭据作用。很多重要的公文都需要长期归档保存，以便需时查找。

(五) 宣传和教育作用

公文既是推动工作的工具，也是向广大干部群众进行宣传教育，使他们提高认识、统一思想的武器。所以公文虽然与报纸、图书上的宣传教育材料不同，但也具有一定的宣传教育作用。特别是一些纲领性文件、重大政策性文件和党政领导同志的批示、指示及各级组织的决定，其宣传教育作用十分明显。

第二节　公文的行文规则

公文的行文讲求实效性、针对性和可操作性。公文只有准确、快捷地传递给受文者，才能真正产生效用，因此必须有效地控制公文的传递过程。要使公文正常运行，就必须遵循公文的行文规则。

一、机关间工作关系的类型

(1) 处于同一组织系统的上级机关与下级机关存在领导与被领导关系，如国务院与各级地方人民政府之间即为这种关系。

(2) 处于同一专业系统的上级主管业务部门与下级主管业务部门之间存在指导与被指导的关系，如交通部与各省、自治区、直辖市交通局等部门即为这种关系。

(3) 处于同一组织系统或专业系统的同级机关之间是平行关系，如全国各省、自治区、直辖市人民政府之间、教育部和财政部之间即为这种关系。

(4) 非同一组织系统任何机关之间都属于不相隶属关系，如四川大学人事处和四川大学文新学院教学科，即为这种关系。

机关之间的工作关系决定着公文应使用的文种、行文方向等。处于领导、指导地位的上级机关可以向被领导、被指导的下级机关主送下行文；被领导、被指导的下级机关向上级领导、指导机关主送上行文；具有平行关系或其他不相隶属关系的机关之间相互主送平行文。

二、主要的行文方式及适用范围

行文方式就是公文传递路线的结构形式，分为逐级行文、多级行文、越级行文和直接行文等。

（一）逐级行文

具有隶属或业务指导关系的机关之间应基本采取逐级行文的方式。即上级机关向所属的下一级机关行文（下行文）或下级机关向直接所属的上一级机关行文（上行文）。逐级行文有利于维护和体现组织体系的层次性。

（二）多级行文

多级行文是同时向若干层级的上级机关或下级机关制发公文，包括直达基层组织和向人民群众公布。上行文中的多级行文方式只有在少数有特殊需要的情况下采用，一般是问题比较重大，需要同时上报上级和更高级别的领导机关。下行文中的多级行文可以提高公文传递的效率，节省公文转发的时间。

（三）越级行文

越级行文是下级机关在特殊情况下，越过直接上级向更高一级的领导机关行文。上行文一般不得越级行文，除非在极特殊情况下：①由于情况特殊紧急，如逐级上报会延误时机造成重大损失；②经多次请示直接上级机关而问题长期未得到解决；③由上级机关交办并指定直接越级上报的具体事项；④出现需要直接询问、答复或联系的不涉及被越过的机关职权范围的具体事项；⑤需要检举、控告直接上级机关等；⑥直接上下级之间存在有争议且无法自行解决，需请有关方面仲裁的问题。

（四）直接行文

直接行文是直接将公文传递给有关机关。直接行文适用于同一系统的平行机关之间，以及非同一系统的任何机关之间传递公文；其特点是传递路线短。

三、行文规则的内容

（一）必须按机关间工作关系行文

各机关行文应该在各自的职权范围内进行，处于领导、指导地位的上级机关能向处于被领导、被指导地位的下级机关主送领导性、质询性、规定性的下行文；处于被领导、被指导地位的下级机关能向上级机关主送陈述呈请性的上行文。

（二）一般不得越级行文

行文关系根据隶属关系和职权范围确定，一般不得越级行文，特殊情况需要越级行文的，应当同时抄送被越过的机关。

（三）正确选择主送机关与抄送机关，严格控制抄送对象的范围

向上级请示问题，其主送机关只能有一个，防止由于多头主送造成相互推诿；除上级机

关负责人直接交办的事项外，不得以机关的名义向上级机关负责人报送请示、意见和报告；受双重领导的机关向上级请示，应视具体内容分清主送和抄送，由主送机关负责答复；行文还应注意应严格控制抄送对象的范围。

（四）联合行文，应是同级机关

联合行文时，必须是同级机关。同级政府之间，政府各部门之间，政府及其部门与同级党委、军队机关及其部门之间，政府部门与同级人民团体（如人大、政协等）和行使行政职能的事业单位之间可以联合发文。上下级机关不可联合行文，联合行文应当确有必要，联合行文单位不宜过多。

（五）行文前应对有关问题协商一致

为维护政令统一，凡下行公文的内容涉及其他机关的职权范围，行文前必须就有关问题与这些机关协商一致，否则一律不得各自按照自己的意向向下行文。

第三节 公文的种类和格式

一、公文的种类

《国家党政机关公文处理条例》规定的公文种类包括决议、决定、命令（令）、公报、公告、通告、意见、通知、通报、报告、请示、批复、议案、函、纪要。

二、公文的格式

公文的格式是指公文的结构的组织和安排。《党政机关公文格式》将公文的格式划分为三部分：版头部分、主体部分、版记部分。

（一）版头部分

版头由份号、密级和保密期限、紧急程度、发文机关标志、发文字号、签发人等要素组成。

（1）份号。份号即公文印制份数的顺序号。涉密公文应当标注份号。

（2）密级和保密期限。密级和保密期限即公文的秘密等级和保密的期限。涉密公文应当根据涉密程度分别标注"绝密""机密""秘密"和保密期限。

（3）紧急程度。紧急程度即公文送达和办理的时限要求。根据紧急程度，紧急公文应当分别标注"特急""加急"，电报应当分别标注"特提""特急""加急""平急"。

（4）发文机关标志。发文机关标志由发文机关全称或者规范化简称加"文件"二字组成，也可以使用发文机关全称或者规范化简称。联合行文时，发文机关标志可以并用联合发文机关名称，也可以单独用主办机关名称。

（5）发文字号。发文字号由发文机关代字、年份、发文顺序号组成。联合行文时，使用主办机关的发文字号。

（6）签发人。上行文应当标注签发人姓名。

（二）主体部分

主体由标题、主送机关、正文、附件说明、发文机关署名、成文日期、印章、附注、附件等要素构成。

（1）标题。标题由发文机关名称、事由和文种组成。

（2）主送机关。主送机关即公文的主要受理机关，应当使用机关全称、规范化简称或者同类型机关统称。

（3）正文。正文即公文的主体，用来表述公文的内容。

（4）附件说明。附件说明包括公文附件的顺序号和名称。

（5）发文机关署名。公文应署发文机关全称或者规范化简称。

（6）成文日期。公文应署会议通过或者发文机关负责人签发的日期。联合行文时，署最后签发机关负责人签发的日期。

（7）印章。公文中有发文机关署名的，应当加盖发文机关印章，并与署名机关相符。有特定发文机关标志的普发性公文和电报可以不加盖印章。

（8）附注。附注即公文印发传达范围等需要说明的事项。

（9）附件。附件即公文正文的说明、补充或者参考资料。

（三）版记部分

版记由版记中的分隔线、抄送机关、印发机关和印发日期等要素构成。其中，抄送机关指除主送机关外需要执行或者知晓公文内容的其他机关，应当使用机关全称、规范化简称或者同类型机关统称。

第四节　常用公文的写作

一、通知、通报的写作

（一）通知的写作

1. 通知的概念

通知是用于发布、传达要求下级机关执行和有关单位周知或者执行的事项，属于批示下级机关的公文、转发上级机关和不相隶属机关的公文。

2. 通知的特点

（1）功能的多样性。通知是党政机关公文中功能最多的文种，它可以用来发布法规、规章、传达指示、布置工作、批转转发文件、晓谕事项、任免人员等。

（2）内容的综合性。专题性或综合性内容都可以发通知，而且篇幅可长可短，通知内容既可以说明一个问题或事项，也可以说明几个问题或事项。

（3）指导性。通知大多数是下行文，不能用于上行文。

（4）权威性。大多数通知总是有所要求，有所晓谕，使被通知者进行执行，因而也有一定的权威性。

（5）时间性。通知有明显的时间要求，只能在一定的时间内产生效力。与其他公文相比，通知制发快捷、灵便，对知办事项的时限要求最具体也最严格，不能提前或拖后，受文机关对需要办理的或执行的事项，必须在规定时间内予以完成。一些需要特别强调的事情，还可用"紧急通知",以增强紧迫感和重要性。

(6) 应用的广泛性。通知在党政机关公文中使用频率最高、使用范围最广。有时由于工作需要,两个以上机关还可以联合向各自的下属单位发"联合通知"。

(7) 发布形式的灵活性。通知发布形式不受限制,可以用文件形式印发,还可经过批准,在报纸、电视、广播、互联网上发布。

3. 通知的格式

(1) 标题。通知的标题通常有三种形式:一是由发文机关名称、事由和文种构成;二是由事由和文种构成;三是由"通知"作标题。

(2) 正文。通知的正文由开头、主体和结尾三部分组成。开头交代通知缘由、根据,主体说明通知具体事项,结尾提出要求。

(3) 落款。通知的落款署上发文机关名称和发文时间。

示例1

青山县人民政府关于召开计划工作会议的通知

各乡镇人民政府、各直属机关:

为了更好地做好各方面的工作,县政府决定召开计划工作会议,同时对今年上半年的工作进行总结。现将会议有关事项通知如下:

一、会议时间:7月8日上午9时至10日下午,会期三天。会议报到时间为7月7日下午。

二、会议地点:县政府招待所会议室。会议报到地点为县政府招待所大厅。

三、参加会议的人员:各乡镇的乡镇长及各县属单位的负责人。

四、会议议题:一是总结今年上半年的工作情况;二是制定下半年的工作计划。

五、会议要求:凡参加会议的单位应准备今年上半年的工作总结及相关资料,做好会议发言准备。

六、会议联系人:王明;电话:62769390。

青山县人民政府(印)
2016年6月20日

(二) 通报

通报适用于表彰先进、批评错误、传达重要精神和告知重要情况。通报可以分为表彰性通报、批评性通报和情况通报三种。

1. 通报的特点

通报具有典型性、普发性和限制性、教育性和指导性等特点。

2. 通报的作用

(1) 沟通信息,使有关单位或组织了解工作进程。

(2) 学习先进的典型经验,指导和推进工作。

(3) 吸取他人的教训,杜绝类似问题发生。

3. 通报的格式

（1）标题。规范完整的通报标题由发文机关、事由加文种组成；不完整的通报标题由事由加文种组成；通报标题也可只写"通报"二字。

（2）正文。通报的正文由四部分组成，一是引言，用于概括通报的内容、性质、作用和要求；二是事实，表扬性通报的正文写先进事迹，批评性通报的正文写错误事实；三是分析，对先进事迹的先进性或错误事实进行分析，写明原因，提出处理意见；四是号召或要求。

（3）落款。通报的落款写明发文机关名称和日期。

（三）通知和通报的区别

（1）告知的内容不同。通报以表彰先进、批评错误、传达重要精神为主要内容，不涉及直接具体的执行要求。通知可以用来转发、批转公文，通报不具备批转的功能。

（2）发布的时间不同。通知一般是在事前或事出时发布，通报是在事后发布。

示例 2

杭州市城乡建设委员会关于曹锡骥等四位评标专家在
评标过程中出现重大失误的情况通报

各有关单位、各评标专家：

最近，审计部门在工程结算审计过程中发现下城区朝晖街道2009年庭院改善工程第二批项目——华电西苑1标至4标工程施工企业杭州萧山第六建筑工程有限公司原投标文件商务部分存在严重缺漏、前后不一现象，导致审计部门无法开展审计工作。经查，2009年庭院改善工程第二批项目——华电西苑1标至4标工程于2010年3月24日在下城区小型建设工程管理中心进行开标评标，由曹锡骥、杜琼、周永安、陆杰峰四位评标专家及一位招标人代表组成的评标委员会在评审过程中，未按招标文件及相关法律法规进行认真评审，未发现投标企业杭州萧山第六建筑工程有限公司投标文件商务部分存在缺漏、前后不一的现象，将杭州萧山第六建筑工程有限公司推选为中标候选人。

纵观工程评标过程，暴露出曹锡骥、杜琼、周永安、陆杰峰四位评标专家，工作态度不够严谨、工作责任心不强、未能客观公正地履行评标职责等问题。为严肃评标纪律，根据《招标投标法》第四十四条及《杭州市建设工程评标专家考核办法》（杭建市发〔2009〕567号）第八、九条的规定，我委决定给予曹锡骥、杜琼、周永安、陆杰峰四位评标专家警告处分，并进行通报批评，暂停3个月评标专家资格，暂停时间自2012年12月1日起至2013年2月28日止，并按规定进行信用扣分，记入专家的信用库。

希望杭州市建设工程招标评标全体专家引以为戒，进一步加强学习，提高业务、政策水平，端正评标态度，认真履行评标职责，共同维护杭州市建设工程招标投标活动的公平、公正与科学性。

特此通报。

杭州市城乡建设委员会
××年×月×日

二、公告、通告的写作

（一）公告

公告适用于向国内外宣布重要事项或者法定事项。公告的发布者一般是国家立法机关或行政领导机关；公告具有较强的权威性，有些还有强制性。

1. 公告的特点

（1）发文机关级别较高。由于公告有向国内外宣布消息的功能，发文机关多为较高级别的国家行政机关或权力机关及其授权机关。

（2）发布内容特别重要。公告多用于事关全局或在国内外能产生重大影响的事项。

（3）发布的范围广泛。公告有的向全国或某一地区发布，有的向全世界发布，其内容会产生广泛影响。

2. 公告的格式

（1）标题。公告的标题有两种，一种由发文机关的名称加上文种组成，如"全国人民代表大会公告"，另一种是只写"公告"二字。

（2）正文。公告内容一般篇幅不长，其正文采取一段式写法，由公告的依据和公告事项两部分组成；正文结语一般用"现予公告""特此公告"等惯用语。

（3）落款。公告的落款处写上发布机关的名称和发文时间。

（4）编号。公告在标题下要单独编出顺序号，如"第一号""第二号"等。

示例3

中华人民共和国财政部公告

2015 年第 87 号

根据国家国债发行的有关规定，财政部决定发行 2015 年记账式贴现（十七期）国债（以下简称本期国债），已完成招标工作。现将有关事项公告如下：

一、本期国债计划发行 100 亿元，实际发行面值金额 100 亿元。

二、本期国债期限 182 天，经招标确定的发行价格为 98.808 元，折合年收益率为 2.45%，2015 年 11 月 16 日开始计息，招标结束后至 11 月 18 日进行分销，11 月 20 日起上市交易。

三、本期国债低于票面面值贴现发行，2016 年 5 月 16 日（节假日顺延）按面值偿还。

其他事宜按《中华人民共和国财政部公告》（2015 年第 1 号）规定执行。

特此公告。

中华人民共和国财政部
2015 年 11 月 13 日

（二）通告

通告适用于在一定范围内公布应当遵守或者周知的事项。

1. 通告的特点

（1）广泛性。通告的使用频率大大超过公告和布告。各级党政机关、社会团体和企事业单位都可以使用。

(2) 法规性。通告一般是国家行政机关和企事业单位根据自己的职权范围发布，具有一定的法规性和行政约束力。它所通告的事项，有关单位或人员必须严格遵守或者周知。

(3) 强制性。有些通告要求普遍遵守，具有法规的强制性、约束性。

2. 通告的格式

(1) 标题。通告的标题有四种构成形成，一是由发文机关、事由加文种构成，如"国家教委关于维护中小学正常教学秩序的通知"；二是由发文机关和文种构成；三是由事由加文种构成；四是只用"通告"做标题。

(2) 正文。通告的正文一般写明通告的缘由、通告事项、执行通告事项的要求等内容。

(3) 落款。通告的标题有发布单位的，后面则无落款；标题没有发布单位的，落款时注明发布单位。发布通告的时间，写在标题之后、内容之前，也可写在落款的后面。

(三) 通告和公告的区别

(1) 从内容上看，公告的内容是重要消息，通告中涉及有关人员应遵守的事项。

(2) 从范围上看，通告仅对国内公布，公告则可对国内外公布。

示例 4

成都市公安局通告

为确保 2012 年第十三届中国西部国际博览会在我市顺利进行，依照《中华人民共和国道路交通安全法》的有关规定，特作如下通告：

一、2012 年 9 月 25 日 16:00 至 18:30 以香格里拉大酒店为中心，北至锐钯街、水井街、双槐树街、星桥街，南至滨江路，西至桥北路口，东至九眼桥路口的区域内实施交通管制。禁止无第十三届西博会机动车车证的车辆通行，该路段沿线单位及个人的机动车辆凭行驶证等相关证件通行。

二、2012 年 9 月 25 日 17:00 至 20:30 以省体育馆为中心，北起人民南路四段跳伞塔路口，南至人民南路四段领事馆路路口，西至玉林东路与玉林街交叉路口（含玉林东路）以内的区域实施交通管制，禁止无第十三届西博会机动车车证的车辆通行，该路段沿线单位及个人的机动车辆凭行驶证等相关证件通行。同时将对通过人民南路（红照壁至三环路天府立交）的车辆实施总量控制。

三、2012 年 9 月 26 日上午 8:00 至 13:30 以世纪城为中心，世纪城路北起天府大道广电路口至世纪城路濯锦南路路口，东起濯锦南路绕城高速路口至世纪城南大门路口，南起世纪城南大门路口至天府大道成达路口，西起天府大道成达路口至广电路口（不含天府大道）以内的区域（含世纪城路、原环馆路全线）实施交通管制，禁止无第十三届西博会证件的车辆通行，该区域内的单位及个人机动车辆凭行驶证等相关证件通行。同时将对通过天府大道（华阳左岸花都路口至三环路天府立交）、人民南路（红照壁至三环路天府立交）的车辆实施总量控制。

四、执行西博会安保任务的特种车辆不受上述规定限制，公交车除世纪城路、滨江东路外不受上述规定限制。

五、违反本通告规定的,由公安交通管理部门依照《中华人民共和国道路交通安全法》以及相关法律法规的规定实施处罚,并实行累计记分管理。

成都市公安局
××年×月×日

三、报告、请示和批复的写作

(一) 报告

报告适用于向上级机关汇报工作、反映情况,回复上级机关的询问。

1. 报告的格式

(1) 标题。报告的标题通常只写事由和文种。也有的报告标题包括发文机关、事由和文种三部分。有的报告内容紧急,则在标题中的"报告"前加上"紧急"二字。

(2) 主送机关。报告在标题下正文前顶格书写受文对象,一般是上级机关或业务主管部门。

(3) 正文。报告的正文一般分为四个部分:情况概述、具体工作、经验教训、存在问题和今后的打算。正文开篇应说明报告的目的;用"现将有关情况报告如下"之类的惯用语过渡到下文;对于结束语,呈报性报告用"特此报告""以上报告当否,请指示"等。

(4) 落款。报告的落款应签署发文机关和成文日期。

示例5

四川省兽药监察所关于 2012 年第二季度兽药抽检结果的报告

农业部兽医局、省畜牧食品局:

根据农业部和省局下达的 2012 年四川省兽药质量监督抽检计划任务,按照监督抽检有关规定和要求,二季度我们对全省部分兽药生产、经营、使用单位进行了兽药质量监督抽检,共完成监督检验任务 214 批,合格 201 批,不合格 6 批。二季度假兽药为 7 批。

特此报告。

四川省兽药监察所
2012 年 6 月 26 日

(二) 请示

请示适用于向上级机关请求指示、批准。

1. 请示的特点

(1) 请求性。从行文的目的看,请示写作带有迫切性的需要并需要上级机关批准,要求上级机关给予批复。

(2) 单一性。请示一般一文一事,内容要单一,不可将多项内容放在一个文中请示。

(3) 预先性。从行文的时间看,请示必须在事前行文。

(4) 定向性。请示是一种上行文,只在向上行文时使用。

2. 请示的格式

（1）标题。请示的标题有两种，一是写明请示事项和文种；二是写明请示机关、请示事项和文种。

（2）主送机关。请示的主送机关是负责受理和答复请示的机关。

（3）正文。请示的正文由开头、主体和结语三部分构成。开头说明请示的缘由，主体说明请示的事项，结束语通常用套语，常用的有"当否，请批示""妥否，请批复""以上请示，请予审批"等。

（4）落款。请示的落款应签署发文机关和成文日期。

3. 请示的要求

（1）标题不能写成"请示报告"。

（2）不要在"报告"等非请示公文中夹带请示事项。

（3）必须事先请示。

（4）必须坚持一事一请示。不能把几件事放在一篇请示里。

（5）请示获批前，不得对下属单位发送。

（6）如需向两个上级单位同时请示，只能采取一个主送和一个抄送的办法，不可多头报送。

（7）严禁越级请示。

（8）请示类公文须注明联系部门及联系人姓名和电话，联系人一般为公文起草部门的负责人。

示例 6

江宁县第一中学关于拨款重建教学楼、宿舍楼的请示

县教委：

今年 6 月，我县遭受特大洪灾。洪水泛滥，致使我校图书馆四万多册图书被淹，旧的学生宿舍和教学楼各倒塌一幢，三个车棚被冲毁。在抢险过程中，无人员伤亡，计算机房、多媒体室等重要措施未受到损失。为确保下学期教学工作尽快恢复正常，我校请求县教委拨款 80 万元，以重建教学楼、宿舍楼。

以上请示妥否，请批示。

附件：1. 关于受灾损失情况的报告
　　　2. 重建教学楼、宿舍楼方案

江宁县第一中学（印章）
2012 年 6 月 15 日

（三）批复

批复适用于答复下级机关的请示事项。

1. 批复的格式

（1）标题。批复的标题有多种构成形式，一是由发文机关名称、批复事项、行文对象和文种构成;二是由发文机关名称、事由和文种构成;三是由事由和文种构成;四是由发文机关名称加原件标题和文种构成。

(2) 主送机关。批复的主送机关是与批复相对应的请示发文机关。

(3) 正文。批复的正文由批复依据、批复事项、执行要求三部分组成。批复事项应当根据国家的方针、政策和实际情况对请示的内容给予明确肯定或否定的答复。结语一般用"此复""特此批复"等习惯用语。

(4) 落款。批复的落款应写明制发批复的机关名称和成文时间。

示例7

广东省地方税务局关于法院代执行经济纠纷赔偿款开具发票问题的批复

东莞市地方税务局:

你局《关于法院代执行经济纠纷赔偿款开具发票问题的请示》(东地税发〔2010〕78号)收悉,现批复如下:

一、经济实体发生经济纠纷,经法院判决得到赔偿,由法院代为负责执行,并要求收款方开具发票的,由收款方开具发票给支付方(被执行人)。

二、法院代为执行的经济纠纷涉及营业税劳务、转让无形资产或者销售不动产的,均应使用地方税收发票。地方税收发票的使用范围不应涉及增值税应税劳务。

特此回复。

广东省地方税务局
××年×月×日

四、函的写作

(一) 函的概念

函适用于不相隶属机关之间商洽工作、询问和答复问题、请求批准和答复审批事项。函的用途相当广泛,函可以在平行机关及不相隶属的机关之间使用,也可以用于下级机关向上级机关询问具体事项,上级机关答复下级机关的询问或请求批准事项。

(二) 函的种类

函可分为商洽函、问答函、批答函三种。

(1) 商洽函。商洽函用于不相隶属机关之间联系、商洽、协调某一问题或某项工作,如洽谈业务、要求协作、请示支援、商调干部、联系参观学习等。

(2) 问答函。问答函用于机关间询问政策性和业务性的问题以及其他事宜,如了解情况、征求意见等。提出询问的是致函,给予解答的是复函。这类函既可以用于不相隶属的机关之间,也可用于有隶属关系的上下级之间。

(3) 批答函。批答函用于不相隶属机关间请求批准和答复审批事项。求批及审批是对应关系。

(三) 函的格式

(1) 标题。函的标题通常由发文机关、事由、文种组成,如属回复问题的函,则要在

"函"字前加"复"字。

（2）发文字号。函要有正规的发文字号，由机关代字、年号、顺序号组成。大机关的函，可以在发文字号中显示"函"字。

（3）主送机关。由于函的行文对象是明确、单一的，所以多数函的主送机关只有一个。

（4）正文。函的正文需写明制发函的根据和理由，如商洽或询问以及请求批准的具体事项；函的结尾通常适宜使用致意性的词语，如"特此函告""特此申请""请函复"等结语。

（四）函的写作要求

（1）行文要言简意赅。以简要的文字将需要商洽、询问的问题具体地交代清楚。

（2）用语谦和，讲究分寸。函的行文关系多样、复杂，用语要讲究礼节，不使用告诫、命令性的词语，语气应委婉得体。涉外公函和不相隶属机关之间的公函，必要时还要使用尊称与致意性词语，但不可过分，用语应当适度，掌握分寸。

示例8

国务院办公厅关于同意调整国家人口和计划生育委员会兼职委员的函

人口计生委：

你委《关于调整国家人口计生委兼职委员的请示》（人口厅〔2011〕100号）收悉。经国务院领导同志同意，现函复如下：

一、国务院同意根据工作需要和人员变动情况，对国家人口和计划生育委员会兼职委员进行调整。调整后的兼职委员为：外交部吴海龙、发展改革委朱之鑫、教育部郝平、科技部王伟中、工业和信息化部杨学山、公安部黄明、民政部窦玉沛、财政部张少春、人力资源和社会保障部胡晓义、国土资源部王世元、环境保护部周建、住房城乡建设部唐凯、农业部陈晓华、商务部俞建华、卫生部刘谦、工商总局钟攸平、广电总局王莉莉、统计局张为民、食品药品监管局边振甲、扶贫办王国良、全国妇联范继英。

二、国家人口和计划生育委员会兼职委员会议在国务院领导下，负责研究提出人口计生工作的重大政策措施，为国务院决策提供意见建议；督促检查相关人口计生政策落实情况和任务完成情况，协调解决政策落实中的难点问题。兼职委员会议原则上每年召开一次，由国务院分管人口计生工作的领导同志召集，也可委托人口计生委主要负责人或联系人口计生工作的国务院副秘书长召集。会议议题由人口计生委提出，报召集人确定。会议议定事项以会议纪要形式明确，由召集人签发。

三、人口计生委办公厅承担联系兼职委员单位的具体工作，各兼职委员单位指定一名司局级干部担任联络员。

四、各兼职委员单位要切实履行兼职委员职责，按照分工密切配合人口计生委共同做好人口和计划生育工作。

国务院办公室厅
××年×月×日

五、纪要的写作

纪要一般指会议纪要,适用于记载会议主要情况和议定事项。

(一)纪要的特点

(1)纪实性。纪要是根据会议的宗旨、议程、决议等整理而成的公文,是对会议基本情况的纪实。

(2)概括性。纪要是在会议结束之后,对会议的各种材料和观点,经过分析、研究,将主要决议事项整理出来。

(3)指导性。纪要对工作有一定的指导作用,它要传达情况、会议精神,要求与会单位相关部门按要此要求开展工作。

(二)纪要的格式

(1)标题。纪要的标题通常由会议名称和文种构成,有的纪要的标题还可加上召开会议的单位名称,有的标题由正标题和副标题构成。

(2)正文。纪要的正文由导言、主体和结尾构成。导言记述会议的基本情况,召开会议的时间、地点、会议名称,主持人、主要出席人、会议议程,讨论的主要问题;主体包括会议的主要精神、议定的事项、会议布置的工作及要求等;结尾一般写对与会者的希望和要求,一些纪要可不写结尾。

示例 9

关于加强我市危险化学品道路运输安全监管的工作会议纪要

2012 年 7 月 12 日下午,市委常委、常务副市长刘小涛在市政府办公楼五楼会议室召开工作会议。副市长陈克、杨润贵出席了会议。纪要如下:

会议听取了市公安、交通运输等部门对加强我市危险化学品道路运输安全监管的意见和建议,并就此进行了研究。会议指出,……(略)。会议决定如下:

一、建立健全机构

……(略)

二、加强监督管理

……(略)

三、加强规划调研

……(略)

对各有关部门再一次提出要求,凡现场办公会上决定的事情,大家都要切实地积极地支持。

参加会议人员:刘小涛、陈克、杨润贵、梁志(市经信局),刘玲平、谢平凡(市安监局),陈亚聪(市交通运输局),陈有华(市环保局),李辉林(市法制局),李社辉(市公安消防局),杨波、王建国(市公安交警支队),卢忱伟(市工商局),谭小娜(市质监局)。

六、计划和总结的写作

(一) 计划

计划是党政机关、企事业单位、人民团体或个人对一定时期的工作进行预先安排时使用的一种事务性公文。根据内容分,计划有生产计划、工作计划、教学计划、财务计划、学习计划、科研计划等;按照时间分,计划有年度计划、季度计划和月份计划等。

1. 计划的特点

(1) 明确性。计划必须目的明确。根据本单位、本部门的实际情况,拟定切实可行的计划。

(2) 时间性。写计划前要对任务和时间做全面分析,计划实施过程中要强调其阶段性的工作效果。

(3) 可行性。计划中的措施、步骤和方法必须符合本单位实际情况。

(4) 预见性。工作必须以计划为先导,而计划是在工作进行之前,所以计划有很强的预见性。为了保证计划的科学性和成功率,写计划前对该项计划在质量、数量、时间、步骤、措施、内部与外部的工作条件等方面都要对成功与不成功因素进行分析。

2. 计划的格式

计划通常由标题、正文和落款三部分构成。

(1) 标题。计划的标题包括制发单位、时间限定语、事由和文种四部分。

(2) 正文。计划的正文一般包括基本情况、目的与要求、步骤与做法等方面的内容。计划正文的结尾用来提出希望、发出号召、明确执行要求等,也可不写结尾。

(3) 落款。计划的落款一般在文件右下方写上制定者姓名和制定日期。

(4) 签署。计划要署名单位名称和拟定计划的具体时间;如果计划以文件的形式下发,还需加盖公章。

3. 计划的写作要求

(1) 首先要熟知和贯彻党和国家的有关方针政策及上级的指示精神,同时结合本行业、本系统的具体方针或个人的具体情况,正确处理整体和局部的关系,正确处理长远利益和当前利益以及集体利益和个人利益的关系。

(2) 计划是实现预想目标的保证,其措施、步骤必须根据实际情况确定,要切实可行。一般要求目标要高于现状,以利于调动群众的积极性,确保工作的顺利开展。要尽量具体、可操作,如工作的进程和时序、第一步要求、第二步要求、最后实现目标,不同的对象有不同的要求。

(3) 要从实际出发,广泛听取群众意见,提出的工作任务、工作方法和具体步骤,都要有可靠的群众基础。要达到什么效果以及可能出现的问题也都应预先予以充分估计。同时,无论是单位计划还是个人计划,都要既能体现先进性,又能体现可行性,既不说大话,又有一定高度,而这个高度经过主观努力可以达到。如果计划目标太高,无法实现;如果计划目标太低,不用任何努力都可以实现,就失去了计划的意义。

(4) 计划的内容要明确、具体,不论是计划的任务、指标还是措施、责任、时间都必须明确、具体。

（5）由于计划是事先考虑安排的，在执行的过程中，应根据随时出现的新情况给予必要的补充和修订。

（6）在一定的时间内完成什么任务、实现什么目标、达到何种预期效果，都应在计划中表明。

示例 10

××乡政府 2018 年工作计划

2018 年，××乡党委、政府在市委、市政府的正确领导下，以科学发展观为指导，统筹兼顾，明确重点，落实责任，全力发展各项社会事业，工作总体发展思路是以邓小平理论和"三个代表"重要思想为指导，紧紧扭住经济建设这个中心，围绕农民增收，切实推进经济增长，强化财政管理，促进财政增收。今年要确实抓好以下几个方面的工作：

一、着力推进农业产业发展

立足市场需求和本地资源，全乡优质稻田种植和杂交水稻制种面积要稳定在 1.7 万亩，努力提高单位面积的粮食产量和质量。积极发展特色农业，力争每个村培育出特色支柱产业，要注重品种选优，重点支持花卉产业的做大做强，发挥基地的带动作用。发挥农民专业合作社作用，扶持农产品加工大户，加大销售力度，确保农民增收。搞好农业新技术推广、新品种引进和技术培训工作，注重创业先进个人的示范辐射带动作用，鼓励农民工回乡创业。

二、加快农村基础设施建设

不断加强农村公路建设和管护，进一步改善农民出行条件。进一步完善水利设施，保证农村生产、生活用水安全。加快我乡城镇化建设，严格按照集镇规划，精细管理，完善水、电、路、下水道等配套，提升集镇的小城镇功能。

三、积极创建"美丽乡村"

结合创建省级卫生乡镇工作，狠抓农村环境卫生整治，大力推进"碧水、青山、蓝天"工程，加大环境治理和生态保护力度；维护好已经建成的环卫设施，在条件允许的情况下不断提质升级；加强生活垃圾和污水处理，力争垃圾无害化处理率达到 100% 以上，农村卫生厕所普及率达到 90% 以上，不断改善农村人居环境。继续巩固国家级生态乡镇工作成果，扎实推进造林绿化、生态公益林保护、公路绿化等工作，加快我乡特色旅游小城镇建设步伐。

四、强力推进脱贫攻坚工作

进一步强化脱贫攻坚工作的中心地位。明确目标、任务、责任、措施，加大各项投入，强化考核问责，严格落实完成市委、市政府交办的各项工作任务。做好各类工作台账，精准识别贫困对象和脱贫对象，扎实开展逐户甄别和"两率一度"工作，制定有效的帮扶措施，按照"五个一批"进行分类帮扶。积极与扶贫工作队配合、衔接，结合各村资源优势，因村施策、因户施策，制定切实可行的产业项目规划。建成四个村的产业基地，完成光伏电站和乡、村级综合服务平台建设项目，实现脱贫致富的持续性。

五、切实维护社会稳定

加强社会综合治理，要依法严厉打击各类违法犯罪行为，不断增强人民群众安全感和综治民调满意度。要认真抓好安全生产工作，突出抓好水陆交通、消防等重点领域的安全隐患排查，坚决防范和遏制特重大事故发生，为全乡经济社会发展创造稳定环境。要扎实开展普法工作，使广大党员和干部带头遵纪守法，注重运用法律手段来加强和改进社会治理，提高依法行政水平。

六、精心发展民生事业

进一步落实各项惠民政策，新型农村合作医疗参保率巩固在95%以上，新型农村社会养老保险要达到85%以上；始终将教育放在优先发展的地位，加大教育的投入，不断改善办学条件；大力发展卫生事业，加强村卫生室建设，提升医疗服务水平。此外，支持工会、共青团、妇联等群团组织开展的各项活动，促进社会各项事业全面发展。

七、努力打造人民满意的政府

一要着力建设服务型政府。强化服务群众的意识，提高服务群众质量。二要着力建设法治政府。坚持科学决策、民主决策、依法决策。大力推行行政问责制，坚决纠正推诿扯皮等突出问题，严肃查处行政不作为和乱作为的违纪违规案件，提高依法办事能力。三要着力建设廉洁政府。建立廉政风险防范机制，及时纠正违法或不当的行政行为。

总之，在今年的工作中，我们必须始终坚持以加快发展为主题，紧紧抓住经济建设这个中心，高举发展的旗帜，唱响主旋律，抢抓发展机遇，加快发展步伐，提高发展质量。

(二) 总结

1. 总结的概念

总结是对前一阶段社会实践活动进行全面回顾、检查、分析、评判，从理论认识的高度概括经验教训，以明确努力方向，指导今后工作的一种机关事务文体。

2. 总结的特点

(1) 实践性。总结是实践本质的反映，总结来自实践，它的观点是自身实践活动中抽象出来的认识和规律。

(2) 目的性。总结是人们对前一阶段工作的回顾，可以使人们更好地认识世界、解释世界，寻找规律。总结的目的是将来能更好地去改造世界。

(3) 理论性。总结要体现理论性，要从回顾中提炼出规律性的内容，从实践上升到理论的高度。

(4) 具体性。总结是根据本单位、本部门的具体问题所写的，业务性、技术性较强。

3. 总结的格式

总结通常由标题、正文和落款三部分构成。

(1) 标题。总结的标题一般要包括单位或制发机关名称、时间限定语和文种类别，还可使用"双标题"，一句主题句作为正标题，用副标题标明单位名称、时间限定语和文种类别。

(2) 正文。总结的正文一般包括前言、主体和结语几个部分，分别写基本情况、成绩与经验、问题与教训、今后的意见等内容。

(3) 落款。总结的落款一般在文件右下方写上总结单位的名称和总结日期。

4. 总结的写作要求

(1) 端正态度，提高认识。总结的目的是要对过去的生产、工作、学习做正确的分析和估计，因此必须客观、全面、辩证地分析事物。

（2）一分为二，实事求是。写总结必须从客观实际出发，如实反映情况，客观评价工作，杜绝一切虚假现象，不能只报喜不报忧，更不能前后矛盾。

（3）突出重点，写出新意。总结一定要结合本单位的实际情况，写出本单位最突出、最新鲜、最有个性以及最能反映事物本质的特点。

（4）多用第一人称。总结一般用第一人称来写。

示例11

2012年教师工作总结

时间飞逝，转眼2012年已接近尾声。一年来，在系领导以及各位老师的指导帮助下，我严格按照学院要求，加强师德修养，增强学习意识，改进工作方法，探索新课程，提升教学理念，认真教书育人。现将本人一年来的思想和工作总结如下。

一、思想方面

一年来，我认真学习"三个代表"重要思想以及党的十七大重要精神，不断提高自己、充实自己，树立正确的世界观、人生观和价值观；在日常工作中，时刻注意学习他人的长处，遵守纪律，团结同志；教育目的明确，态度端正，钻研业务，勤奋刻苦。

二、教育、教学方面

在教育、教学方面，我努力加强教育理论学习，提高教学水平。具体表现在以下几个方面。

1. 加强师德修养，提高道德素质

过去一年中，我一直担任建筑设备工程技术专业课程教学。在实践过程中，我认真加强师德修养，提高道德素质。对学生做到：民主平等、公正合理、严格要求、耐心教导；对同事做到：团结协作、互相尊重、友好相处；对家长做到：主动协调、积极沟通；对自己做到：严于律己、以身作则、为人师表。

2. 加强教学理论学习，练好扎实的教学基本功

在教育、教学方面，我努力加强教育理论学习，提高教学水平。要提高教学质量，关键是上好课。为了上好课，我做了下面的工作。

（1）课前准备。认真学习贯彻教学大纲，钻研教材。了解教材的基本思想、基本概念、结构、重点与难点，掌握知识的逻辑。

（2）课堂教学。关注全体学生，注意信息反馈，调动全体学生的积极性。同时，激发学生的情感，使他们产生愉悦的心境，创造良好的课堂气氛。课堂语言简洁明了，课堂提问面向全体学生，注意引发学生学习的兴趣。课堂上讲练结合，布置好课外作业。

（3）提高教学质量，做好课后辅导工作。在课堂讲授后，注意做好课后辅导工作。及时了解学生在学习中存在的问题，给予必要的指导并鼓励学生进行探索，帮助学生在课余时间养成良好的学习习惯。

3. 加强素质教育理论学习，提高教育、教学水平

我积极投入高职教育的探索中，学习、贯彻教学大纲，加快教育、教学方法的研究，更

新教育观念，掌握教学改革的方式方法，增强了驾驭课程的能力。在教学中，我大胆探索适合学生发展的教学方法。

三、存在问题

工作中对高职教育理论理解学习得不够深入，在教学方法和手段的运用上不够熟练。

四、今后打算

在以后的工作中，我将吸取过去的经验教训，进一步提高自己的业务水平，并为学院的示范性建设和长远发展尽到自己的最大努力。

×××

××××年××月××日

七、规章制度的写作

（一）规章制度的定义和类型

规章制度是机关团体、企事业单位为了维护公共秩序和劳动纪律，保证工作、生产和学习正常进行，根据国家法律、法规而制定的一种用来约束人们行为的规则、章程、制度等的总称。

规章制度的种类很多，常用的有以下几种。

（1）章程。章程适用于各政党机关、社会团体对本组织宗旨、任务、制度、成员的权利和义务的规定，如《中国共产党章程》。

（2）条例。条例适用于对某一方面工作的全面、系统、原则的规定，由党的领导机关、国家最高权力机关或国家最高行政机关批准或颁发，具有强制性和约束力。国务院颁布的《中华人民共和国失业保险条例》就属于条例。

（3）规定。规定适用于各机关、团体、企事业单位对特定范围内的工作和行为制定的规章和禁令，也是一种法规性文件。与章程、条例相比，规定具有较强的现实针对性和较集中的适用范围。

（4）办法。办法适用于机关、团体、企事业单位就处理某项工作或解决某种特定问题制定的原则和方法。

（5）细则。细则适用于机关、团体、企事业单位根据上级颁发的条例、规定、办法，结合本地区、本单位、本部门的实际情况而制定的具有一定补充性和辅助性的详细的实施规则。

（6）制度。制度适用于机关、团体、企事业单位为加强对某一部门工作的管理和严格纪律而制定的办事规程和行动准则，其内容要求有关人员共同遵守。

（7）公约。公约适用于机关、团体、企事业单位或街道居民在自愿自觉的基础上，经过集体讨论制定的共同遵守的道德规范和行为准则。公约多用于规范人们的道德、行为。

（8）守则。守则适用于机关、团体、企事业单位根据上级有关精神和实际工作需要制定的，要求有关人员遵守的行为准则。守则主要用来规范人们在具体工作中的具体操作事项。

（二）规章制度的格式和写法

规章制度一般由标题、题注、正文三部分组成。

（1）标题。规章制度的标题一般由制发单位、内容和文件名称三部分组成。规章制度标题的写法一般有以下两种形式。①完全式，即"单位＋内容＋文件名"，中间也可以加"关于"介词，如"国务院关于加强西部开发的规定"。②两项式，即只包含两部分，分两种情况：一种是"内容＋文件名称"，如"出租车运营条例"，还有一种是"单位＋文件名称"，如"中国行政管理学会章程"。

如果规章制度是暂行或试行的，应当在标题中注明，加上"暂行"或"试行"字样，如"上海市高校学生行为准则（试行）"。

（2）题注。规章制度在制定后需要印发施行，但在张贴和翻印时，一般不需要附加发布规章制度的公文，可以在标题之下加题注，注明发布机关和发布时间，有的还注明通过会议的名称和时间。

（3）正文。规章制度的正文由开头、主体、结尾三部分组成。同时根据内容的长短可分成篇、章、节、目、条、款、项来写。①正文的开头需写明文件的依据、目的、宗旨、背景、基本原则、意义、要求等，以确定和保证文件的法律效力。②正文的主体部分要具体叙述所制定的法规性文件的基本内容，这是规章制度最核心、最重要的部分，内容要周密准确、层次清楚、条理分明；篇幅可根据文件内容的多少和涉及范围的大小而定。③正文的结尾主要是对所制定的规章制度的补充和说明。要说明文件的制定权、修订权、解释权的归属者。对需要强调指出的有关事项应明确说明。还要声明和其他相关的规章制度的关系，若刚制定的文件与原来的文件相抵触，则应在声明新文件有效期的同时宣布原来文件予以作废。

示例12

关于实行限量、节约、合理用水的有关规定

为缓和我市供水紧张局面，积极实行限量、节约、合理用水，保障全市人民基本生活用水的需要，特作如下规定：

第一条　实行限量计划供水。

凡生产、营业和生活用水单位，均在现行用量的基础上压缩50%，并从7月1日起实行。限量以外需增加用水必须提出申请，报市节约用水办公室批准，其增加水量部分按水价的1至5倍收费。未经批准超用的水量，除从下月限量指标扣除外，并按5至10倍加价收费；对继续超量用水者，停止供水。

第二条　定时供水。

1. 凡有加压设施的用户，必须实行定时供水。居民住宅供水时间为4至8时、11至13时、16至22时，机关、企事业单位等为7至17时。经检查发现定时以外供水者，每次罚款100元。

2. 凡自有贮水池并有调节能力的用户，在16至20时期间不得向自有的水池放水，违者每次罚款100元。

3. 管理设施的公园、花坛、绿地必须在22时后至次日4时前浇灌花木或贮水，违者每次罚款2至5元。

4. 对浇灌葡萄和园田用水实行收费，7至9月份每棵葡萄月收费1元，每平方米园田月收费1角。浇灌时间必须在20时后至次日4时前,违者每次罚款5元。

第三条　加强供水设施管理,严禁长流水。(略)

第四条　严禁用自来水浇灌街道绿地和喷洒道路,违者对当事人罚款2至5元。

第五条　附则。

1. 对拒不执行本规定者加重处罚,直到停止供水。

2. 本规定由市节约用水办公室和市自来水公司执行,其工作人员必须秉公办事,不得以权谋私,否则给予处分及经济制裁。

3. 对企业的罚款不得摊入成本,对事业单位的罚款从包干结余中支付,对个人的罚款不得从公款中报销。

4. 本规定从××××年7月1日起执行。(此件发至区属企事业单位及街道办事处)

××市城乡规划建设协调委员会
××××年××月××日

第五节　公文的处理

公文的处理是指对公文的创造、处置和管理,即对公文从形成、办理、传递、存贮到转换为档案或毁灭的完整生命周期中,以特定方法和原则对公文进行创制、加工、利用、保管,使其完善并获得必要功效的行为或过程。

一、收文的办理

收文的办理是指对收到公文的办理过程,包括签收、登记、审核、拟办、批办、承办、催办、查办等程序。

(一) 收文的签收

收文的签收是指收件人从发文机关、邮政部门、机要通信部门、文件交换站收取公文后,按规定确认、清点、核对、检查、签字。

(二) 收文的登记

收文的登记即对收文的内容信息进行分门别类的登记。公文登记形式分簿式登记和活页式登记。活页式登记分为卡片式登记和联单式登记。卡片式登记指用单张卡片进行登记;联单式登记采取一次复写两联或三联的方式。

(三) 收文的审核

收文的审核指按照有关规定和规范对收文进行检查、核实,以确保收文办理的有效性。收文的审核主要从五个方面进行:①是否应由本机关办理;②是否符合行文规则;③内容是否符合国家法律、法规及其他有关规定;④涉及其他部门的事项是否已协商、会签;⑤文种使用、格式是否规范。

(四) 公文的拟办

公文的拟办是指有关领导或具体办文的人员,对收到的公文进行认真阅读分析,并提出建设性意见，以供有关领导审核决策的工作。公文登记、审核后，公文处理人员应根据来文内容，提出拟办意见。填写拟办意见时应注意意见要简明、具体、得体，同时提出两个或两个以上方案时，应将倾向性意见排在前面。当公文涉及的问题较易处理时，可直接草拟复文文稿供审核。

（五）公文的批办

公文的批办是一项由法定责任者履行法定事务处置权的决策性活动。

1. 不同公文的批办办法

（1）按常规传送的例行公文，应在年初做一次性批办，以后来文依次办理，简化重复批办手续。

（2）对于已有具体请示事项或拟办意见中已提出具体方案的公文，主批人应当明确签署意见、姓名和审批日期。

（3）随机传送的非常规性公文，必须根据公文的内容，提出相应的批办意见。

2. 批办时的注意事项

（1）不得越权批办公文。

（2）严格控制批办范围。

（3）批办意见必须明确、具体、前后一致、切实可行。不能只阅不批，仅画圈而不签意见；不能使用模棱两可、似是而非的语言。

（4）批办过程中，如发现公文所涉及的问题是自己无权或无法处置的，可将批办改为拟办，实事求是地提出建议性意见，供上级领导者定夺。

（六）公文的承办

公文的承办是指通过对公文的阅读、贯彻执行或回复，而使公文内容所针对的事务与问题得以处理和解决的活动。

承办是收文办理工作的中心环节。负责承办的部门和人员收到承办文件后，首先要认真研究文件内容和批办意见，弄清是否属于自己承办的范围。凡属自己承办范围之内的，都要按领导批示及时提出具体处理意见，报本部门领导审批后立即处理，并将处理结果及时报告领导。

（七）公文的催办

公文的催办是指承办时限和有关要求对公文承办过程所实施的催促和检查活动，催办有利于加速公文的有效运转，避免公文的延误。

催办有内催办和外催办两种形式。内催办是由本机关专职或兼职催办工作机构或有关人员，对机关内部各承办人所进行的有关公文的承办过程实施催促检查；外催办是由发文机关内承办文件的部门或有关工作人员，对文件在有关收文机关办理情况进行的了解、催询和检查督促。催办时要注意：一是健全催办制度；二是建立科学的登记制度；三是完备催办手续；四是注意信息反馈。

（八）公文的查办

公文的查办是指核查重要公文的执行情况，督促并协助承办单位全面、具体地落实公文内容，解决有关问题的活动。查办的过程是：立案，即确定查办对象；交办，即向有关部门布置查办任务,核查办理结果;反馈,即由查办人将查办情况和结果反映给有关领导者;解决问题,即解决实际困难和问题;结办,即将查办结果上报领导者;销办,即注销已获结果的承办事项,对办毕公文进行处置。

二、发文的办理

发文的办理是指对拟发公文进行加工处理的过程,主要包括公文文稿的形成、公文的制作、公文的对外传递、处置办毕公文四个阶段。

(一)公文文稿的形成

这一阶段是发文处理活动的中心内容,包括拟稿、会商、核稿、签发。拟稿指撰拟公文文稿;会商指当公文内容涉及其他有关同级或不相隶属机关或部门的职权范围,需征得其同意或配合时所进行的协商活动;核稿指文稿在送交有关领导签发或会议讨论通过之前,由部门负责人或经验丰富、水平较高的文秘人员对文稿做全面核查工作;签发指由机关领导人或被授以专门权限的部门负责人对文稿终审核准后,批注正式定稿和发出意见并签注姓名、日期。

(二)公文的制作

这一阶段包括公文的注发、缮印、用印或签署。公文的注发指在定稿后,批注缮写印发要求,其作用是使签发意见进一步具体化、技术化;缮印指以誊录抄写、印刷等方式制作供对外发出的公文;用印或签署,即在印制完毕的公文上加盖发文机关的印章,或请有关领导者在公文正本上签注姓名。

(三)公文的对外传递

这一阶段包括分装、发出等环节。分装指按照规定具体拣配和封装公文;发出指将已封装完毕的公文以适宜的方式发送给受文者。

(四)处置办毕公文

这一阶段主要包括立卷归档、暂存、销毁等。立卷归档指将办理完毕且有查考利用价值的公文编成案卷,并将编立好的案卷及案卷目录按规定的时间和质量要求移交档案部门,作为档案保存和管理;暂存指暂时留存保管一部分具有很高查考价值的重要公文;销毁指以各种方式和手段对失去留存价值或留存可能性的办毕公文进行毁灭性处理,以避免无用公文的干扰。

三、公文的组织管理

(一)由专职人员统一、集中管理

公文由文秘部门或专职人员统一收发、审核、用印、归档和销毁,这是加强公文组织管理的关键。只有建立统一的公文管理机构和专职人员,才能协调和保证公文管理工作高效率、高质量、高效能地运行。

随着公文管理科学化的深入和现代科学技术的不断进步,机关公文逐渐趋向一体化管理,这既反映了机关管理对信息综合利用的需求,也反映了公文管理工作发展的内在规律。

专设文秘部门或专职人员统一集中管理公文，实施统一的文件运行机制，是与公文处理的程序相适应的。公文处理是一个严密的系统，公文的收发运转、上承下联是有机衔接、环环相扣的；建立一个统一的管理组织，既可防止因管理分散、环节过多而影响工作效率，又可防止因环节的脱节而贻误工作。

集中组织管理，要抓好五个环节。

（1）统一渠道。一个机关的公文，无论是接收还是发出，都应从文秘部门一个渠道办理。

（2）统一处理程序。收文办理、发文办理等都应由文秘部门按统一的程序办理。

（3）统一查办反馈。凡需办理的公文，均由文秘部门统一审核、拟办、催办等。

（4）统一行文制度。严格遵行统一的行文制度行文。

（5）统一文件管理。公文的收、发、传、存、销应由文秘部门按统一规定进行。

（二）建立健全有关制度

文秘部门应当建立健全本机关公文处理的有关制度，使公文管理制度规范化，做到公文处理的各个环节都有章可循、手续清楚、责任明确，严防文件丢失和泄密。

建立健全有关制度包括三个方面。

（1）定岗位职责。做到各个岗位的工作任务明确，每个文秘人员的职责明确固定。

（2）定操作程序和操作要领。使各岗位人员按规范统一操作。

（3）定工作标准。工作标准包括数量标准、质量标准和时效标准，各项标准应尽可能做到量化，具有可操作性。

四、文件的管理方法

为了使文件便于利用，能随时查取，文件的日常管理要尽量做到科学化、规范化。

（一）文件的跟踪管理法

公文在运转使用中，为利于查找和保密，要准确掌握其流向。主要措施就是做好登记，可设专簿或采取勤记勤销的"日记实"办法。

"日记实"，是指对办公室文件在传阅、承办过程中每个落脚点的当天记录，是文秘人员在查找、调阅文件时的得力工具。"日记实"一般用文件跟踪单记录，文件跟踪单呈卡片形式，每一个类型的文件跟踪单放在一起。以县委办公室为例，中央文件、内刊，省委文件、内刊，省政府文件、内刊，市委文件、内刊，市政府文件、内刊分别放在各自的盒子里。清文收回后，跟踪单自行作废。

（二）文件的定位管理法

定位管理法即把送阅、送办的文件取回后，按照预先给它们规定好的位置存放起来的方法。定位管理法的具体做法是：按文件长、宽制作适当大小的文件盒（塑料盒或自制的夹板纸盒均可），并将本单位所有文件名称按一定的规律分别标注在盒上；把文件柜分上半年与下半年两个或几个使用期，柜内再用横挡板分出层次（中央级、省级、市级等）；然后依文件盒标清的名称，本着由上到下的等级次序，将盒放在柜内相应层次，运转回来的文件，分层次按序入位。

(三)文件的卡片管理法

在文件管理工作中,为了便于查找,文件可采取编制"文件卡片"形式管理。"文件卡片"是以卡片形式揭示本单位文件内容和成分的一种检索工具。把繁多的文件信息储存起来,加以科学的分类,使同一问题和专题性的内容信息汇集、排列在一起,组成一个有机的整体,便于主动为领导提供利用信息。"文件卡片"是当前手工检索工具中运用较为广泛的一种。

(四)文件的制度管理法

要建立文件借阅、传递、归档制度,以便发现丢失、损坏等问题时,进行核对和查找。

(1)建立文件借阅簿。建立文件借阅簿,是指把各种文件分门别类地编排成簿,方便阅览时查找。

(2)借阅文件注意的问题。①认真。无论何人、何故、何时借阅文件或资料,不管再急、再忙,都要在"借阅簿"上一丝不苟地履行登记、签字手续。②严密。规定借阅时间,控制"密级"文件阅知范围。特别对标有"密级"文件的外借,随时请示领导,借出前要当面交代注意事项。③勤查。对所管理的文件一周一小清、一月一大清、一季一校对、半年一整理,一有问题就主动、及时上报,求得快速解决。

(3)规定文件借阅范围。列明本簿所属文件仅供何人、何时查阅。

【阅读参考】

税政工作总结

在分局领导和各科所的大力支持下,××××年度的税政工作尽管面临事情繁杂、人手紧张等问题,但仍然做到了轻重缓急有序,有条不紊,各项工作开展得很顺利。总结××××年的税政工作,我们主要做好以下几项工作:

一、全力以赴,抓好了所得税汇算清缴工作

为了抓好所得税汇算清缴工作,按照市局、分局的布置,税政科通过精心安排,拟发了汇算清缴专项文件,对开展汇算清缴提前安排,并制定了《××××年汇算清缴和结算工作考核办法》。将汇算清缴和结算的各项指标进行分解,为各征收单位按时间、按要求、分步骤完成汇算清缴和结算工作做出了具体安排。元月初,在分局组织召开了企业财务人员参加的汇算清缴辅导会,税政科对汇算清缴工作所涉及的税收政策进行了梳理、汇集,并结合《企业所得税税前扣除办法》《核定征收企业所得税暂行办法》等规定,编写了长达20页的政策汇编,通过以会代训的形式,使纳税人掌握了汇算清缴的工作程序,提高了企业自核自缴、自行申报的办税能力和纳税意识。汇算清缴期间每月组织一次汇算清缴情况汇报,了解各所、站的进度情况,对存在的问题及时指出,及时解决,为全面搞好所得税汇算清缴工作打下了良好的基础。在汇算清缴期间,对纳税人和各征收站所提出的政策问题,税政科都积极查找文件、政策。没有具体文件规定的,及时向市局有关处室请示后,尽快答复,为征管一线工作的顺利开展提供了税收政策及业务上的有力支持。汇算清缴工作结束后,按照年初的安排,税政科与检查、监察、综合科联合对各所、站的汇算清缴工作进行了督查。根据考核办法进行评分，对汇算清缴工作扎实的望城坡所等4个所站、张正强等10人进行了通报表扬；对汇缴工作落实不好的所、站及个人提出了批评。

二、认真审核、把关，做好了各类减、免税和对财务费用等税前项目的审批

税政科承担着各种减免税和财务费用等税前扣除审批、呈报工作。在办理××××年减免税和其他各项审批项时，税政科对企业上报的减免税资料进行了严格的审核，对不符合政策的减免税和税前扣除坚决予以退回。在审核某公司上报的国产设备抵免事项时，税政科深入其株洲生产一线进行实地核实，并上网查询其发票的真实性、合法性，仅此一项即核减抵免所得税130.2万元。对需转呈市局、省局审批的减免税，按照省、市局的要求，税政科加强初审工作，并及时上报。对符合政策但减免数据的真实性存在问题的企业，税政科在深入企业进行调整的基础上，写出专题分析报告，上报到省、市局，为上级做出决定提供一手资料。整个减免税工作做到了资料齐全、上报及时，得到了市局有关部门的表扬。××××年，我局共审核上报市局、省局审批的所得税减免企业8户，减免税金额769.24万元；税前弥亏1户，弥亏金额155.23万元；国产设备抵免1户，抵免金额239.78万元；营业税减免25户，减免金额640.23万元；房产税减免36户，减免金额552.33万元；土地使用税减免50户，减免金额689.03万元。分局权限内审批企业所得税减免9户，减免税金额52.19万元；审批税前弥亏12户，弥亏金额151.95万元；审批财产损失税前扣除13户，扣除金额358.6万元。由于加强了审核工作，经税政科审核减减免税金额达245.7万元。

三、深入调查落实，积极完成好普查及各项调研任务

××××年度按照省、市局的安排，我科完成了营业税普查、企业所得税税源调查。营业税普查以及企业所得税税源调查面临普查户数多、企业财务人员对普查表的认识度参差不齐、部分专管员初审流于形式的困难，税政科逐项对数据进行严格审核，确保了数据准确、合乎逻辑，上报市局后，普查表各项数据的差错率均达到控制要求，得到了市局一处、三处的认同。全年上交市局调研文章、总结、分析10多篇，获得市局先进单位称号。

四、认真做好货运税收管理和各类报表的汇总和分析工作

税政科承担着市局一、二、三处及省级税收管理组的各类报表的上报和分析工作。为搞好这一工作，我们从时间上提前布置、落实，审核上严格把关，数据上力求无误，并多次召开内勤会议，对报表的填报进行培训。今年以来，报表、分析均按照市局的要求做到了及时、完整、准确报送，没有出现迟报、漏报和数据失实的情况。根据省、市局要求，5月开始，货运税收管理由税政负责。我科接手此项工作后，针对前期存在的问题，积极整改。在当时没有具体操作规定和可以借鉴的情况下，根据总局、省局的一系列文件，在全省率先制定了《货物运输业税收征管操作规程》，此举得到市局的肯定，市局以我局的操作规程为蓝本，制定了此项工作的操作规程。我局也据此对货运自开票纳税人进行了复查，取销了一部分达不到自开票要求的自开票资格，为搞好货运发票的管理打下了良好的基础。

五、做好税法宣传和咨询工作

充分利用税收优惠政策，扶持企业发展做好税法宣传和咨询工作，是税政部门的一项长期工作。××××年税政科除积极参加分局在税法宣传月中的集中宣传活动外，在日常工作中，更是将税法宣传和咨询工作贯穿于全年的工作之中。特别是在党和国家颁布下岗再就业税收优惠政策后，更是将这一有利于社会稳定、有利于下岗失业人员的重大政策的宣传贯彻

放在日常工作的重要位置，拟发了两个文件，并印发了宣传资料4 000份。同时与综合科一道，积极与工商、劳动保障、民政部门加强联系，及时了解和掌握全区域下岗失业人员及其再就业情况的第一手资料，为落实再就业优惠政策提供及时、准确的资料。在日常工作中，充分利用税收优惠政策，扶持企业发展。在税收优惠政策的扶持下，一大批企业得到了长足的发展，税源也得到了培植和增长。

六、配合其他职能科室，搞好规范管理和内部执法检查

××××年是省局的规范管理年，根据市局各处室的要求，我科就规范税政管理制定了分局的《减免税管理办法》等一系列规范管理制度。并对各纳税人的各种申请报告，实行正式书面批复，规范了文书制作。根据分局的布置，税政科与综合业务科、计会科、监察科一道在××××年对分局业务站、所进行了汇算清缴结算工作的考核督查、第三产业纳税征管督查。在执法检查中，税政科针对政策的执行情况，特别是对汇算清缴和税收政策的执行发出督查通报和整改通知进行了严格检查，对检查中发现的问题及时指出，并督促业务站、所及时纠正，确保了税收政策在实际征管中的执行。

七、时刻牢记廉政，在廉政方面从严要求

作为分局减免税及有关审核事项的承办科室，税政科全体人员时刻牢记廉政。在下企业进行减免税审批事项调查时，多次谢绝吃请和红包。只要是符合政策规定的，及时予以审批办理；对不符合政策规定的，坚决予以退回。在廉政方面，我们做到了从严要求自己，严格执行廉政纪律，不单独下企业调查情况，所有的减免税和审批事项下企业调查时均由二人进行。对无须下户调查的企业，税政科不与纳税人接触。这样一来，从源头上杜绝了不廉洁行为。在科室内部加强廉政学习和廉政意识，以实际行动落实廉政要求。

总结××××年的税政工作，成绩虽然是主要的，但也存在着一些不足，如与业务站、所协调、衔接不够。我科将在××××年的税政工作中，总结成绩，并继续巩固、发扬。针对工作中存在的不足之处，我们将积极采取措施，予以解决，争当为一线科、所服务，做受一线科、所欢迎的职能科室，为一线科、所及纳税人提供优质的保障和服务。

税政科
××××年××月×日

【典型案例】

1. ××省外资局拟于××××年12月10日派组（局长×××等5人）到美国纽约市××设备公司检验引进设备，此事需向省政府请示。该局曾与对方签订过引进设备的合同，最近对方又来电邀请前去考察。在美考察时间需20天，所需外汇由该局自行解决。各项费用预算可列详表。

2. 南京市街道两边的公用电话亭设立以来，常遭人为的严重破坏，请以市电信局、公安局的名义，拟一个以"市电信局、公安局关于严厉制止南京市街道两旁公用电话常遭人为破坏的通告"为题的通告，制止这种破坏现象。

案例思考：

1. 根据案例1，拟写一份请示。
2. 根据案例2，拟写一份通告。

第十章

办公室安全工作

教学目标

通过本章的学习,办公室工作人员要充分认识到安全工作的重要性,加强本部门安全工作的研究,切实做好办公室的安全防范工作。

教学要求

主要内容	知识要点	重点难点
第一节介绍办公室安全工作的意义	(1) 办公室安全工作的含义和特点 (2) 做好办公室安全工作的意义 (3) 办公室安全工作的重点和密级 (4) 办公室保密纪律、保密环节、保密范围和主要任务	(1) 做好办公室安全工作的意义 (2) 办公室安全工作的重点和密级
第二节介绍泄密的防范和查处	(1) 泄密的渠道 (2) 泄密的性质、种类和追查步骤	(1) 泄密的渠道 (2) 泄密的追查步骤
第三节介绍保卫工作	(1) 保卫工作的含义和性质 (2) 保卫工作的方针 (3) 保卫工作基本原则 (4) 保卫工作的任务 (5) 办公室保卫工作的特点和内容 (6) 保卫工作的措施和要求	保卫工作的措施和要求

> **情景导入**
>
> 某军工企业工作人员辛某赴外场工作期间，被一名"美女"添加为微信好友。在聊天过程中，辛某为回答对方的"天真"提问，将其掌握的4条秘密级国家机密信息告知该"美女"。辛某被判处拘役3个月。
>
> 1. 与传统泄密形式相比，微信泄密具有哪些新特点？
> 2. 涉密人员应怎样注意保密？

第一节 办公室安全工作的意义

一、办公室安全工作的含义和特点

办公室安全工作是办公室管理的一项重要内容，包括办公室环境安全、办公人员安全、办公设备安全、资料信息安全和财产安全等内容。办公室工作人员经常要接触、掌握和处理各种具有秘密性质的事项，有些工作人员随时都要与秘密打交道，办公室的保密工作尤为重要。办公室的环境安全与否、是否存在安全隐患、设施及文件资料是否放置合理、是否会发生泄密事件等办公室安全工作会直接影响到工作全局，因此办公室的安全工作意义重大。随着科学技术的高速发展，窃密手段不断发展，给办公室安全工作带来了新的难度，办公室安全工作面临的任务更加艰巨。办公室工作人员必须充分认识安全工作的重要性，不断学习，采取有效的防范措施，加强对办公室安全工作的管理，才能真正做好办公室安全工作。

（一）办公室安全工作的含义

办公室安全工作是指为确保办公室环境安全、人员安全、设备安全、资料信息安全和财产安全等采取的一系列有效的措施和手段。

办公室安全工作对每一位办公室工作人员都至关重要。因此，为营造良好的工作环境，办公室安全工作应该常抓不懈。

（二）办公室安全工作的特点

1. 政治性

办公室安全工作从局部来看，关系到办公室的人力、物力、财力不被非法侵害或灾害事故侵袭，使办公室能有良好的内部秩序，以确保各项工作、活动能正常进行。从全局来看，办公室安全工作可能关系到国家政治局面的安定团结，关系到国家政策、法令的贯彻执行，各方面关系的协调、政治气氛的良好，因而办公室安全工作具有鲜明的政治性。

2. 预防性

办公室的安全是可以通过有效的措施来实现的，办公室的泄密、火灾、盗窃等现象也是可以采取有效措施来预防的，因此预防就起到了至关重要的作用。

3. 保密性

办公室因存放了很多重要的文件资料，所以一旦泄密，后果将不堪设想，保守秘密是办公室工作的一项重要内容。做好办公室安全工作，首要任务是做好办公室的保密工作，从而杜绝泄密事件的发生。

4. 区域性

办公室安全工作也存在一定的区域性。火灾易发生在设备操作区域，如设备操作中不注意安全规则，没有移开可燃物品，没有很好地防范静电，以及办公室电气设备安装使用不当，环境通风不良等，均可能引起火灾。档案管理部门、设备操作区域和仓库也应注意防火。盗窃事件最易发生在办公室中的财务部门，其目标主要是现金，其次是办公室的贵重仪器和高档耐用消费品，如电脑、摄像机、录像机以及贵重艺术品等。保密有一定的区域范围，有些机关内可以谈论的事情、可以传阅的文件，机关外便不许谈论、传阅，国内、国外、党内、党外都应有所区别。

5. 时间性

虽然做好办公室安全工作应有严格的制度和规范，不可有一日的松懈，但是各种安全事故的发生都有一定的时间性。例如，火灾事故发生的季节性相当明显，冬、春一般被列为重点防火季节；盗窃案件往往多发于周末、节假日；而泄密事件发生的时间性更明显。党和国家的各种机密，在公开之前，都属于秘密，不可外泄。办公室工作人员要了解各类安全事故的时间性特点，这样才能使工作有针对性，才能真正做好办公室安全工作。

二、办公室安全工作的意义

办公室工作人员需有良好的安全意识和工作习惯，一些涉及政治、军事、科技等各个方面的泄密、被窃密事件及办公室偷盗、火灾等各种安全事故发生，与人们安全意识松懈、使用物品不当及防救设备不足有着密切的联系。从以往事故中分析原因，主要有以下几个方面：一是单位在安全管理上有死角，对办公室安全不够重视，安全规章制度不健全；二是安全意识淡薄，缺少必要的风险识别能力，员工很少去考虑办公室是否存在安全隐患；三是缺乏基本安全知识培训，员工没有掌握必要的安全知识；四是存在惰性心理，往往由于怕麻烦、图省事而引发事故。

因此办公室安全工作是一项长期而不可放松的工作。做好办公室安全工作是每一个办公室工作人员的基本职责和义务，目的在于维护办公室工作人员身心健康和公共财产的安全，保障工作的顺利开展。具体而言，办公室安全工作的意义体现在以下三个方面。

（一）做好办公室安全工作是每一位工作人员的义务

办公室安全工作既是一项重要的纪律，又是一项重要的工作原则和职责。不少行业和部门对此都有相关的行业规定，相关人员一定要严格遵守。

（二）做好办公室安全工作也是关系到保护国家和民族利益的大事

近年来，各种重大泄密事件频发，如果不严加防范，失去警惕，就会有可能遭到不可弥补的重大损失。

（三）做好办公室安全工作能保障社会主义建设事业顺利进行

办公室安全工作对于维护社会、经济稳定有着积极的作用。如尚在酝酿中的新政策若泄露往往会引起日后工作的被动；一项花费巨大人力、物力、财力研制的技术或工艺，其核心配方泄露就会造成巨额的经济损失。

三、办公室安全工作的重点和密级

（一）保密工作是办公室安全工作的重点

办公室安全工作虽涉及多方面的内容，但最主要的还是要做好保密工作。保密，就是保守党和国家的秘密，防止失密泄密、窃密，是国家工作人员的义务和职责。宪法也规定：保守国家机密，是每个公民应尽的义务。

丢失秘密文件资料、产品、图纸、实物，无论其找到与否，是否造成危害，均称失密。凡是把秘密泄露给不应知道的人员均为泄密。凡是采取非法手段窃取、搜集、刺探、收买党和国家秘密均称为窃密。

办公室作为领导的综合办事机构，处在非常关键的位置，是重要的涉密部门。办公室承担具体的保密日常工作，既要对本单位领导和上级保密主管部门负责，又要对下属企业和各职能部门的保密工作负具体的管理和指导责任。对办公室工作人员定期开展保密意识和保密常识教育，对扼制窃密、泄密案件的高发、多发趋势，保护党和国家事业不受损失，具有重要的现实性和紧迫性。

（二）办公室保密工作的难度

目前，随着中国的改革开放和科学技术的不断发展，办公室保密工作又面临着许多新情况。

1. 对外开放给保密工作带来了新的难度

随着中国对外科技经济和文化交流的日益扩大，国内外互相往来的人员也大量增加，这在客观上给海外情报机关的窃密活动带来了可乘之机。

2. 办公设备保密的难度日益加大

电脑、传真机和其他办公设备传输的内容涉及的秘密很多，而这些设备的辐射信号却易被现代化手段截取。因此，办公室人员要研究解决各种现代化办公设备的保密问题。

3. 窃密手段的不断发展

随着科技的发展，过去利用人力无法获得的东西，现在利用先进的窃密手段可轻而易举地得到，一些国家的窃听技术已发展到了相当高的水平，必须采取有效的措施加以防范。

（三）密级

要做好保密工作，必须先弄清楚密级和国家秘密的范围，才能使工作突出重点，有的放矢。

国家秘密，根据对国家安全和利益的密切程度分为绝密、机密、秘密3级，根据《中华人民共和国保守国家秘密法》（以下简称《保密法》）的规定，绝密是最重要的国家秘密，泄露会使国家的安全和利益遭受特别严重的损害；机密是重要的国家秘密，泄露会使国家的安全和利益遭受严重的损害；秘密是一般的国家秘密，泄露会使国家的安全和利益遭受损害。

做好保密工作，不是把保密的范围定得越宽越好，也不是把密级定得越高越好。国家秘密是伴随着一定时代的政治、经济需要而确定或解除的，任何秘密都有一定的时间性，所以密级是可以变更的，秘密是可以解除的。保密范围必须严格按照《保密法》规定的国家秘密的范围来确定，如果人为地扩大保密范围，就会把不属于国家秘密的事项也按国家秘密来保守，造成人力、物力和财力的浪费，也妨碍信息的交流；同样，国家秘密事项的密级应当按照法定程序来确定，如果人为地提高国家秘密事项的密级，不但在管理上造成混乱，而且随着密级程度的提高，造成了不必要的浪费，给保密工作增加了负担，也给工作带来诸多不便。

保密是有期限的，秘密都有时间性。一项秘密，一旦失去对国家安全和利益的影响，也就失去了保密的意义。根据《保密法》的规定，国家秘密事项的保密期限届满的自行解密；国家秘密事项在保密期限内不需要继续保密的，原确定密级和保密期限的机关、单位或者上级机关应当及时解密。及时做好解密工作，才能确保国家秘密，才能有利于工作，任何单位和个人不得擅自变更密级和解密。

四、办公室保密纪律、保密环节、保密范围和主要任务

（一）办公室保密纪律

办公室工作人员由于工作的特殊性，经常跟领导和文件接触，掌握一些机密信息，所以对他们要有严格的纪律要求。办公室保密的主要纪律是：不该说的话，绝对不说；不该问的机密绝对不问，不该看的机密文件绝对不看；不该记录的机密绝对不记录；不在非保密本上记录机密；不在私人通信中涉及机密，不在公用电话、明码电报和普通邮信中办理机要事项；不在公共场所谈论机密；不在不利于保密的地方存放机密文件和机密资料；不携带机密材料游览、参观、探亲访友和出入公共场所。

此外，办公室工作人员还应做到：不在著述中涉及机密事项或资料，不在新闻报道中涉及机密事项或资料，不在有非涉密人员在场的条件下翻阅机密文件或资料，不随意记录涉及机密的讲话及其有关事项。

这些纪律可印在保密手册上，以便时时提醒办公室工作人员遵照执行。领导要经常对办公室工作人员进行督促检查，办公室工作人员也应以此互相监督。

（二）办公室保密环节

要更好地履行办公室的保密纪律，一定要抓好保密的环节。保密工作一般包括两个主要环节：一是积极防范，千方百计地预防失密事件发生，保住国家秘密；二是与窃密活动以及内部各种失密和泄密行为进行坚决的斗争。为此，必须制定严格的机要保密措施。

1. 加强保密教育

办公室必须加强对办公室工作人员的保密教育，增强保密观念，使他们了解保密工作对国家安危的重要性；了解新时期保密工作的特点，领导和办公室工作人员都必须遵守党和国家的保密规定，养成良好的保密习惯。

2. 建立保密制度

任何思想教育都不能保证不失密，没有制度就没有标准，就没有措施，因此要建立一套完整的保密制度。制度的具体内容应根据各机关的具体情况确定，一般应当包括文件保密、会议保密、档案保密、资料保密、通信保密等。有了制度还要经常检查执行情况，使制度不断完善，使保密工作持久化。

3. 严格挑选机要人员

保密工作执行得好坏、保密制度能否执行，与工作人员的责任心和业务水平有重要关系。因此，各机关对机要保密人员一定要坚持"先审后用"的原则，严格挑选；同时对他们要加强管理，严格要求。

（三）办公室保密范围

1. 保密范围按形成秘密的环境分

保密范围按形成秘密的环境，可分为国家秘密和工作秘密。

（1）国家秘密。

国家秘密就是关系国家的安全利益，是依照法定程序确定、在一定时间内只限一定范围的人员知悉的事项。任何不经法定程序产生的秘密事项，都不是国家秘密。国家秘密一旦泄露，会给党给国家的利益造成极大的损失。《保密法》规定，根据国家秘密的主要产生领域，对国家秘密作了7大类划分：①国家事务重大决策中的秘密事项；②国防建设和武装力量活动中的秘密事项；③外交和外事活动中的秘密事项以及对外承担保密义务的秘密事项；④国民经济和社会发展中的秘密事项；⑤科学技术中的秘密事项；⑥维护国家安全活动和追查刑事犯罪中的秘密事项；⑦经国家保密行政管理部门确定的其他秘密事项。《保密法》中同时还指出："政党的秘密事项中符合前款规定的，属于国家秘密。"

《国家秘密保密期限的规定》中明确规定：国家秘密的保密期限，除有特殊规定外，绝密级事项不超过三十年，机密级事项不超过二十年，秘密级事项不超过十年。国家秘密的保密期限，自标明的制发日起算；不能标明制发日的国家秘密，自通知密级和保密期限之日起算。"特殊规定"，是指制定保密范围的机关，可以对保密范围中的某类事项的保密期限规定为"长期"，或规定出保密的最短期限。需要明确的是，国家秘密一经产生，就应在有关文件、资料上标明密级和保密期限。

（2）工作秘密。

工作秘密指在公务活动中产生的，不属于国家秘密而又不宜于对外公开的秘密事项。工作秘密分为两类。一是商业技术秘密，根据《中华人民共和国反不正当竞争法》规定，商业秘密是指不为公众所知悉的，能为权利人带来经济利益，具有实用性并经权利人采取保密措施的技术信息和经营信息。商业秘密主要包括：商业工作规划、计划，重要商品的储备计划、库存数量、购销平衡数字、财务会计报表，商品进出口意向、计划、报价方案，标底资料，特殊商品的生产配方、工艺技术诀窍、科技攻关项目和秘密获取的技术及其来源，通信保密保障等。这些秘密一旦泄露，会给企业和当事人造成一定的经济损失。二是属于领导层内部不宜公开或暂时不宜公开的事项，如正在酝酿而未确定的干部人事任免情况、薪酬调整情况。这类秘密一旦泄露，会让管理者陷入被动。

2. 保密范围按具体内容分

保密范围按具体内容，可分为以下八类。

（1）文件保密。

文件保密包括秘密文件、资料、图表等的保密，这是办公室保密工作的重要内容。

（2）会议信息保密。

会议信息保密指组织内部会议的日期、议题、议程、讲话、发言、记录、录音、录像等中的秘密。单位召开内部重要会议,会前要布置保密工作,进行必要的保密安排;会议期间和会后,对会议是否公开、何时公开,都应由领导机关和领导人决定,在未正式公开之间,不得泄露。对会议上高级领导人的重要讲话和重要内容不得随意扩散。会后,办公室工作人员应在会场和与会者住地进行检查,看有无会议重要文件遗失。会议上发放的文件,需要清退的,应办好退还手续;规定让与会者带回的文件,也需按要求回去后交机关部门妥善保管,私人不应留存。

（3）新闻报道和出版保密。

报纸、刊物和其他出版物的数量很大,注意新闻报道和出版保密十分重要。办公室经常与新闻单位有往来,在新闻报道有可能涉及本单位的某些机密时,应对报道内容进行审核或适当处理,或请领导确定报道范围。

（4）科技和涉及保密。

科技和涉及保密指组织自己研究开发的科研项目等中的秘密事项,这些对中国科学技术的发明创造、对中国特有的工艺技术等事项,要有很强的保密观念。办公室大都承担一定的对外接待任务,要加强这方面的保密观念,遇到问题时,要主动及时地向主管领导请示,防止各种以参观访问为名,窃取科技情报的事件发生。

（5）通信保密。

各机关办公室越来越广泛地使用各种现代化设备和通信设施,使用通信设备时,要按照有关保密规定进行操作,防止监听和信息泄露,尤其要做好计算机的保密工作。

（6）经济情报保密。

办公室工作人员对于重要的经济动态、经济法规的制定和执行情况,要有保密观念。

（7）信访保密。

信访保密指对信访者的检举、控告、揭发,领导者的批示,信访案件查处的材料等保密。

（8）领导保密。

领导保密指对领导人的重大活动、办公场所和私人生活等保密。

（四）保密工作的主要任务

1. 加强保密法律建设

这一任务包括制定保密法规制度和组织法规制度的贯彻实施;开展保密行政执法;开展普法教育;开展保密执法监督等。

2. 开展保密宣传教育工作

这一任务包括开展保密法制宣传教育,普及保密法律知识;开展党和国家有关保密工作方针、政策和保密纪律规定方面的宣传教育;开展保密与窃密斗争形势的宣传;开展普及保密技术知识宣传教育;开展保密管理基本知识宣传教育以及对保密工作重要性和必要性的宣传教育工作。

3. 实施保密行政管理工作

这一任务包括对涉及国家秘密的人、法人及其他社会组织的管理;对涉及国家秘密事务的管理;对属于国家秘密事项、信息及其载体的管理以及对保密工作自身的各种管理等。

4. 研究、开发、推广应用保密技术,开展保密技术工作管理

这一任务包括编制和组织实施保密技术发展规划、计划;制定保密技术装备标准;组织保密技术项目研究；推广应用保密技术装备；开展保密技术行政管理等。

5. 制定保密对策

这一任务根据形势和任务需要，开展保密工作理论和政策研究，探索保密工作的基本规律，制定各项保密工作的具体政策和对策。

6. 加强保密队伍建议

这一任务根据《中共中央关于加强新形势下保密工作的决定》的要求和保密工作任务的实际需要，健全和完善保密组织和保密工作机构，加强保密干部队伍建设，按照"懂技术，懂法律，善管理和有较高政治思想水平"的要求，全面提高保密干部的政治素质和业务素质。

第二节　泄密的防范和查处

一、泄密的渠道

（一）办公室工作人员泄密

办公室人员泄密主要由以下原因造成。

1. 办公室工作人员保密意识不够，在私人交往中或在公共场所泄露秘密

许多泄露秘密的事件都是因为私人交往或在公共场所中无意发生的。因此，办公室工作人员要注意随时持有保密意识，不能在私人交往和公共场所谈论工作秘密。办公室工作人员尤其是机要保密人员在公共场所不能谈论秘密，更要严防间谍套取情报。

2. 办公室工作人员违规操作泄密

违规操作泄密主要体现在文件泄密和会议泄密上。文件保密是办公室工作人员保密工作的重点，如在文件准备阶段，没有合理地划分密级；在文件运转阶段，没有严格的收发登记；在文件使用阶段，没有按照规定传阅，没有专人传达，知密人员保密性不强等；文件印刷阶段，控制不严等，均会造成泄密。一些机关单位工作人员想当然地将办公室当作绝对安全的场所，视为涉密载体的"保险柜"，不采取任何防范措施，随意摆放涉密载体，导致涉密文件事实上处于失控状态。组织会议是办公室工作人员的一项重要的日常工作。尤其是一些重要会议，有高级领导人出席的，必然会涉及重要机密问题。因此办公室工作人员应严格按照程序，在会前必须考虑如下保密因素：一是与会人选问题；二是通知方式和内容问题；三是与会文件保密问题；四是会址保密问题以及相应的安全保卫问题等。在会议中的保密问题应注意：一是到会人员不得随意变换；二是未经批准不得随意记录、录音、录像；三是未经批准，不得报道；四是会议文件、资料的发放要登记；五是会终时妥善处理文件资料。在会议结束后，也应做到：一是不随意公布会议的情况；二是传达会议内容应注意保密要求；三是会后不得追记、翻印会议内容和文件。任何一项操作违规，均可导致会议泄密。

3. 办公室环境安全隐患突出

存放、保管涉密载体的办公场所，其安全性、封闭性必须满足一定的标准，能够防止盗窃、窥视和破坏行为的发生。以保密要害部门为例，不仅应当满足"三铁一器"（铁门、铁窗、铁柜和报警器）的基本要求，还应当限制非涉密人员的进出。

（二）办公设备泄密

办公设备泄密主要表现如下。

1. 通信泄密

现代化的办公室主要使用无线通信、有线通信和办公自动化设备。这些设备虽然先进，却容易泄密。

（1）无线通信泄密。

无线通信是借助于无线电波在空间传播而达到传送信息目的的通信方式，具有建立迅速、机动灵活、移动方便等优点，因此是各单位通信的主要手段。但是无线通信的保密性能差，易受到侦察和干扰，任何人只要有相应的设备，就可收到无线电设备发射的信息，因而容易泄密。

手机上的信息与用户自身利益密切相关，手机一旦遭受恶意软件、病毒的侵袭，就会妨碍机主的使用，容易泄露个人隐私，损害用户经济利益，严重的甚至危害国家安全。手机如何防偷窥、防泄密的问题，越来越受到人们重视。

手机泄露个人隐私的途径五花八门。手机已经成为第一大上网终端，手机遭到恶意软件攻击的数量也不断攀升，隐私泄露主要包括个人位置信息、通信信息、账号密码信息、存储文件信息等。

所以在无线通信中，要采取专用电话网、地下电缆、光纤通信、模拟加密和数字加密技术（保密机）等设备来防止泄密。

（2）有线电通信泄密。

使用导线传输信息的通信方式叫有线电通信。有线电通信按其传输线路的种类可分为明线通信、电缆通信、波导通信等。有线电通信的优点是保密性能好、通信质量稳定、不受干扰等，但它也有明显的不足：造价高、维修工作量大、易受自然损害及炮火袭击。有线电通信泄密的途径主要有：电话泄密，在通信时被人窃听而泄密；架空明线电磁辐射泄密，这种方式可以传输电报、传真、图像、数据等信息，其电磁波虽不及无线电磁波发射得远，但是利用普通的长波接收机在附近空间就可收到。

因此，办公室工作人员在运用通信工具时应注意：不要在无保密装置的电话上谈及国家秘密；打长途电话时要提醒长途台不要接在微波上；不在无保密装置的传真机上传递国家秘密；使用国内保密机或进口保密机，须按有关规定严格履行报批手续。

2. 计算机泄密

在办公室工作的计算机网络系统和计算机程序中，都要注意保密要求，并采取相应的措施。由于计算机技术的发展异常迅速，办公室工作人员要不断更新知识结构，在利用计算机进行操作和管理的同时，掌握计算机的保密技术，以适应现代化办公室的要求。

第一，强化涉密人员保密意识和保密常识，加强保密教育培训。要对本单位、本部门，尤其是办公室日常工作中的保密薄弱环节进行梳理，明确保密工作的风险点和防控重点。对已经出现的办公室泄密问题要积极反思、查漏补缺；对可能出现的办公室泄密问题要进行前瞻判断，并制定相应的处置预案。要加强保密教育培训，督促涉密人员培养良好的保密习惯；将涉密载体按照不同密级存放在专门的保险柜内；离开办公室时做到"关门、闭窗、锁柜"；对可能接触到涉密载体的人员仔细观察、细致询问，出现异常立即报告。要注重做好保密意识和保密常识教育培训和成果转化。

第二，要加强办公室保密环境建设，提高办公安全指数。要加强办公室"硬件"建设，严格按照保密要求进行办公场所建设，配备相关涉密载体保管、登记、销毁设备，并在保密要害部门部位管理上坚决落实"三铁一器"等措施。同时，加强办公室管理和安全常规检查，防止无关人员进入，适时对保密防护设施设备的使用、涉密人员变动、涉密载体流转及销毁等情况进行检查，并适时改进调整。

第三，计算机是采用高脉冲电路工作的，有较强的电磁波辐射，电磁波向外辐射时，会将计算机的信息带出去而产生泄密。所以，放置计算机应采取以下三种防范方法：一是抑制和屏蔽计算机辐射。对可能产生信息辐射的元器件、集成电路、连接线和CRT等采取相应的防辐射措施，根据辐射量的大小和客观环境，对计算机机房或主机内部件加以屏蔽，检测合格后，再开机工作；二是电磁干扰；三是信号加密。

第四，计算机使用过程中的保密。一是身份鉴别。计算机对用户的识别，主要是核查用户输入的口令，网内合法用户使用资源信息也有使用权限问题，因此对口令的使用要严格管理。二是计算机信息划分密级。秘密的信息不能在公开的计算机系统里加工、储存、传递。三是对介质泄密技术防范措施，可加密和防拷贝，对介质中的文件进行加密，使其以常规的办法不能调出；在磁盘上产生激光点、穿孔、指纹技术等特殊标记，这个特殊标记可由被加密程序加以识别，但不能轻易地被复制。

（三）传媒泄密

大众传媒是一种公开化的信息载体，包含的信息量大，传播迅速，内容涉及一个国家政治、经济、军事、文化、科技等各个领域，从中收集情报既合法又简便，能够以最少的支出得到最大的收获。因此，几乎所有的情报机构都把从大众传媒上收集秘密作为重要途径。

《保密法》规定：报刊等信息载体必须遵守有关保密规定，不得泄露国家秘密。许多新闻单位据此开展了各种保密教育和培训。但由于新闻从业者队伍不断扩大，泄密的可能性也就增大了。向外界进行宣传教育或发布各种信息也是办公室工作人员的职责，办公室工作人员在从事这项工作时，要遵守有关新闻保密的规定，凡是在报道中可能涉及某些机密时，应当及时对报道内容进行处理。

（四）科技泄密

随着现代化事业的高速发展，各种先进的科技成果不断被研制出来，而一项新的科技成果往往要花费大量的人力、物力、财力。有些科技成果还会大大提高劳动生产率，产生很高的社会经济利益，因此，科学技术也有很强的保密性，一旦失密，不仅损害国家的经济利益，而且还会威胁到国家安全。尤其是科研机关办公室工作人员，经常有涉外任务，如对外接待，合作开展技术考察，对外援助，参加国际学术交流，出国讲修、讲学等，办公室工作人员一定要了解科技保密的重要性和失密的危害性，要了解科技保密的具体方法和范围，切实做好科技保密工作。

二、泄密的性质、种类和追查步骤

（一）泄密的性质、种类

根据《保密法》的规定，泄露国家秘密是指违反保密法律、法规和规章的下列行为之一;使国家秘密被不应知悉者知悉的;使国家秘密超出了限定的接触范围,而不能证明未被不应知悉者知悉的。

根据《保密法》的规定,泄密的性质主要有两种:一种是故意或过失泄露国家秘密,不构成刑事处罚的,可以酌情给予行政处分;另一种是故意或过失泄露国家秘密,情节严重的,要依法追究刑事责任。

凡泄露国家秘密但不构成刑事处罚的,有关机关、单位应当按照规定并根据被泄露事项的密级和行为的具体情节,给予行政处分。具体可分为以下几种情况。

(1) 对泄露国家秘密尚不够刑事处罚,有下列情节之一的应当从重给予行政处分:①泄露国家秘密已造成损害后果的;②以谋取私利为目的泄露国家秘密的;③泄露国家秘密危害不大但次数较多或者数量较大的;④利用职权强制他人违反保密规定的。

(2) 泄露国家秘密已经由人民法院判处刑罚的以及被依法免予起诉或者免于刑事处罚的,应当从重给予行政处分。

(3) 泄露秘密级国家秘密,情节轻微的,可以酌情免予或者从轻给予行政处分;泄露机密级国家秘密,情节轻微,可以酌情从轻给予行政处分,也可以免予行政处分;泄露绝密级国家秘密,情节特别轻微的,可以酌情从轻给予行政处分。

因泄露国家秘密所获得的非法收入,应当予以没收并上交国库。

为境外的机构、组织、人员窃取、刺探、收买、非法提供国家秘密的,依法追究刑事责任。具体情况如下:为境外的机构、组织、人员窃取、刺探、收买、非法提供国家秘密的,处五年以上十年以下有期徒刑;情节较轻的,处五年以下有期徒刑、拘役或者剥夺政治权利;情节特别严重的,处十年以上有期徒刑、无期徒刑或者死刑,并处剥夺政治权利。

(二) 泄密的追查步骤

如果办公室工作人员发现失密、泄密、被窃密的情况,具体的追查步骤如下。

(1) 办公室工作人员发现失密、泄密、被窃密后,应当立即向领导报告,以便及时采取补救措施,并及时报告有关机关和单位。

(2) 发生泄密事件的机关、单位,应当迅速查明被泄露事项是否属于国家秘密,查清其所涉及的国家秘密的内容和密级、造成或者可能造成危害的范围和严重程度,搞清事件的主要情节和有关责任者,并及时采取补救措施,同时报告有关保密工作部门和上级机关,以便尽可能地减少泄密所造成的损失。

(三) 加强办公室保密管理,防止失泄密事件的发生

1. 完善制度,规范管理,使保密工作管理步入制度化和规范化

第一,建立保密制度,规范管理,重视保密工作,将其纳入日常的正常工作中。有了制度还不够,还要经常检查执行情况,使制度不断完善,对涉密人员不正常履行自己职责的要严肃处理。明确保密审查责任。要坚持"谁公开、谁负责、谁审核"的原则。《国务院办公厅关于进一步做好政府信息公开保密审查工作的通知》,要求各单位明确审查机构、落实审查职责,做到审查工作有领导分管、有部门负责、有专人实施。在实际工作中,要认真落实保密审查责任制,明确信息公开各职能部门的具体责任。同时,要加大政府信息公开工作中的保密审查力度,对有关人员严肃追责,充分发挥保密审查在政府信息公开中的保障作用。

第二，规范保密审查程序。要规范保密审查的基本程序，把"保密审查人员对拟公开信息提出保密审查意见"作为审查的必经环节，把"提请信息公开单位有关负责人对信息是否可以公开进行审批"作为审查的必要环节。坚持全面细致的审查原则，在信息正式公开前，要对标题、正文和附件的每项内容、每个细节进行审核。在此过程中，保密审查人员要对审查意见进行书面记载，提请信息公开单位负责人对保密审查意见进行审核、对是否可以公开的审批进行书面记载。通过这种书面审核的方式，强化保密审查人员和单位负责人的保密审查责任，明确因保密审查不严造成泄密的法律责任。

第三，建立协调配合机制。要建立健全保密审查协调配合机制，规范政府网站信息公开保密审查的各个环节。对于提请信息公开的单位，要把好信息公开保密审查第一关，对于公开的信息是否属于国家秘密进行认真鉴别，避免错定或漏定，在将有关信息送交网站管理部门公开时，要一并提交保密审查意见；网站管理部门要在提请信息公开单位保密审查的基础上，对于公开的信息做进一步审核，公开前还要征得单位负责人同意，保证信息发布的安全性。

2. 加强对办公室人员的保密教育，对办公室涉密人员进行相关培训

针对办公室不同特点的涉密人员，分层次、有重点地进行保密教育，增强保密观念，使他们了解保密工作的重要性。办公室工作人员对保密事项要时刻提高警惕，要有责任感，要有大局意识和全局观念，对保密事项要做到"三不"：不说、不问、不聊。要采取业务培训、宣传讲座等方式，组织广大涉密人员深入学习保密法律法规、保密管理常识和技术防范技能，使他们知保密、懂保密、会保密。要强化责任落实，在学习、弄懂的基础上，进一步明确职责和制度规范，使涉密人员清楚自己岗位的重要性和应当履行的保密责任，并严格执行有关保密规章制度要求；加强指导、保障和监管。通过采取实地指导、配备相关保密设备、加大资金人力投入等措施，为机关单位的保密工作提供有力支持。同时，也要加强监督检查，对发生问题的单位要责令其及时整改，对相关违规人员要严肃处理，堵塞漏洞，消除隐患。

3. 注意防范，妥善使用涉密信息载体

重要的文件、资料要及时送档案室保存，个人存放文件、资料要妥善保管，不要乱放乱丢，严防泄密。在现代社会，特别是信息技术迅猛发展并广泛应用于办公系统的情况下，保密更是渗透了公务和政务活动的方方面面，保密知识越来越丰富，科技含量不断提高，工作要求更加严格，这就要求办公室工作人员小心谨慎。涉密信息载体中最主要的是办公室工作人员使用的计算机，平时工作中要求计算机使用保护密码，尽量不连接外网，不看不安全网站，不安装来历不明的软件，不随意拷贝他人的文件、资料。下班或不在办公室关好办公室的门窗和电源，确保办公室的安全。要妥善保管好涉密的移动硬盘、移动 U 盘等移动存储介质，不随意转借他人。

第三节 保卫工作

一、保卫工作的含义和性质

（一）办公室保卫工作的含义

办公室安全工作除了要防止失密、泄密、被窃密事件的发生外，还要做好保卫工作，尤其是节假日的值班保卫工作。办公室保卫工作，即为保护办公室的环境设施安全，预防和打击盗窃，防止火灾及其他自然灾害的发生，保护办公室工作人员的身心健康和安全而采取的措施和手段。

（二）办公室保卫工作的性质

办公室保卫工作具有其特有的性质，主要表现在以下两方面。

1. 预防性

预防为主是保卫工作一贯坚持的方针，也是保卫工作的主要特点。办公室的非安全因素，如盗窃、火灾、泄密等，是可以被工作人员认识并预防的，办公室工作人员通过对常见事故的了解和掌握，可以提前做好预防措施，避免事故的发生。

2. 针对性

对办公室而言，非安全因素主要是盗窃、火灾及危害办公室工作人员健康和安全的各种事故。因此，对保卫工作来说，必须了解各种危害因素发生的可能性，有的放矢地落实办公室安全保卫措施，这样才能做好保卫工作。办公室工作人员要了解各种危害因素发生的可能性，如对财务室、仓库、办公室电源插头等部位重点检查，有针对性地落实办公室安全保卫措施。

二、保卫工作的方针

2004年生效的《企业事业单位治安保卫工作条例》确立了保卫工作的方针："预防为主、单位负责、突出重点、保障安全。"预防为主，指保卫工作必须把事先防范作为主要工作。预防为主是治安保卫工作的指导思想，是做好保卫工作的着眼点和出发点。单位负责，是指企事业单位内部治安保卫工作由本单位全面负责。企事业单位内部治安保卫工作应当突出保护单位内部人员的人身安全，单位不得以经济效益、财产安全或者其他任何借口忽视人身安全。保障安全是治安保卫工作的根本目的。

三、保卫工作基本原则

（一）服务经济建设原则

服务经济建设原则，是指新时期保卫工作必须紧紧围绕经济建设开展，为改革开放和社会主义现代化建设以及单位的生产、教学、科研等业务活动创造一个良好的环境。强化服务意识、服务生产、服务群众，是保卫工作紧紧围绕经济建设的具体体现。

（二）谁主管、谁负责原则

谁主管、谁负责原则，是指机关、团体、企业、事业单位的党政领导应对本单位的安全保卫工作全面负责，切实做好本单位的安全保卫工作和社会治安综合治理工作。

（三）专门机关管理与依靠群众相结合原则

专门机关管理与依靠群众相结合原则，是指在保卫工作中既要发挥公安机关保卫部门和单位保卫组织的管理职能作用，又要广泛动员和依靠群众做好保卫工作。专门机关管理，是指公安机关保卫部门和单位保卫组织依据国家赋予的权力，依照有关法律、法规、制度和特定的工作程序、方式、手段而进行的保卫业务工作。依靠群众，是指保卫工作必须坚持群众路线，取得广大人民群众的支持。

(四) 科学管理和依法指导相结合的原则

科学管理，是指单位保卫部门从内部治安管理的实际出发，运用先进技防的作用，以科学高效的管理体制搞好保卫工作。依法指导，是指公安机关保卫部门对单位内部开展保卫工作必须依法指导和监督。科学管理和依法指导相结合的原则，是新时期单位保卫工作的客观要求，是现代企业管理的必然要求，也是理顺政府职能和单位业务工作的有力措施。

四、保卫工作的任务

保卫工作要遵守国家法律、法令，严格按照法律程序办事，履行必要的审批手续。保卫工作的根本任务是保卫社会主义制度，保卫国家安全，维护社会治安秩序，保卫经济文化建设事业，保卫国家、集体财产和公民合法财产的安全。保卫工作的任务主要如下。

(1) 贯彻和落实国家有关安全保卫工作的方针政策及法律法规，维护社会治安秩序，保障社会稳定。社会治安秩序的稳定是保障改革开放和经济建设顺利进行的根本要求。

(2) 制定落实保卫工作的各项制度，预防、打击各种违法犯罪。建立健全并落实相应的各项保卫工作制度，是做好保卫工作的基础。及时通报治安情况，推广经验，督促企业有针对性地采取防范措施，提高单位的防范能力，对要害部位的保卫工作予以指导和监督。强化保卫队伍建设和业务建设是做好保卫工作的基础，是完成保卫工作任务的前提。

(3) 维护内部治安秩序，预防各种违法犯罪。加强内部治安管理、维护好内部治安秩序，是经济、文化保卫工作中一项经常性的工作。维护办公室内部的环境秩序，防止盗窃、火灾、泄密和危害办公室人员身心健康的事故发生。

(4) 预防和打击刑事犯罪分子的破坏活动和危害国家安全的行为。

(5) 开展安全检查，排除安全隐患，确保办公室重点部位的安全。

(6) 预防各类治安灾害事故的发生。预防治安灾害事故，要严格执行安全生产规章制度，加强易燃、易爆危险品的管理，健全各种安全组织，落实安全责任制。

五、办公室保卫工作的特点和内容

(一) 办公室保卫工作的特点

保卫工作包括国家安全保卫、经济保卫、文化保卫、治安保卫、交通保卫、民航保卫、林业保卫等，有时保卫工作还必须履行打击、防范、控制一体化的职能。机关、企事业单位保卫工作的业务特点决定了保卫工作方法的多样性和职责范围的综合性。办公室保卫工作具有复杂性、以预防为主、走党领导下的群众路线等特点。

(1) 复杂性。办公室保卫工作的复杂性主要体现在：违法犯罪分子涉猎的目标较多，犯罪分子侵害的渠道多，发生事故的空隙、漏洞多。因此，要做好保卫工作有一定难度。

(2) 以预防为主。办公室保卫工作无论是防火、防盗还是维护办公室工作人员的安全健康，主要是以预防为主，做好各种预防措施，尽可能将事故消灭在萌芽状态。

(3) 走党领导下的群众路线。办公室保卫工作仅靠个别领导个人的重视或个别工作的警惕是远远不够的,还必须依靠广大的办公室工作人员群策群力、提高警惕,积极主动地配合有关人员,消除各种隐患和不安全因素,这样才能真正做好办公室保卫工作。

(二)办公室保卫工作的内容

(1)保护各类办公室的财产,特别是办公室的物质设备。不恰当或错误地使用设备会造成设备损坏,甚至引起火灾等事故。由于缺乏有效的保卫制度或保卫制度实施不力,如节假日值班工作无人负责、办公室门窗忘了关紧等,均易造成办公室物资、设备被盗。

(2)保证有关安全管理的法令得以有效实施。必须制定严格的保卫制度,且要有专人负责,制度一经确定必须严格执行。

(3)维护办公室工作人员的健康和安全。如办公室的桌子、柜子、地板以及室内的光照等,均应合理安排,否则易造成人员的伤害事故。

六、保卫工作的措施和要求

(一)保卫工作的措施

办公室安全保卫工作至关重要,一般要采取以下措施。

(1)建立健全安全保卫和保密制度。制定安全工作的规章制度和预案,所有制度应该符合上级要求,同时又符合实际情况;有较强的可行性,使办公室安全工作制度化、规范化,责任落实,运作有序。同时要加强安全教育宣传工作。

(2)办公室内要有防盗设施、防火工具。文件保管要实现"三铁"(铁窗栅栏、铁门、铁柜)。各电源、电线安置要合乎要求。钱柜、绝密文件保管处要有警报设置等。

(3)保卫人员要始终保持高度的警惕性。要严格遵守各项制度,一丝不苟地按规章制度办事;要有高度的责任心,坚守岗位,工作要细致、周到;办公室工作人员要经常检查要害部位,发现安全隐患要及时解决。

(二)保卫工作的要求

1. 对办公室防盗的要求

办公室内要有防盗设施,如铁窗、铁门、铁柜。各部门要建立健全安全责任制,每个人都要了解自己的安全责任;贵重物品的保管责任要落实到人。要有严格的使用登记制度,要严格值班制度,对外来人员要严格登记,建立会客制度,对出入办公室的贵重物品要有出入手续,建立相应的登记制度。下班要关好窗,锁好门,保卫人员要逐个房间检查一遍。下班后进入办公室的内部人员,门卫值班人员应有登记制度。有些重点防盗单位还要实行清楼、清场等下班检查制度。办公室的钥匙不得随意转交本科室以外的人员使用。

2. 对办公室防火的要求

值班保卫人员要认真交接班,坚守岗位;接班后对自己的职责范围认真进行检查,应进行烟雾探头、喷淋系统、防火门系统以及控制系统的功能测试。发现不安全因素要及时报告,并采取果断措施,对初期火情要及时使用现有灭火器材扑救,对不符合要求的电源、火源要立即关闭和熄灭;对突发火灾要立即报火警。要了解自己工作职责范围中的防火重点部位,并了解本办公室消防火栓或水源的分布情况,会使用灭火器;通往火警或消防装置的通道应通畅。在桌子之间、大厅以及过道内应有足够的空间以利于紧急情况下逃生；应配备灭火器，且状况良好；出口指示灯应明亮；应张贴应急电话号码；出口指示牌应清楚；楼梯处应照明充足。保卫人员要善于发现异常情况；每天最后离开办公室的人员，必须关好门窗，关闭电灯、电脑电源。对办公室来说，要具体做好灯具、电气装置、照明供电及办公室的图书、档案室的防火工作。

办公楼发生火灾，主要原因是电器散热不良、电压不稳、长时间未断电源等。所以在日常工作中，要注意以下几点。

（1）下班一定要拔插头。下班后要将饮水机、电风扇、空调等电源插头拔掉或将电源开关关掉，这样既安全又省电。

（2）及时熄灭烟头。抽烟后要及时熄灭烟头，不要将未经熄灭的烟头扔到废纸篓里，最好不要在办公室抽烟。

（3）保持疏散通道畅通。办公区域消防疏散通道要保持畅通，要熟悉安全出口的位置和逃生路线。

（4）切忌超负荷用电。因为办公区域电器多用插座供电，切忌一个插座使用电器过多，以免造成插座、插头啮合不良发热失火，最好不要使用电水壶等大功率电器。

（5）切忌将电源靠近可燃物。便携式电器一般体积较小，散热性差，使用不当容易发生自燃，使用时应远离桌面、台布等可燃物，并随时查看温度。

3. 保护办公室工作人员人身安全的具体要求

（1）提供照明良好的、干燥的、无碎片的地面。被水淋湿的地板会打滑，非常危险，所有地面、楼梯保持干爽清洁；所有窗户完好无损；定期对废物进行清理。

（2）上下楼梯时要注意别摔倒，尤其是搬东西、端茶时，由于物品挡住了视线，看不到脚下。拉出的文件柜抽屉、临时放着的皮包等，可能造成摔倒。办公桌和柜子应排列好，以防翻倒，沉重的资料不要堆放在柜顶上。

（3）注意不要与物体相撞，如与门、工作台、文件柜、拉开的抽屉、走路的行人碰撞；锋利及尖锐的文具应小心使用并妥善收好；使用后的文件柜应立即关好，以免绊倒或撞伤人；若要在高处工作，拿取或存放物品，应使用稳固的梯子，不要站在木箱、纸箱、旋转椅或其他不稳固的物品上。

（4）注意防止杂物进眼睛、割伤、烫伤等。

（5）电线及电话线等应远离通道，以免将人绊倒。

（6）搬运太重的物品，要请他人帮忙，以免伤及腰部、背部。

（7）办公室不要存放易燃易爆物品，切勿堵塞救火设备，应学习如何使用紧急救火设备，如灭火器等；气候寒冷室温低时，如需取暖，衣物、易燃物品应远离热源，以免引起火灾。

（8）热饮品要在指定的地方调制；使用电热水器、电炉应特别小心，以免电线负荷过重或漏电伤人。

（9）可能范围内，办公室所有设备应符合人体工程学设计，以免使用者过分疲劳。

第十章 办公室安全工作

【阅读参考】

一、泄密案例

1. 某县教育网泄露国家秘密

2015年1月，某县政府工作人员毛某值班当日收到上级下发的一份秘密级密码电报，县主管领导要求交县安监局承办。毛某未经请示批准，擅自遮挡文件头、密级标志和"密码电报不得复印"等内容，进行复印，交给县安监局工作人员习某。习某根据局领导要求，加上县安委办文件头，在复印室再次复制上述涉密文件，并发至安委会成员单位。该县教育体育局领取文件后上传至县教育网，造成泄密。事件发生后，有关部门给予毛某行政记过处分，给予习某行政警告处分并调离工作岗位，对县政府办、县安监局、县教育体育局负责人分别进行通报批评和诫勉谈话。

2. 某市设计院工程师违规外联

2014年12月，有关部门在工作中发现，某设计院一台涉密计算机违规连接互联网。经查，2014年10月，该院工程师魏某擅自把一台涉密计算机从单位带回家，被内机安装的技术防护系统阻断，随后魏某将计算机硬盘格式化处理，重新安装操作系统，造成专用系统防护失效，并接入互联网。事件发生后，有关部门给予魏某党内严重警告、行政记过处分。

3. 某高新技术产业园区网站违规发布国家秘密

2015年6月，有关部门在工作中发现，某高新技术产业园区网站违规发布一份机密级文件。经查，2012年8月，该高新技术产业园区管委会办公室干部李某未履行信息公开保密审查程序，擅自将其保管的一份机密级文件扫描后上传至单位门户网站，造成泄密。事件发生后，有关部门给予李某行政警告处分，对管委会主任韩某、党工委书记刘某及分管保密工作的副主任梁某进行诫勉谈话，责令做出深刻检查。

4. 中国联通某市分公司员工故意泄露国家机密

2014年3月，某博客网站刊登疑似涉密文件的图片，涉嫌泄露国家机密。经查，3月，中国联通某市分公司机要员张某到市政府领取一份秘密级文件，交给公司总经理贺某。贺某在办公室看完文件后，对部分内容进行标注，并使用手机对文头及标注内容进行拍照。当天下午，贺某将拍摄的三张照片（其中文头照片清楚显示文件标志为秘密级），与编辑好的评论上传至个人博客。事件发生后，司法机关以故意泄露国家秘密罪判处贺某有期徒刑6个月。

5. 某省地矿局环境监测院丢失涉密文件

2014年11月，某省地矿局报告，其下属的环境检测院专职安全员曹某丢失两份秘密级文件。经查，11月24日，曹某到地矿局办公室领取了上述涉密文件，在换乘公交车时，疏忽大意，不慎将文件遗失。曹某发现文件丢失后，立即前往公交调度站寻找文件，自查无果后向所在单位做了报告。事件发生后，有关部门给予曹某党内严重警告处分并调离机要岗位，给予负有领导责任的院长办公室主任李某和党群办公室主任包某党内警告处分，并责成该院院长黎某、党委书记牛某做出书面检查。

6. 某市安监局网站违规刊登国家机密

2015年1月，有关部门在工作中发现，某市安监局网站刊登两份机密级国家秘密。经查，2010年12月31日下午，该安监局收到两份通知，各带一份机密级附件。由于当时相关单位已放假，书面转发不能及时发放到位，该局安全生产预警救援指挥中心主任李某按照局长王某批示要求，安排中心技术科副科长祁某通过网站转发文件。祁某仅核实通知却未标注密级，未核对附件是否涉密，直接将通知刊登在网站上，造成泄密。2013年11月，市有关部门曾组织对该单位门户网站进行核查，负责检查工作的分管副局长刘某、指挥中心技术科副科长满某未能排查出上述涉密文件。事件发生后，有关部门给予祁某党内严重警告处分、撤销技术科副科长职务、调离原工作岗位，给予满某党内警告、行政记大过处分，给予负有领导责任的市安监局副局长李某党内严重警告处分、给予刘某行政记过处分。

二、事故案例

1. 2010年2月12日13时，南京锅炉厂一办公室内突然着火，办公室被烧毁，三台电脑及彩电音响等设备被付之一炬，没有造成人员伤亡。起火原因是电线老化，办公室无人时电器电源未关。

2. 2011年1月5日上午11时，荆州市某单位的职工在办公室用电暖器取暖时发生意外，电暖器引燃了办公室内的可燃物，酿成大火，两名工作人员在灭火过程中受伤。

3. 2012年5月，东北一设计院某处一高级工程师，在打扫柜子顶部卫生时，不慎踩翻椅子摔倒，致右脚骨折。

4. 2013年11月，四川某一企业资料员站在木凳子上取资料，不慎将凳子踩翻摔倒，当场昏迷。后经救治，诊断为外伤性骨裂、腰椎间盘膨隆，经鉴定为五级伤残。

5. 2014年4月，重庆某矿务局局长在办公室办公，坐在藤椅边缘，由于地板较滑且其坐姿不正确，重心偏移，造成藤椅向后滑翻，肋骨被藤椅边缘顶致骨折。

6. 2015年3月17日中午12点40分许，云南华天物流有限公司一栋两层办公楼突发火灾。一名员工从二楼飞身纵下跳楼逃生，造成双腿粉碎性骨折。被困的其他三名公司员工则不幸遇难。起火原因是办公楼一楼大厅里废弃的易燃物品——沙盘模型。

7. 2010年8月28日下午2时50分许，沈阳万达商业广场售楼处一楼的沙盘模型内电器线路接触不良引起火灾。最终造成12人遇难、23人受伤的重大安全事故。

【典型案例】

1. 2010年5月，吉林某单位一办公楼在下午临近下班时突然停电，二楼203室王某整理完当天工作后，在没有关闭办公室电灯的情况下便收拾东西回家，当晚办公室送电后，电灯老化的线路不堪重负，导致线路着火。办公室晚间无人值班，火势持续蔓延，直到门卫人员看见火光拨打火警电话，消防官兵抵达后，火势才得到控制。

2. 2014年1月，有关部门接到通报，在群众信访来信中发现一份与其信访事项相关的秘密级文件复印件，虽然文件编号有被涂抹的痕迹，但仍可辨。经核实，该文件系发放至某市属单位信访部门的涉密文件。文件从何而来？调查后，办案人员厘清了事件的来龙去脉。1月3日，某市属单位信访部门工作人员取回上述涉密文件后，经办公室主任孙某签批，报局长张某审阅。1月6日，办公室文秘佟某将文件送给张某，由于张某的办公室总是有很多上访人员进出，佟某未能及时将文件送达，就拿回放在了自己的办公桌上。其间，佟某多次离开办公室维持信访秩序，都未锁门。上访人员杜某趁佟某办公室无人之际将上述文件拿出,阅读并复印三份,随后将原件放回原位。此后,杜某将复印件交给上访人员谷某,委托他邮寄给相关部门。谷某称,在邮寄称重过程中信件散落在地上,他看到了复印件,觉得好奇就又复印了一份。另外,上访人员孙某也复印了一份。案件发生后,有关部门将上访人员手中持有的涉密文件进行了回收销毁,给予负有直接责任的佟某行政警告处分并调离工作岗位,给予负有领导责任的张某行政警告处分,对主管副局长白某通报批评,对办公室主任孙某通报批评并调离该单位信访部门。

案例思考:

1. 根据案例1,分析事故发生的原因、教训及预防措施。

2. 根据案例2,分析近年来办公室窃密泄密案件发生的原因及如何有效防止办公室发生窃密泄密事件。

参 考 文 献

[1] 沈蕾. 办公室管理 [M]. 北京：中国建材工业出版社，2005.
[2] 杨蓓蕾，徐红，王瑞根. 现代办公室管理 [M]. 上海：复旦大学出版社，2015
[3] 张浩. 办公室主任工作管理实用手册 [M]. 北京：海潮出版社，2008..
[4] 周三多. 管理学 [M]. 第4版. 北京：高等教育出版社，2008.
[5] 王守福. 秘书学概论 [M]. 北京：北京师范大学出版社，2017.
[6] 唐钧. 行政秘书学 [M]. 北京：中国人民大学出版社，2013.
[7] 张丽莉. 涉外秘书实务 [M]. 北京：中国劳动社会保障出版社，2002.
[8] 任群. 中国秘书学 [M]. 重庆：重庆出版社，1999.
[9] 《党委办公室工作实务全书》编写组. 党委办公室工作实务全书 [M]. 北京：中共党史出版社，2003.
[10] 李欣，徐世群，张文彬. 办公室工作实用全书：修订本 [M]. 北京：中国国际广播出版社，1992.
[11] 赵爱华，周蓓新. 新编办公室工作实务 [M]. 北京：中国纺织出版社，2015.
[12] 高萍，曹辉. 办公室事务处理 [M]. 成都：电子科技大学出版社，2015.
[13] 孙荣，等. 现代办公室管理 [M]. 上海：复旦大学出版社，2012.
[14] 叶黔达. 办公室工作实务规范手册 [M]. 成都：四川人民出版社，2015.
[15] 丁恒龙. 现代领导调研实务 [M]. 北京：中共中央党校出版社，2003.
[16] 孙荣，等. 现代办公室管理 [M]. 上海：复旦大学出版社，2012.
[17] 张浩. 新编公文写作与规范处理大全 [M]. 北京：北京工业大学出版社，2016.
[18] 叶黔达. 现代公文写作与处理 [M]. 成都：四川人民出版社，2016.
[19] 夏海波. 公文写作与处理 [M]. 北京：北京大学出版社，2011.
[20] 王国元. 人际沟通 [M]. 北京：国家开发大学出版社，2010.
[21] 龙璇. 人际关系与沟通技巧 [M]. 北京：人民邮电出版社，2016.
[22] 孙向军. 即学即用的办公室话语沟通艺术 [M]. 北京：海潮出版社，2014.
[23] 韩建林. 高校学生的信息素养 [J]. 电脑知识与技术，2006.
[24] 艾进兰. 商务沟通与谈判 [M]. 北京：中国财政经济出版社，2015.
[25] 人民教育出版社课程教材研究所职业教育课程教材研究开发中心. 办公文案与文档管理 [M]. 北京：人民教育出版社，2015.
[26] 花芳. 文献检索与利用 [M]. 第2版. 北京：清华大学出版社，2014.
[27] 常璐. 对网络环境下信息分类法的思考 [J]. 科技情报与开发经济，2011.
[28] 崔淑琴，李艇. 企业文档管理 [M]. 第2版. 广州：暨南大学出版社，2014.